普通高等教育经管类专业系列教材

行业会计比较

（第三版）

主　编　尹桂凤　姚　嘉
副主编　卢　珊　贾　凯

清华大学出版社
北　京

内容简介

本书在第二版的基础上，汲取国内优秀教材的精华，结合我国国情和企业经营活动实际，以及读者群的特殊需求编写而成。本次修订保留了原教材内容的体系结构，承续了原教材独特的编写风格，并在实务内容设计上更加突出以就业为导向、以学生综合职业能力培养为主体的教育教学思想。

本书主要内容包括行业会计比较概述、商品流通企业会计、运输企业会计、物流企业会计、施工企业会计、房地产开发企业会计、物业管理企业会计及旅游企业会计等行业会计比较的内容及核算方法。

本书突出时效性、实用性和便利性，涉及面广、行业特点明显、内容简明扼要、理论与实际结合紧密、处理依据适时、业务处理规范，旨在满足会计职业技能型人才培养的需要，不断提升学生自身的就业核心竞争力和职业岗位胜任能力。

本书可作为高等院校会计学、财务管理等专业的专业课或专业选修课的教材，也可作为在职会计人员的培训或自学用书。

封面贴有清华大学出版社防伪标签，无标签者不得销售。
版权所有，侵权必究。举报：010-62782989，beiqinquan@tup.tsinghua.edu.cn。

图书在版编目(CIP)数据

行业会计比较 / 尹桂凤，姚嘉主编. —3版. —北京：清华大学出版社，2023.6（2024.7重印）
普通高等教育经管类专业系列教材
ISBN 978-7-302-63852-0

I.①行… Ⅱ.①尹… ②姚… Ⅲ.①部门经济－会计－对比研究－高等学校－教材 Ⅳ.①F235-03

中国国家版本馆 CIP 数据核字(2023)第 094130 号

责任编辑：刘金喜
封面设计：周晓亮
版式设计：思创景点
责任校对：成凤进
责任印制：沈　露

出版发行：清华大学出版社
　　　　网　　址：https://www.tup.com.cn，https://www.wqxuetang.com
　　　　地　　址：北京清华大学学研大厦 A 座　　　邮　编：100084
　　　　社 总 机：010-83740000　　　　　　　　　邮　购：010-62786544
　　　　投稿与读者服务：010-62776969，c-service@tup.tsinghua.edu.cn
　　　　质 量 反 馈：010-62772015，zhiliang@tup.tsinghua.edu.cn
印 装 者：三河市人民印务有限公司
经　　销：全国新华书店
开　　本：185mm×260mm　　　**印　张**：18.75　　　**字　数**：467 千字
版　　次：2017年1月第1版　2023年6月第3版　　**印　次**：2024年7月第2次印刷
定　　价：69.80 元

产品编号：101820-01

前 言

《行业会计比较(第三版)》在第二版的基础上，汲取国内优秀教材的精华，结合我国国情和企业经营活动实际，以及读者群的特殊需求编写而成。本书在编写过程中除很好地突出了以最新会计准则为依据、注重理论与实际紧密结合的特点外，更注重满足专业对接产业、人才培养满足社会发展的需求。

本书认真贯彻党的二十大精神，坚持为党育人、为国育才，在培养学生行业会计实务处理能力的同时，教育学生必须坚持自信自立、守正创新；紧跟时代步伐，顺应实践发展；必须坚持问题导向，增强问题意识，聚焦实践遇到的新问题，不断提出真正解决问题的新理念、新思路和新办法；必须坚持系统观念，用普遍联系的、全面系统的、发展变化的观点观察事物，把握事物发展规律；引导学生争做有理想、敢担当、肯奋斗的新时代好青年。

本书主要特点：落实立德树人根本任务，培养学生养成自信自强、守正创新的职业精神，在会计工作中做到坚持准则、勇于创新、与时俱进、踔厉奋发。本书立足会计理论，与我国各行业企业实际紧密结合，依照社会市场就业结构以及就业领域职业岗位规范，在会计实务内容设计上突出以就业为导向，以学生综合执业能力培养为主体的教育教学思想，既重视满足学生动手能力培养的需要，又注重满足学生综合素养、创新创业精神，以及综合实践能力培养的需要。现再次对《行业会计比较》教材进行修订，力求进一步提高教材质量，更好地服务于广大师生。

本次修订保留了原教材内容的体系结构，承续了原教材独特的编写风格。为适应应用型、综合性专门人才培养的需求，本次修订了全书的课后复习思考题、会计职业判断能力训练及答案、会计职业实践能力训练及答案，特别是新增了一些综合性较强的实务训练内容，并对全书原有内容做了较为全面的梳理、补充和完善，使其内容更加完整、准确。第三版教材不仅体现了我国企业会计准则、制度及相关法律法规理论的深度和广度，也更加凸显了与时俱进的特色，内容更接地气、更适用和更好用。

本书可作为高等院校会计学、财务管理等专业的专业课或专业选修课的教材，也可作为在职会计人员的培训或自学用书。

本书由尹桂凤拟定编写大纲并统稿，同时修订完善了第一、二、六章；姚嘉修订完善了第三、四章，并新增了课后的复习思考题、会计职业判断能力训练及答案、会计职业实践能力综合训练及答案；卢珊修订完善了第五章；贾凯修订完善了第七、八章。

本书在编写过程中借鉴了许多前辈的研究成果，得到了会计界同行的大力协助，在此表示衷心的感谢！希望本书能够对拓展学生知识面、增加学生就业途径有所帮助。

由于编者水平有限，书中难免存在不足，敬请广大师生批评指正。

服务邮箱：476371891@qq.com。

本书 PPT 课件可通过 http://www.tupwk.com.cn/downpage 下载。

编者

2023 年 2 月

目 录

第一章 行业会计比较概述 ………… 1
　第一节 行业与行业会计 ………… 1
　　一、我国行业的划分 …………… 1
　　二、行业会计和我国的会计制度 … 4
　　三、行业会计间的联系与区别 …… 6
　第二节 行业会计比较的内容及
　　　　方法 ………………………… 7
　　一、行业会计比较的内容 ……… 7
　　二、行业会计比较的方法 ……… 9
　复习思考题 …………………………… 9
　会计职业判断能力训练 ……………… 9

第二章 商品流通企业会计 ………… 11
　第一节 商品流通企业会计概述 …… 11
　　一、商品流通企业的经营特点 …… 12
　　二、商品流通企业会计核算的特点 … 12
　第二节 批发企业商品流转的
　　　　核算 ………………………… 15
　　一、批发企业商品购进的核算 …… 15
　　二、批发企业商品储存的核算 …… 20
　　三、批发企业商品销售的核算 …… 21
　　四、批发商品销售成本的计算和
　　　　结转 ………………………… 26
　第三节 零售企业商品流转的
　　　　核算 ………………………… 26
　　一、零售企业商品购进的核算 …… 27
　　二、零售企业商品储存的核算 …… 31
　　三、零售企业商品销售的核算 …… 33

　第四节 联营和网络销售业务的
　　　　核算 ………………………… 42
　　一、联营抽成商品销售的核算 …… 42
　　二、网络销售商品的核算 ……… 45
　复习思考题 ………………………… 46
　会计职业判断能力训练 …………… 47
　会计职业实践能力训练 …………… 49

第三章 运输企业会计 ……………… 65
　第一节 运输企业会计概述 ……… 65
　　一、运输企业生产经营特点 …… 65
　　二、运输企业会计核算的特点 … 67
　第二节 运输企业存货的核算 …… 68
　　一、存货的分类 ………………… 68
　　二、燃料的核算 ………………… 68
　　三、轮胎的核算 ………………… 70
　第三节 运输企业营运成本的核算 … 71
　　一、运输企业成本核算的特点 … 71
　　二、运输企业成本构成与核算程序 … 71
　　三、运输企业营运成本的核算方法 … 73
　第四节 运输企业营业收入的
　　　　核算 ………………………… 78
　　一、运输企业营业收入的构成及
　　　　特点 ………………………… 78
　　二、汽车运输公司运营收入的核算 … 79
　　三、运输企业之间营运收入相互结算
　　　　的核算 ……………………… 82
　第五节 运输企业应交增值税的
　　　　相关管理规定和核算 ……… 83

一、运输企业应交增值税的相关管理
　　　　规定……………………………83
　　二、运输企业应交增值税的核算………85
复习思考题……………………………………86
会计职业判断能力训练………………………87
会计职业实践能力训练………………………90

第四章　物流企业会计……………………97
第一节　物流企业概述……………………97
　　一、物流及物流企业的概念……………97
　　二、物流企业的经营特点………………98
第二节　物流企业包装业务的
　　　　　核算………………………………99
　　一、包装及其分类………………………99
　　二、包装费用的构成……………………100
　　三、包装收入和费用的核算……………101
第三节　物流企业装卸搬运业务的
　　　　　核算………………………………102
　　一、装卸搬运的概念及分类……………102
　　二、装卸搬运的地位……………………103
　　三、装卸搬运业务的核算………………103
第四节　物流企业储存保管的
　　　　　核算………………………………103
　　一、储存的相关概念……………………103
　　二、储存保管的作用……………………104
　　三、储存业务核算………………………105
第五节　物流企业运输的核算……………106
　　一、运输的概念及分类…………………106
　　二、运输业务的核算……………………106
第六节　物流企业流通加工与配送的
　　　　　核算………………………………108
　　一、流通加工的概念及业务核算………108
　　二、物流企业的配送及核算……………110
第七节　物流企业应交增值税的
　　　　　核算………………………………111

　　一、应征增值税的应税服务范围及
　　　　税率……………………………111
　　二、物流企业应交增值税的核算………112
复习思考题……………………………………114
会计职业判断能力训练………………………115
会计职业实践能力训练………………………115

第五章　施工企业会计……………………119
第一节　施工企业会计核算………………119
　　一、施工企业生产经营特点……………119
　　二、施工企业会计核算特点……………120
第二节　施工企业存货的核算……………123
　　一、材料的核算…………………………123
　　二、材料采购成本构成及账户
　　　　设置……………………………124
　　三、周转材料及其分类…………………127
第三节　临时设施的核算…………………129
　　一、临时设施及其分类…………………129
　　二、临时设施的搭建、摊销和清理的
　　　　核算……………………………130
第四节　工程施工成本的核算……………132
　　一、工程施工成本概述…………………132
　　二、工程成本核算的账户设置与核算
　　　　程序……………………………134
　　三、工程实际成本的核算………………136
第五节　工程价款结算的核算……………147
　　一、工程价款结算概述…………………147
　　二、合同收入的确认条件………………149
　　三、在某一时段内履行的履约义务的
　　　　收入确认方法…………………150
　　四、施工建造合同收入的核算…………154
第六节　施工企业应交增值税的
　　　　　核算………………………………162
　　一、建筑业涉及税制改革的主要
　　　　内容……………………………162

二、施工企业应交增值税的核算……164
　复习思考题……………………………167
　会计职业判断能力训练………………167
　会计职业实践能力训练………………170

第六章　房地产开发企业会计……179
　第一节　房地产开发企业会计
　　　　　概述…………………………179
　　一、房地产开发企业的概念及经营
　　　　特点…………………………179
　　二、房地产开发企业会计核算的
　　　　特点…………………………181
　第二节　房地产开发成本的核算……182
　　一、开发产品成本的种类……………182
　　二、开发产品成本项目的设置………183
　　三、开发产品费用归集、分配结转的
　　　　核算…………………………184
　　四、土地开发成本的核算……………186
　　五、房屋开发成本的核算……………189
　　六、配套设施开发成本的核算………195
　　七、代建工程开发成本的核算………200
　第三节　房地产开发产品的核算……201
　　一、开发产品的构成及计价…………201
　　二、开发产品的核算…………………202
　第四节　房地产开发企业营业收入
　　　　　的核算………………………204
　　一、营业收入的范围和实现…………204
　　二、主营业务收入的核算……………205
　第五节　房地产开发企业应交税费
　　　　　的核算………………………209
　　一、应交土地增值税的核算…………210
　　二、房地产开发企业应交增值税的
　　　　有关规定……………………212
　　三、房地产开发企业应交增值税的
　　　　核算…………………………216

　复习思考题……………………………217
　会计职业判断能力训练………………217
　会计职业实践能力训练………………221

第七章　物业管理企业会计……………231
　第一节　物业管理企业会计概述……231
　　一、物业及物业管理的概念…………231
　　二、物业管理企业会计核算的
　　　　特点…………………………232
　第二节　物业管理企业存货的
　　　　　核算…………………………233
　　一、物业管理企业存货概述…………233
　　二、待售物品的核算…………………234
　第三节　物业管理企业代收款项和
　　　　　代管基金的核算……………234
　　一、代收款项的核算…………………234
　　二、代管基金的核算…………………234
　第四节　物业管理企业收入的
　　　　　核算…………………………239
　　一、物业管理收入的核算……………239
　　二、物业经营收入的核算……………244
　　三、物业大修收入的核算……………245
　　四、其他业务收入的核算……………245
　第五节　物业管理企业成本费用的
　　　　　核算…………………………247
　　一、物业管理成本的核算……………247
　　二、物业经营成本的核算……………251
　　三、物业大修成本的核算……………252
　　四、物业企业其他业务成本的
　　　　核算…………………………253
　第六节　物业管理企业应交增值税
　　　　　的核算………………………254
　　一、一般纳税人不动产租赁应交
　　　　增值税的规定………………255
　　二、代收水电费、暖气费缴纳增值税
　　　　的规定………………………255

三、物业管理企业应交增值税的核算·················255
　复习思考题·················256
　会计职业判断能力训练·················256
　会计职业实践能力训练·················258

第八章　旅游企业会计·················262
第一节　旅游企业会计核算·················262
　　一、旅游企业的主要业务及特点·················262
　　二、旅游企业会计核算特点·················264
第二节　旅游企业销售价格确定与结算·················265
　　一、旅游品种销售价格的确定·················265
　　二、旅游企业收入的结算方式·················265
第三节　旅行社经营业务和营业成本的核算·················266
　　一、旅行社经营业务的核算·················266
　　二、旅行社营业成本的核算·················269
第四节　餐饮经营业务的核算·················271
　　一、餐饮业的经营的特点·················271
　　二、餐饮业营业收入的核算·················272
　　三、餐饮业营业成本的核算·················274
第五节　旅游宾馆经营业务的核算·················276
　　一、旅游宾馆营业收入的核算·················276
　　二、旅游宾馆营业成本的核算·················279
第六节　旅游企业应交增值税的核算·················280
　　一、旅游企业应交增值税的有关规定·················280
　　二、旅游企业应交增值税的会计核算·················281
　复习思考题·················282
　会计职业判断能力训练·················282
　会计职业实践能力训练·················286

参考文献·················291

第一章

行业会计比较概述

【教学目的及要求】

通过对本章的学习,了解我国行业划分及管理特点,明确进行行业会计比较的意义、内容及方法。

【本章重点及难点】

明确进行行业会计比较的意义,重点掌握行业会计比较的内容及核算方法。

【本章教学时数】

4学时。

第一节 行业与行业会计

一、我国行业的划分

随着经济的不断发展,社会分工越来越细。在社会经济活动中,人们都是以各种相同或不同的职业求得生存。久而久之,人们的职业因受地理、技能、社会环境等诸多因素的影响而相对固定,并随着社会的进步、经济的快速发展和人类的繁衍逐渐形成一个个行业。所以,在我国,行业应当泛指社会中所有不同活动的总和,可理解为职业的类别既包括构成国民经济的物质生产部门,也包括构成国民经济的非物质生产部门。

我国的行业划分,是由人们经过长期的社会实践而形成的,迄今为止没有一个明确的标准,并仍处在变动状态之中。在理论界,有的学者将行业按劳动形态划分,即脑力劳动和体力劳动;有的学者将行业按产业层次划分,即第一产业、第二产业和第三产业。在现阶段,我国一般将行业划分为工业企业、农业企业、商品流通企业、物流企业、运输企业、邮电通信企业、施工企业、房地产开发企业、物业管理企业、旅游企业和金融企业等。

通常人们认为，行业的划分应当以国民经济的各个生产部门及各个环节为依据，具体可分为国民经济的各个物质生产部门(即第一产业和第二产业)，以及可使国民经济顺利运行、社会物质生产部门的劳动成果得以实现的第三产业。

(一) 经济部门行业的划分

经济部门主要指企业。我国企业按大的行业划分，一般可分为以下几类。

1. 工业企业

工业企业是指从事工业性产品(或劳务)生产经营活动的企业，具体包括采掘工业企业和加工工业企业。工业企业是国民经济中的主导产业，担负着向国民经济各部门提供各种技术装备的生产制造任务，为社会生产和人民生活需要提供各种物资，是国民经济生产的物质技术基础。工业企业的主要特点如下：大规模采用机器和机器体系进行生产，并系统地将科学技术应用于生产；劳动分工精细，协作关系极为复杂和严密；生产过程具有高度的比例性、均衡性、适应性和连续性；生产社会化程度高，有广泛、密切的外部联系。

2. 农业企业

农业企业是指从事农、林、牧、渔、采集等生产经营活动的企业，是我国国民经济的基础。农业企业的特点如下：利用植物、动物的生长过程获取产品；其自然生产过程与社会再生产过程紧密相连；生产周期长；受自然条件影响大。

3. 商品流通企业

商品流通企业是指专门负责组织各类商品流通的企业，包括商业、粮食、外贸等企业。它在国民经济中发挥着非常重要的作用，是联系生产、分配和消费的桥梁与纽带，只有正确地组织商品的流通才能不断地满足社会生产和人民生活的需要。商品流通企业的特点如下：在商品经营中运用机器设备等为商品流转服务；大范围的信息传递、严格的经营管理是其存在和取得经济效益的重要基础；对劳动力有较强的吸纳能力，具有"就业机器"的功能；进入与退出障碍低，竞争激烈；行业集中度较低，规模经济性不明显。

4. 物流企业

物流企业是指从事物流活动的经济组织，是独立于生产领域之外、专门从事与商品流通有关的各种经济活动的企业。它以物流为主体功能，同时伴随商流、资金流和信息流，经营范围涉及仓储、运输、批发、商业、外贸等行业。现代物流企业的特点如下：物流过程一体化、物流技术专业化、物流管理信息化、物流服务社会化和物流活动国际化等。

5. 运输企业

运输企业是指利用运输工具专门从事运输生产或直接为运输生产服务的企业，包括铁路、公路、水上、民航等企业。运输企业是社会再生产的前提和条件。运输企业的特点如下：运输生产过程只对劳动对象改变空间位置，即发生物理位移；没有新的物质产品生成；其生产过程具有流动性、分散性，并且只消耗劳动工具，不消耗劳动对象。

6. 邮电通信企业

邮电通信企业是指通过邮政和电信传递信息、办理通信业务的企业。从广义上讲，它属于运输企业范畴。邮电通信企业是国民经济的一个重要物质生产部门，可以将社会生产、分配、交换和消费有机地联系起来，特别是在当今信息社会中，其作用更加凸显。邮电通信企业的特点如下：其产品不具有实物形态，向消费者提供的是一种特殊服务。邮电通信企业的质量是通过服务质量和信息质量来考核评价的。

7. 施工企业

施工企业是指从事土木建筑和设备安装工程施工的企业，其所提供的产品都是国民经济各部门和人民生活的重要物质基础。施工企业的特点如下：必须按建设单位的设计要求组织施工生产，其提供的产品均有指定的用途和目的；企业施工生产具有流动性，规模大，价值高；生产周期较长；受自然条件影响较大。

8. 房地产开发企业

房地产开发企业是指从事房地产开发、经营、管理和服务的企业。它是国民经济中的支柱产业，为人们的政治、经济、文化和生活提供了一定的地域空间。没有房地产开发企业就没有良好的城市建设。房地产开发企业有两方面特点：一方面，具有发展不平稳、易受经济波动影响、开发周期长、资金投入多、变现难度大、风险高等特点；另一方面，具有社会责任重、受政府政策影响程度高、与相关行业联动性强等诸多特点。

9. 物业管理企业

物业管理企业也称为物业管理公司，是指受物业所有人的委托，依据物业管理合同，对物业的房屋建筑及公共设备、市政公用设施、绿化、卫生、交通、治安和环境容貌等管理项目进行维护、修缮和整治，并向物业所有人和使用人提供综合性有偿服务的企业。它的主要职能是通过对物业的管理和提供的多种服务，确保物业正常使用，为业主和物业使用人创造一个舒适、方便、安全的工作和居住环境。物业管理企业本身并不制造实物产品，它主要是通过日常性的公共服务、延伸性的专项服务、随机性的特约服务、委托性的代办服务和创收性的经营服务等项目，尽可能地实现物业的保值和增值。物业管理服务具有社会化、专业化和市场化等特性。

10. 旅游企业

旅游企业是指以旅游资源为凭借对象，以服务设施为条件，通过组织许多旅行游览活动向游客出售劳务的服务性企业。它需要交通、工业、商业、手工业等相关行业的密切配合才能顺利发展。旅游企业具有投资少、利润多、收效快的特点，素有"绿色无烟工业"之称，是发展经济的一个重要手段，既可加强我国与世界各国的友好往来，也可为国家多创外汇收入，扩大国内就业范围。

11. 金融企业

金融企业是指专门经营货币和信用业务的企业，主要包括商业银行和非银行金融机构。按其特点可分为中央银行、商业银行和非银行金融机构。它的主要职能是充当信用中介，把社会各个方面的闲置货币资金及居民手中的货币收入汇集起来，并有偿提供给企业使用。金融企业在不断发展的市场经济中具有举足轻重的作用。金融企业的特点如下：主要通过有偿转让资金使用权获取经营利润，企业经营风险较大。

(二) 非经济部门行业的划分

我国非经济部门包括两大部分：一部分是为提高科学文化水平和国民整体素质服务的部门，主要包括教育、文化、广播电视事业，科学研究事业，以及卫生、体育和社会福利事业等；还有一部分是为社会公共需要服务的部门，包括国家机关、党政机关、社会团体、军队等。

以上各大行业在国民经济发展中发挥着它们的职能作用，在企业管理方面，这些行业既有共性，也有个性。一般的管理理论、原则、基本制度和方法，对不同行业和不同类型的企业来说，都是普遍适用的，但在具体的管理实践中，不同行业都有其各自的特点，不同行业在生产活动上和经营活动上都存在差别。从生产活动上看，不同行业其产品的用途及生产流程各不相同；从经营活动上看，有些行业企业从事生产领域的活动，如工业、建筑业及农业等；有些行业企业从事流通领域的活动，如运输、商业、物资、外贸等。各行业只有遵循自身的特点建立一套与之相适应的管理制度，才能促进各行业经济乃至整个国民经济的健康发展。

二、行业会计和我国的会计制度

行业会计是指存在于某一行业，并在行业中得以公认、对该行业内会计核算乃至财务管理具有约束力的会计。行业会计是各行业活动的特殊业务在共性会计上的反映。

各行业会计既有共性，也有个性。会计作为一种管理活动，均需以基本会计准则作为共同的基本规范，但不同行业有着不同的生产技术特点和经营管理特点，因此，各行业会计所要反映和监督的具体内容不同，其业务的核算应结合各行业的特点及各行业经济活动中的特殊业务来进行。

我国现行会计体系按行业划分，可分为企业会计和非企业会计两大系统。

(一) 企业会计

企业会计是指从事各种生产经营活动的企业所运用的会计，如工业企业会计、商品流通企业会计、施工企业会计、房地产开发企业会计、旅游企业会计、运输企业会计、金融企业会计等，其核算均需遵循《企业会计准则》和国家统一的《企业会计制度》的规定。这些企业会计在核算和管理上有许多共性，但因企业经济活动的不同，客观上存在着各自行业的特殊业务。所以，我国以往的企业会计制度是分行业的会计制度。

虽然改革后的行业会计制度与以往的制度相比有了非常显著的变化，但仍然有很明显的行业痕迹。各行业会计即使在会计账户设置、报表格式上基本一致，但是，我们也必须承认，我国现阶段还没有使行业会计制度完全趋于一致，不然会计制度就不可能存在现在的行业状况。具体来讲，我国的行业会计制度只是完成了形式上的统一，在具体内容上还存在着很多明显的不同之处，这也需要我们在比较过程中不断认识、总结。

另外，如上所述，即使所有企业都采用国家统一的《企业会计制度》或《企业会计准则》，行业经营管理的特征也不能随着制度、准则的统一而消失。因此，无论是现在的《企业会计制度》(不含金融保险企业)、《金融企业会计制度》和《小企业会计制度》，还是2006年2月颁布实施的《企业会计准则》，即38个具体准则和1个基本准则，以及2014年修订的5个会计准则、发布的2个新准则及1个补充规定，内容包括财务报表列表、职工薪酬、长期股权投资、在其他主体中权益的披露、公允价值计量、合营安排等，在实际执行过程中都还体现着各行业本身的特征。

会计信息的社会化是市场经济对企业统一会计信息的要求，其表现为企业之间的会计信息一致、可比。但是，行业经营管理的特征又要求会计信息在社会一致性的前提下充分反映各行业的特征。这样的矛盾使我们认识到：会计信息的一致性体现在企业的对外会计报告方面，在这方面确实要求会计求同存异，尽可能趋于一致；而利用会计进行企业价值管理，对企业进行有效控制，则需要保留会计的行业特征。因此，仍需要会计在立足于行业的基础之上反映和监督本单位的经济活动。行业会计比较就是建立在这样的原则之上的。

按照这样的原则进行行业会计比较，就是在现有的行业会计制度的基础上再进一步细分各行业会计制度之间的差别，分析其成因，从而为我国现有的会计制度、准则体系的进一步深化改革提供依据；为学好、用好统一的《企业会计制度》，扎实地掌握和贯彻具体会计准则打下良好的基础。同时，着眼于行业经营管理对会计信息的要求，我们还要通过行业会计比较，找出相同会计制度在不同行业之间的不同表现，以及各行业企业在经营管理中的相同之处等，为利用会计信息做好行业之间的管理创造条件。

对于会计专业的学生来说，进行行业会计比较的学习是非常重要和必要的。因为未来的会计业务要求学生能广泛地汲取各方面的知识，提高就业核心竞争力，以适应社会各界对高层次会计人才的需要。既然行业会计存在于社会，我们就应该充分地认识和掌握它，要通过行业会计比较实现对共性会计的深入理解，完成对各行业会计的融会贯通。会计高等教育是为社会培养有全面会计知识的专门人才的摇篮，因此，为在校学生开设行业会计比较课程，是事半功倍的事情。

(二) 非企业会计

非企业会计主要指政府及非营利性组织会计。为了适应权责发生制政府综合财务报告制度改革需要、规范行政事业单位会计核算、提高会计信息质量，2016年，财政部印发了《政府会计准则第1号——存货》《政府会计准则第2号——投资》《政府会计准则第3号——固定资产》《政府会计准则第4号——无形资产》《政府会计准则第5号——公共基础设施》和《政府会计准则第6号——政府储备物资》等政府会计具体准则；2017—2018年，财政部根据《中华人民共和国会计法》《中华人民共和国预算法》《政府会计准则——基本准则》等法律、行政法规和规章，制定了《政府会计制度——行政事业单位会计科目和报表》。医院、基层医疗卫生机构、高等学校、中小学校、科学事业单位、彩票机构、国有林场和苗圃等行业事业单位执行《政府会计制度——行政事业单位会计科目和报表》的补充规定；行政单位、事业单位和医院、基层医疗卫生机构、高等学校、中小学校、科学事业单位、彩票机构、国有林场和苗圃、地质勘查事业单位、测绘事业单位等行业事业单位执行《政府会计制度——行政事业单位会计科目和报表》的衔接规定；并要求自 2019 年 1 月 1 日起，政府会计准则制度在全国各级各类行政事业单位全面施行。

三、行业会计间的联系与区别

（一）行业会计间的联系

行业会计间的联系即各行业会计的共性部分，主要包括以下两个方面的内容。

(1) 各行业的会计实务都以基本会计准则、统一会计制度作为规范。主要表现在：会计核算都遵循会计核算的一般原则，会计要素的命名和划分大体相同，会计报表的名称、格式、内容及编制方法基本相同。

(2) 各行业会计中，共同性业务的会计处理基本相同。主要表现在：会计账户设置与核算方法基本一致。共同性业务的会计处理主要包括货币资金的核算、应收款项的核算、交易性金融资产的核算、长期股权投资的核算、固定资产与无形资产的核算、长短期负债的核算、所有者权益的核算、利润形成与分配的核算等。

（二）行业会计间的区别

虽然在《企业会计准则》和国家统一会计制度的制约下，各行业间的会计核算已基本趋同，但由于各行业间生产经营活动的特点不同，各行业会计在核算和管理上也存在特殊性的部分，即各行业会计的个性部分，其主要包括以下 4 个方面的内容。

1. 存货的核算

存货比较能够反映行业企业生产经营的特点，因为不同行业的企业为其从事正常的生产经营活动而储存的存货具有不同的作用和特点，具体如下。

(1) 从企业持有存货的作用来看，制造业主要从事各种产品的生产，因此其存货既有可供耗用的原材料，又有处于生产过程各阶段的半成品、在产品，还有待发、待售的产成品等存货。商品流通企业主要从事各种商品的经营，没有生产制造过程，所以其存货主要是购入的待销售的商品，也包括为经营而准备的自身耗用的材料物资。交通运输企业主要从事公路、铁路、民航等运输活动，其存货主要有各种燃料及修理交通运输工具的备品配件等。房地产业以土地和建筑物为经营对象，主要从事房地产开发、建设、经营、管理等多种经济活动，其存货主要有原材料类存货、设备类存货、在产品类存货、产成品类存货和开发用品类存货。

(2) 从各行业持有存货的时间周期和是否受自然条件、环境影响等方面来看，也表现出不同的特点，如施工企业、房地产开发企业、农业企业等表现比较明显。

所以各行业存货的核算在盘存制度、计价方法、信息披露等方面也有较大的不同。

2. 收入的核算

不同行业的经营范围和经营内容千差万别，这使得其收入的取得形式多种多样，不仅不同类别收入的确认、计量方法不尽相同，即使是同一类收入，由于不同行业的具体内容不同，其确认、计量方法也存在较大差异。

制造业和商品流通业的收入主要是销售商品收入，应按《企业会计准则——收入》和《企业会计制度》所规定的收入确认的 5 个条件予以确认。但在进行收入核算时，由于各行业经营活动特点的不同，各行业确认收入的具体时机并不完全相同，制造业一般采用销售法确认销售收入，商品零售业一般采用收现法确认销售收入。

对于提供劳务取得的收入，虽然普遍存在于各行各业，但不同行业提供劳务的具体内容和收入获取方式存在较大差异，因此其核算程序、方法及账户的设置等都有较大的不同。

制造业一般采用销售法确认劳务收入，因其不属于主营业务收入，所以需通过"其他业务收入"账户核算；建筑施工企业一般签订建造合同，其业务收入采用完成合同法或完工(履约)百分比法确认，因劳务收入是建筑施工企业的主营业务收入，所以需通过"主营业务收入"账户核算。

3. 成本费用的核算

成本是指企业为生产产品、提供劳务而发生的各项资金耗费。费用是指企业为销售商品、提供劳务等日常活动所发生的经济利益的总流出。由于各行业向社会提供的产品和劳务不同，其成本费用的内容构成也不尽相同，例如，制造业的成本费用一般包括为生产产品所耗用的直接材料费、直接人工费和制造费用，以及与生产产品有关的期间费用等；商品流通企业的成本费用一般包括企业所售商品的采购(进价)成本和进货费用等；施工企业的成本费用一般包括为建造不动产所耗用的直接材料费、直接人工费、机械使用费、其他直接费和施工间接费用等；物流企业的成本费用一般包括包装成本、装卸搬运成本、材料采购成本、运输成本、加工及配送成本等。综上可知，不同行业的主要成本费用因其经营业务的不同而有所区别，其费用的归集方法、成本的计算与结转的方法也各具特点。

4. 结算业务的核算

从会计处理角度来看，各行业会计处理基本一致。但从各行业经营管理的特点来看，行业间的差异还是比较大的，例如，商品零售业、餐饮业的收入主要以现金结算为主；施工企业应收应付往来结算较多，工程价款大多采用按月结算、分段结算等独特方法；旅游业则是先收款后服务，其收入的实现意味着负债的减少。

特别是随着信息技术的快速发展，电子商务已得到广泛应用，在很多领域都可以使用信用卡、电子钱包等进行购销活动。它们不仅与人们的日常生活相联系，而且与具有行业特征的各企业业务相联系，共同构成了一些行业企业的新型结算方式。

第二节 行业会计比较的内容及方法

一、行业会计比较的内容

行业会计比较是指对现行几大行业的会计制度的结构、内容及会计核算方法等进行比较，找出它们的异同点,进而认识各行业会计核算的特点、通晓整个会计核算体系、提高不同行业特殊业务会计信息的相关性和可比性。行业会计比较的内容主要包括以下3个方面。

(一) 行业会计核算对象的比较

会计对象是指会计所反映和监督的内容。各行业企业经济活动、业务范围、生产经营特点各有不同,因此各行业企业会计反映和监督的内容也不尽相同。若要正确进行会计核算,首先必须准确确定各行业企业会计核算对象。只有这样,才能及时准确地提供该单位的会计信息资料。例如,商品流通企业因其批发与零售业务活动有较大差异,会计核算对象就应按批发和零售分别设置,因此其会计核算方法也存在较大差异。再如,旅游业目前基本上提供的都是"一条龙"服务,这就要求旅游业要有与之相配套的部门或单位相配合完成旅游服务。旅游业除组团旅游外,有条件的旅行社还提供游客客房、餐饮、售货、娱乐及其他业务等。因此,为了分别提供各类业务的会计信息,就形成了会计核算对象的多样性,进而需要分门别类地进行会计核算。

(二) 行业会计特殊业务的比较

行业间经营管理上的差异必然会反映到行业会计核算中来。这些特殊业务的客观存在,使得各行业会计在实际操作中必然会存在区别。例如,商品流通企业中的零售业的售价金额核算就是由零售业内部控制的"实物负责制"决定的;施工企业劳务收入核算是采用完工(履约)百分比法,还是完成合同法,则取决于结算工程价款时采用哪种结算办法;餐饮业只核算总成本不核算单位成本,且只核算原材料成本不核算全部成本,这是由餐饮业菜肴和食品花色品种繁多、数量零星,且整个生产、销售和服务过程都集中在较短时间内完成的特殊业务活动决定的。此外,交通运输业的轮胎核算、房地产业的开发成本核算等,也都是其本行业特殊业务在行业会计核算中的反映。通过对不同行业特殊业务核算的比较,真正把握这些特殊业务的会计处理,才能更好地掌握不同行业会计的特征,这是我们进行行业会计比较的基础。

(三) 行业会计相关业务的比较

国民经济各部门是一个有机联系的整体,各行业之间存在着相互依存的关系。在会计核算方面,也存在着各行业会计之间对相关经济业务的处理问题。例如,制造业的生产成本是商品流通企业材料采购成本的基础;农产品成本的核算是相关企业进行成本核算的基础;施工企业的工程价款是房地产开发企业开发成本的重要组成部分,但两者并不相等,因为房地产开发企业的开发成本中还包括土地开发成本和配套设施成本等。

综上所述,了解所购进商品或原料的成本构成,对于本企业的成本核算是大有益处的。通过对不同行业相关业务的比较,可以掌握不同行业、不同阶段成本计算的区别和联系,这对于一些从事多种经营、跨行业的联合体尤为重要。

通过行业会计比较,可以加深对各行业会计共性和个性的认识,以便有效地输出或利用会计信息;可以明确会计信息在不同行业的表达内容和表达方式的异同,从而在信息统一的基础上强化企业内部财务管理;可以明确不同行业会计之间的异同,对于政府职能部门加强宏观经济调控的有效性具有重要意义；同时，也是我国进行会计理论研究的需要。

二、行业会计比较的方法

(一) 横向比较法

横向比较法是指将同一会计要素在不同行业企业会计间进行比较，研究其在会计核算上的共性和个性，并对其个性部分分别进行阐述的做法。例如，将会计六大要素之一的资产(或负债、所有者权益、收入、费用、利润)要素，在各行业企业会计中加以比较，找出不同点，并指出相应核算及管理的具体方法。

横向比较法便于对各行业相同业务会计处理的异同之处进行分析，研究其产生的原因，进而探讨解决问题的方法。

(二) 纵向比较法

纵向比较法是指将各行业会计分别与工业企业会计进行比较，找出每一行业企业会计与工业企业会计相比的共性部分和个性部分，并对其个性部分加以阐述的做法。

纵向比较法有利于全面系统地掌握各个行业会计核算的方法，明确不同行业会计核算的特点。

本书在采用纵向比较法的基础上，将各行业会计核算中的共性部分作为已知的知识加以省略。从第二章起，每章将介绍一个行业会计内容，但并非全面、详细、具体地介绍相关行业企业会计核算的内容和方法，仅就各行业企业会计核算的个性部分加以具体阐述，重点介绍各行业特殊业务的会计核算方法。

【复习思考题】

1. 行业的划分有几种？我国现行的做法是什么？
2. 什么是行业会计？各行业会计间有哪些联系和区别？
3. 行业会计比较的内容包括哪些？
4. 行业会计比较的方法有哪些？有哪些缺点？

【会计职业判断能力训练】

一、填空题

1. 商品流通企业，指专门负责组织_____的企业。
2. 交通运输企业，指利用运输工具专门从事_____或直接为_____服务的企业。
3. 金融企业，指专门经营_____的企业。
4. 商品流通企业的会计核算对象分为_____两种类型。
5. 建筑安装企业，指从事_____的企业。

二、多项选择题

1. 行业会计分为( )两大系统。
   A. 企业会计　　　　B. 流通企业会计　　　C. 银行会计　　　　D. 非企业会计
2. 若要进行行业会计比较，则可以采用的方法有( )。
   A. 趋势分析法　　　B. 环比分析法　　　　C. 横向比较法　　　D. 纵向比较法

附【会计职业判断能力训练答案】

一、填空题

1. 各类商品流通
2. 运输生产　运输生产
3. 货币和信用业务
4. 批发和零售
5. 土木建筑和设备安装工程施工

二、多项选择题

1. AD；2. CD。

第二章

商品流通企业会计

【教学目的及要求】

通过对本章的学习，全面了解商品流通企业会计的基本理论和实务；掌握商品批发、零售企业购进、销售和储存的特点，以及主要经济业务的核算方法；并能熟练运用有关账户对商品流通企业会计的基本业务进行准确的账务处理。

【本章的重点及难点】

进价核算法和售价核算法在商品流通企业会计中的具体应用及其核算的不同；与其他行业会计相比，商品流通企业会计在核算程序及方法上的特点。

【本章教学时数】

10学时。

第一节 商品流通企业会计概述

商品流通企业是指专门以商品流通活动作为主营业务，经过购、销、存3个环节，通过多次购销活动，将商品从生产者手中转移到消费者手中，并可进行自主经营、自负盈亏、独立核算的法人实体。商品流通企业按照它在商品流通中所处的不同地位和经营活动的不同特点，分为批发企业和零售企业两种类型。

批发企业是整个商品流通的起点或中间环节，是指企业批量从生产企业或其他企业购进商品，再将商品销售给其他商业企业继续流通或销售给其他生产企业进一步加工的商品流通企业。批发商品流通具有商品进销量大、交易次数不多、经营品种繁多；商品储存量大、保管地点分散；商品购销对象面广、购销方式多样等特点。

零售企业处于商品流通环节的终端，是指将商品最终出售给消费者，以满足消费者个人的物质和文化生活需要的企业，即从批发企业或生产企业购进商品，再将商品销售给消费者，或销售给企事业单位用以生产消费和非生产消费的商品流通企业。零售企业所从事的商品购销活动具有商品品种多、交易量少、交易次数多、交易方式单一等特点。

一、商品流通企业的经营特点

与工业企业等其他行业企业的经营活动相比，商品流通企业有以下3个特点：①经营活动的主要内容是商品购销；②商品资产在企业全部资产中占有较大的比例，是企业资产管理的重点；③企业营运中资金活动的轨迹是"货币—商品—货币"。

商品经营是指商品流通企业进行商品买卖的购销活动，即商品流通企业从生产者手中集中组织商品，然后将其向消费者转移的过程。在市场经济条件下，商品的范畴极为广泛，但商品流通企业经营的商品有其特定的含义，它是指为了卖出而买进的商品。

商品经营活动有以下3个特点：①在商品经营活动中必须实现商品实物的转移，即商品所有权的转移。只有货币收付行为，而无商品实物的转移，不属于商品经营活动，如旅游、修理等服务性行业的经营活动。②在商品经营活动中必须进行货币的收付活动。只进行商品实物的转移，而无货币收付行为，也不属于商品经营活动，如接受捐赠物品。③以商品销售为目的。既有货币收付行为又进行商品实物的转移，而不作为商品销售，也不属于商品经营范畴，如购买的低值易耗品等。

二、商品流通企业会计核算的特点

(一) 核算内容以商品流转为核心

商品购进、销售和储存构成商品流通企业的主要业务内容，其中，商品购进是商品流转的起点，商品销售是商品流转的终点，商品储存是商品购进和商品销售的中间环节，也是商品流转的重要环节，它是企业购进的商品在被销售以前在企业的停留状态。商品流通企业通过买卖活动实现商品的流通，以满足社会和居民的各方面需求。

商品流通企业通过商品购进、销售、调拨、储存(包括运输)等经营业务实现商品流转，其中，购进和销售是完成商品流通的关键业务，调拨、储存、运输等活动都围绕商品购销而展开。

商品流转核算中的货款结算，应根据购货渠道的不同采用不同的结算方式，即从本地购进商品一般采用送货制、提货制，货款采用同城结算方式；从外地购进商品一般采用发货制，货款采用异地结算方式。

由于商品流通企业会计同属于企业会计范畴，其内容有很大一部分与一般企业会计相同，如货币资金核算，结算业务核算，企业投资核算，固定资产核算，包装物、低值易耗品和材料物资核算，无形资产、递延资产和其他资产核算，负债核算，费用和税金核算，利润形成与分配核算等。下文只介绍和研究商品流通企业会计核算的特殊内容(即商品流转的核算)及其特点。

(二) 商品流转核算及交接方式的特殊性

根据不同类型的商品流通企业的经营特点和管理要求,可以采用"进价核算法"和"售价核算法"对商品流转进行核算。

1. 进价核算法

进价核算法是以库存商品的进价来反映和监控商品购进、销售及结存情况的核算方法。这种方法又可进一步分为"进价金额核算法"和"数量进价金额核算法"。

1) 进价金额核算法

进价金额核算法,又称为"进价记账,盘存计销",是指只按进价金额核算库存商品增减变动及结存情况的核算方法,其主要特点如下。

(1) 库存商品总账和明细账都按进价记账,只记金额,不记数量。平时,商品销售后,只登记销售收入,不计算结转已售商品销售成本。

(2) 商品损益和价格变动,平时不做账务处理。

(3) 月末或每一批次通过盘点查明实存数量,用最后一次进价计算库存商品结存金额;倒挤出已售商品进价成本并据以转账。

进价金额核算法手续简单、工作量小,但手续不严密,平时不能用于掌控库存变动情况,一般适用于经营鱼、肉、菜、果等鲜活商品的零售企业。因为鲜活商品易腐烂变质(损耗量大),数量难以掌握,不宜进行数量核算;同时,其售价要随着商品的新鲜程度随时调整,售价不易控制,因此,宜于采用进价金额核算法。

2) 数量进价金额核算法

数量进价金额核算法是指库存商品总账按进价核算的同时,对库存商品明细账既要进行进价金额核算,又要进行实物数量核算的方法,其主要特点如下。

(1) 库存商品总账、类目账、明细账统一实行进价金额核算。

(2) 总账、类目账反映库存商品的进价金额,明细账反映各种库存商品的实物数量和进价金额。

数据进价金额核算法能从数量和金额两个方面反映每种商品的增减变动及结存情况,有利于加强商品管理,安排购销业务。但每笔业务都要填制进销货凭证,按品种逐笔登记库存商品明细账,所以业务工作量较大。该方法主要适用于大中型批发企业、农副产品收购企业和一些具备条件(经营贵重商品且商品品种少)的零售企业。另外,也适用于经营粮食、煤炭等商品的零售企业(因为这些企业经营的商品品种少、数量大且手续凭证齐全)。

2. 售价核算法

售价核算法是以库存商品的售价来反映和监控商品购进、销售及结存情况的核算方法。这种方法又可进一步分为"售价金额核算法"和"数量售价金额核算法"。

1) 售价金额核算法

售价金额核算法,又称为"售价记账,实物负责制",即按实物负责人和售价对库存商品的增减变动及结存情况进行核算的一种方法,其主要特点如下。

(1) 库存商品明细账按经营商品的实物负责人进行分户登记，不记数量，只记售价金额。

(2) 应按全部商品或实物负责人开设"商品进销差价"账户，核算商品售价与进价之间的差额。

售价金额核算法能把大量的按商品品名分户的库存商品明细账简化为少量的按实物负责人分户的商品明细账，简化了核算手续，减少了营业员的工作量，但不便于对库存商品实物进行具体管理。该方法主要适用于经营一般工业品的零售企业及从事图书发行的企业(因为他们经营的商品品种繁多，进价不一致，库存数量不大，销售次数频繁，每次销售额较小，销售对象主要是广大消费者，一般不需要填制销货凭证，多采用"一手钱一手货"的商品销售方式)。

2) 数量售价金额核算法

数量售价金额核算法是指按照商品品名登记商品进、销、存数量和售价的一种核算方法，其主要特点如下。

(1) 库存商品总账、类目账一律采用售价核算，而库存商品明细账，则需同时进行数量核算和售价金额核算。

(2) 需设置"商品进销差价"账户，用以调整库存商品账户记载的售价金额，以便计算出已销售商品的进价成本。

数量售价金额核算法适用于经营贵重商品的零售企业(因为其经营的商品品种单位价值大，销售手续凭证等也很齐全)和基层批发企业(因为其业务部门、仓库和财会部门在同一场所，开单、收款、发货等手续可在同一天办理)。

3. 存货购进交接方式

商品流通企业存货购进的交接方式，主要有发货制、送货制和提货制3种。

1) 发货制

发货制是指供应单位根据合同规定，将商品委托运输部门运到购货单位所在地的车站、码头或仓库的一种交接方式。在发货制下，商品的运杂费通常由销货单位垫付，并将运单寄给购货单位，运费由购货单位承担。

2) 送货制

送货制是指供应单位根据合同规定，将商品委托运输部门运到购货单位指定的仓库或某一地点的一种交接方式。在送货制下，送货过程中发生的运输费用和商品损耗等一般由购货单位承担。

3) 提货制

提货制是指购货单位到供货单位指定的仓库或其他地点提取商品的一种交接方式。在提货制下，提货过程中发生的运输费用和商品损耗等费用一般由购货单位承担。

通常情况下，同城商品购销业务采用送货制或提货制，异地商品购销业务采用发货制。

(三) 商品销售方式的多样性

各商品流通企业的销售地点、商品交接方式和货款结算的方式不同，因此，商品的销售方式也不同，主要有托收承付或委托收款方式销售、现款销售、委(受)托代销商品销售、直运商品销售、分期收款销售等方式。

第二节 批发企业商品流转的核算

由于批发企业经营大宗商品买卖,为了满足生产企业和商品流通企业对商品的需求,其商品的购销量和库存量都很大,购销对象一般为生产企业和零售企业。为反映和控制批发企业商品经营活动,发挥其在商品流通过程中的"蓄水池"和"调节器"作用,批发企业应根据其经营特点和管理要求,按照购进商品的进价并结合实物数量同时进行金额核算和数量核算,以便随时掌握和控制各种商品存货的购进、销售及结存的数量和金额。因此,批发企业商品流转的核算一般采用数量进价金额核算法。

一、批发企业商品购进的核算

(一) 商品购进的核算范围

商品购进是指商品流通企业为了销售或加工后销售,通过货币结算而取得商品所有权的交易行为。商品购进是商品经营的起点,也是进行商品销售的前提。商品流通企业进行商品购进核算时必须具备以下 3 个条件。

第一,商品购进必须通过货币结算。不通过货币结算而收入的商品,不能作为商品购进核算,如收回委托加工商品、商品溢余、销货退回、接受外单位捐赠的样品等。

第二,商品购进必须是以销售为目的。商品流通企业通过货币购进商品,如果为了自用,而不进行销售,也不属于商品购进核算范围,如企业购进的办公用品、低值易耗品等。

第三,商品购进必须进行商品所有权的转移。商品流通企业接受其他单位委托代销、代管商品,企业在商品销售后收取手续费、保管费,由于没有取得商品所有权,因此不能作为商品购进核算。

商品购进的 3 个条件相互关联,缺少任何一个都不能进行商品购进核算。通常,商品可从以下渠道购进:从工业、手工业等生产单位和个人购进商品;从农业生产单位和个人购进商品;从国外进口商品;从其他商业部门购进商品。

(二) 商品采购成本及构成

现行的《企业会计制度》规定:"各种存货应当按取得时的实际成本核算。"财政部 2013 年颁布的《企业产品成本核算制度(试行)》第 41 条规定:"批发零售企业发生的进货成本、相关税金直接计入成本核算对象成本;发生的采购费,可以结合经营管理特点,按照合理的方法分配计入成本核算对象成本。采购费金额较小的,可以在发生时直接计入当期销售费用。"也就是说,商品采购成本一般是以商品购买价款、相关税金,以及采购过程中发生的进货费用(运输、装卸、保险费及其他归属于采购成本的费用)来确定的。其中,进货费用可以先进行归集(待摊进货费用),期末根据所购商品的存、销情况分别进行分摊,对于已售商品的进货费用,计入当期损益(主营业务成本);对于未售商品的进货费用,计入期末存货成本。企业采购商品的进货费用金额较小的，也可在发生时直接计入当期损益(销售费用)。各种商品存货实际成本的构成内容，又因商品购进渠道不同应分别加以确定，具体如下。

(1) 企业从国内购进用于在国内销售或用于出口的商品，以进货原价及进货费用作为其采购成本。

(2) 企业从国外直接进口的商品，其采购成本包括进口商品的国外进价、应分摊的外汇价差和进口环节的各项税金。其中，进口商品的国外进价，一律以到岸价格(CIF)为基础。例如，对外合同以离岸价格(FOB)成交的，商品离开对方口岸后，应由买方负担的运杂费、保险费、佣金等费用，计入商品的进价。

(3) 企业委托其他单位代理进口的商品，其采购成本为实际支付给代理单位的全部价款。

(4) 企业收购农副产品，其采购成本包括支付的收购价款、税金等。企业入账时，应按收购农副产品买价的9%计算抵扣增值税进项税。

(三) 商品购进的总分类核算

在数量进价金额核算法下，商品购进业务应通过"在途物资"和"库存商品"账户进行核算。

1. "在途物资"账户

"在途物资"账户是用来核算企业外购商品进货原价及进货费用情况的账户，其借方登记外购材料的采购成本；贷方登记验收入库材料的采购成本。账户期末余额在借方，表示企业在途商品进货原价及进货费用。该账户可按供货单位、商品类别等设置明细账。

2. "库存商品"账户

"库存商品"账户用来核算企业存放在仓库、门市部和寄存在外库的商品，委托其他单位代管、代销的商品和陈列展览的商品等，其借方登记由"在途物资"转入的购进商品成本(或售价金额)；贷方登记已售商品的销售成本。账户期末余额在借方，表示企业各种库存商品的采购成本(或售价金额)。该账户应按商品种类、名称、规格和存放地点等设置明细账。

3. 商品购进业务核算方法

商品按购进渠道不同可分为"同城商品购进的核算"和"异地商品购进的核算"两种情况。

1) 同城商品购进的核算

同城商品购进，是指批发企业根据事先制订的进货计划向当地的生产企业或同城的批发企业购进商品。同城商品购进一般采用送货制和提货制两种商品交接方式；货款的结算通常采用支票、商业汇票等结算方式。

如果采用送货制，业务部门收到供货单位开具的增值税专用发票，确认其与购货合同相符后，填制收货单，并将增值税专用发票和收货单送交财会部门。财会人员进行审核，审核无误后付款，并编制记账凭证，借记"在途物资""应交税费"账户；贷记"银行存款"账户。仓储部门根据收货单验收商品后，将收货单送交财会部门，财会人员进行审核，审核无误后，借记"库存商品"账户；贷记"在途物资"账户。

如果采用提货制，业务部门收到供货单位开具的增值税专用发票，确认其与购货合同相符后，填制收货单，随即将增值税专用发票和收货单送交储运部门提货，同时送交财会部门审核，财会人员审核无误后据以付款。储运部门提回商品验收入库后,将收货单送交财会部门,财会人员进行审核,审核无误后,借记"库存商品"账户;贷记"在途物资"账户。

【例2-1】某批发企业购进彩电一批,进价成本100 000元,购进过程中发生运费1 000元,应交增值税13 000元,款项均以银行存款支付,商品验收入库。按现行有关规定,运费可按9%抵扣增值税进项税。

财会部门根据增值税专用发票结算货款时,做会计分录如下。

借:在途物资　　　　　　　　　　　　　　　　100 910
　　应交税费——应交增值税(进项税额)　　　　 13 090
　　贷:银行存款　　　　　　　　　　　　　　　114 000

该批商品验收入库后,财会部门根据收货单结转商品采购成本。

借:库存商品　　　　　　　　　　　　　　　　100 910
　　贷:在途物资　　　　　　　　　　　　　　　100 910

2) 异地商品购进的核算

异地商品购进,是指商品流通企业从外地供货单位购进商品的业务。一般采用发货制商品交接方式和托收承付、委托收款、银行汇票等货款结算方式。

采用委托收款和托收承付结算方式时,由于商品发运与货款结算完成时间不一致,往往会出现"单到货未到"或"货到单未到"的情况,所以会计核算过程一般分为接收商品和结算货款两部分。

(1) 单货同到。对于发票账单与材料同时到达的采购业务,企业在支付货款或开出商业承兑汇票,并将商品验收入库后,应根据发票账单、收料单和结算凭证,按商品的实际成本入账。借记"库存商品"账户,按专用发票上注明的增值税款,借记"应交税费——应交增值税(进项税额)"账户(一般纳税人,下同),按实际支付的款项,贷记"银行存款"等账户。

(2) 单到货未到。财会部门接到银行转来的付款通知后,应将发票、相关的单证与供货合同进行核对,核对无误后,再按照规定期限办理结算,并根据发票和银行结算凭证等,做如下会计分录。

借:在途物资
　　应交税费——应交增值税(进项税额)(增值税税率为13%)
　　贷:银行存款

对于供货方所垫付的运费等,根据发运单位增值税专用发票,做如下会计分录。

借:在途物资
　　应交税费——应交增值税(进项税额)(增值税税率为9%)
　　贷:银行存款

业务部门收到运输部门转来的提货通知后,填制一式数联的"进货单",留存一联,其余各联送交仓库,仓库根据随货同到的"发票"(正本)和"进货单"验收商品,并在进货单上加盖验收章后,交财会部门据以做账,会计分录如下。

借:库存商品
　　贷:在途物资

(3) 货到单未到。如果在月末,托收凭证仍未到达企业,可按合同或发货单上的金额暂估入账，下月初用红字冲销，待托收凭证到达并支付货款后，再按钱货两清业务进行处理。

业务部门收到提货单后的业务手续与上相同。月末，财会部门根据发货单、代垫运费单据等，做如下会计分录。

借：库存商品
　　贷：应付账款——暂估入账

下月初，用红字冲销时，做会计分录如下。

借：库存商品(红字)
　　贷：应付账款——暂估入账(红字)

待收到付款通知、代垫运费单据及其他有关单证时，做如下会计分录。

借：库存商品
　　应交税费——应交增值税(进项税额)(增值税税率为13%+9%)
　　贷：银行存款

3) 预付款商品购进的核算

企业采用预付款方式购进商品时，按预付金额借记"预付账款"账户，贷记"银行存款"账户，待商品入库时，借记"库存商品""应交税费——应交增值税(进项税额)"账户，贷记"预付账款"账户。差额多退(少补)时，借(贷)记"银行存款"账户，贷(借)记"预付账款"账户。

4) 商品购进中异常业务的核算

批发企业在商品购进中发生的异常业务，主要包括以下内容，其会计处理办法与工业企业的会计处理办法基本相同。

(1) 购进商品退补价的核算。批发企业在购进商品后发生的商品退补价情况，主要有两种：一种是供货方疏忽导致错开单价或金额计算错误；另一种是供货方发出的是已按暂定价格核算入账的适销商品。这两种情况都需调整商品货款，因此发生了商品退补价业务。在商品发生退补价业务时，应由供货方填制更正发票交给购货方，经购货方业务部门审核后交给财会部门，经财会部门审核无误后，据以进行商品退补价的核算。

(2) 购进商品发生短缺和溢余的核算。当企业购进商品发生短缺和溢余时，应在查明原因前，将其短缺和溢余的部分记入"待处理财产损溢"账户，待查明原因和报经批准后，再根据不同情况分别进行处理。如果属于自然短缺或溢余，一般应增加或冲减企业的采购成本；如果是供货单位多发了商品，可与供货方协商，据实际情况退回或购进；如果应由运输部门或责任人赔偿，则应作为"其他应收款"处理；如果应由本企业承担损失，报经批准后，则应作为"营业外支出"处理。

(3) 购进商品发生拒付货款和拒收商品的核算。企业购进商品时可以采用两种方式支付款项，一是验单付款，二是验货付款。当企业采用验单付款方式从外地购进商品时，发现银行转来的托收凭证及其所附的增值税专用发票、运费发票等与双方签订的购货合同有不符之处，应当在银行规定的付款期限内填制"拒付理由书"，说明理由并拒付部分或全部货款。

(4) 购进商品发生退货的核算。当批发企业对购进的商品采用抽查的方式验收入库后，在复查时若发现商品的品种、规格、质量、数量等方面与双方签订的合同有不符之处，批发企业应立即与供货单位取得联系，双方协商后可对其购进的商品进行调换、补缺或退货处理。

(四) 商品购进的明细分类核算

批发企业商品购进的明细分类核算,主要采用平行登记法和抽单核对法。

1. 平行登记法

平行登记法,又称为平行记账法或横线记账法,就是采用多栏式账页,将同一批次购进的商品,对于支付货款和商品验收入库,都分别记入账页同一行次的"借方"栏和"贷方"栏。在途物资多栏式明细账,如表2-1所示。

表2-1　在途物资多栏式明细账

批次	供货单位	借方 2×21年 月	日	凭证号	摘要	金额	贷方 2×21年 月	日	凭证号	摘要	金额	核对
1	东风公司	4	3	4	支付U盘款	5 000	4	6	1	U盘入库	5 000	
2	红太公司	4	7	5	支付音箱款	10 000	4	9	2	音箱入库	4 000	
							4	16	3	音箱入库	6 000	
3	大华公司	4	10	6	支付文具款	4 000	4	17	4	文具入库	3 000	
							4	23	5	文具入库	1 000	
4	恒杰公司	4	20	7	支付牙具款	2 600	4	30	6	牙具入库	2 600	

2. 抽单核对法

抽单核对法是充分利用自制的"收货单"的结算联和入库联代替"在途物资"明细分类账的一种简化的核算方法。在该方法下,不需要设置"在途物资"明细分类账。

企业在购进商品时,财会部门根据业务部门转来的收货单(结算联)支付货款后,在收货单(结算联)上加盖付款日期的戳记,以代替"在途物资"明细分类账借方发生额的记录;根据储运部门转来的收货单(入库联)做商品入库的核算后,在收货单(入库联)上加盖入库日期的戳记,以代替"在途物资"明细分类账贷方发生额的记录。

在收货单中,表示"在途物资"明细分类账借方发生额和贷方发生额的两套凭证应采用专门的账夹(或账箱)分别存放。每日通过核对后,将供货单位名称、凭证号数、商品的数量和金额均相符的收货单结算联和收货单入库联从专门的账夹(或账箱)中抽出,表示这批购进的业务已经钱货两清,予以转销,并将抽出的凭证按抽取日期分别装订成册,同其他会计账簿一样归入会计档案。期末结账时,检查账夹(或账箱),用尚存的收货单结算联汇总的金额,表示"在途物资"明细分类账的借方余额;用尚存的收货单入库联汇总的金额,表示"在途物资"明细分类账的贷方余额。

采用抽单核对法，一定要严格遵守凭证传递的程序，加强对凭证的管理，以防止凭证散乱丢失，造成核算工作的紊乱。

二、批发企业商品储存的核算

商品储存是指商品在一定时间按一定方式处于流通过程的相对静止状态的存在形式，这类商品主要包括库存存货(是指已经验收合格并入库的各种存货，如库存商品)、在途存货(是指货款已经支付，正在运输途中的存货，以及已经运达企业，但尚未验收入库的存货，如各种在途物资)、加工中的存货(是指企业正在加工或委托外单位正在加工的存货)，以及发出存货(是指企业对外销售已经发出，但尚不能确认收入的存货，如分期收款发出商品、委托代销商品等，以及暂时存放在外单位的存货，如展览用的存货等)。为了加强对存货的管理，批发企业的财会部门必须及时关注库存商品的数量和价格的变化，要及时地进行财产清查，并对其进行核算。

由于批发企业储存的库存商品数量最大、占用资金最多，因此，组织好库存商品的核算，是批发商品流转核算的一个重要方面，其商品储存的会计处理与工业企业存货核算的会计处理相同。

(一) 库存商品账户的设置及登记

批发企业库存商品的核算是通过设置"库存商品"总账、类目账和明细账来进行的，账户之间层层衔接、逐级控制。"库存商品"账户是用来核算企业全部库存商品(包括寄存外库的商品)的账户。

1. "库存商品"类目账的设置及登记

"库存商品"类目账是在"库存商品"总账与其所属的明细账之间，按商品大类设置的二级账户，各类目账受控于"库存商品"总账，同时又控制该大类商品所属的各明细账。这样设置有利于核对账目、缩小差错查找范围；通过类目账集中商品销售成本，可简化计算工作，减少工作量；同时还可分类提供商品购、销、存的动态资料，为企业领导经营决策提供依据。

"库存商品"类目账，一般根据进、销货凭证按商品大类进行汇总登记，格式一般采用三栏式，如果大类商品所属各类的实物计量单位相同，也可采用数量金额式。

2. "库存商品"明细账的设置及登记

采用进价核算的企业，其设置的"库存商品"明细账既要反映商品的实存数量，又要反映商品的进价金额，以全面掌控库存商品的增减变动情况。

在会计实务中，对于库存商品的核算，既要结合企业经营特点和管理要求，又要保证商品的安全、简化手续。为此，批发企业"库存商品"明细账的设置方法有以下3种形式。

1) 三账一卡

三账一卡，即三个部门(即业务、财会、仓库部门)各设一套"库存商品"明细账。业务部门设置商品调拨账，目的在于掌握库存商品的"可调库存"数，并以此办理商品的购销和调拨的开单工作；财会部门设置数量金额式的商品明细账，通过会计库存，掌握和考核商品资金的变动情况，计算商品销售成本，控制业务部门的调拨账和仓库部门的保管账；仓库部门设置商品保管账，通过登记商品数量，掌握商品的"保管库存"数，并以此保管商品、办理发货、安排仓位。同时，仓库还要在商品堆放处设置商品保管卡片，以便随时掌握各类商品的实存数量。

2) 两账合一

两账合一，即将业务部门的调拨账和财会部门的明细账合并为一套账，设在业务部门，既登记数量，又登记金额。仓库部门仍设置商品保管账和商品保管卡片，两账之间需不定期核对，做到账账、账实相符。

3) 三账合一

三账合一，即将财会部门的商品明细账、业务部门的商品调拨账和仓库部门的商品保管账合并为一套账，既登记数量，又登记金额。该方法适用于"批仓合一"或"前店后仓"型企业，其业务开单、仓库发货、财会记账等业务能在同一天完成。

(二) 商品削价的核算

批发企业因市场物价变动及企业经营活动的需要，时常发生商品削价等价格调整。商品削价有"残损变质商品削价"和"冷背呆滞商品削价"两种。

企业对于因残损变质造成的商品削价应及时查明商品残损变质的程度和数量，以及形成原因和责任；对于因经营管理不善、信息失灵、盲目采购等造成的冷背呆滞商品削价应及时进行处理。

对于上述商品削价，有关部门应先填制"商品削价报告单"，然后按规定的审批程序，报经有关职能部门批准后再进行相应的账务处理。

批发企业应在期末对商品进行定期或不定期的清查。在清查过程中，如果发现存在残损变质商品和冷背呆滞商品等情况，应运用成本与可变现净值孰低法对商品进行计价，对于其可变现净值低于其成本的差额，计入存货跌价准备。计提时，由于批发企业经营的商品品种较少，可以选择按单个商品项目计提的方法，其具体计提存货跌价准备的账务处理方法与工业企业的账务处理方法相同。

三、批发企业商品销售的核算

商品销售是指商品流通企业通过货币结算将本单位的商品销售给批发企业、零售企业和生产企业。商品销售按销售地点划分，可分为国内商品销售和国外商品销售，国内商品销售又可分为同城商品销售和异地商品销售；按销售方式划分，可分为仓库商品销售和直运商品销售。批发企业的主要经济业务是销售商品，收回货币，一般有发出商品同时收回货款；发出商品，办妥结算手续，取得收款权利；发出商品，货款未收及收回应收货款等情况。

(一) 商品销售的范围

商品销售是指商品流通企业为满足市场需求，以货币为媒介，出售本企业经营的商品，并取得货款或取得索取货款权利的交易行为。商品销售的交易行为必须具备以下3个条件。

第一，销售的必须是企业本身经营的商品。

第二，出售后必须失去商品所有权，即付出商品。

第三，出售后必须通过货币结算。

凡不通过货币结算而付出的商品，不属于商品销售的范围，如商品发出、位移、短缺和赠送及购进商品的退货等。

(二) 商品销售实现的标志

销售收入的实现，原则上应以产品的所有权已转移、收到价款或取得收取货款的凭证为准。由于发货和货款结算的方式不同，销售实现的标志也有一定差别，具体如下。

(1) 托收承付和委托收款结算方式下，在发出商品办妥手续时，即可将取得收取货款凭证视为销售收入的实现。

(2) 交款提货结算方式下，如果货款收到，发票、账单等有关单据交给对方，则不管产品是否发出，均应视为销售收入的实现。

(3) 在委托代销商品的情况下，在代销单位已售出商品并收到代销清单时，视为销售收入的实现。

(4) 预收货款结算方式下，可将商品发出视为销售收入的实现。

(5) 分期收款销售方式下，可将合同约定的收款日期视为销售收入的实现。

(三) 商品销售的核算方法

在数量进价金额核算法下，商品销售业务应通过"主营业务收入""主营业务成本""税金及附加""应交税费""合同负债""受托代销商品"账户进行核算。上述会计账户的用途、性质和核算内容与工业企业基本相同。

1. 批发企业同城、异地商品销售的核算

同城商品销售，一般采用"送货制"或"提货制"的商品交接方式，在选定的商品交接方式下，其货款的结算一般采用支票、商业汇票等结算方式。异地商品销售，一般采用"发货制"的商品交接方式，在"发货制"的商品交接方式下，其货款的结算一般采用托收承付或委托收款的结算方式。

2. 代销业务的核算

代销商品是指委托方和受托方签订协议，委托方将商品交付给受托方，受托方代委托方销售商品，委托方按协议价收取所代销货款的一种销售方式。当委托方和受托方签订协议后，可按双方的约定选择以下两种不同的销售方式进行代销。

1) 视同买断销售方式

在此销售方式下，代销商品的实际售价可由受托方自定，实际售价与协议价之间的差额归受托方所有。

2) 收取手续费销售方式

在此销售方式下，受托方通常按照委托方规定的价格销售，不得自行改变售价，但受托方

要根据所代销的商品数量向委托方收取一定的手续费。对受托方来讲，收取的手续费，实际上是一种劳务收入。委托方应在收到受托方交付的商品代销清单时确认销售商品收入；受托方则在商品销售后按应收取的手续费确认收入。

3. 销售折扣的核算

批发企业在进行商品销售时，为了扩大销售而给予购买者一定的价格优惠，这种优惠被称为"商业折扣"。在此销售方式下，销售方按照折扣后的售价作为收入，不反映折扣额。

4. 现金折扣的核算

债权人为鼓励债务人在规定的期限内付款，向债务人提供的债务减让被称为"现金折扣"。按现行《企业会计准则第14号——收入》的规定，对于附有现金折扣条件的销售，交易价格实际上属于可变对价，企业会计处理方法取决于对可变对价最佳估计数的判断。如果企业判断客户在折扣期内不是极有可能取得现金折扣，即在相关不确定性消除时最终确定的交易价格极有可能为发票价格，应当采用总价法；如果企业判断客户在折扣期内极有可能取得现金折扣，即在相关不确定性消除时最终确定的交易价格极有可能为发票价格扣除现金折扣后的净额，应当采用净值法。在总价法下，如果客户能在折扣期内付款，企业应按客户取得的现金折扣金额调减收入；在净价法下，如果客户未能在折扣期内付款，企业应按客户丧失的现金折扣金额调增收入。

5. 销售折让的核算

销售折让是指企业由于售出商品的质量不合格等问题在售价上给予的减让。销售折让可能发生在企业确认收入之前，也可能发生在企业确认收入之后。发生在确认收入之前的销售折让，其处理相当于商业折扣，按扣除折扣后的净额确认销售收入即可，无须做账务处理；发生在确认收入之后的销售折让，应在实际发生时，冲减发生当期的收入，发生销售折让时，若按规定扣减当期销项税额，应同时用红字冲减"应交税费——应交增值税(销项税额)"。

6. 销售退回的核算

销售退回是指企业由于售出商品的质量、品种不符合要求等问题而发生的退货。发生的销售退回，不论是当年销售的，还是以前年度销售的，都应冲减退回当月的销售收入，同时冲减退回当月的销售成本，如果该项销售已经发生现金折扣或销售折让，应在退回当月一并调整。

7. 购货单位拒付货款和拒收商品的核算

批发企业在异地销售商品时，由于购销双方所处地域不同，货物一般由运输部门运输，到达企业的时间往往不能由销售方控制。结算款项的方式由购销双方协商决定，一般有验单付款和验货付款两种。

当企业采用验单付款方式时，如果发现收到的托收凭证所附的增值税专用发票与合同所列的不符，就会拒付货款并拒收商品；当购货单位采用验货付款方式时，如果发现所收到的商品数量、质量、品种、规格与合同不符，也会拒付货款并拒收商品。销货方在实际业务处理中对于少发货物的情况，通常可以采用两种处理方法：一是补发商品，即在商品发运后，收到购货单位货款、增值税税款及垫付的运费后，借记"银行存款"账户，贷记"应收账款"账户；二是不补发商品，企业填制增值税专用发票，做销货退回处理。

在数量进价金额核算法下，上述批发企业商品销售的核算方法与工业企业产品销售核算方法基本相同。

8. 直运商品销售业务的核算

直运商品销售是指批发企业购进商品后，不经过本企业仓库储存，直接从供货单位发运给购货单位的一种销售方式。开展直运商品销售可减少商品进出本企业仓库的中转环节，节约流通费用，加速商品的流转。

直运商品销售涉及供货单位、购货单位和批发企业三方，且三方不在同一地点，因此，批发企业的直运商品销售还可分为两种方式，即采购员驻厂自办业务和委托供货方代办业务。直运商品销售的核算特点如下。

第一，销售与购进一起进行，即批发企业一方面向供货方结算进货款，另一方面根据采购员寄回的直运商品收发货单向购货方收取销货款。

第二，商品不通过本企业仓库，因此不进行"库存商品"的核算，可直接通过"在途物资"账户进行核算。

第三，商品购销业务同时发生，因此可以随购销活动随时结转已售商品销售成本。

由于批发企业收到银行转来的供货方结算进货款单据与收到采购员寄来的"直运商品收发货单"的时间不一致，在会计核算上会出现以下3种不同的情况。

(1) 先付进货款，后托收销货款。根据业务顺序可进行如下账务处理。

借：在途物资
　　应交税费——应交增值税(进项税额)
　　应收账款——某购货单位(运费)
　　贷：银行存款
借：应收账款——某购货单位
　　贷：主营业务收入
　　　　应交税费——应交增值税(销项税额)
　　　　应收账款——某购货单位(运费)

同时，结转商品销售成本，做如下处理。

借：主营业务成本
　　贷：在途物资

收到银行转来的向购货单位托收的货款及代垫运费的收账通知时，做如下处理。

借：银行存款
　　贷：应收账款——某购货单位

(2) 先托收销货款，后付进货款。该情况下，其账务处理与上述第一种情况正好相反。

(3) 支付进货款与托收销货款同时进行。若采购员寄来的"直运商品收发货单"与供货单位通过银行转来的结算凭证同时到达，则支付进货款与托收销货款可同时进行，其核算方法如下。

托收销货款时，做如下处理。

借：应收账款——某购货单位
　　贷：主营业务收入

银行存款(代垫运费)
　　　应交税费——应交增值税(销项税额)
支付进货款时，做如下处理。
　借：主营业务成本
　　　应交税费——应交增值税(进项税额)
　　贷：银行存款
可将上述支付进货款业务处理的会计分录分解为两笔，具体如下。
第一笔，支付进货款时，做如下处理。
　借：在途物资
　　　应交税费——应交增值税(进项税额)
　　贷：银行存款
第二笔，结转已售成本时，做如下处理。
　借：主营业务成本
　　贷：在途物资

【例2-2】从甲地东方服装企业购进40码衬衣1 000件，进货单价为50元，将商品直运给乙地万达物业管理公司，售价为55元/件，为其代垫运杂费200元。两地购销单位均为增值税一般纳税人，税率为13%。驻厂采购员填制的"直运商品收发货单"如表2-2所示。

表2-2　直运商品收发货单

代货单位：东方服装　　　　购货单位：万达物业管理公司　　　开单日期：2×21年6月25日
合同×字第　　号　　　　　　　　　　　　　　　　　　　　合同×字第　　号

货号	品名规格	单位	数量	销售单价/元	销售金额/元	销项税额/元	购进单价/元	金额/元	进项税额/元
40	衬衣	件	1 000	55	55 000	7 150	50	50 000	6 500
车船次：				备注					

主管：　　　　　　　会计：　　　　　　　复核：　　　　　　　制单：

根据银行转来的东方服装企业的托收承付凭证、专用发票和代垫运单等承付货款，做如下处理。

　借：在途物资——东方服装　　　　　　　　50 000
　　　应交税费——应交增值税(进项税额)　　 6 500
　　　应收账款——万达物业管理公司　　　　　　200
　　贷：银行存款　　　　　　　　　　　　　56 700

根据采购员寄回的"直运商品收发货单"等向乙地万达物业管理公司办理托收销货款手续，做如下处理。

借：应收账款——万达物业管理公司　　　　　　62 350
　　贷：主营业务收入　　　　　　　　　　　　　　55 000
　　　　应交税费——应交增值税(销项税额)　　　 7 150
　　　　应收账款——万达物业管理公司　　　　　　 200
同时，结转直运商品销售成本，做如下处理。
借：主营业务成本　　　　　　　　　　　　　　　50 000
　　贷：在途物资　　　　　　　　　　　　　　　　50 000
收到银行转来的向购货单位托收的货款及代垫运费的收账通知时，做如下处理。
借：银行存款　　　　　　　　　　　　　　　　　62 350
　　贷：应收账款——万达物业管理公司　　　　　　62 350

9. 商品销售中异常业务的核算

商品销售中异常业务的核算通常包括商品销售退回、商品销售退补价、购货单位拒付货款和拒收商品等，其核算方法可参照工业企业相应业务的核算。

四、批发商品销售成本的计算和结转

商品流通企业在销售商品后，一方面要核算取得的商品销售收入，另一方面要计算并结转商品销售成本。从理论上讲，商品销售成本应包括已销售商品的实际成本，也就是说，商品销售成本应包括已销售商品的购入价，以及其在流通领域中继续追加的费用，如运费、保管费、包装费等。但在实际工作中，为了简化核算手续，一般商业企业的商品销售成本只局限于已销售商品的进价成本，而其在流通领域中继续追加的费用，则作为经营费用处理。

计算商品销售成本是一项重要而烦琐的工作，它直接关系期末库存商品的价值及企业的经营成果。因此，有必要根据各企业的特点，采用适当的方法，正确地计算商品销售成本。一旦确定了计算商品销售成本的方法，在同一会计年度内就不得随意变更。计算商品销售成本的方法，主要有个别计价法(分批实际进价法)、加权平均法、移动加权平均法、先进先出法和毛利率推算法等。具体业务处理可参照工业企业的处理方法。

按照商品销售成本结转的时间划分，有逐日结转和定期结转两种。逐日结转是逐日计算出商品销售成本后，逐日从"库存商品"账户上转销，故又称为随销随转。这种方法能随时反映库存商品的结存金额，但工作量较大。定期结转是在期末集中计算出商品销售成本后，从"库存商品"账户上一次转销，故又称为月末一次结转。这种方法，工作量较小，但不能随时反映库存商品的结存金额。

第三节　零售企业商品流转的核算

零售企业是连接商品生产企业、批发企业和消费者的桥梁，处于商品流通过程的最终环节。零售企业商品经营的特点是经营品种多，规格复杂，交易次数频繁，而且成交数量零星，成交时间短，交易对象主要是广大消费者，销售时多数商品采用"一手钱一手货"的现金交易方式，一般不需要填制销货凭证。零售企业商品经营的特点决定了零售商品核算难以进行数量核算，为了简化核算工作，一般采用售价金额核算法反映零售库存商品的进、销、存情况，即实行"售价记账，实物负责制"。

这种方法的优点是把大量按不同品种开设的库存商品明细账归并为少量的按实物负责人来分户的明细账，从而简化了核算工作，有利于商品零售企业加强对销售毛利的控制，因而得到了广泛的应用。

售价金额核算法在实务中的运用，主要表现在以下方面。

第一，实行实物负责制。划分实物负责小组，建立岗位责任制，对商品的购进、销售、调拨、调价、削价、溢缺等建立相关的手续制度。

第二，建立会计二级核算体系。划分二级核算单位，按实物负责小组设置库存商品和商品进销差价明细分类账，按售价金额核算商品的进、销、存情况。

第三，执行规范的商品盘点制度。定期进行商品全面盘点、账实核对，如果遇到实物负责人调动、商品调价等情况，应进行临时盘点。

第四，"库存商品"账户的金额是否为含税售价的金额，取决于企业是一般纳税人还是小规模纳税人。例如，为了简化核算工作，所有实行售价法核算的零售企业，其库存商品入账价值均可采用含税售价入账；月末，再将"主营业务收入"账户反映的含税售价金额调整为不含税售价金额。

综上，零售企业在会计核算上与批发企业类似，零售企业也应设置"在途物资"账户、"库存商品"账户，同时，还需设置"商品进销差价"账户。

"商品进销差价"账户是资产类账户，也是"库存商品"账户的抵减账户，用来核算商品流通企业采用售价金额核算的情况下，其商品售价与进价之间的差额，其贷方登记购进商品和溢余商品的进销差；借方登记月末分摊的进销差价和损失商品的进销差价，余额表示期末结存的各种库存商品进销差价。本账户应按商品类别或实物负责人设置明细账。

一、零售企业商品购进的核算

零售企业为了满足各层次消费者对商品多样化的需要，应做好商品预测和市场分析工作，有计划地从批发企业和生产企业购进商品。对于商品购进的交接方式，同城购进一般采用"提货制"或"送货制"，异地购进一般采用"发货制"。

同城商品购进的业务流程如下：由零售企业的采购员到供货方挑选商品，确定所购商品后，以转账支票、商业汇票、银行本票等结算方式办理结算，支付货款和增值税额。如果采取"提货制"，采购员可自提商品，索取购货发票(发票联和抵扣联)交予业务部门，由其核对购货发票上开列的购进单价是否正确，核定无误后在发票联上加盖价格核讫章，并将购货发票上列明的商品货号、品名、规格、等级、数量等项目与实物进行核对，核对相符后验收入库，由业务部门在购货发票上签收后，转交财会部门入账。零售企业也可根据管理需要，由业务部门另行填制一式数联的"收货单"，将其中一联连同供货单位的购货发票一并送交财会部门。如果采取"送货制"，则由采购员去供货单位储运部门办理送货手续，其核价和验收手续与"提货制"基本相同,不再重述。

财会部门根据采购员交来的结算凭证和核价人员送来的购货发票(发票联)进行复核,无误后,按其所列明的货款借记"在途物资"账户;按其所列明的增值税额借记"应交税费"账户;按价税合计贷记"银行存款""应付票据""其他货币资金"等账户。根据实物负责小组送来的商品验收入库凭证进行复核,无误后,按售价金额借记"库存商品"账户;按进价金额贷记"在途物资"账户;按售价金额与进价金额之间的差额贷记"商品进销差价"账户。

(一) 商品现购的核算

由于零售企业的进货渠道和货款结算方式不同,零售商品现购的核算可分为"单货同到""单到货未到"和"货到单未到"3 种情况。

商品流通企业的库存商品采用售价法进行核算,同样会出现以下 3 种情况。

1. 单货同到

财会部门根据商品结算凭证做账,按进价及进货费用,做如下处理。

借: 在途物资——××
　　应交税费——应交增值税(进项税额)
　贷: 银行存款

根据商品进货单以售价结转商品入库,做如下处理。

借: 库存商品
　贷: 商品进销差价
　　　在途物资——××

【例 2-3】某百货公司从纺织品批发部购进衬衣 400 件,每件进价 48 元,计 19 200 元;每件售价 53 元,计 21 200 元。增值税税率为 13%。商品由针棉组验收,以银行存款支付货款。

支付货款时,应做如下处理。

借: 在途物资——纺织品批发部　　　　　　19 200
　　应交税费——应交增值税(进项税额)　　2 496
　贷: 银行存款　　　　　　　　　　　　　　　21 696

同时,按售价结转商品入库时,应做如下处理。

借: 库存商品——针棉组　　　　　　　　　21 200
　贷: 商品进销差价　　　　　　　　　　　　　2 000
　　　在途物资——纺织品批发部　　　　　　19 200

2. 单到货未到

这种情况的特点是支付货款时,先按商品进价记账,待商品到达后再按售价结转入库成本。

【例 2-4】仍以【例 2-3】资料为例,货款已付,商品未到。

根据账单等支付货款时,应做如下处理。

借: 在途物资——纺织品批发部　　　　　　19 200
　　应交税费——应交增值税(进项税额)　　2 496

贷：银行存款　　　　　　　　　　　　　　　　21 696
　收到商品后，按售价结转商品入库，应做如下处理。
　　借：库存商品——针棉组　　　　　　　　　　　21 200
　　　贷：商品进销差价　　　　　　　　　　　　　 2 000
　　　　　在途物资——纺织品批发部　　　　　　　19 200

3. 货到单未到

　　这种情况下，有两种处理方法：一是企业可暂不做账，待结算凭证到达企业后，同时做商品采购和入库的账务处理；二是月末结算凭证仍未到达企业，该企业财会部门按应付给供货方的款项先暂估入账，并于下月初用红字冲销，待企业收到结算凭证时，再进行正常商品采购、入库账务处理。

　　【例2-5】仍以【例2-3】资料为例，收到商品，货款未付，月末结算凭证仍未到达企业。
　月末，按收到商品的进价成本暂估入账，应做如下处理。
　　借：库存商品——针棉组　　　　　　　　　　　21 696
　　　贷：应付账款——暂估入账　　　　　　　　　21 696
　下月初，红字冲账，应做如下处理。
　　借：库存商品——针棉组　　　　　　　　　　　21 696
　　　贷：应付账款——暂估入账　　　　　　　　　21 696
　待企业收到结算凭证，支付货款时，应做如下正常商品采购、入库账务处理。
　　借：在途物资——纺织品批发部　　　　　　　　19 200
　　　　应交税费——应交增值税(进项税额)　　　　2 496
　　　贷：银行存款　　　　　　　　　　　　　　　21 696
　　借：库存商品——针棉组　　　　　　　　　　　21 200
　　　贷：商品进销差价　　　　　　　　　　　　　 2 000
　　　　　在途物资——纺织品批发部　　　　　　　19 200

(二) 赊购商品的核算

　　零售企业因赊购商品而发生的应付而未付的款项，或由此而签发的商业汇票，应通过"应付账款""应付票据"等账户核算。

　　【例2-6】仍以【例2-3】资料为例，企业收到商品，签发期限为3个月、面值为22 272元的商业汇票一张。
　根据签发的商业汇票等，做如下处理。
　　借：在途物资——纺织品批发部　　　　　　　　19 200
　　　　应交税费——应交增值税(进项税额)　　　　2 496
　　　贷：应付票据——某百货公司　　　　　　　　21 696
　同时，按售价结转商品入库，应做如下处理。
　　借：库存商品——针棉组　　　　　　　　　　　21 200

　　　　贷：商品进销差价　　　　　　　　　　　　　2 000
　　　　　　在途物资——纺织品批发部　　　　　　19 200
3 个月后，商业汇票到期，支付票款时，应做如下处理。
　　借：应付票据——某百货公司　　　　　　　　21 696
　　　　贷：银行存款　　　　　　　　　　　　　　21 696

(三) 零售企业商品购进中其他业务的核算

1. 购进商品退补价的核算

零售企业购进商品后，由于供货方计价错误，或商品等级、规格型号与合同不一致，供货方会重新开来发票更正其开错的价款，这时，零售企业也应做相应的账务处理。

更正商品货款的情况有以下两种。

1) 只更正购进价格的核算

当供货单位开来更正发票时，因为只更正了购进价格，不影响商品的零售价格，所以核算时应调整"商品进销差价"账户，而不能调整"库存商品"账户。若供货单位退还货款，零售企业应根据供货方的红字专用发票冲减商品采购额和进项税额，用红字借记"在途物资"账户和"应交税费"账户；贷记"应付账款"账户。同时，还要增加商品的进销差价，用红字借记"商品进销差价"账户；贷记"在途物资"账户。若供货单位补收货款，零售企业应根据专用发票增加商品采购额和进项税额，借记"在途物资"账户和"应交税费"账户；贷记"应付账款"账户。同时，还要减少商品的进销差价，借记"商品进销差价"账户；贷记"在途物资"账户。

【例 2-7】光明商厦日前从上海五金公司购进钢丝钳 1 000 把，每把购进单价为 9.6 元，零售单价为 12.5 元，商品已由五金柜组验收入库，现已收到供货单位更正专用发票，钢丝钳每把批发单价应为 9.4 元，应退货款 200 元，增值税税额为 26 元。

冲减商品采购额和进项税额，应做如下处理。
　　借：在途物资——上海五金公司　　　　　　　　200
　　　　应交税费——应交增值税(进项税额)　　　　 26
　　　　贷：应付账款——上海五金公司　　　　　　226
同时，调整商品进销差价，做如下处理。
　　借：商品进销差价——五金柜组　　　　　　　　200
　　　　贷：在途物资——上海五金公司　　　　　　200

2) 购进价格和零售价格同时更正的核算

当供货单位因商品品种、等级搞错等而开错价格时，事后会重新开来发票更正批发价和零售价。若供货单位退还货款，零售企业应根据更正专用发票冲减商品采购额和进项税额，其核算方法与只更正购进价格的核算方法相同，同时，还要冲减库存商品的售价金额和进价成本，应用红字按更正后售价金额与原入账售价金额的差额借记"库存商品"账户；按应退货款的数额贷记"在途物资"账户；按照更正后进销差价与原入账进销差价的差额贷记"商品进销差价"账户。若供货单位补收货款，零售企业应根据其开来的更正发票增加商品采购额和进项税额，其核算方法与更正购进价格的核算方法相同，同时，还要增加库存商品的售价金额和进价成本。

按更正后售价金额与原入账售价金额的差额借记"库存商品"账户;按补收货款数额贷记"在途物资"账户;按更正后进销差价与原进销差价的差额贷记"商品进销差价"账户。

【例 2-8】 中兴商厦日前从上海百货公司购进尼龙自开伞 400 把,每把购进单价为 15 元,零售单价为 20 元,商品已由百货柜验收入库,现已收到供货单位更正专用发票,每把尼龙自动伞购进单价为 14 元,零售单价为 18.8 元,应退货款 400 元,增值税税额为 52 元。假设该购货款未付。冲减商品采购额和进项税额,做分录如下。

借:在途物资——上海百货公司   400
　　应交税费——应交增值税(进项税额)   52
　　贷:应付账款——上海百货公司   452

同时,冲减库存商品的售价金额和进价成本,做分录如下。

借:库存商品——百货柜   480
　　贷:在途物资——上海百货公司   400
　　　　商品进销差价——百货柜   80

2. 进货退回的核算

零售企业将购进的商品验收入库后,若发现商品的品种、规格、质量、数量等方面与双方签订的合同不符,应及时与供货单位联系,经其同意后,由供货单位开出退货的红字专用发票,办理退货手续,然后将商品退还供货单位,做进货退出处理。

3. 购进商品溢余或短缺的核算

零售企业在验收商品的过程中,如果发现商品溢余或短缺,应及时与供应商取得联系,征求对方同意补发商品或将对方多发的商品退还。在具体核算时,应视具体情况处理,如果购货发生在同城,不用在会计上反映溢余或短缺,则待供货方处理后,再进行处理。如果购货发生在异地,此时发生了溢余或短缺,则企业验收部门应填制"商品购进短缺溢余报告单",并据报告单将溢余或短缺的商品予以反映,待查明原因后,企业可参照批发企业账务处理的方法进行处理。

二、零售企业商品储存的核算

商品储存、商品购进和商品销售是相互联系、相互制约的 3 个环节。零售企业为了使商品流转正常进行、满足市场的需求,就需要保持适当的商品储存。由于采用售价金额核算,平时应特别加强对库存商品的管理和监督,以保护企业财产的安全与完整。

商品储存的核算,包括商品的调价、削价、内部调拨、盘点短缺和溢余,以及库存商品和商品进销差价的明细分类核算等内容。

(一) 商品调价的核算

商品调价是指商品流通企业根据国家物价政策或市场情况,对某些正常商品的价格进行适当的调高或调低。

由于采用售价金额核算的企业平时不核算商品的数量，因此，在规定调价日期的前一天营业结束后，核价人员、财会人员会同营业柜组对调价商品进行盘点，按照实际库存数量由营业柜组填制一式数联的"商品调价差额调整单"，将其中一联送交财会部门。财会部门复核无误后，将调价差额全部体现在商品经营损益内。发生调高售价金额时，借记"库存商品"账户，贷记"商品进销差价"账户；发生调低售价金额时，则做反向处理。

(二) 商品削价的核算

商品削价是指对库存中呆滞、冷背、残损、变质的商品进行一次性降价出售。零售企业盲目采购导致商品呆滞积压，或因运输不慎、保存不妥等出现了商品残损变质等情况，影响了商品的内在质量与外观。为了减少损失，应根据商品呆滞积压情况或残损变质的程度，按照规定的审批权限，报经批准后进行削价处理。

残损变质商品削价时，一般由有关营业柜组盘点数量后，填制一式数联的"商品削价报告单"，报经有关领导批准后，进行削价处理。

当商品削价后的新售价高于原进价时，将削价减值的金额借记"商品进销差价"账户，贷记"库存商品"账户，其削价损失体现在商品经营损益内。当商品削价后的新售价低于原进价时，不仅要冲转原有的商品进销差价，还要将其低于原进价的部分以存货跌价准备金进行弥补。

【例2-9】某商店削价处理羊毛衫100件，原进价为50元/件，原售价为65元/件，现因存量过多，削价为45元/件，做会计分录如下。

```
借：商品进销差价                1 500
    存货跌价准备                  500
    贷：库存商品——羊毛衫        2 000
```

(三) 商品内部调拨的核算

商品的内部调拨是指在一个独立核算企业内，各实物负责小组之间发生的商品转移，具体表现为各营业柜组或门市部之间为了调剂商品余缺所发生的商品转移；或设有专职仓库保管员、对在库商品单独进行核算和管理的企业，当营业柜组或门市部向仓库提取商品时，所发生的商品调拨、转移。

商品内部调拨不作为商品销售处理，也不进行结算，而只是转移各实物负责小组所承担的经济责任。在调拨商品时，一般由调出部门填制一式数联的"商品内部调拨单"，调出部门在各联上签章后，连同商品一并转交调入部门。调入部门验收无误后，在调入部门处签章，表示商品已收讫，然后调入与调出部门各留存一联，作为商品转移的依据，其余各联转交财会部门入账。商品内部调拨，在核算时借记调入部门库存商品的明细分类账户，贷记调出部门库存商品的明细分类账户，"库存商品"账户的总额保持不变。采取分柜组差价率推算法分摊已销商品进销差价的企业，还要相应调整"商品进销差价"账户。

(四) 商品盘点短缺和溢余的核算

零售企业对库存商品采取售价金额核算时，库存商品明细分类账一般是按营业柜组或门市部设置的，平时只反映各营业柜组或门市部商品进、销、存的售价金额，而不反映各种商品的结存数量。因此，企业只有通过商品盘点，逐项计算出各种商品的售价金额及售价总金额，再与当天"库存商品"账户余额进行核对，才能了解和控制各种商品的实存数量，确保账实相符。

若商品盘点发生账实不符，营业柜组或门市部应填制一式数联的"商品盘点短缺溢余报告单"，将其中一联报送领导审批，其余各联送交财会部门作为记账的依据。

商品盘点短缺或溢余是以商品的售价金额来反映的，在"商品盘点短缺溢余报告单"中，还需要将其调整为进价金额。财会部门在未查明商品短缺或溢余的原因之前，应将短缺或溢余的商品的进价金额先转入"待处理财产损溢"账户，以确保账实相符，等查明原因后，再根据具体情况转入有关账户。对于商品短缺，如果属于自然损耗，则应转入"销售费用"账户；如果属于责任事故，则应根据领导的批复进行处理，若由企业负担，则转入"营业外支出"账户；若由当事人负责赔偿，则转入"其他应收款"账户。对于商品溢余，如果是供货单位多发商品，则应作为商品购进补付货款；如果属于自然升溢，则应冲减"销售费用"账户。

(五) 库存商品和商品进销差价的明细分类核算

实行售价金额核算的零售企业，库存商品明细分类账是按营业柜组或门市部设置的，在账户中反映按售价计算的总金额，用以控制各营业柜组或门市部的库存商品数额。采取分柜组差价率推算法调整商品销售成本的企业，还必须按营业柜组或门市部设置"商品进销差价"明细账户，由于"商品进销差价"账户是"库存商品"账户的抵减账户，在发生经济业务时，这两个账户往往同时发生变动，为了便于记账，可以将"库存商品"账户与"商品进销差价"账户的明细账合在一起，设置"库存商品和商品进销差价联合明细分类账"。

各营业柜组或门市部为了掌握本部门商品进、销、存的动态和销售计划的完成情况，便于向财会部门报账，每天营业结束后，应根据商品经营的各种原始凭证，编制一式数联的"商品进销存日报表"，营业柜组或门市部自留一联，再将其中一联连同有关的原始凭证一并送交财会部门。财会部门复核无误后，据以入账。

"商品进销存日报表"反映的是各营业柜组或门市部库存商品每天的收发变动和结存情况，其反映的内容与库存商品明细分类账核算的内容是一致的。因此，该表可由营业柜组或门市部按时间顺序装订成册，代替库存商品明细分类账，以简化核算手续。

三、零售企业商品销售的核算

零售企业商品销售的过程是商品从流通领域进入消费领域的过程，也是商品价值实现的过程，这一过程是实现社会再生产的前提。零售企业经营品种多，多为"钱货两清"业务，因此零售商品不开"发货票"的情况居多。

零售企业销售商品应设置"主营业务收入""主营业务成本"两个主要账户，零售商品销售后，还要及时计算结转商品销售成本及税费，确定商品销售损益。

(一) 商品销售的业务程序与核算

零售企业的商品销售业务，一般按营业柜组或门市部组织进行。商品销售的业务程序，根据企业的规模、经营商品的特点及经营管理的需要而有所不同。

零售企业的商品销售收入，除少数企事业单位采取转账结算的方式外，大都收取现金。现金收款的方式有分散收款和集中收款两种。分散收款是指营业员直接收款，除了企事业单位外，一般不填制销售凭证，手续简便，交易迅速，但销货与收款由营业员一人经手，容易出现差错，存在弊端。集中收款是指设立收款台，由营业员填制销货凭证，消费者据以向收款台交款，然后由消费者凭盖有收款台"现金收讫"印章的销货凭证向营业员领取商品；或者由营业员收款后连同填制的销货凭证由内部传递给收款台，收款员收款盖章后退回销货凭证，营业员据以向消费者交付商品。若采用集中收款方式，每日营业结束后，营业员应根据销货凭证计算出销货总金额，并与收款台实收金额进行核对，以检查收款是否正确，这种方式钱货分管，职责分明，因此不易出现差错，但手续烦琐。

不论采用哪一种收款方式，销货款均应在当天解缴。解缴的方式有分散解缴和集中解缴两种。若采用分散收款方式，则由各营业柜组或门市部安排专人负责解缴；若采用集中收款方式，则由收款员负责解缴。为简化核算手续，财会部门平时应在"主营业务收入"账户中反映含税的销售收入，待月末再将其调整为不含税的销售收入。财会部门收到有关缴款后，其会计处理如下。

借：银行存款(或库存现金)
　　贷：主营业务收入

(二) 商品销售成本的调整

营业柜组或门市部交来销货款，意味着其实物责任的减少，同时也意味着库存商品的减少和商品销售成本的增加。零售商品品种多且进价不一，平时结转销售成本比较困难，因此，为了满足管理和核算要求，暂以售价进行结转，待月末再按一定的方法，将以售价入账的"主营业务成本"调整为进价成本。具体调整方法有综合差价率法、分柜组差价率法和实际进销差价计算法等。

1. 综合差价率法

综合差价率法是零售企业按全部商品的存销比例，计算本期销售商品应摊进销差价的一种方法，其计算公式如下。

综合差价率＝结转前商品进销差价账户余额÷(期末库存商品账户余额＋期末受托代销商品账户余额＋本期主营业务收入)×100%

本期已销商品进销差价＝本期主营业务收入×综合差价率

【例2-10】浦江商厦2×21年12月31日结转前，有关账户的资料如下。

"商品进销差价"账户余额为198 608元；

"库存商品"账户余额为 338 800 元；

"受托代销商品"账户余额为 56 000 元；

"主营业务收入"账户余额为 396 200 元；

用综合差价率推算法计算并结转已销商品进销差价，计算过程如下。

综合差价率＝198 608÷(338 800＋56 000＋396 200)×100%＝25.11%

本期已销商品进销差价＝396 200×25.11%＝99 485.82(元)

根据计算的结果，做分录如下。

借：商品进销差价　　　　　99 485.82
　　贷：主营业务成本　　　　　　99 485.82

2. 分柜组差价率法

分柜组差价率法是按各营业柜组或门市部的商品存销比例，推算本期销售商品应摊进销差价的一种方法。这种方法要求按营业柜组分别进行计算，其计算方法与综合差价率法相同，财会部门可编制"已销商品进销差价计算表"进行计算。

3. 实际进销差价计算法

实际进销差价计算法是先计算出期末商品的进销差价，进而计算已销商品进销差价的一种方法，其具体做法如下：期末各营业柜组或门市部通过商品盘点编制"库存商品盘存表"和"受托代销商品盘存表"，然后将各种商品的实存数量，分别乘以销售单价和购进单价，从而计算出期末库存商品的售价金额和进价金额及期末受托代销商品的售价金额和进价金额。"库存商品盘存表"和"受托代销商品盘存表"一式数联，将其中一联送交财会部门，复核无误后，据以编制"商品盘存汇总表"。期末商品进销差价和已销商品进销差价的计算公式如下。

期末商品进销差价＝期末库存商品售价金额－期末库存商品进价金额＋期末受托代销商品售价金额－期末受托代销商品进价金额

已销商品进销差价＝调账前进销差价账户余额－期末商品进销差价

(三) 商品销售收入的调整

零售企业平时通过"主营业务收入"账户核算的商品销售收入是含税的销售收入，因此，月末就需要将其含税的销售收入进行调整，使"主营业务收入"账户能够反映企业真实的销售收入。含税商品销售收入可按下列公式予以调整。

销售额＝含税商品销售收入÷(1＋增值税率或征收率)

【例2-11】某副食品商店水产组购进鲜鱼一批，计5 000元，以银行存款支付。

借：库存商品——水产组　　　5 000
　　贷：银行存款　　　　　　　　5 000

营业员按规定的售价和规定的变价权利范围，确定销售价格，每天营业结束，将实现的销货款5 500元交财会部门存入银行。

借：银行存款　　　　　　　　5 500
　　贷：主营业务收入——水产组　　5 500

月末，定期或分批采用最后进价法计算已销售商品的进价成本。假设按最后一次进货单价盘点期末"库存商品"账户余额为500元，期初余额为300元。则：

本期销售成本＝300＋5 000－500＝4 800(元)

已销商品毛利额＝5 500－4 800＝700(元)

已销商品毛利率＝700÷5 500＝12.73%

借：主营业务成本　　　　　　　4 800
　　贷：库存商品——水产组　　　　　　4 800

同时，还需将企业月末含税的收入调整为不含税的销售收入。假定该商店增值税税率为13%，则：

不含税销售收入＝5 500÷(1＋13%)＝4 867.26(元)

本期应交增值税额＝5 500－4 867.26＝632.74(元)

借：主营业务收入　　　　　　　632.74
　　贷：应交税费——应交增值税　　　　632.74

另外，专业性较高的零售企业，特别是经营贵重、大件商品的零售企业，其只经营一类或几类商品，商品的品种较综合性零售企业要少得多。因此，这种零售企业在商品销售过程中需要填制销售凭证，在核算与管理上不仅要反映和控制商品的售价金额，还要反映和控制商品的实物数量，根据这些特点，采用数量售价金额核算法进行核算较为适宜。

(四) 商家自营商品促销业务的核算

实务中，商家为了拓展市场、冲高业绩、提高盈利水平，通常会在各种节假日，采取各种营销手段，开展商品让利促销活动，如"附有客户额外购买选择权的销售""满额即赠""满额即减""加一元送一件""买一赠一"等。

附有客户额外购买选择权的销售：指企业在销售商品的同时，会向客户授予选择权，允许客户据此免费或以折扣价格购买额外的商品。企业向客户授予的额外购买选择权的形式包括销售激励、客户奖励积分、未来购买商品的折扣券及合同续约选择权等。其中，客户奖励积分一般是指 VIP 卡上按消费额积成分数，到规定的时间换礼物或抵用现金等，一般有商场的 VIP 积分(积分标准由商场制定，积分级距可以换取抵用券、通用券、礼金券或礼品等)；个别专柜还有厂家的 VIP 积分(具体积分标准由厂家制定，如每消费一元钱积一分，积分级距可以换取礼品等)。

满额即赠：指达到促销活动内容规定的金额就可以得到该促销活动承诺的所赠之物，可能是抵用券、通用券、礼金券等，也可能是礼品(即实物)。

在实务中，对于商场发放的返利券(或购物券)的列支渠道，虽然没有相应的法规做出明确规定，但在现行的《企业所得税税前扣除办法》准予企业所得税税前扣除的项目中，没有支付给顾客的返利券或购物券等内容。所以，企业支付给顾客的返利券或购物券，不得在所得税税前扣除，对于商场未按税法规定(即销售额和折扣额在同一张发票上的"金额"栏分别注明)开具的发票，也不得抵减销售收入计算增值税和所得税，更不得将折扣额列作销售费用在税前扣除。

满额即减(满省)：指达到促销活动内容规定的金额就可以减掉部分金额的促销活动。对顾客来说，这种活动相比于"满额即赠"活动要有利。

"加一元送一件"：指顾客购买某一指定商品时，加一元可多得一件产品的促销活动。在此销售活动中，多得的商品也付出了相应的价格，属于折价购买，只需要开具符合税法规定的发票即可，即按折扣后的销售额计税。

"买一赠一"：指顾客购买某一指定商品时，加赠一件相同商品或加赠一件其他商品的促销活动。参与此销售活动相当于花一件商品的钱购得两件商品，其实质也是打折销售行为。

以上各种促销活动，均不属于捐赠，其实质属于打折销售，可参照企业商业折扣进行会计核算。

【例2-12】甲公司为大型家电销售企业，2×19年10月以"买一赠一"的方式销售本企业商品，活动规定凡是购买一台2匹柜式机空调赠送一台1匹壁挂式空调。2匹柜式机空调销售价款每台为7 000元，每台销售成本为3 800元，赠送的1匹壁挂式空调每台市价为3 000元，每台成本价为1 500元。销售额和折扣额在同一张发票上的"金额"栏中分别注明，销货款统一由商场收银台收取，商场为增值税一般纳税人。

企业以"买一赠一"等方式组合销售本企业商品，不属于捐赠，应将总的销售金额按各项商品的公允价值的比例来分摊确认各项商品的销售收入。

假设，2×19年10月企业销售2匹柜式机空调1万台，则其实现的收入应分摊如下。

2匹柜式机空调：7 000×7 000÷(7 000+3 000)×10 000＝4 900(万元)
1匹壁挂式空调：7 000×3 000÷(7 000+3 000)×10 000＝2 100(万元)

借：银行存款　　　　　　　　　　　　　　　　7 000
　　贷：主营业务收入——2匹柜式机空调　　　　　4 900
　　　　　　　　　　——1匹壁挂式空调　　　　　2 100

按售价结转已售商品成本如下。

借：主营业务成本——2匹柜式机空调　　　　　4 900
　　　　　　　　——1匹壁挂式空调　　　　　2 100
　　贷：库存商品——2匹柜式机空调　　　　　　4 900
　　　　　　　　——1匹壁挂式空调　　　　　2 100

月末，将商品售价成本调整为进价成本如下。

借：商品进销差价——2匹柜式机空调　　　　1 100(4900－3800)
　　　　　　　　——1匹壁挂式空调　　　　600(2100－1500)
　　贷：主营业务成本——2匹柜式机空调　　　1 100
　　　　　　　　　——1匹壁挂式空调　　　600

月末，将含税收入调整为不含税收入如下。

2匹柜式机空调：7 000×7 000÷(7 000+3 000)÷(1+13%)＝4 336.28(万元)
2匹柜式机空调应交税额：4 900－4 336.28＝563.72(万元)
1匹壁挂式空调：7 000×3 000÷(7 000+3 000)÷(1+13%)＝1 858.41(万元)
1匹壁挂式空调应交税额：2 100－1 858.41＝241.59(万元)

借：主营业务收入——2匹柜式机空调　　　　　563.72

　　　　——1 匹壁挂式空调　　　　　　　　　　241.59
　　贷：应交税费——应交增值税(销项税额)　　　805.31

【例 2-13】 2×20 年 1 月 1 日，甲公司开始推行奖励积分计划。根据该计划，客户在甲公司每消费 10 元可积 1 分，从次月开始，购物时 1 积分可以抵减 1 元。截至 2×20 年 1 月 31 日，客户共消费含税金额 100 000 元，可获得 10 000 分，根据以往经验，甲公司估计该积分的兑换率为 95%。假定不考虑相关税费影响。

　　本例中，甲公司认为其授予客户的积分为客户提供了一项重大权利，应当作为单项履约义务。客户购买商品的单独售价合计为 100 000 元，考虑积分的兑换率，甲公司估计积分的单独售价为 9 500 (1×10 000×95%)元。甲公司按照商品和积分单独售价的相对比例对交易价格进行分摊。

　　商品分摊的含税交易价格＝[100 000÷(100 000＋9 500)]×100 000＝91 324(元)

　　积分分摊的含税交易价格＝[9 500÷(100 000＋9 500)]×100 000＝8 676(元)

　　因此，甲公司应在商品的控制权转移时确认收入 91 324 元，同时，确认合同负债 8 676 元。

　　(1) 截至 2×20 年 1 月 31 日销售商品时，会计处理如下。

　　借：库存现金　　　　　　　　　　　　　　100 000
　　　贷：主营业务收入　　　　　　　　　　　80 817.70　[91 324÷(1＋13%)]
　　　　　合同负债　　　　　　　　　　　　　8 676
　　　　　应交税费——应交增值税(销项税额)　10 506.30

　　(2) 截至 2×20 年 12 月 31 日，客户共兑换了 4 500 分，甲公司对该积分的兑换率进行了重新估计，仍然预计客户将会兑换的积分总数为 9 500 分。因此，甲公司以客户兑换的积分数占预期将兑换的积分总数的比例为基础确认收入。积分当年应当确认的含税收入为 4 110 (4 500÷9 500×8 676)元；剩余未兑换的积分金额为 4 566(8 676－4 110)元，仍然作为合同负债。会计处理如下。

　　借：合同负债　　　　　　　　　　　　　　4 110
　　　贷：主营业务收入　　　　　　　　　　　3 637.17　[4 110÷(1＋13%)]
　　　　　应交税费——应交增值税(销项税额)　472.83

　　(3) 截至 2×21 年 12 月 31 日，客户累计兑换了 8 500 分。甲公司对该积分的兑换率进行了重新估计，预计客户将会兑换的积分总数为 9 700 分。积分当年应当确认的含税收入为 3 493 (8 500÷9 700×8 676－4 110)元；剩余未兑换的积分金额为 1 073(8 676－4 110－3 493)元，仍然作为合同负债。会计处理如下。

　　借：合同负债　　　　　　　　　　　　　　3 493
　　　贷：主营业务收入　　　　　　　　　　　3 091.15 [3 493÷(1＋13%)]
　　　　　应交税费——应交增值税(销项税额)　401.85

【例 2-14】 甲公司为增值税一般纳税人，2×19 年 6 月甲公司提出的客户忠诚度计划规定，购物每满 1 元积 1 分，积分可在 1 年内兑换商品，1 积分的公允价值为 0.2 元。2×19 年 6 月某顾客购买了售价 1 160 元(含增值税)的某商品，成本为 600 元，并办理了积分卡。预计该顾客将在有效期内兑换全部积分。不考虑其他因素，则该商场 2×19 年 6 月销售商品时的会计处理如下。

　　按照积分规则，该顾客共获得积分 1 160 分，其公允价值为 232 元(因 1 积分可抵付 0.2 元)，因此,该商场应确认的收入=1 160(取得的不含税货款)÷1.13-232(积分公允价值)=794.55(元)。会计分录如下。

借:库存现金　　　　　　　　　　　　　1 160
　　贷:主营业务收入　　　　　　　　　　　　794.55　[1 160÷(1+13%)-232]
　　　　合同负债　　　　　　　　　　　　　　232
　　　　应交税费——应交增值税(销项税额)　133.45

月末,结转已售商品成本如下。

借:主营业务成本　　　　　　　　　　　600
　　贷:库存商品　　　　　　　　　　　　　　600

当客户满足条件时,有权获得授予企业的商品或服务,在客户兑换奖励积分时,授予企业应将原计入合同负债的与所兑换积分相关的部分确认为收入,公式如下。

确认收入的金额=合同负债×(被兑换用于换取奖励的积分数额÷预期将兑换用于换取奖励的积分总数)

【例2-15】接上例,假定2×19年6月该顾客在甲商场选购一件售价为116元(含增值税)的其他商品,成本为80元,要求以积分卡上的积分(共1 160分)抵付该商品价款。甲商场确认该顾客满足兑换条件,不考虑其他因素,则该商场的会计处理如下。

按照积分规则,用于抵付商品价格的积分数为580分(116÷0.2),所以甲商场2×19年6月应确认的收入=232×(580÷1 160)÷1.13=102.65(元),会计处理如下。

借:合同负债　　　　　　　　　　　　　116
　　贷:主营业务收入　　　　　　　　　　　　102.65
　　　　应交税费——应交增值税(销项税额)　13.35

月末结转已售商品成本如下。

借:主营业务成本　　　　　　　　　　　80
　　贷:库存商品　　　　　　　　　　　　　　80

【例2-16】蓝天公司为大型商城,2×19年1月1日,公司提出实施客户忠诚度计划。计划规定:办理积分卡的客户在蓝天公司消费一定金额时,公司向其授予奖励积分,客户可以使用奖励积分(每一奖励积分的公允价值为0.02元)购买蓝天公司销售的任何一种商品;奖励积分自授予之日起3年内有效,过期作废;蓝天公司采用先进先出法确定客户购买商品时使用的奖励积分。假设不考虑增值税。

2×19年,蓝天公司的销售收入共计10 000万元(不包括客户使用奖励积分购买的商品,下同),授予客户奖励积分共计10 000万分,客户使用奖励积分共计6 000万分。2×19年年末,蓝天公司估计2×19年授予的奖励积分将有80%的使用率。会计处理如下。

2×19年,授予奖励积分的公允价值=10 000×0.02=200(万元)

2×19年,因销售商品应当确认的销售收入=10 000-200=9 800(万元)

借:银行存款　　　　　　　　　　　　　10 000
　　贷:主营业务收入　　　　　　　　　　　　9 800
　　　　合同负债　　　　　　　　　　　　　　200

2×19年,因客户使用奖励积分应当确认的收入＝200×[6 000÷(10 000×80%)]＝150(万元)

借:合同负债　　　　　　　　　　　　　150
　　贷:主营业务收入　　　　　　　　　　　　150

蓝天公司2×19年年末合同负债余额＝200－150＝50(万元)

蓝天公司2×19年年末剩余奖励积分＝50÷0.02＝2 500(万分)

2×20年,蓝天公司的销售收入共计20 000万元,授予客户奖励积分共计20 000万分,客户使用奖励积分15 100万分。2×20年年末,蓝天公司估计2×20年授予的奖励积分将有90%的使用率。会计处理如下。

2×20年,授予奖励积分的公允价值＝20 000×0.02＝400(万元)

2×20年,因销售商品应当确认的销售收入＝20 000－400＝19 600(万元)

借:银行存款　　　　　　　　　　　　　20 000
　　贷:主营业务收入　　　　　　　　　　　19 600
　　　　合同负债　　　　　　　　　　　　　400

2×20年,因客户使用奖励积分应当确认的收入＝50＋400×[(15 100－2 500)÷(20 000×90%)]＝330(万元)

借:合同负债　　　　　　　　　　　　　330
　　贷:主营业务收入　　　　　　　　　　　　330

蓝天公司2×20年年末递延收益的余额＝50＋400－330＝120(万元)

蓝天公司2×20年年末剩余奖励积分＝120÷0.02＝6 000(万分)

(五) 储值卡预售和使用的核算

在实务中,企业(即连锁店或连锁商超)为方便消费者购物结算也会事先向消费者出售不可退的储值卡。企业因销售商品向客户收取预收款(即出售的不可退的储值卡),便赋予了消费者一项在未来可从该企业取得某商品的权利,企业应承担向客户转让某商品的义务。依据《企业会计准则第14号——收入》应用指南(2018)和《企业会计准则第28号——会计政策、会计估计变更和差错更正》第8条等相关规定,企业销售储值卡收取的款项中,仅商品价款部分代表企业已收消费者对价而应向消费者转让商品的义务,应当将其确认为合同负债,其中,增值税部分,因不符合合同负债的定义,不应确认为合同负债。

【例2-17】红日商场经营一家连锁超市,以主要责任人的身份销售商品给客户。红日商场销售的商品适用不同的增值税税率,如零食等适用税率为13%、粮食等适用税率为9%等。2×19年,红日商场向客户销售了5 000张不可退的储值卡,每张卡的面值为200元,总额为1 000 000元。客户可在红日商场经营的任意一家门店使用该储值卡进行消费。根据以往经验,红日商场预期客户购买的储值卡金额将全部被消费。红日商场为增值税一般纳税人,在客户使用该储值卡消费时发生增值税纳税义务。

本例中,红日商场销售储值卡收取的款项1 000 000元中,仅商品价款部分代表甲公司已收客户对价而应向客户转让商品的义务,应当将其确认为合同负债,其中,增值税部分因不符合合同负债的定义,不应确认为合同负债。

红日商场出售储值卡收取的款项后，应根据以往经验(如公司往年类似业务的综合税率等)估计客户使用该类储值卡购买不同税率商品的情况，将估计的储值卡款项中的增值税部分确认为应交税费——待转销项税额，将剩余的商品价款部分确认为合同负债。财会部门会计处理如下。

借：银行存款(或库存现金)　　　　　　　　　1 000 000
　　贷：应交税费——待转销项税额　　　　　　120 000(商场据经验估计数)
　　　　合同负债　　　　　　　　　　　　　　880 000

当实际消费情况与预计的情况不符时，根据实际情况进行调整；后续每个资产负债表日根据最新信息对合同负债和应交税费的金额进行重新估计。

另外，在某些情况下，企业收取的预收款(即出售的不可退的储值卡)无须退回，但是客户可能会放弃其全部或部分合同权利，如放弃对储值卡的使用等。企业预期将有权获得与客户所放弃的合同权利相关的金额的，应当依照客户行使合同权利的模式按比例将上述金额确认为收入；否则，企业只有在客户要求其履行剩余履约义务的可能性极低时，才能将相关负债余额转为收入。企业在确定其是否预期将有权获得与客户所放弃的合同权利相关的金额时，应当考虑将估计的可变对价计入交易价格的限制要求。

如果有相关法律规定，企业所收取的与客户未行使权利相关的款项需转交给其他方(如法律规定无人认领的财产需上交政府)，那么企业不应将其确认为收入。

【例2-18】 甲公司经营连锁商超。2×19年6月，甲公司向客户销售了5 000张储值卡，每张卡的面值为200元，总额为1 000 000元。客户可在甲公司经营的任何一家门店使用该储值卡进行消费。根据以往经验，甲公司预期客户购买的储值卡中将约有相当于储值卡面值金额5%(即50 000元)的部分不会被消费。截至2×19年12月31日，客户使用该储值卡消费的金额为400 000元。甲公司为增值税一般纳税人，在客户使用该储值卡消费时发生增值税纳税义务。本例中，甲公司预期将有权获得与客户未行使的合同权利相关的金额为50 000元，该金额应当依照客户行使合同权利的模式按比例确认为收入，甲公司会计处理如下。

销售储值卡时，会计处理如下。
借：银行存款(或库存现金)　　　　　　　　　1 000 000
　　贷：合同负债　　　　　　　　　　　　　　884 955.75
　　　　应交税费——待转销项税额　　　　　　115 044.25

根据储值卡的消费金额确认收入，本例中，甲公司在2×19年年末销售的储值卡应当确认的含税收入金额为421 052.63(400 000＋50 000×400 000÷950 000)元。

借：合同负债　　　　　　　　　　　　　　　421 052.63
　　贷：主营业务收入　　　　　　　　　　　　421 052.63

月末，应将含税收入调整为不含税收入，并将对应的待转销项税额确认为销项税额。
不含税收入=(400 000＋50 000×400 000÷950 000)÷(1＋13%)＝372 612.95(元)
应交销项税额=421 052.63－372 612.95＝48 439.68(元)

借：主营业务收入　　　　　　　　　　　　　48 439.68
　　贷：合同负债　　　　　　　　　　　　　　48 439.68
借：应交税费——待转销项税额　　　　　　　48 439.68

贷：应交税费——应交增值税(销项税额)　　　　48 439.68

第四节　联营和网络销售业务的核算

随着我国经济的不断发展，社会竞争越发激烈。商品流通的渠道和所借助的销售平台也发生了明显的变化，不论是虚拟网络销售，还是实体门店销售都面临着巨大的挑战和考验。为此，各大商家均通过各种营销策略，满足消费者的不同需求，以达到不断提升自身经营业绩的目的。

在此仅重点介绍实体门店销售中的联营抽成商品和网络销售业务的核算方法。

一、联营抽成商品销售的核算

联营抽成商品销售也称为商场的营业抽成，其实质是解决商品供货方与商场方利益的分配问题。营业抽成通常以扣点的形式来体现，扣点一般由两部分构成，一是基础扣点，这是在签订合同时就在合同中列明的，例如，扣点20%、管理费2%、卫生费1%，合计23%，因此，在正常销售的情况下供应商(厂方)每销售100元就要给商场23元，其计算过程如下：100×(20%+2%+1%)=23(元)。二是临时大型活动的扣点，例如，商场每逢大型节假日就会举办买减、买赠、买送等活动，这种活动的扣点一般临时洽谈。另外，供应商(厂方)在特殊情况下可以向商场申请扣点，例如，有客户团购工作服，本来应该正价销售，但为了给予团购客户一定的优惠，会低于正常折扣价销售，在这种情况下可以向商场申请降低扣点。

回款率是指销售额减去商场抽成最终回到厂方的货款占销售额的比率，计算公式如下：

回款率=[销售额-(销售额×商场扣点)]÷销售额

在实务中，商品零售企业通常还会在联营抽成的基础上采用各种不同的促销方式，提高营业额，实现利润的最大化。商品零售企业通常采用商品直接打折和返券两种联营促销方式。

(一) 商品直接打折促销的核算

商品采用折扣方式销售，若销售额和折扣额在同一张发票上的"金额"栏分别注明，则可按折扣后的销售额征收增值税；若未在同一张发票上的"金额"栏注明折扣额，而只在发票的"备注"栏注明了折扣额，则折扣额不得从销售额中减除。如果将折扣额另开发票，不论会计上如何处理，计税时均不得从销售额中减除折扣额。

企业商品采用直接打折促销的方式销售时，其入账金额应按扣除商品折扣后的金额确定，会计处理方法相对比较简单。

【例2-19】某商场服装专柜是以签订联营合同的方式经营商品销售业务的，其抽成率为20%。元旦期间，商场举办让利促销活动，标价为1 500元的A服装可打九折销售，标价为1 560元的B服装按满300元减50元的方式销售。现有一顾客购买了A、B两款服装，且支付了相应货款。销售额和折扣额在同一张发票上分别注明，商场各柜组销货款统一由商场收银台收取，商场和供应商均为增值税一般纳税人。

商场与供应商签订联营协议时，没有促销约定，按 A、B 服装标价与扣点比例计算出与供应商的结算额。会计处理如下。

  借：受托代销商品——A   1 061.95
        ——B   1 104.42
    应交税费——待抵扣进项税   281.63(138.05＋143.58)
    贷：受托代销商品款——A   1 200
         ——B   1 248

商场实现销售时，根据销售发票确定增值税销项税额，具体计算及会计处理如下。

销项税额＝[1 350÷(1＋13%)×13%]＋[1 310÷(1＋13%)×13%]＝306.02(元)

  借：银行存款(或库存现金)   2 660
    贷：主营业务收入——A   1 194.69
         ——B   1 159.29
      应交税费——应交增值税(销项税额)   306.02

服装专柜参加促销，商场按实销现货和联营协议扣点比例与供应商结算货款。会计处理如下。

  借：受托代销商品款——A   1 080
        ——B   1 048
    贷：银行存款   2 128

商场根据供应商以结算款为据开具的增值税专用发票，进行已售商品进货成本的结转和进项税的抵扣。会计处理如下。

  借：主营业务成本——A   955.75 [1 080÷(1＋13%)]
       ——B   927.43[1 048÷(1＋13%)]
    贷：受托代销商品——A   955.75
        ——B   927.43

在供应商进行结算的货款中扣除进货成本，即可倒挤出进项税额。

进项税额＝2 128－955.75－927.43＝244.82(元)

  借：应交税费——应交增值税(进项税额)   244.82
    贷：应交税费——待抵扣进项税   244.82

冲销联营协议确定的结算款与促销实际结算款的差额。会计处理如下。

  借：受托代销商品款——A   120 [1 500×80%－1 350×80%]
       ——B   200 [1 560×80%－(1 560－5×50)×80%]
    贷：受托代销商品——A   106.19
        ——B   176.99
     应交税费——待抵扣进项税   36.82

(二) 商品返券促销的核算

商品返券销售是指顾客在购买一定数额的商品后，可获得商家赠送的相应数额购物券的促销方式。返券销售极易激发消费者继续购物的欲望，又不会使商家多负担税费，因此，被大多数商家所采用。例如，商场"买200元送80元现金券"的活动就属于此类促销方式，其实质仍属于打折销售行为，如果销售额和折扣额在同一张发票上的"金额"栏分别注明，则可按折扣后的销售额征收增值税。

为了反映购物券的发放与回收，依据《企业会计准则第14号——收入》规定，企业应设置"合同负债"账户。送券时，应将归属赠券的货款记入"合同负债"账户，待使用购物券时，再将合同负债转为销售收入。

【例2-20】 日日新百货商场在小长假期间举办"联营专柜全场满300元返券240元"的促销活动，购物券由商场统一赠送，各专柜按含券销售额与商场结算，抽成率由原来的20%提高至40%，且各专柜均收取返还的购物券。例如，一顾客消费1 360元购买女靴一双，返还购物券960元，同日，顾客又看中一款服饰，恰好用购物券全额结清。商场与供应商均为增值税一般纳税人。

商场与供应商签订联营协议时，没有促销约定，按各专柜的售价与扣点比例与供应商结算货款。会计处理如下。

结算金额＝1 360×60%＝816(元)

借：受托代销商品——女靴　　　　　　　　722.12
　　　　　　　　　——服饰　　　　　　　509.73
　　应交税费——待抵扣进项税　　　　　　160.14
　　贷：受托代销商品款——女靴　　　　　　　　816
　　　　　　　　　　　——服饰　　　　　　　　576

商场实现销售并发放购物券，其会计处理如下。

销项税额＝(1 360－960)÷(1＋13%)×13%＝46.02(元)

借：银行存款(或库存现金)　　　　　　　1 360
　　贷：主营业务收入　　　　　　　　　　353.98
　　　　应交税费——应交增值税(销项税额)　46.02
　　　　合同负债　　　　　　　　　　　　960

收回购物券，交付服饰时，其会计处理如下。

借：合同负债　　　　　　　　　　　　　960
　　贷：主营业务收入　　　　　　　　　　849.56
　　　　应交税费——应交增值税(销项税额)　110.43

待促销活动结束后，商场与各专柜进行货款结算。在此次交易中收银台只收取现金1 360元，而商场实现商品销售2 320元，抽成率按40%计算，各联营专柜应结算货款为1 392(2 320×60%)元，其中，需结算为现金的有816(1 360×60%)元。

商场与女靴、服饰专柜结算现金货款，可按其专柜商品的售价比例进行分摊。

分摊率＝实际结算现金总额÷各商场所售商品售价之和×100%

在本例中，分摊率＝816÷(1 360＋960)×100%＝35.172 4%

女靴专柜应结算现金＝1 360×35.172 4%＝478.34(元)

服饰专柜应结算现金＝960×35.172 4%＝337.66(元)

二、网络销售商品的核算

网络销售是指借助互联网实现商品或服务从卖家向消费者(买家)转移的过程。网络销售的交易形式主要有"先收款后付货"和"先发货后收款"两种。遇到节假日，网络商家也会采用一些促销手段增加营业额，进而提升经营业绩。

(一) 先收款(买家先付款)后付货

先收款后付货是买家通过相关支付方式付款至商家，待商家收款后发货的一种网上销售方式，其交易流程和会计处理步骤如下。

(1) 商家接收买家订单，无须做会计处理。

(2) 商家确认货款到账，组织发货。此时，商家并未实现商品销售，所以，会计上只能做"合同负债"账户处理。商品发出后，先通过"发出商品"账户核算，对于通过物流配送发生的费用，应记入"销售费用"账户核算。

(3) 商家根据买家确认收货记录，最终确认其销售收入的实现。买家确认收货，意味着交易成功。商家可进行收入的确认，冲减预收账款，并结转已售商品成本。

交易中如果遇到买家不收货并取消交易的情况，则做退货、退款处理。

(二) 先发货后收款

先发货后收款是商家根据订单先发货，待买家收货后同时付款的一种网上销售方式，其交易流程和会计处理步骤如下。

(1) 商家接收买家订单，无须做会计处理。

(2) 商家根据买家订单组织发货。商品发出后，会计上可通过"发出商品"账户核算，对于通过物流配送发生的费用，应记入"销售费用"账户核算。

(3) 买家确认收货并付款，意味着交易成功。商家可进行收入确认和结转已售商品成本。会计上可借记"银行存款""应收账款"等账户，贷记"主营业务收入""应交税费——应交增值税(销项税额)"账户；同时，结转已售成本，借记"主营业务成本"账户，贷记"发出商品"账户。

交易中如果遇到买家不收货并取消交易的情况，则做退货处理。

(三) 网络促销业务的核算

网络销售同实体门店销售一样，遇到节假日也会开展促销活动，例如，各网络商家向消费者(买家)发放各种面额的十足抵用的购物券、进行购物返现等。这些行为都是在消费者购买商品后才能实现的促销优惠，属于商品打折销售，如果销售额和折扣额在同一张发票上的"金额"栏分别注明，可按折扣后的销售额征收增值税。其会计处理可参照实体店商业折扣业务处理。

(四) 网络实物团购业务的核算

网络实物团购是指借助互联网将具有相同购买意向的零散消费者集合起来,再从商家大批量地购买有形实物商品,以求得最优价格的购销活动。网络团购的交易通常涉及 3 个当事人,即团购网站、商家(供应商)和消费者。

实物团购过程中,团购网站会从商品的货款中获取一定比例的佣金收入。

实物团购从本质上讲属于商品销售,对于供应商来说,实物团购方式与传统的商品销售方式基本相同。实物团购收入可以参照商品销售收入确认条件来进行核算。

【例 2-21】某团购网站现有一款防晒产品,原价每套 500 元,团购价每套 400 元。美丽公司可提供 1 000 套,且要求团购数量最少为 100 套。截至团购活动结束,已有 780 人参加团购并付款,同时有 100 人参与了评价返利活动,团购网站承诺给予评价者每人 5 元的抵用券,下次团购可使用。供应商与团购网站约定的佣金率为 3%。

团购网站会计处理如下。

收到消费者在线支付的购货款时,做如下处理。

借:银行存款　　　　　　　　　　　　312 000
　　贷:应付账款——美丽公司　　　　　　312 000

消费者收到团购的防晒产品,团购网站向供应商支付货款并确认佣金收入实现,做如下处理。

借:应付账款——美丽公司　　　　　　312 000
　　贷:银行存款　　　　　　　　　　　　302 640
　　　　主营业务收入　　　　　　　　　　9 360

团购结束后,给予消费者评价返利时,做如下处理。

借:销售费用　　　　　　　　　　　　500
　　贷:合同负债　　　　　　　　　　　　500

【复习思考题】

1. 商品流通企业会计核算有哪些特点?
2. 商品流转的核算方法有哪些?有哪些优缺点及适用范围?
3. 简述批发企业商品流转核算的特点及其核算方法。
4. 简述批发企业直运商品销售的特点及其核算方法。
5. 简述"商品进销差价"账户的用途、性质及核算内容。
6. 零售企业为什么要调整已售商品销售成本?如何调整?
7. 如何理解进价核算和售价核算?两者的主要区别是什么?
8. 简述进价核算法及其适用范围。
9. 简述售价核算法及其适用范围。
10. 为什么经营鲜活商品的零售企业适用于进价金额核算?

【会计职业判断能力训练】

一、填空题

1. 商品流通企业按照它在商品流通中所处的不同地位和经营活动的不同特点,分为_____和_____两种类型。
2. 商品流转业务主要包括_____、_____和_____3 个环节。
3. 商品流通企业根据各自的经营特点和管理的需要,对商品流转的核算采用了各种不同的方法,归纳起来主要分为_____和_____两种。
4. 鲜活商品不宜采用售价金额核算法进行核算,一般采用_____核算法。
5. 当零售商品削价后的新售价高于原进价时,将削价减值的金额借记_____账户,贷记_____账户,其削价损失体现在商品经营损益内。

二、单项选择题

1. 批发企业购进商品时,运输途中的自然损耗应列支为(　　)。
   A. 由供货单位补发商品或做进货退出处理　　B. 进货费用
   C. 其他应收款　　D. 营业外支出
2. "商品进销差价"账户是资产类账户,也是(　　)账户的抵减账户。
   A. "在途物资"　　B. "库存商品"
   C. "主营业务收入"　　D. "受托代销商品"
3. 进价金额核算法适用于(　　)。
   A. 商品批发企业　　B. 农副产品收购企业
   C. 专业性零售企业　　D. 经营鲜活商品的零售企业
4. 企业取得的购货折扣应(　　)。
   A. 列入"营业外收入"账户　　B. 冲减"财务费用"账户
   C. 归入小金库,不入账　　D. 冲减商品采购成本
5. 采用售价金额核算法的企业在商品销售的同时,将库存商品按售价金额转入"主营业务成本"账户是为了(　　)。
   A. 及时反映各营业柜组经营商品的库存额
   B. 明确各营业柜组的经济责任
   C. 月末计算和结转已销商品的进销差价
   D. 简化核算工作

三、多项选择题

1. 同城商品销售的交接方式一般采用"送货制"或"提货制",货款的结算方式一般采用(　　)结算。
   A. 转账支票　　B. 商业汇票　　C. 银行本票　　D. 现金
2. "在途物资"账户用以核算企业购入商品的采购成本,它包括(　　)。
   A. 商品的货款　　B. 应计入成本的进货费用

C. 采购商品的运杂费　　　　　　　D. 采购商品发生的税费

3. 采用售价金额核算，月末需要调整的账户有(　　)。

　　A."库存商品"　　　　　　　　　B."商品进销差价"
　　C."主营业务收入"　　　　　　　D."主营业务成本"

四、判断题

1. 购进专供本单位自用的商品属于商品购进的范围。　　　　　　　　　　(　　)
2. 为收取手续费替其他单位代销的商品不属于商品销售的范围。　　　　　(　　)
3. 进价金额核算法是指库存商品总分类账和明细分类账除均按商品进价金额反映外，同时明细分类账还必须反映商品实物数量的一种核算方法。　　　　　　(　　)
4. "代销商品物资"账户与其他账户发生对应关系，只进行单式记录。　　(　　)
5. 直运商品销售直接通过"在途物资"账户核算，可不通过"库存商品"账户。
　　　　　　　　　　　　　　　　　　　　　　　　　　　　　　　　(　　)

附【会计职业判断能力训练答案】

一、填空题

1. 批发企业　零售企业
2. 商品购进　商品销售　商品储存
3. 进价核算　售价核算
4. 进价金额
5. "商品进销差价"　"库存商品"

二、单项选择题

1. B； 2. B； 3. D； 4. D； 5. B。

三、多项选择题

1. ABCD； 2. ABC； 3. BCD。

四、判断题

1. ×【解析】凡是不通过货币结算而收入的商品，或者不是为销售而购进的商品，都不属于商品购进的范围。

2. √【解析】凡是不通过货币结算而发出的商品，都不属于商品销售的范围。

3. ×【解析】数量进价金额核算法是指库存商品总分类账和明细分类账除均按商品进价金额反映外，同时明细分类还必须反映商品实物数量的一种核算方法。进价金额核算法是指库存商品总分类账和明细分类账都只反映商品进价金额，不反映实物数量的一种核算方法。

4. ×【解析】"代销商品物资"是表外账户，用以核算企业受托代销的各项商品、物资及借入的包装物等。收进时记入借方，发出时记入贷方。该账户可只记数量，不记金额。因此，"代销商品物资"账户不与其他账户发生对应关系，只进行单式记录。

5. √【解析】采用直运商品销售，商品不通过批发企业仓库的储存环节，因此，可以不通过"库存商品"账户,而直接在"在途物资"账户进行核算。

【会计职业实践能力训练】

一、批发企业商品购进核算

吉安鞋帽公司2×21年6月份发生下列经济业务。

1. 1日,业务部门转来吉安制帽厂开来的增值税专用发票,开列童帽375箱,每箱300元,合计货款112 500元,增值税税额14 625元,并收到自行填制的收货单(结算联)467号,经审核无误,当即签发转账支票付讫。

2. 3日,向吉安运动鞋厂订购26厘米运动鞋5 000双,每双37.5元,合同规定先预付货款的30%,15天后交货时,再支付货款的70%。当日签发转账支票,预付吉安运动鞋厂运动鞋的货款56 250元。

3. 4日,储运部门转来收货单(入库联)467号,为向吉安制帽厂购进的375箱童帽,每箱300元,已全部验收入库,结转童帽的采购成本。

4. 14日,转来厦门运动鞋厂的托收凭证,附增值税专用发票(发票联)555号,开列23厘米运动鞋2 000双,每双30元;556号增值税专用发票(发票联),开列25厘米运动鞋3 000双,每双36元,合计货款168 000元,增值税税额21 840元,运费300元,并收到自行填制的收货单(结算联)470号、471号,经审核无误,当即承付。

5. 18日,业务部门转来吉安运动鞋厂开来的增值税专用发票,开列26厘米运动鞋5 000双,每双37.5元,合计货款187 500元,增值税税额24 375元,并收到自行填制的收货单(结算联)472号,今扣除已预付的30%货款后,签发转账支票,付清其余70%的货款及全部增值税税额。

要求:编制相应的会计分录。

二、批发企业商品进货退出及购进商品退补价的核算

吉安交电公司2×21年6月份发生下列经济业务。

1. 7日,开箱复验商品,发现入库的华生牌台扇中有30台质量不符合要求,每台160元,与吉安电扇厂联系后同意退货,收到其退货的红字增值税专用发票,应退货款4 800元,增值税税额624元,并收到业务部门转来的进货退出单(结算联)011号。

2. 8日,储运部门转来进货退出单(出库联)011号,将30台质量不符合要求的华生牌电扇退还吉安电扇厂,并收到对方退还的货款4 800元及增值税624元的转账支票5 424元,存入银行。

3. 22日,储运部门转来收货单(入库联)235号,向光辉灯具厂购进书写台灯100箱,每箱205元,已全部验收入库,结转台灯的采购成本。

4. 24日,业务部门转来光辉灯具厂的更正增值税专用发票248号,更正本月22日发票错误,列明书写台灯每箱应为202元,应退货款300元,增值税税额39元。

5. 26日,收到光辉灯具厂转账支票一张,金额为339元,系支付的退货款及增值税税额,转账支票已存入银行。

6. 29日,业务部门转来吉安自行车厂的增值税专用发票,开列28式永久牌自行车100辆,每辆270元,合计货款27 000元,增值税税额3 510元,并收到自行填制的收货单(结算联)236

号，款项尚未支付。

7. 30 日，业务部门转来吉安自行车厂的更正增值税专用发票 370 号，更正本月 29 日发票错误，列明 28 式永久牌自行车每辆应为 272 元，补收货款 200 元，增值税税额 26 元，经审核无误，现连同前欠款项一并以转账支票付讫。

要求：编制相应的会计分录。

三、批发企业直运商品销售的核算

吉安百货公司 2×21 年 7 月份发生下列经济业务。

1. 8 日，银行转来杭州造纸厂的托收凭证及增值税专用发票(发票联)101 号，开列白板纸 200 令，每令 250 元，合计货款 50 000 元，增值税税额 6 500 元，该商品已直接由铁路运给广州百货公司，杭州至广州的运费 250 元由吉安百货公司代垫，经审核与合同相符，当即承付。

2. 10 日，收到本公司驻杭州造纸厂采购员寄来的增值税专用发票(记账联)280 号，商品已发往广州，该批白板纸的销售单价为 351 元，合计货款 70 200 元，增值税税额 9 126 元，垫付运费 250 元，已向银行办妥托收手续。

3. 16 日，银行转来购货单位承付货款的收账通知，其中，天津百货公司 54 720 元，青岛百货公司 42 360 元。

4. 23 日，银行转来杭州造纸厂的托收凭证及增值税专用发票(发票联)142 号，开列白板纸 250 令，每令 220 元，合计货款 55 000 元，增值税税额 7 150 元，该商品已直接发往西安百货公司，杭州至西安的运费 400 元由吉安百货公司代垫，经审核与合同相符，当即承付。

要求：编制相应的会计分录。

四、零售企业商品购进及其发生短缺溢余的核算

吉利百货公司 2×21 年 9 月份发生下列经济业务。

1. 2 日，银行转来东方无线电厂托收凭证，附来增值税专用发票(发票联)，开列诺为 PPT 翻页笔 150 支，每支 120 元，共计货款 18 000 元，增值税税额 2 340 元，运费凭证上注明的运费为 60 元，经审核无误，当即承付。

2. 3 日，东方无线电厂发来诺为 PPT 翻页笔 150 支，附来增值税专用发票(发货联)，开列 PPT 翻页笔货款 18 000 元，商品由电器柜组验收，该 PPT 翻页笔每支零售价为 156 元。

3. 5 日，收到大兴五金公司增值税专用发票，列明所购五金工具 300 把，货款 24 000 元，每把零售价 100 元，增值税税额 3 120 元，经查商品已入库，款项由银行转账付讫。

4. 8 日，银行转来杭州服装公司托收凭证，附来增值税专用发票(发票联)268 号，开列速干裤 1 000 条，每条 56 元，共计货款 56 000 元，增值税税额 7 280 元，运费凭证上注明的运费为 200 元，经审核无误，当即承付。

5. 9 日，杭州服装公司发来速干裤，附来增值税专用发票(发货联) 268 号，速干裤已由服装柜组验收，实收 980 条，短缺 20 条，服装柜组送来商品购进短缺报告单，原因待查。结转速干裤的采购成本，速干裤每条零售价为 80 元。

6. 10 日，银行转来西安果品公司托收凭证，附来增值税专用发票(发票联)415 号，开列红枣 2 000 千克，每千克 9 元，共计货款 18 000 元，增值税税额 2 340 元，运费凭证上注明的运费为 200 元，查验与合同相符，当即承付。

7. 15日，西安果品公司发来红枣，附来增值税专用发票(发货联)415号，红枣已由食品柜组验收，实收2 100千克，溢余100千克，食品柜组台送来商品购进溢余报告单，原因待查。结转红枣的采购成本，红枣每千克零售价为15元。

8. 22日，白山制糖厂发来白砂糖，附来增值税专用发票(发货联)390号，白砂糖已由糖果柜组验收，实收9 894千克，短缺106千克，糖果柜组送来商品购进短缺报告单，原因待查。结转白砂糖的采购成本，白砂糖每千克进价为3.20元，零售价为4.40元。

9. 27日，今查明9日短缺速干裤20条是提货人员失职造成的，经领导审批决定其中25%责成提货人员赔偿，其余75%作为企业损失。

10. 29日，今查明15日溢余红枣100千克，其中90千克是由于对方多发了商品，联系后同意作为购进，西安果品公司已补来增值税专用发票，其余10千克是自升溢，予以转账。

11. 30日，今查明22日短缺白砂糖106千克，其中100千克是由于对方少发了商品。经联系后，白山制糖厂决定不再补发商品，已开来红字增值税专用发票做退货处理，其余6千克是自然损耗，予以转账。

12. 30日，服装柜组9月份对100件滞销过时的鸭绒服进行削价出售，每件原售价1 200元，进价900元，现削价为每件950元，售出90件，其余以削价为850元售清。

13. 30日，鞋帽柜组9月份对现存时尚棉鞋50双进行调价出售，原价258元/双，现调价为340元/双。

要求：编制相关会计分录。

五、零售企业主营业务收入和主营业务成本的调整

资料1：广源商厦2×21年5月29日有关账户余额(单位：元)如下。

"库存商品"账户余额	329 600	"受托代销商品"账户余额	61 400
其中：百货组	123 400	其中：百货组	25 400
服装组	88 500	服装组	36 000
食品组	117 700		
"主营业务收入"账户余额	374 000	"主营业务成本"账户余额	374 000
其中：百货组	139 600	其中：百货组	139 600
服装组	121 200	服装组	121 200
食品组	113 200	食品组	113 200
"商品进销差价"账户余额	192 030		
其中：百货组	69 620		
服装组	61 868		
食品组	60 542		

资料2：各柜组商品的增值税税率为13%。

资料3：年末各营业柜组编制商品盘存表，分别计算出实际结存商品(包括受托代销商品)的购进金额，其中，百货组为112 752元，服装组为93 045元，食品组为86 918元。

要求：根据资料1分别用综合差价率法和分柜组差价率法调整主营业务成本。

根据资料 1 和资料 3 用实际进销差价计算法调整主营业务成本。

根据资料 1 和资料 2 调整本月主营业务收入。

六、综合分析题

(一) 综合分析题 1

某通信科技公司将 300 部手机(进价为 800 元/部)委托迅池公司代销,代销方式由迅池公司选择。若采用视同自购自销方式,批发价为 1 000 元/部,销售价为 1 200 元/部。若采用收取手续费方式,售价不变,手续费按销售收入的 12%提取。300 部手机当月全部售出,增值税税率为 13%。月末双方往来账款结清。

请分析如下问题。

1. 假如你作为迅池公司的 CFO,你将选择哪种代销方式?为什么?账务如何处理?

2. 假如你是通信科技公司的会计,在迅池公司采用不同的代销方式时,你的账务处理有何不同?

[分析提示]

1. 通过计算两种代销方式下各自取得的收益,做出正确的选择。

2. 指出两种代销方式账务处理的不同点。

(二) 综合分析题 2

某零售商场 2×21 年 12 月 31 日的有关账户余额如下。

"库存商品"账户余额	795 550	"商品进销差价"账户余额	1 498 746
其中:百货组	7 065	其中:百货组	10 623
服装组	236 745	服装组	433 777
家电组	551 740	家电组	1 054 346
"主营业务收入"账户余额	5 182 220		
其中:百货组	63 755		
服装组	1 932 140		
家电组	3 186 325		

各柜组商品的增值税税率为 13%。

12 月 31 日,业务部门转来下面两笔业务的有关凭证。

1. 从上海某公司购进的 20 台喜乐牌彩色电视机到货入库,同时收到增值税专用发票,载明价税合计 40 680 元(买价 36 000 元,增值税税额 4 680 元),款已付清。该电视机的含税零售价为 2 400 元/台。

2. 家电组出售喜乐牌彩色电视机 5 台,货款 12 000 元已存入银行。

请分析如下问题。

商场老总向主管财务的你请教:当月商场的销售毛利率是多少?为什么运用分柜组差价率法与运用综合差价率法计算出的销售毛利率不同?

[分析提示]

1. 首先处理月末发生的两笔业务,并调整相关账户的月末余额。

2. 月末,计算调整本月主营业务收入和主营业务成本,并进行相应的账务处理。

3. 计算本月销售综合销售毛利率。

(三) 综合分析题 3

胜利百货商场是一家零售商业企业，本月发生的业务中，涉及购进商品价格更正的业务主要有以下两笔。

1. 只更正进价的业务

(1) 商品购进。

胜利百货商场服装部月初从市百货公司购进某品牌羽绒服 50 件，进价每件 1 000 元，增值税税率 13%，价税合计 56 500 元。货款以银行存款付讫，含税零售价每件 1 500 元。

(2) 进价更正。

收到市百货公司的通知和更正发票，该批羽绒服的批发价格应该为每件 1 100 元，商场应补付货款 5 000 元，增值税税额 650 元。服装公司同意并以银行存款付讫。

2. 进价、销价都更正的业务

(1) 商品购进。

胜利百货商场鞋帽部月初从市百货公司购进某品牌运动鞋 100 双，进价每双 900 元，值税税率 13%，价税合计 101 700 元。货款以银行存款付讫，含税零售价每双 1 400 元。

(2) 进价、销价更正。

收到市百货公司的通知与更正发票，该批运动鞋的批发价格应该为每双 800 元。市百货公司应该退还相应的货款和增值税税额。为了促进销售，商场将其售价调低为每双 1 200 元。

请分析以下问题。

1. 以上两笔业务的核算内容有什么异同？
2. 计算差价的影响，并进行相应的账务处理。

[分析提示]

1. 只更正进价时，应调整"商品进销差价"账户，不调整"库存商品"账户。
2. 更正进价与销价的业务，不仅要更正"库存商品"账户的进价与进项税额及销价，还要更正"商品进销差价"账户的差价。

(四) 综合分析题 4

长兴商厦与供货商甲公司以联营方式销售女士香包，双方商定以销售额的 25% 为扣点。2×21 年 6 月份发生如下业务。

1. 商品进场。商场只通过其信息管理系统与中央收银系统记录供应商的销售额。
2. 销售商品。假设长兴商厦收银系统记录到甲公司本月销售女士香包收入共计 56 500 元。商场做商品销售处理。
3. 与供应商结算。销售次月，双方对账无误后，供应商开出金额为 42 375 元的增值税发票给商场，商场将 42 375 元支付给供应商。

请根据上述资料，完成联营模式下的会计业务处理。

(五) 综合分析题 5

2×21 年"双十一"，顾客在某商场购买了 200 元的被子和 365 元的呢子大衣，11 月 1 日顾客在该商场领取红包 200 元(据商场活动规定购物满 500 元可用红包抵付 100 元的价款，其余部分以现金支付)。该商场增值税税率为 13%。

请分析如下问题。

1. 根据上述资料，会计业务如何处理？
2. 若顾客没有在有效期内使用剩余的红包，会计业务如何处理？

附【会计职业实践能力训练答案】

一、批发企业商品购进的核算

1. 借：在途物资——吉安制帽厂　　　　　　　　　112 500
     　　应交税费——应交增值税(进项税额)　　　　 14 625
     　　贷：银行存款　　　　　　　　　　　　　　　　127 125
2. 借：预付账款——吉安运动鞋厂　　　　　　　　　 56 250
     　　贷：银行存款　　　　　　　　　　　　　　　　 56 250
3. 借：库存商品——帽类　　　　　　　　　　　　　 112 500
     　　贷：在途物资——吉安制帽厂　　　　　　　　　112 500
4. 借：在途物资——厦门运动鞋厂　　　　　　　　　168 273
     　　应交税费——应交增值税(进项税额)　　　　 21 867
     　　　　　　　(运费按9%计算抵扣进项税，即300×9%＝27元)
     　　贷：银行存款　　　　　　　　　　　　　　　　190 140
5. 借：在途物资——吉安运动鞋厂　　　　　　　　　187 500
     　　贷：银行存款　　　　　　　　　　　　　　　　131 250
     　　　　预付账款——吉安运动鞋厂　　　　　　　 56 250
     借：应交税费——应交增值税(进项税额)　　　　 24 375
     　　贷：银行存款　　　　　　　　　　　　　　　　 24 375

二、批发企业商品进货退出及购进商品退补价的核算

1. 借：应收账款——吉安电扇厂　　　　　　　　　　 5 424
     　　应交税费——应交增值税(进项税额)　　　　　 624
     　　贷：在途物资——吉安电扇厂　　　　　　　　　 4 800
2. 借：在途物资　　　　　　　　　　　　　　　　　　 4 800
     　　贷：库存商品——台扇类　　　　　　　　　　　 4 800
     借：银行存款　　　　　　　　　　　　　　　　　　 5 424
     　　贷：应收账款——吉安电扇厂　　　　　　　　　 5 424
3. 借：库存商品——台灯类　　　　　　　　　　　　　20 500
     　　贷：在途物资——光辉灯具厂　　　　　　　　　 20 500
4. 借：应收账款——光辉灯具厂　　　　　　　　　　　 339
     　　应交税费——应交增值税(进项税额)　　　　　 39
     　　贷：在途物资——光辉灯具厂　　　　　　　　　 300

	借：在途物资——光辉灯具厂	300
	贷：库存商品——台灯类	300
5.	借：银行存款	339
	贷：应收账款——光辉灯具厂	339
6.	借：在途物资——吉安自行车厂	27 000
	应交税费——应交增值税(进项税额)	3 510
	贷：应付账款——吉安自行车厂	30 510
7.	借：在途物资——吉安自行车厂	200
	应交税费——应交增值税(进项税额)	26
	贷：应付账款——吉安自行车厂	226
	借：应付账款	30 510
	贷：银行存款	30 510
	借：库存商品——自行车类	27 200
	贷：在途物资——吉安自行车厂	27 200

三、批发企业直运商品销售的核算

1.	借：在途物资——杭州造纸厂	50 000
	应交税费——应交增值税(进项税额)	6 500
	应收账款——代垫运费	250
	贷：银行存款	56 750
2.	借：应收账款——广州百货公司	79 576
	贷：主营业务收入——纸类	70 200
	应交税费——应交增值税(销项税额)	9 126
	应收账款——代垫运费	250
	借：主营业务成本——纸类	50 000
	贷：在途物资——杭州造纸厂	50 000
3.	借：银行存款	97 080
	贷：应收账款——天津百货公司	54 720
	——青岛百货公司	42 360
4.	借：在途物资——杭州造纸厂	55 000
	应交税费——应交增值税(进项税额)	7 150
	应收账款——代垫运费	400
	贷：银行存款	62 550

待收到"商品直运销货单"后，再做商品销售有关账务处理。

四、零售企业商品购进及其发生短缺溢余、调削价的核算

1.	借：在途物资——吉利无线电厂	18 054.60(18 000+60×91%)

```
           应交税费——应交增值税(进项税额)          2 345.40(2 340+60×9%)
           贷：银行存款                          20 400
   2. 借：库存商品——家电柜组                       23 400
       贷：在途物资——吉利无线电厂                    18 054.60
           商品进销差价                           5 345.40
   3. 借：在途物资——大兴五金公司                     24 000
       应交税费——应交增值税(进项税额)               3 120
       贷：银行存款                              27 120
     借：库存商品——五金柜组                        30 000
       贷：在途物资——大兴五金公司                    24 000
           商品进销差价                           6 000
   4. 借：在途物资——杭州服装公司                     56 180
       应交税费——应交增值税(进项税额)               7 300
       贷：银行存款                              63 480
   5. 借：库存商品——服装柜组                        78 400(980×80)
       贷：在途物资——杭州服装公司                    55 056.40(56 180÷1 000×980)
           商品进销差价                           23 343.60
     借：待处理财产损溢——待处理流动资产损溢           1 269.60
       贷：在途物资——杭州服装公司                    1 123.60
           应交税费——应交增值税(进项税额转出)        146
   6. 借：在途物资——西安果品公司                     18 180
       应交税费——应交增值税(进项税额)               2 360
       贷：银行存款                              20 540
   7. 借：库存商品——食品柜组                        31 500(2 100×15)
       贷：在途物资——西安果品公司                    18 180
           商品进销差价                           12 411
           待处理财产损溢——待处理流动资产损溢         909(18 180÷2 000×100)
   8. 借：库存商品——糖果柜组                        43 533.60(9 894×4.40)
       贷：在途物资——白山制糖厂                     31 660.80(9 894×3.20)
           商品进销差价                           11 872.80
     借：待处理财产损溢——待处理流动资产损溢           339.20
       贷：在途物资——白山制糖厂                     339.20
   9. 借：其他应收款——提货人                        317.40
       营业外支出                               952.20
       贷：待处理财产损溢——待处理流动资产损溢         1 269.60
  10. 借：在途物资——西安果品公司                     818.10(909÷100×90)
```

应交税费——应交增值税(进项税额)　　　106.20(2 360÷2 000×90)
　　　　贷：应付账款　　　924.30
　　借：待处理财产损溢——待处理流动资产损溢　　　909
　　　　贷：在途物资——西安果品公司　　　818.10
　　　　　　销售费用——商品损耗　　　90.90(909÷100×10)
11. 借：待处理财产损溢——待处理流动资产损溢　　　320
　　　　应交税费——应交增值税(进项税额)　　　41.60
　　　　贷：银行存款　　　361.60
　　借：销售费用——商品损耗　　　19.20
　　　　贷：待处理财产损溢——待处理流动资产损溢　　　19.20
12. 借：商品进销差价　　　22 500 [(1 200－950)×90]
　　　　贷：库存商品——鸭绒服　　　22 500
　　借：商品进销差价　　　3 000 [(1 200－900)×10]
　　　　存货跌价准备　　　500 [(900－850)×10]
　　　　贷：库存商品——鸭绒服　　　3 500
13. 借：库存商品——棉鞋　　　4 100 [(340－258)×50]
　　　　贷：商品进销差价　　　4 100

五、零售企业主营业务收入和主营业务成本的调整

用综合差价率推算法调整主营业务成本。

综合差价率＝192 030÷(329 600＋61 400＋374 000)×100%＝25.10%

本期已销商品进销差价＝374 000×25.10%＝93 874(元)

会计分录如下。

　　借：商品进销差价　　　93 874
　　　　贷：主营业务成本　　　93 874

已销商品进销差价的计算，如表2-3所示。

表2-3　已销商品进销差价计算表

2×21年5月30日　　　　　　　　　　　　　　　单位：元

营业柜组	期末"库存商品"账户余额	期末"受托代销商品"账户余额	"主营业务收入"账户余额	本期存销商品合计额	结转前"商品进销"账户余额	差价率	已销商品进销差价	期末商品进销差价
(1)	(2)	(3)	(4)	(5)=(2)+(3)+(4)	(6)	(7)=(6)÷(5)	(8)=(4)×(7)	(9)=(6)－(8)
百货组	123 400	25 400	139 600	288 400	69 620	24.14%	33 699.44	35 920.56
服装组	88 500	36 000	121 200	245 700	61 828	25.18%	30 518.16	31 349.84
食品组	117 700	—	113 200	230 900	60 542	26.22%	29 681.04	30 860.96
合计	329 600	61 400	374 000	765 000	192 030	—	93 898.64	98 131.36

据上表做会计分录如下。

借：商品进销差价——百货组　　　　　　　　33 699.44
　　　　　　　　——服装组　　　　　　　　30 518.16
　　　　　　　　——食品组　　　　　　　　29 681.04
　　贷：主营业务成本——百货组　　　　　　　　33 699.44
　　　　　　　　——服装组　　　　　　　　30 518.16
　　　　　　　　——食品组　　　　　　　　29 681.04

用实际进销差价计算法调整主营业务成本。

百货组期末商品进销差价＝123 400＋25 400－112 752＝36 048(元)

百货组已销商品进销差价＝69 620－36 048＝33 572(元)

服装组期末商品进销差价＝88 500＋36 000－93 045＝31 455(元)

服装组已销商品进销差价＝61 868－31 455＝30 413(元)

食品组期末商品进销差价＝117 700－86 918＝30 782(元)

食品组已销商品进销差价＝60 542－30 782＝29 760(元)

会计分录如下。

借：商品进销差价——百货组　　　　　　　　33 572
　　　　　　　　——服装组　　　　　　　　30 413
　　　　　　　　——食品组　　　　　　　　29 760
　　贷：主营业务成本——百货组　　　　　　　　33 572
　　　　　　　　——服装组　　　　　　　　30 413
　　　　　　　　——食品组　　　　　　　　29 760

调整本月主营业务收入。

百货组销售额＝139 600÷(1＋13%)＝123 539.82(元)

百货组销项税额＝139 600－123 539.82＝16 060.18(元)

服装组销售额＝121 200÷(1＋13%)＝107 256.64(元)

服装组销项税额＝121 200－107 256.64＝13 943.36(元)

食品组销售额＝113 200÷(1＋13%)＝100 176.99(元)

食品组销项税额＝113 200－100 176.99＝13 023.01(元)

会计分录如下。

借：主营业务收入——百货组　　　　　　　　16 060.18
　　　　　　　　——服装组　　　　　　　　13 943.36
　　　　　　　　——食品组　　　　　　　　13 023.01
　　贷：应交税费——应交增值税(销项税额)　　43 026.55

六、综合分析题

(一) 综合分析题 1

1. 两种不同代销方式下，迅池公司的账务处理如下。

(1) 若采用视同自购自销方式，账务处理如下。

① 收到委托代销手机时

借：受托代销商品——某通信科技公司　　　　360 000
　　贷：代销商品款——某通信科技公司　　　　　300 000
　　　　商品进销差价　　　　　　　　　　　　　　60 000

② 月末手机全部售出时

借：银行存款　　　　　　　　　　　　　　　406 800
　　贷：主营业务收入　　　　　　　　　　　　　　360 000
　　　　应交税费——应交增值税(销项税额)　　　　46 800

同时，结转售出商品销售成本。

借：主营业务成本——手机　　　　　　　　　360 000
　　贷：受托代销商品——某通信科技公司　　　　360 000
借：商品进销差价　　　　　　　　　　　　　 60 000
　　贷：主营业务成本——手机　　　　　　　　　　60 000

结转代销商品款。

借：代销商品款——某通信科技公司　　　　　300 000
　　贷：应付账款——某通信科技公司　　　　　　 300 000

③ 月末，收到某通信科技公司开具的增值税专用发票

借：在途物资——某通信科技公司　　　　　　300 000
　　应交税费——应交增值税(进项税额)　　　 39 000
　　贷：银行存款　　　　　　　　　　　　　　　 339 000
借：应付账款——某通信科技公司　　　　　　300 000
　　贷：在途物资——某通信科技公司　　　　　　 300 000

(2) 若采用收取手续费方式，售价不变，账务处理如下。

① 收到委托代销手机时

借：受托代销商品——某通信科技公司　　　　300 000
　　贷：代销商品款——某通信科技公司　　　　　300 000

② 月末手机全部售出时

借：银行存款　　　　　　　　　　　　　　　406 800
　　贷：应付账款——某通信科技公司　　　　　　360 000
　　　　应交税费——应交增值税(销项税额)　　　 46 800

同时，注销已售代销商品。

借：代销商品款——某通信科技公司　　　　　300 000
　　贷：受托代销商品——某通信科技公司　　　　300 000

③ 月末将扣除代销手续费后的价税额，开出转账支票付讫

借：应付账款——某通信科技公司　　　　　　406 800
　　贷：代购代销收入　　　　　　　　　　　　　 43 200 (360 000×12%)
　　　　银行存款　　　　　　　　　　　　　　　363 600

同时，根据委托单位开来的增值税专用发票。

借：应交税费——应交增值税(进项税额)　　　　　46 800
　　贷：应付账款——某通信科技公司　　　　　　46 800

综上分析，迅池公司应采用视同自购自销方式，因为采用该方式取得的收入较多(采用视同自购自销方式收入 360 000 元，采用收取手续费方式收入 43 200 元)。

2. 在迅池公司采用不同的代销方式时，通信科技公司的账务处理如下。

(1) 若迅池公司采用视同自购自销方式，通信科技公司的账务处理如下。

① 发出商品时

借：库存商品——委托代销商品　　　　　　　　240 000
　　贷：库存商品——手机　　　　　　　　　　　240 000

② 月末手机全部售出时

借：银行存款　　　　　　　　　　　　　　　　339 000
　　贷：主营业务收入——手机　　　　　　　　　300 000
　　　　应交税费——应交增值税(销项税额)　　　39 000

同时，结转已售出的委托代销商品成本。

借：主营业务成本——手机　　　　　　　　　　240 000
　　贷：库存商品——委托代销商品　　　　　　　240 000

(2) 若迅池公司采用收取手续费方式，售价不变，通信科技公司的账务处理如下。

① 发出商品时

借：库存商品——委托代销商品　　　　　　　　240 000
　　贷：库存商品——手机　　　　　　　　　　　240 000

② 月末手机全部售出时

借：应收账款——迅池公司　　　　　　　　　　406 800
　　贷：主营业务收入——手机　　　　　　　　　360 000
　　　　应交税费——应交增值税(销项税额)　　　46 800

同时，结转已售出的委托代销商品成本。

借：主营业务成本——手机　　　　　　　　　　240 000
　　贷：库存商品——委托代销商品　　　　　　　240 000

③ 将扣除代销手续费后的余额存入银行

借：银行存款　　　　　　　　　　　　　　　　363 600
　　销售费用——代销手续费　　　　　　　　　　43 200
　　贷：应收账款——迅池公司　　　　　　　　　406 800

综上分析，某通信科技公司应采用收取手续费的方式，因为采用该方式取得的收入较多(采用视同自购自销方式收入 300 000 元，采用收取手续费方式收入 316 800 元)。

(二) 综合分析题 2

(1) 月末发生的两笔业务的账务处理如下。

① 购入电视

借：在途物资——喜乐牌彩电　　　　　　　　　36 000
　　应交税费——应交增值税(进项税额)　　　　　4 680

　　　　贷：银行存款　　　　　　　　　　　　40 680
　　借：库存商品——喜乐牌彩电　　　　　　48 000
　　　　贷：在途物资——喜乐牌彩电　　　　36 000
　　　　　　商品进销差价——喜乐牌彩电　　12 000
② 确认销售收入
　　借：银行存款　　　　　　　　　　　　12 000
　　　　贷：主营业务收入——喜乐牌彩电　　12 000
　　借：主营业务成本——喜乐牌彩电　　　　12 000
　　　　贷：库存商品——喜乐牌彩电　　　　12 000
将上述业务入账后，家电组各相关账户余额分别如下。
"库存商品"账户余额：551 740＋48 000－12 000＝587 740
"商品进销差价"账户余额：1 054 346＋12 000＝1 066 346
"主营业务收入"账户余额：3 186 325＋12 000＝3 198 325
将上述业务入账后，各柜组有关账户余额详见表2-4所示。

表2-4　各柜组有关账户余额表

营业柜组	库存商品	主营业务收入	商品进销差价
百货组	7 065	63 755	10 623
服装组	236 745	1 932 140	433 777
家电组	587 740	3 198 325	1 066 346
合　计	831 550	5 194 220	1 510 746

(2) 计算差价率，调整主营业务成本。
综合差价率的计算过程如下。
综合差价率＝1 510 746÷(831 550＋5 194 220)×100%＝25.07%
本期已售商品进销差价＝5 194 220×25.07%＝1 302 190.95(元)
　　借：商品进销差价　　　　　　　　　　1 302 190.95
　　　　贷：主营业务成本　　　　　　　　1 302 190.95
分柜组差价率的计算过程如下。
百货组差价率＝10 623÷(7 065＋63 755)×100%＝15%
本期已售商品进销差价＝63 755×15%＝9 563.25(元)
服装组差价率＝433 777÷(236 745＋1 932 140)×100%＝20%
本期已售商品进销差价＝1 932 140×20%＝386 428(元)
家电组差价率＝1 066 346÷(587 740＋3 198 325)×100%＝28.17%
本期已售商品进销差价＝3 198 325×28.17%＝900 968.15(元)
　　借：商品进销差价——百货组　　　　　9 563.25
　　　　　　　　　　——服装组　　　　　386 428
　　　　　　　　　　——家电组　　　　　900 968.15

  贷：主营业务成本——百货组   9 563.25
      ——服装组   386 428
      ——家电组   900 968.15

(3) 调整销售收入。

不含税销售收入＝含税销售收入÷(1＋增值税税率)
      ＝5 194 220÷(1＋13%)
      ＝4 596 654.87(元)

销项税额＝含税收入－不含税销售收入＝5 194 220－4 596 654.87＝597 565.13(元)

  借：主营业务收入   597 565.13
    贷：应交税费——应交增值税(销项税额) 597 565.13

(4) 计算销售毛利率。

运用综合差价率法计算销售毛利率。

销售毛利率＝(销售净收入－产品成本) ÷销售净收入×100%
    ＝(已售商品进销差价－已售商品应承担的销项税额)÷销售净收入×100%
    ＝(5 194 220×25.07%－597 565.13)÷4 596 654.87×100%
    ＝704 625.82÷4 596 654.87
    ＝15.33%

运用分柜组差价率法计算销售毛利率(计算过程略)。

若要运用分柜组差价率法求得销售毛利率，则要根据相应营业柜组的有关数据分别进行计算，因此，得出的结果会与运用综合差价率法计算出的结果有所不同。

(三) 综合分析题3

1. 这两笔业务分别代表了购进商品价格更正的两种类型：第一种是只更正购进价格；第二种是购进价格和销售价格都更正。

2. 计算差价影响并进行账务处理，账务处理如下。

(1) 只更正购进价格。

① 付款

  借：在途物资——市百货公司   50 000
    应交税费——应交增值税(进项税额) 6 500
     贷：银行存款   56 500

② 入库

  借：库存商品——羽绒服   75 000
     贷：在途物资——市百货公司 50 000
      商品进销差价——服装部 25 000

③ 更正进价、进项税额

  借：在途物资——市百货公司   5 000
    应交税费——应交增值税(进项税额) 650
     贷：银行存款   5 650

④ 更正进销差价
借：商品进销差价——服装部　　　　　　　5 000(100×50)
　　　贷：在途物资——市百货公司　　　　　　5 000
(2) 购进价格和销售价格都更正。
① 付款
借：在途物资——市百货公司　　　　　　　90 000
　　应交税费——应交增值税(进项税额)　　11 700
　　　贷：银行存款　　　　　　　　　　　　101 700
② 入库
借：库存商品——运动鞋　　　　　　　　　140 000
　　　贷：在途物资——市百货公司　　　　　　90 000
　　　　　商品进销差价——鞋帽部　　　　　　50 000
③ 冲减进价、进项税额
借：在途物资——市百货公司　　　　　　　10 000(-100×100)
　　应交税费——应交增值税(进项税额)　　1 300(-10 000×13%)
　　　贷：应付账款——市百货公司　　　　　　11 300
④ 冲减销价、进价及商品进销差价
借：库存商品——运动鞋　　　　　　　　　20 000(-200×100)
　　　贷：在途物资——市百货公司　　　　　　10 000
　　　　　商品进销差价——鞋帽部　　　　　　10 000

(四) 综合分析题 4

商场收银系统记录到甲公司本月销售女士香包收入。
借：银行存款　　　　　　　　　　　　　　56 500
　　　贷：主营业务收入　　　　　　　　　　　50 000
　　　　　应交税费——应交增值税(销项税额)　6 500
同时，根据协议扣点 25%计算已销售商品进价成本。
借：主营业务成本　　　　　　　　　　　　37 500[56500×75%÷(1＋13%)]
　　应交税费——应交增值税(进项税额)　　4 875
　　　贷：应付账款——甲公司　　　　　　　　42 375
月末结算，向甲公司支付购货款。
借：应付账款——甲公司　　　　　　　　　42 375
　　　贷：银行存款　　　　　　　　　　　　42 375

(五) 综合分析题 5

1. 购物抵付红包，业务处理如下。
借：银行存款　　　　　　　　　　　　　　465
　　递延收益　　　　　　　　　　　　　　100
　　　贷：主营业务收入　　　　　　　　　　　500
　　　　　应交税费——应交增值税(销项税额)　65

借：销售费用　　　　　　　　　　　　　　　　100
　　贷：其他货币资金——红包冻结款　　　　　　100

2. 顾客未在有效期内使用红包(即逾期未用的红包)，业务处理如下。

借：递延收益　　　　　　　　　　　　　　　　100
　　贷：主营业务收入　　　　　　　　　　　　88.50
　　　　应交税费——应交增值税(销项税额)　　11.50
借：银行存款　　　　　　　　　　　　　　　　100
　　贷：其他货币资金——红包冻结款　　　　　　100

第三章

运输企业会计

【教学目的及要求】

通过对本章的学习，了解运输企业的生产经营特点，以及收入、成本等的构成；明确运输企业营运成本与营业收入的核算方法；掌握运输企业经营活动各环节的会计核算方法。

【本章重点及难点】

掌握运输企业经营活动各环节的会计核算方法。

【本章教学时数】

6学时。

第一节 运输企业会计概述

一、运输企业生产经营特点

运输企业是指利用运输工具专门从事运输生产或直接为运输生产服务的企业，其经营活动的结果使劳动对象发生空间位移。运输企业是连接社会生产领域和消费领域的桥梁和纽带，是国民经济发展的先行者。从运输方式来看，运输企业一般可分为铁路运输企业、公路运输企业、水上运输企业、民用航空运输企业和管道运输企业。从广义上讲，邮政企业也属于运输企业范畴(根据2008年3月11日披露的国务院机构改革方案，国家邮政局改由交通运输部管理)。在众多的运输企业中，汽车运输企业除具有一般运输企业的经营特点外，还有其特殊性，所以，本章主要以公路(汽车)运输企业及提供的装卸服务等为例，阐述运输企业会计核算，即其个性部分内容的核算。

(一) 运输企业生产经营的一般特点

与工业企业相比，运输企业的生产经营主要有以下特点。

1. 运输生产具有流动性和分散性

运输企业生产地点分散、跨地区，结算工作量大。除车站、港口装卸场地固定外，整个运输生产过程始终在一个广阔的空间内流动进行着，通过沿线各单位、各工种持续不断地分工协作来完成，是一个停靠点多、运行线路多(长)、涉及面广、多环节、多工种的联合生产过程。而工业企业一般是在一个固定的空间内从事生产经营活动，其生产组织结构相对简单。

2. 运输生产与销售同时完成

运输企业提供的产品与工业企业提供的实物产品不同，运输企业不创造实物产品，只提供没有实物形态的产品——劳务，包括货物运输劳务和旅客运输劳务。运输劳务作为货物和人的位移，其效用是与运输业的生产过程紧密结合的，而且只能在运输生产过程中被消费掉。因此，运输业的生产和消费在时间和空间上都是结合在一起的，即生产过程和销售过程(劳务消费过程)是同时进行的，生产过程结束，销售过程也就随之实现，既不能储存产品，也不能转让销售产品。

3. 运输生产过程中主要消耗劳动工具和燃料

工业企业在生产过程中通过对劳动对象的加工制作，不断地创造新的物质产品，而运输企业的劳动对象是被运送的货物和旅客，其在运输生产过程中不能改变劳动对象的属性和形态，只能使其改变空间位置，而不产生新的实物形态的产品。运输企业在运营过程中主要消耗的是劳动工具(运输设备与修理工具等)和燃料。

4. 资产构成内容差异大

运输企业专门利用运输工具从事运营活动，其实物资产的构成内容及占比与工业企业具有较大差异。一般情况下，交通运输企业的固定资产比重大，流动资产占用少，且流动资产中燃料、备品配件、轮胎等所占比重大，较少有原材料。

5. 产业内部的弱替代性

运输业通常涉及铁路运输、公路运输、水上运输、民用航空运输和管道运输5种运输方式，这5种运输方式组成了国家的综合运输网。在这5种运输方式之间存在着既不是完全异功能的协同关系，也不是完全同功能的竞争关系，而是在某些区间为同功能，某些区间又为异功能的弱替代性关系。因此，这5种运输方式往往"各领风骚数十年"。

(二) 汽车运输企业生产经营的特点

汽车运输是整个交通运输的一个重要部分。汽车运输企业除了具有运输企业生产经营的一般特点外，还具有其自身的生产经营特点，主要体现在服务的灵活性上，具体如下。

(1) 在空间上，可以实现到门运输。

(2) 在时间上，可以实现及时运输。

(3) 在运货批量上，起运的批量最小。

(4) 运行条件比较容易实现，汽车运输可以在不同等级的公路上实现，甚至在等级外的公路乃至乡村便道都可以实现。

上述交通运输企业生产经营的特点决定了其会计核算的特点。

二、运输企业会计核算的特点

与工业企业相比，运输企业会计核算主要有以下特点。

(一) 存货核算特殊性

存货核算特殊性主要体现在存货的构成及核算上。工业企业的存货主要是原材料和库存商品等，以满足生产耗费和销售，而运输企业则很少有原材料，没有产成品，其存货主要有燃料、备品配件及轮胎(仅汽车运输业有本项)等，而且在存货会计核算上运输企业也有其特殊性。

(二) 成本结转直接性

运输企业的运输生产成本直接通过损益类账户归集，成本类账户中不设置"运输生产成本"账户，将其视为期间的产品销售成本，直接在"主营业务成本——运输支出"等损益类账户中核算。

(三) 基本业务核算特殊性

运输营运过程是生产过程和销售过程相统一的过程，即运输企业生产的完成也就意味着销售的实现。所以，运输企业与工业企业的不同之处就在于：没有与生产过程相分离的产品销售过程。企业在运输生产过程中，经过核收费用和装卸费等结算，即可获得更多的货币资金。因而运输企业会计在基本业务中不需要组织产成品销售的核算。

(四) 收入结算复杂性

收入结算较为复杂是因为运输企业的各种运输方式具有多样性(如直达运输、江海河联运、水陆联运等)；运输货物的种类较多，运量大小不等；运输距离长短不一(有省内外和国内外之分)。另外，运输收入通常一次性由运地或目的地核收，由此在参与运输的各部门、各企业、各地区，乃至各个国家之间产生了结算与清算的大量工作；在运输企业内部，各部门和单位之间因相互协作提供服务，也会产生各种内部结算工作，这些运输企业内、外的结算工作量大、发生频繁、涉及环节多、内容复杂。

(五) 计量单位特殊性

运输生产计量单位是货物与旅客的周转量。货物与旅客周转量的计量取决于两个因素：一是数量，即货物的重量和旅客的人次；二是距离，即位移的公里数、海里数等。因此，运输企业的计量单位为人公里、吨公里等。

第二节 运输企业存货的核算

一、存货的分类

运输企业的存货是为运输业务服务而储备的燃料、备品配件和运输途中的用品等。以公路运输企业为例,按存货在运输经营中发挥的作用划分,存货可分为以下类别。

(一) 燃料

燃料是指库存和车存的各种液体、气体、固体燃料,以及可作燃料使用的废料。它是运输企业中最重要的存货,在存货中所占比重最大。

(二) 轮胎

轮胎是指汽车运输企业在库和在用的轮胎内胎、外胎及垫片。它是运输企业的重要部件,在运输经营过程中损耗量大,更换频繁,库存量较大。

(三) 材料

材料主要是指企业为维护、保养、维修其所拥有的各种运输设备、装卸机械等储存的各种材料,主要包括轮胎的内胎、垫片,以及各种备品备件、消耗性材料等。

(四) 低值易耗品

低值易耗品是指单位价值较低、使用寿命短、达不到固定资产标准、不作为固定资产核算的各种用具或物品,如工具、修理用具、随车附属品及管理用具等。

在上述存货中,材料和低值易耗品的核算与工业企业的相关核算内容基本相同,此处不再专门赘述。

二、燃料的核算

(一) 燃料的分类

燃料按用途分类,主要有营运用燃料和非营运用燃料两种。

1. 营运用燃料

营运用燃料是指营运车辆在营运中直接耗用的燃料,主要包括营运车辆在运行时消耗的燃料,以及装卸车在倾卸货物时消耗的燃料。

2. 非营运用燃料

非营运用燃料是指非营运车辆耗用的燃料，以及营运车辆在试用和保修中消耗的燃料。

(二) 燃料的管理与核算

运输企业为核算各种液体、气体、固体燃料，以及可作燃料使用的废料的实际成本或计划成本，应设置"燃料"账户。该账户可设置"燃料——库存""燃料——车存"两个二级账户，分别核算不同储存方式下各种燃料增减变动及结存情况。二级账户下，还需按燃料的种类设置明细账，组织明细核算。

运输企业燃料购进入库的核算与工业企业存货核算相同。在此主要阐述燃料领用的核算。

结合汽车运输企业运营特点，目前，企业对库存燃料的管理，一般采用"满油箱制"和"盘存制"两种管理制度。

1. 满油箱制

满油箱制是运输企业的一种燃料管理制度，它要求投入运营的车辆在每次加油时必须充满油箱，月末根据领料凭证计算出车辆耗油的数额，从而考核车辆的耗油情况。

在月初和月末车辆都充满油的情况下，车辆本月耗油的总数就等于本月领油凭证上数字的累计。会计核算时，在满油箱制下只需通过"燃料"总账进行核算。

月末，财会部门根据领油凭证计算出各部门的耗油总额后，账务处理如下。

借：主营业务成本——运输支出——客车(营运部门耗用)
　　　　　　　　　　　　　——货车(营运部门耗用)
　　管理费用(企业管理部门耗用)
　　其他业务成本(对外销售)
　　贷：燃料

2. 盘存制

盘存制要求投入运营的车辆都应根据实际需要领料加油，月末经盘存油箱的实存数后，计算出当月实际耗油的数量。当月实际耗油数的计算公式如下。

$$当月实际耗油数＝月初车存油数＋本月领用油数－月末车存油数$$

在会计核算时，企业应在"燃料"账户下设置"库存"和"车存"两个明细账户。领油时，根据领油凭证，账务处理如下。

借：燃料——车存
　　贷：燃料——库存

月末，实际测量油箱的存油数后，计算当月耗油的实际数量，结转耗油成本时，财务处理如下。

借：主营业务成本——运输支出——客车(营运部门耗用)
　　　　　　　　　　　　　——货车(营运部门耗用)
　　管理费用(企业管理部门耗用)

其他业务成本(对外销售)
　　贷：燃料——车存
　　　　　　——库存(对外销售)

三、轮胎的核算

　　轮胎是运输企业的重要部件，在运营过程中损耗量大，更换频繁，库存量较大，因此，应单独设置"轮胎"账户，专门用于核算运输企业在库和在用轮胎外胎的成本增减变动及结存情况。轮胎的内胎和垫片因价值较低，视同一般消耗性材料，在"原材料"账户中核算。

　　轮胎采购入库的核算与工业企业存货核算相同。汽车运输企业领用轮胎时，一般有如下两种核算方法。

(一) 一次摊销法

　　一次摊销法，是指在领用轮胎时，将轮胎外胎的成本一次全部计入当期运输支出。该方法与工业企业低值易耗品的摊销方法相同。轮胎的核算可采用实际(或计划)成本核算。领用轮胎时，账务处理如下。

　　借：主营业务成本
　　　　贷：轮胎

(二) 按行驶公里数预提法

　　按行驶公里数预提法，是指将轮胎的外胎价值按轮胎行驶的公里数逐月预提轮胎费用计入各月主营业务成本的做法。该方法与工业企业的"工作量法"类似。

　　按计划成本领用新轮胎时，会计处理如下。

　　借：预提费用——预提轮胎费
　　　　贷：轮胎

　　按实际行驶公里数预提轮胎费用时，会计处理如下。

　　借：主营业务成本——运输支出
　　　　贷：预提费用——预提轮胎费

　　汽车运输企业无论采用哪种核算方式，都应加强对在用轮胎的管理，核定车队周转轮胎数量定额，定期盘点，实行"以旧换新"制度，建立和健全单胎里程记录。

　　需要指出的是，随车原装外胎的价值包括在整车原值内，应通过折旧方式计入运输支出成本，但新车投入运营后，即按行驶里程预提轮胎费用计入运输成本，因此，当车辆报废时，应根据第一套轮胎的胎卡记录，按其实际行驶里程和千公里轮胎费用，计算其已预提计入运输支出的预提轮胎费，并予以冲回，编制的会计分录如下。

　　借：预提费用——预提轮胎费
　　　　贷：主营业务成本——运输支出

第三节　运输企业营运成本的核算

营运成本是指运输企业开展各类运输业务的运输生产成本。运输企业经营特点决定了企业成本核算的特点。

一、运输企业成本核算的特点

(一) 成本构成中不含原材料支出

与工业企业相比，运输企业不创造新产品、不消耗劳动对象，所以其成本构成中不含原材料支出，只包括运输工具及设备的折旧费、修理费、燃料费、营运间接费等。

(二) 成本与业务完成量无关

运输企业的营运成本与其完成的客、货量无直接关系，主要取决于营运距离的长短。

(三) 成本核算对象复杂

不同类型的企业成本核算对象不同。一般情况下，运输企业以货运、客运为成本核算对象。为了使成本核算资料更加明细，还可以在客运、货运下按不同的车型设置明细账进行明细核算。

(四) 成本计算计量单位特殊

工业企业通常以公斤、千克、件、个、台等作为成本计算的计量单位；而运输企业，如汽车运输企业则以千人公里、千吨公里等作为成本计算的计量单位。

(五) 成本计算期不完全相同

工业企业通常按月计算产品成本，而运输企业除一般按月计算运输成本外，像船舶运输企业，为适应管理的要求，还会以航次作为成本计算期。

二、运输企业成本构成与核算程序

运输企业的营运成本是指企业在营运生产过程中实际发生的与运输、装卸、堆存和代理业务等运营生产直接有关的支出。营运成本主要分为运输成本、装卸成本、堆存成本等类别。其中，运输成本是指企业完成一定客运和货运运输周转量所发生的各项营运费用。装卸成本是指企业完成一定装卸操作量所发生的各项营运费用。堆存成本是指企业经营仓库和堆存业务完成一定业务量所发生的各项营运费用。运输企业的期间费用主要包括管理费用和销售费用，其核算与工业企业会计核算相似，此处不再赘述。

(一) 汽车运输企业营运成本构成

汽车运输企业没有生产和销售之分，因此，也就没有生产成本和销售成本的区分，其营运成本直接在"主营业务成本"账户中核算。汽车运输企业营运成本包括以下4项。

1. 直接材料费用

直接材料费用是指汽车在营运生产过程中实际消耗的各种燃料、轮胎、材料、润料、低值易耗品、备品配件、专用工器具等支出。

2. 直接人工费用

直接人工费用是指企业中直接从事营运生产活动人员的工资、奖金、津贴、福利费和补贴等。

3. 其他直接费用

其他直接费用是指企业在营运生产过程中发生的固定资产折旧费、行车杂费、车辆牌照和检验费、车辆清洗费、过路费、司机途中住宿费、保险费、差旅费、取暖费、办公费等支出。

4. 营运间接费用

营运间接费用是指基层单位组织与管理汽车运营所发生的车队经费和车站经费等支出。

(二) 运输企业成本核算程序

为正确核算运输企业营运成本，需设置"主营业务成本""其他业务成本""劳务成本"等总账账户，并在"主营业务成本"总账账户下设置"运输支出""装卸支出""堆存支出""代理业务支出"等二级账户；在"劳务成本"总账账户下设置"辅助营运费用"和"营运间接费用"二级账户。

其中，"主营业务成本——运输支出"二级账户下，可按"客运""货运"设置明细账户，组织明细核算。

同时，运输企业还应按照如下成本核算程序进行成本核算。

(1) 根据有关的原始凭证，编制各项运输费用归集分配表，如材料费用的归集与分配表、轮胎费用的归集与分配表等。

(2) 根据各项费用归集与分配计算表编制会计分录。

(3) 根据会计分录登记相关总账及所属明细账，如"主营业务成本明细账""劳务成本明细账"和"其他业务成本明细账"等。

(4) 根据各项费用分配表等进行劳务费用的归集与分配。

(5) 依据企业发生的上述运输费用，根据费用汇总凭证及费用分配表直接或间接记入"主营业务成本"总账及按其所属的成本计算对象设置的明细账借方的有关成本项目，在此基础上，企业就可按客运、货运及规定的成本项目编制运输企业营运成本计算表。

三、运输企业营运成本的核算方法

运输企业成本核算内容主要包括汽车运输成本核算、装卸成本核算及堆存成本核算。

在此仅以汽车运输成本核算为例，说明运输企业营运成本的核算方法和程序。

汽车运输企业的成本核算对象是客车、货车运输业务。成本核算项目主要分为车辆费用(直接费用)和车队车站费用(间接费用)两部分。汽车运输过程中发生的直接费用记入"主营业务成本——运输支出"账户；间接费用先记入"劳务成本——营运间接费用"账户，期末分配记入"主营业务成本——运输支出"账户。

(一) 直接材料的归集与分配

1. 燃料费用

汽车运输企业若是采用满油箱制，则车辆当月加油数就是当月耗油数；若是采用盘存制，则当月耗油数可使用下列公式进行计算。

当月耗油数＝月初车存数＋本月领用数－月末车存数

【例3-1】假设长虹汽车运输公司 2×21 年 5 月 29 日根据燃料领用凭证和车存燃料盘点表编制的燃料耗用汇总分配表，如表 3-1 所示。

表3-1 长虹汽车运输公司燃料耗用汇总分配表

2×21 年 5 月

部门	月初存油(升)	本月领用(升)	月末存油(升)	本月耗油(升)
客车一队	16 000	12 500	13 500	15 000
客车二队	14 000	14 500	15 500	13 000
货车一队	15 000	20 000	11 000	24 000
货车二队	5 500	15 000	3 500	17 000
保养场	0	500	0	500
公司交通用车	0	1 000	0	1 000
合计	50 500	63 500	43 500	70 500

注：汽油单位实际成本＝3×本月耗用量。

根据燃料耗用汇总分配表，编制会计分录如下。

借：主营业务成本——运输支出——客车　　　84 000
　　　　　　　　　　——运输支出——货车　　123 000
　　劳务成本——辅助营运费用　　　　　　　　1 500
　　管理费用　　　　　　　　　　　　　　　　3 000
　　贷：燃料——车存　　　　　　　　　　　　207 000
　　　　　　——库存　　　　　　　　　　　　4 500

2. 轮胎费用

当运输车辆领用车轮内胎、垫卡,以及轮胎翻新、零星修补费时,按实际发生数直接计入各成本计算对象的成本中。领用外胎时,若采用一次摊销法,则根据"轮胎发出汇总表"将轮胎费用分配到各项业务成本中;若采用按行驶公里数预提法,则根据计算的轮胎摊提费用归集并分配成本。

【例3-2】假设长虹汽车运输公司2×21年5月领用车轮外胎、内胎和垫卡情况如表3-2所示。假设企业采用按行驶公里数预提法核算轮胎费用,并按实际成本计价。

表3-2 长虹汽车运输公司轮胎领用汇总表

2×21年5月 单位:元

领用部门	外胎费用	内胎费用	垫卡费用	合计
客车队	5 000	900	300	6 200
货车队	4 000	600	300	4 900
合计	9 000	1 500	600	11 100

根据表3-2,编制会计分录如下。

(1) 领用外胎时,会计分录如下。

借:预提费用——轮胎预提费 9 000
 贷:轮胎 9 000

(2) 领用内胎、垫卡时,会计分录如下。

借:主营业务成本——运输支出——客车 1 200
      ——运输支出——货车 900
 贷:原材料 2 100

【例3-3】假设长虹汽车运输公司2×21年5月领用外胎预提费用如表3-3所示。

表3-3 长虹汽车运输公司领用外胎预提费用计算表

2×21年5月

使用部门	实际千车公里	每车装胎(个)	实际千胎公里	千胎公里摊提额	摊提额(元)
客车队	200	6	1 200	6	7 200
货车队	250	6	1 500	8	12 000
公司交通队	20	4	80	5	400
合计	470	—	2 780	—	19 600

根据表3-3,编制会计分录如下。

借:主营业务成本——运输支出——客车 7 200
      ——运输支出——货车 12 000
  管理费用 400
 贷:预提费用——轮胎预提费 19 600

(二) 直接人工费的归集与分配

直接人工费是指企业中直接从事营运生产活动人员的工资、奖金、津贴、福利费和补贴等。企业中直接从事营运生产活动的人员工资可根据工资结算表进行汇总与分配。营运车辆司机及助手的工资应直接计入各成本计算对象的成本。福利费按工资总额的14%计算。

【例3-4】假设长虹汽车运输公司2×21年5月工资及福利费如表3-4所示。

表3-4 长虹汽车运输公司工资及福利费汇总表

2×21年5月 单位：元

部门及人员类别	工资总额	福利费总额	合计
客车队	44 800	6 272	51 072
司机及助手	40 000	5 600	45 600
管理人员	4 800	672	5 472
货车队	40 000	5 600	45 600
司机及助手	36 000	5 040	41 040
管理人员	4 000	560	4 560
保养场	20 000	2 800	22 800
生产工人	16 000	2 240	18 240
管理人员	4 000	560	4 560
基层站点人员	3 000	420	3 420
公司管理人员	10 000	1 400	11 400
合计	117 800	16 492	134 292

根据表3-4，编制会计分录如下。

借：主营业务成本——运输支出——客车　　　51 072
　　　　　　　　　——运输支出——货车　　　45 600
　　劳务成本——辅助营运费用　　　　　　　　22 800
　　　　　　——营运间接费用　　　　　　　　3 420
　　管理费用　　　　　　　　　　　　　　　　11 400
　贷：应付职工薪酬——工资　　　　　　　　　117 800
　　　　　　　　　——福利费　　　　　　　　16 492

(三) 其他直接费用的归集与分配

1. 折旧费

汽车运输企业中的营运设备一般按行驶里程计提折旧，其他各类固定资产分别按年限法折旧。

【例3-5】假设长虹汽车运输公司2×21年5月固定资产折旧计算表如表3-5所示。

75

表3-5 长虹汽车运输公司固定资产折旧计算表

2×21年5月　　　　　　　　　　　　　　　　　　　　　　　单位：元

车类型		车辆折旧			其他固定资产折旧	
		行驶公里	千车公里折旧额	折旧额	固定资产各类	折旧额
客车	小计	600 000		36 000	车队固定资产	3 000
	金龙	200 000	80	16 000	保养场固定资产	4 500
	宇通	400 000	50	20 000	公司行政固定资产	12 000
货车	小计	400 000		30 000		
	东风	200 000	73	14 600		
	解放	200 000	77	15 400		
合计		1 000 000		66 000	合计	19 500

根据表3-5，编制会计分录如下。

借：主营业务成本——运输支出——客车　　　36 000
　　　　　　　　　——运输支出——货车　　　30 000
　　劳务成本——辅助营运费用　　　　　　　　4 500
　　　　　　——营运间接费用　　　　　　　　3 000
　　管理费用　　　　　　　　　　　　　　　　12 000
　　贷：累计折旧　　　　　　　　　　　　　　85 500

2. 保养修理费

保养修理费是指由保养场进行修理发生的费用，作为辅助生产部门发生的费用，通过"劳务成本——辅助营运费用"账户归集与分配。其他情况发生的修理费用直接计入运输成本或管理费用。

【例3-6】假设长虹汽车运输公司2×21年5月用银行存款支付的汽车修理费用如表3-6所示。

表3-6 长虹汽车运输公司汽车修理费用计算表

2×21年5月　　　　　　　　　　　　　　　　　　　　　　　单位：元

部门及固定资产类别	维修费用
运营车队	50 000
客车	20 000
货车	30 000
公司交通队——用车	3 000
合计	53 000

根据表3-6，编制会计分录如下。

借：主营业务成本——运输支出——客车　　　20 000
　　　　　　　　　——运输支出——货车　　　30 000
　　管理费用　　　　　　　　　　　　　　　　3 000
　　贷：银行存款　　　　　　　　　　　　　　53 000

3. 其他费用

其他费用包括水电、过桥过路费、车检费、司机途中住宿费等，这些费用发生后直接计入各类运输成本。

【例3-7】假设长虹汽车运输公司 2×21 年 5 月用银行存款支付的其他费用如表 3-7 所示。

表3-7　长虹汽车运输公司其他费用汇总表

2×21 年 5 月　　　　　　　　　　　　　　　单位：元

部门	其他费用
运营车队	
客车	10 000
货车	30 000
基层车站点	5 000
保养场	25 000
公司行政管理部门	6 000
合计	76 000

根据表 3-7，编制会计分录如下。

借：主营业务成本——运输支出——客车　　　10 000
　　　　　　　　　——运输支出——货车　　　30 000
　　劳务成本——辅助营运费用　　　　　　　　25 000
　　　　　　——营运间接费用　　　　　　　　5 000
　　管理费用　　　　　　　　　　　　　　　　6 000
　　贷：银行存款　　　　　　　　　　　　　　76 000

(四) 营运间接费用、辅助营运费用的归集与分配

月末，归集"劳务成本——营运间接费用"和"劳务成本——辅助营运费用"账户的本月发生额，营运间接费用可按客车、货车人员工资进行分配，辅助营运费用可按各项营运业务修理工时进行分配。

【例3-8】假设长虹汽车运输公司 2×21 年 5 月辅助营运费用分配结果如表 3-8 所示。

表3-8　长虹汽车运输公司辅助营运费用分配表

2×21 年 5 月

受益对象	分配标准(工时)	分配率(元/工时)	分配金额(元)
客车	1 600		21 520
货车	2 400		32 280
合计	4 000	13.45	53 800

假设客车修理工时为 1 600，货车修理工时为 2 400。

根据表 3-8，编制会计分录如下。

借：主营业务成本——运输支出——客车　　　21 520
　　　　　　　　——运输支出——货车　　　32 280
　　贷：劳务成本——辅助营运费用　　　　　　　53 800

【例3-9】假设长虹汽车运输公司2×21年5月营运间接费用分配结果如表3-9所示。

表3-9　长虹汽车运输公司营运间接费用分配表

2×21年5月

受益对象	分配标准(元)	分配率(%)	分配金额(元)
客车	51 072		6 031.6
货车	45 600		5 388.4
合计	96 672	0.1181	11 420

根据表3-9，编制会计分录如下。

借：主营业务成本——运输支出——客车　　　6 031.6
　　　　　　　　——运输支出——货车　　　5 388.4
　　贷：劳务成本——营运间接费用　　　　　　　11 420

综上业务，将本月发生的全部业务按客车、货车成本计算对象汇总，即可求得汽车运输成本，其计算过程如下。

客车运输成本＝84 000＋1 200＋7 200＋51 072＋36 000＋20 000＋10 000＋
　　　　　　　21 520＋6 031.6＝237 023.6(元)

货车运输成本＝123 000＋900＋12 000＋45 600＋30 000＋30 000＋30 000＋
　　　　　　　32 280＋5 388.4＝309 168.4(元)

对于装卸成本、堆存成本的计算，也可参照汽车运输成本的计算方法来进行。运输企业除进行营运成本核算外，还有期间费用的核算，其核算方法与工业企业相同。

第四节　运输企业营业收入的核算

一、运输企业营业收入的构成及特点

(一) 运输企业营业收入的构成

运输企业的营业收入是指运输企业在提供与运输有关的各种劳务后，按规定的费率向旅客、货物托运人收取的运费、装卸费、堆存费和杂费等收入。通常，运输企业营业收入按经营业务划分，可分为以下5类。

1. 运输收入

运输收入是指企业经营旅客、货物运输业务所取得的各项营业收入，是运输企业最主要的收入,包括客运收入、货运收入及其他运输收入。

2. 装卸收入

装卸收入是指企业经营装卸业务所取得的收入。它包括按规定费率向货物托运人收取的人工装卸费、联运货物换装、火车汽车倒装收入及临时出租装卸机械的租金收入。

3. 堆存收入

堆存收入是指企业经营仓库、堆场业务所取得的收入,如存货场地收取的寄存费。

4. 代理业务收入

代理业务收入是指企业办理联运业务及为其他运输企业和社会车辆办理各种代理业务收取的手续费收入,如代办运输、转运业务手续费;保险代理业务手续费等。

5. 其他业务收入

其他业务收入是指除以上各项业务收入以外所取得的收入,如车身广告收入、客运服务收入、材料销售收入等。

(二) 运输企业营业收入的特点

运输企业的营业收入与其他企业主营业务收入相比,主要有以下两个特点。

1. 劳动报酬的取得通常在劳务提供之前

一般情况下,旅客都是先购票,后乘车;而货物的托运人一般是先付托运费,后托运货物。这与其他企业采用的营销方式不同。

2. 收入实现的分散性和收入结算的复杂性

运输收入通常一次性由运地或目的地核收,由此在参与运输的各部门、各企业、各地区,乃至各个国家之间产生了结算与清算的大量工作。在运输企业的内部,各部门和单位之间因相互协作提供服务,也会产生各种内部结算工作。这就使得提供劳务收入的实现比较分散,尤其是实行联运的企业更是如此。由于收入分别由沿线不同地点的车站、港口、代办网点等收取,结算环节多、结算方式多样、各种计费标准不同、运价及费率复杂,因此,财会部门在进行收入结算和核算时工作量大且复杂。

二、汽车运输公司运营收入的核算

(一) 基层车站、营业所运营收入结算的核算

目前,我国的运输企业多采用客、货运兼营的形式,在生产组织设置上一般是在公司之下设置基层车站或营业所,在基层车站或营业所下设置车间或车队。有些运输企业的车站与车间(或车队)是平行的。基层车站或营业所一般为内部独立核算单位,而车间和车队一般为内部核算单位,只向上级报账而不独立核算。

基层车站、营业所将所实现的营业收入定期上报，并及时向上级解缴。为了核算运输企业内部往来款，应设置"应收内部单位款"和"应付内部单位款"账户。

【例 3-10】假设长虹汽车运输公司的第一中心站和第二中心站为独立核算的基层单位。第一中心站设有长江和北山两个分所。第二中心站设有蓝天和白云两个分所。

假设第一中心站2×21年5月5日的营业收入日报表显示客运收入5 000元、货运收入6 000元，代理A企业车辆运输收入10 000元，按协议规定扣收3%的手续费作为代理业务收入列入当日营业收入日报表并入账。假定不考虑税费。

第一中心站根据本月营业收入汇总表做如下会计分录。

借：银行存款(或库存现金)　　　　　　　　　　21 000
　　贷：主营业务收入——运输收入——客运收入　　5 000
　　　　　　　　　　——运输收入——货运收入　　6 000
　　　　　　　　　　——代理业务收入　　　　　　300
　　　　应付内部单位款——公司　　　　　　　　9 700

将扣收手续费后的余额上交公司，做如下会计分录。

借：应付内部单位款——公司　　　　　　　　　9 700
　　贷：银行存款　　　　　　　　　　　　　　9 700

【例 3-11】月末，第一中心站根据长江、北山两个分所报来的营业收入日报表汇总确认营业收入。长江分所24 000元，其中，客运收入14 000元，货运收入10 000元；北山分所13 000元，其中，客运收入5 000元，货运收入8 000元。假定不考虑税费。

借：应收内部单位款——长江分所　　　　　　　24 000
　　　　　　　　　　——北山分所　　　　　　　13 000
　　贷：主营业务收入——运输收入——客运收入　19 000
　　　　　　　　　　——运输收入——货运收入　18 000

【例 3-12】第一中心站收到所属分所交来营业收入37 000元，其中，长江分所24 000元，北山分所13 000元。

第一中心站收到款项，做如下会计分录。

借：银行存款　　　　　　　　　　　　　　　　37 000
　　贷：应收内部单位款——长江分所　　　　　　24 000
　　　　　　　　　　　——北山分所　　　　　　13 000

【例 3-13】月末，第一中心站编制营业收入月报上报公司转账。本月客运收入24 000元，货运收入24 000元，代理业务收入300元。

借：主营业务收入——运输收入——客运收入　　24 000
　　　　　　　　——运输收入——货运收入　　24 000
　　　　　　　　——代理业务收入　　　　　　300
　　贷：应付内部单位款——公司　　　　　　　48 300

(二) 运输企业(公司)运营收入的核算

1. 公司与各基层车站、营业所运营收入结算的核算

平时，运输公司收到各基层车站、营业所结算欠交的营业收入，会计部门应做如下会计分录。

借：银行存款
　　贷：应收内部单位款——第一中心站
　　　　　　　　　　——第二中心站

月末，运输公司将收到的各基层车站、营业所上报的营业收入月报汇总，结转公司本月实现的营业收入。公司财会部门根据本月营业收入汇总表(假定不考虑税费)，编制会计分录如下。

借：应收内部单位款——第一中心站
　　　　　　　　　——第二中心站
　　贷：主营业务收入——运输收入——客运收入
　　　　　　　　　　——运输收入——货运收入
　　　　　　　　　　——代理业务收入

2. 公司与外部联营运输公司运营收入结算的核算

通常，运输公司因不熟悉运输环境或受运输能力的限制，往往会出现一批货物的运输需要与联运公司共同协作完成的情况，因而就涉及公司与外部联运公司的有关业务的核算。

【例3-14】甲公司为货物运输公司，运输业务的增值税税率为9%。2×19年12月甲公司承担了一批货物的运输，并取得含税价款3 270 000元。该批货物由甲、乙两个运输公司共同完成，其中，甲公司单独支付给乙公司运输费用1 300 000元，并取得交通运输业专用发票。

(1) 交通运输业服务收入属于征收增值税的应税服务(税率为9%)，因此：

甲运输公司销售额=3 270 000÷(1+9%)=3 000 000(元)
甲运输公司应交增值税额=3 000 000×9%=270 000(元)

借：银行存款　　　　　　　　　　　　　　3 270 000
　　贷：主营业务收入　　　　　　　　　　3 000 000
　　　　应交税费——应交增值税(销项税额)　270 000

(2) 甲公司单独支付给乙公司运输费用，相当于购买了乙公司的运输服务，取得了乙公司提供的1 300 000元的交通运输业专用发票(按我国现行增值税税法有关规定，取得了一般纳税人提供的增值税专用发票和小规模纳税人通过税务机关代开的增值税发票，各类企业才可以根据增值税专用发票上所注明的税额抵扣进项税)。

甲公司允许抵扣的进项税额=1 300 000÷(1+9%)×9%=107 339.45(元)

借：主营业务成本　　　　　　　　　　　　1 192 660.55
　　应交税费——应交增值税(进项税额)　　107 339.45
　　贷：银行存款　　　　　　　　　　　　1 300 000

所以，基于该项业务甲公司应该缴纳的增值税为162 660.55(270 000－107 339.45)元。

三、运输企业之间营运收入相互结算的核算

(一) 货运收入的相互结算

长虹汽车运输公司为 B 企业车辆代办货运业务 2 000 元,按货运收入的 10%扣除手续费,余款汇给 B 企业。假定不考虑税费。公司会计部门应做如下会计分录。

借:银行存款　　　　　　　　　　　　　2 000
　　贷:应付账款——B 企业　　　　　　　2 000
借:应付账款——B 企业　　　　　　　　2 000
　　贷:银行存款　　　　　　　　　　　　1 800
　　　　主营业务收入——代理业务收入　　200

(二) 客运收入的相互结算

不同运输企业就同一条线路对开固定班车时,若相互代售客票,需要相互结算客运收入。

【例 3-15】 长虹汽车运输公司与光明汽车运输公司在两个公司之间的路段对开客运班车。

根据本月份行车路单汇总计算,长虹汽车运输公司在该区间的运费收入为 15 000 元;光明汽车运输公司在该区间的运费收入为 10 000 元。两家公司客运收入差额为 5 000 元。光明汽车运输公司扣除代理业务手续费(按 2%计算)后汇给长虹汽车运输公司 4 900 元。假定不考虑税费。

长虹汽车运输公司根据在该区间的运费收入,扣除应付代理业务手续费 300(15 000×2%)元,编制会计分录如下。

借:应收账款——光明汽车运输公司　　　　14 700
　　贷:主营业务收入——运输收入——客运收入　　14 700

长虹汽车运输公司根据光明汽车运输公司在该区间的运费收入,扣除代理业务手续费 200(10 000×2%)元后,会计部门应做如下会计分录。

借:银行存款　　　　　　　　　　　　　10 000
　　贷:应付账款——光明汽车运输公司　　　9 800
　　　　主营业务收入——代理业务收入　　　200

长虹汽车运输公司根据光明汽车运输公司汇付客运收入补差金额 4 900 元后,做如下会计分录。

借:银行存款　　　　　　　　　　　　　4 900
　　应付账款——光明汽车运输公司　　　　9 800
　　贷:应收账款——光明汽车运输公司　　　14 700

第五节　运输企业应交增值税的相关管理规定和核算

一、运输企业应交增值税的相关管理规定

(一) 运输企业应交增值税相关规定的主要内容

根据财税〔2013〕37号文件附件2《交通运输业和部分现代服务业营业税改征增值税试点有关事项的规定》，作为首批试点改革的运输企业，其改革的内容主要包括以下两个方面。

1. 税率

财政部和国家税务总局发布《关于简并增值税税率有关政策的通知》，从2018年5月1日起，将制造业等行业的增值税税率从17%降至16%，将交通运输、建筑、基础电信服务等行业及农产品等货物的增值税税率从11%降至10%，即交通运输业适用10%税率，部分现代服务业中的研发和技术服务、信息技术服务、文化创意服务、物流辅助服务、鉴证咨询服务适用6%税率，对出口劳务实行零税率。

2. 计税方式

相关税法规定交通运输业、建筑业、邮政运输业、现代服务业、文化体育业、销售不动产和转让无形资产，原则上适用增值税一般计税方法。

交通运输企业率先被纳入试点范围改征增值税，按我国现行增值税的分类管理模式，以交通运输企业年销售额(指不含税销售额，即含税销售额除以"1＋适用税率或征收率"，如无特指均按此口径)的大小和会计核算健全程度的不同将交通运输企业增值税纳税人分为小规模纳税人和一般纳税人。一般纳税人适用10%的税率，按照一般计税方法计税，即当期的销项税额抵扣当期进项税额后的余额就是应纳税额。一般纳税人购进商品的进项税额可以抵扣，销售商品时可以使用增值税专用发票。小规模纳税人按照3%征收，适用简易计税方法计税，应纳税额为不含税的销售收入与征收率的乘积，购进商品的进项税额不得抵扣，在销售商品过程中也不能使用增值税专用发票。

(二) 增值税纳税人的划分与应征增值税的应税服务范围的确定

1. 增值税纳税人的划分

应税服务年应征增值税销售额(以下称应税服务年销售额)未超过500万元(≤500万元)的纳税人为小规模纳税人(应税服务年销售额是指纳税人在连续不超过12个月的经营期内提供交通运输业服务和部分现代服务业服务累计取得的销售额，含减、免税销售额。按"差额征税"方式确定销售额的增值税纳税人，其应税服务年销售额按未扣除之前的销售额计算)。应税服务年销售额超过500万元(＞500万元)的纳税人为增值税一般纳税人。应税服务年销售额未超过500万元及新开业的增值税纳税人，若会计核算健全并能准确提供税务资料，则可以向主管税务机

关申请一般纳税人资格认定。

2. 应征增值税的应税服务范围的确定

根据财税〔2013〕37号文件附件1《交通运输业和部分现代服务业营业税改征增值税试点实施办法》的规定，交通运输业中的陆路运输服务(即通过陆路)运送货物或者旅客的运输业务活动)、水路运输服务(即通过江、河、湖、川等天然、人工水道或者海洋航道运送货物或者旅客的运输业务活动)、航空运输服务(即通过空中航线运送货物或者旅客的运输业务活动)、管道运输服务(即通过管道设施输送气体、液体、固体物质的运输业务活动)，均为应征增值税的应税服务范围。

为体现税收制度的公平性，将以公益活动为目的或者以社会公众为对象的服务排除在视同提供应税服务之外，按规定可列作不征收增值税的服务，包括非营业活动中提供的交通运输业和部分现代服务业服务；单位或者个体工商户聘用的员工为本单位或者雇主提供交通运输业和部分现代服务业服务；单位或者个体工商户为员工提供交通运输业和部分现代服务业服务；财政部和国家税务总局规定的其他情形。

3. 应交增值税税率确定的其他规定

1) 交通运输业的有形动产租赁

交通运输企业出租有形动产有两种情况：一是出租车辆使用权，即只出租一辆车，其要求在约定的时间内使用并支付租金，这种情形属于有形动产租赁；二是既租车又租司机，其要求在规定的时间内提供将旅客或货物从甲地运往乙地的服务，即交通运输服务。两种不同的服务，一个是有形动产租赁，适用16%的税率，另一个是交通运输服务，适用10%的税率。

2) 进项税抵扣的依据

交通运输服务提供的运费结算单据自2013年8月1日起不再作为增值税进项抵扣的凭证。只有运输服务的一般纳税人提供的增值税专用发票(纳税人中的一般纳税人提供的铁路旅客运输服务，不得选择按照简易计税方法计算缴纳增值税)和小规模纳税人通过税务机关代开的增值税发票才能作为进项税抵扣的依据，各类企业可以根据增值税专用发票上所注明的税额抵扣进项税。

要特别注意的是，交通运输服务用于非增值税应税项目的、用于集体福利或个人消费的、用于免税项目的、非正常损失的，以及接受的旅客运输服务等，即便取得了增值税专用发票，各类企业也不能抵扣进项税。

根据财税〔2017〕90号文件规定：自2018年1月1日起，纳税人已售票但客户逾期未消费取得的运输逾期票证收入，按照"交通运输服务"缴纳增值税。纳税人为客户办理退票而向客户收取的退票费、手续费等收入，按照"其他现代服务"缴纳增值税。

为贯彻落实党中央、国务院决策部署，推进增值税实质性减税，财政部、税务总局、海关总署公告2019年第39号文件规定：从2019年4月1日起，增值税一般纳税人发生的增值税应税销售行为或进口货物，原适用16%税率的，税率调整为13%；原适用10%税率的，税率调整为9%。

二、运输企业应交增值税的核算

(一) 会计核算应设置的账户

1. 一般纳税人应设会计账户

应在"应交增值税"明细账户下,分别设置"进项税额""已交税金""转出未交增值税""销项税额""进项税额转出""转出多交增值税"等专栏,并采用多栏式明细账进行会计核算。同时,设置"未交增值税"明细账户,核算一般纳税人月度终了转入的应交而未交的增值税或多交的增值税。

2. 小规模纳税人应设会计账户

应在"应交税费"账户下设置"应交增值税"明细账户,账户中不必设置专栏,采用三栏式明细账即可。

(二) 应交税费业务核算举例

【例3-16】某市宏达运输企业为一般纳税人。2×19年12月取得交通运输收入1 090 000元(含税),当月外购92号汽油100 000元(不含税,取得增值税专用发票),购入一台运输车辆200 000元(不含税,取得机动车销售统一发票)。收入存入银行,全部货款以银行存款支付。该纳税人应做如下会计处理。

宏达运输企业购进汽油的账务处理如下。

借:燃料——92号汽油　　　　　　　　　　　100 000
　　应交税费——应交增值税(进项税额)　　　13 000
　　贷:银行存款　　　　　　　　　　　　　　113 000

宏达运输企业购进运输车辆的账务处理如下。

借:固定资产——运输车辆　　　　　　　　　200 000
　　应交税费——应交增值税(进项税额)　　　26 000
　　贷:银行存款　　　　　　　　　　　　　　226 000

宏达运输企业取得运输收入的会计处理如下。

12月份不含税收入＝1 090 000÷(1＋9%)＝1 000 000(元)

12月份销项税额＝1 090 000－1 000 000＝90 000(元)

借:银行存款　　　　　　　　　　　　　　　1 090 000
　　贷:主营业务收入——运输收入　　　　　　1 000 000
　　　　应交税费——应交增值税(销项税额)　　90 000

12月份应纳税额＝90 000－39 000＝51 000(元)

借:应交税费——应交增值税(转出未交增值税)　51 000
　　贷:应交税费——应交增值税(未交增值税)　　51 000

【例3-17】某运输企业2×19年1月购入一辆车作为运输工具,车辆不含税价格为300 000

元，增值税专用发票上注明的增值税款为39 000元。2×20年1月，由于经营需要，运输企业将车辆作为专项为员工提供福利使用。车辆折旧期限为5年，采用直线法折旧，无残值。该运输企业需将原已抵扣的进项税额按照固定资产净值所对应的进项税额做转出处理。

进项税额＝39 000÷5×4＝31 200(元)

借：应交税费——应交增值税(进项税额转出)　　　31 200
　　贷：应交税费——应交增值税(进项税额)　　　　31 200

【例3-18】某市宏达运输公司为一般纳税人。2×19年5月为生产企业甲公司提供货物运输服务，甲公司应支付给宏达运输公司10 900 000元(含税)。宏达运输公司又将承揽甲公司的省外段的运输业务分包给某市货物运输企业的H公司，按联运协议，宏达运输公司应支付给H公司5 000 000元的运输费用(含税)，并取得H公司开出的增值税专用发票(H公司为增值税一般纳税人)。宏达运输公司为甲公司提供应税服务应做如下分录。

借：应收账款——甲公司　　　　　　　　　　　10 900 000
　　贷：主营业务收入——运输收入　　　　　　　10 000 000
　　　　应交税费——应交增值税(销项税额)　　　　900 000

宏达运输公司接受H公司提供的省外段运输服务应做如下分录。

宏达运输公司接受H公司提供的省外段运输服务的不含税运输费＝5 000 000÷(1＋9%)＝4 587 155.96(元)

借：主营业务成本——运输支出　　　　　　　　4 587 155.96
　　应交税费——应交增值税(进项税额)　　　　412 844.04[5 000 000÷(1＋9%)×9%]
　　贷：应付账款——H公司　　　　　　　　　　5 000 000

【例3-19】2×19年10月25日，长安某巴士公司当月取得公交乘坐费85 000元。

按简易计税办法计算增值税，计算应纳税款＝85 000÷(1＋3%)×3%＝2 475.73(元)，相应会计处理如下。

借：银行存款　　　　　　　　　　　　　　　　85 000
　　贷：主营业务收入——运输收入　　　　　　　82 524.27
　　　　应交税费——应交增值税　　　　　　　　2 475.73

【复习思考题】

1. 运输企业会计核算的主要特点有哪些？
2. 汽车运输企业的存货包括哪些主要内容？
3. 车耗燃料的管理制度有哪些？
4. 在实行盘存制和满油箱制的情况下，行车实耗燃料的核算有哪些区别？
5. 轮胎核算方法有哪些？
6. "轮胎"账户的核算内容有哪些？
7. 汽车运输成本包括哪些内容？
8. 汽车运输企业成本计算对象是什么？如何进行核算？
9. 汽车运输企业成本核算有哪些特点？

10. 汽车运输企业的营运收入如何分类？

11. 汽车运输企业间相互代理货运和客运的收入怎样进行核算？如何进行账务处理？

【会计职业判断能力训练】

一、填空题

1. 运输企业是指利用运输工具专门从事_____或直接为_____服务的企业。

2. 从广义上讲，邮政企业属于_____范畴。

3. 运输企业的生产经营特点，主要有_____、_____、_____、_____、_____。

4. 运输企业会计核算的主要特点有_____、_____、_____、_____、_____。

5. 汽车运输企业对库存燃料的管理，一般采用_____和_____两种管理制度。

6. 轮胎是运输企业的重要部件，轮胎的内胎和垫片因价值较低，视同_____，在"原材料"账户中核算。

7. 汽车运输企业没有生产和销售之分，因此也就没有生产成本和销售成本的区分，其营运成本直接在_____账户中核算。

8. 运输企业的营运收入与其他企业主营业务收入相比，主要特点有_____、_____。

9. 运输企业的营运收入是指运输企业在提供与运输有关的各种劳务后，按规定的费率向_____、货物托运人收取的_____、_____、_____和杂费等收入。

10. 运输企业发生的营运间接费用，通过_____账户来归集，并可按客车、货车人员工资进行分配。

二、多项选择题

1. 汽车运输企业的成本，由( )项目构成。
   A. 车辆费用　　　　　　　　B. 车站(队)经费
   C. 劳务成本　　　　　　　　D. 堆存成本

2. 交通运输企业营运成本核算，应设置"主营业务成本"账户，并在该账户下设置( )二级账户。
   A. 运输成本　　　　　　　　B. 装卸成本
   C. 堆存成本　　　　　　　　D. 辅助营运成本

3. 在用外胎的核算方法有( )。
   A. 一次摊销法　　　　　　　B. 分次摊销法
   C. 五五摊销法　　　　　　　D. 按行驶里程提取轮胎费用

4. 营运车辆车存燃料的管理办法有( )。
   A. 定额车存燃料管理　　　　B. 满油箱制车存燃料管理
   C. 盘存制车存燃料管理　　　D. 计划车存燃料管理

5. 在汽车运输企业一般以( )为成本计算对象。
   A. 劳务种类　　　　　　　　B. 作业区
   C. 客车运输　　　　　　　　D. 货车运输

6. 下列属于交通运输企业主营业务收入的是( )。
   A. 运输收入   B. 装卸收入
   C. 客运收入   D. 代理业务收入
7. 交通运输企业的存货按其作用划分,可分为( )。
   A. 燃料   B. 轮胎
   C. 车辆   D. 低值易耗品
8. 下列行业中提供的劳务收入属于其主营业务收入的是( )。
   A. 商品流通业   B. 施工企业
   C. 交通运输业   D. 旅游业
9. 汽车运输企业领用轮胎,若金额较大,可计入( )账户。
   A. 运输支出   B. 待摊费用
   C. 预提费用   D. 材料
10. 轮胎领用发出的方法有( )。
    A. 一次摊销法   B. 五五摊销法
    C. 按行驶公里数预提法   D. 分次摊销法
11. 盘存制油耗管理制度下核算时,月末车实际耗油数计算公式错误的是( )。
    A. 当月实际耗油数=月初车存油数+本月领用油料数-月末车存油数
    B. 当月实际耗油数=月初车存油数-本月领用油料数+月末车存油数
    C. 当月实际耗油数=月初车存油数+本月领用油料数+月末车存油数
    D. 当月实际耗油数=月末车存油数
12. 满油箱制核算车耗油料时,运输车辆领用油料时所做会计处理错误的是( )。
    A. 借:主营业务成本——运输支出   B. 借:原材料——车存燃料
       贷:原材料——燃料   贷:原材料——库存燃料
    C. 借:待摊费用   D. 借:管理费用
       贷:原材料——燃料   贷:原材料——燃料

三、判断题

1. 交通运输企业的运输成本即为销售成本。   ( )
2. 运输企业不需要核算产成品、在产品成本。   ( )
3. 外胎价值包括外胎的实际成本和使用过程中的翻新费。   ( )
4. 运输企业与工业企业的成本构成是相同的。   ( )
5. 从整个交通运输企业来看,固定资产比重小,流动资产比重大。   ( )
6. 与工业企业相比,运输企业会计核算的特殊性主要体现在存货、营运成本和营业收入的核算等方面。   ( )
7. 在运输企业中,燃料一般通过"原材料"科目核算。   ( )
8. 燃料领用、发出的核算应在"燃料"账户下设"库存"和"车存"明细账户核算,但实行满油箱制的企业,可以不设置明细账户。   ( )
9. 在汽车运输企业中,车站、车队、车间都是非独立核算的单位,其基层分站或分所实现

的营业收入应向上级报账而不独立核算。（ ）

10. 作为交通工具的车辆的车船使用税，是运输企业的行政管理部门为管理和组织营运生产活动的费用，应在"管理费用"中列支。（ ）

附【会计职业判断能力训练答案】

一、填空题

1. 运输生产　运输生产

2. 运输企业

3. 运输生产具有流动性和分散性　运输生产与销售同时完成　运输生产过程中主要消耗劳动工具和燃料　资产构成内容差异大　产业内部的弱替代性。

4. 存货核算特殊性　成本结转直接性　基本业务核算特殊性　收入结算复杂性　计量单位特殊性。

5. 满油箱制　盘存制

6. 一般消耗性材料

7. "主营业务成本"

8. 劳动报酬的取得通常在劳务提供之前　收入实现的分散性和收入结算的复杂性

9. 旅客　运费　装卸费　堆存费

10. "劳务成本——营运间接费用"

二、多项选择题

1. AB；　2. ABC；　3. AD；　4. BC；　5. CD；　6. ABCD；　7. ABD；　8. BCD；
9. BC；　10. BC；　11. BCD；　12. BCD。

三、判断题

1. √【解析】运输企业没有生产过程，运输过程即销售过程。所以运输企业的运输成本即为销售成本。

2. √【解析】运输企业没有生产过程，没有产品被生产出来，所以不需要核算产成品、在产品成本。

3. √【解析】外胎价值包括外胎的实际成本和使用过程中的翻新费和零星修补费用等。

4. ×【解析】运输企业运输成本包括直接材料费用、直接人工费用、其他直接费用和营运间接费用等，而工业企业的产品成本由直接材料费用、直接人工费用和制造费用构成。

5. ×【解析】从整个交通运输企业来看，固定资产比重大，流动资产比重小。

6. √【解析】与工业企业相比，运输企业会计的特殊之处主要体现在存货、营运成本、营业收入的核算等方面。

7. √【解析】在运输企业中，燃料一般通过"原材料"科目核算。

8. √【解析】燃料领用、发出的核算应在"燃料"账户下设"库存"和"车存"明细账户核算，但实行满油箱制的企业，可以不设置明细账户。

9. √【解析】在汽车运输企业中，车站、车队、车间都是非独立核算的单位，其基层分站或分所实现的营业收入应向上级报账而不独立核算。

10. √【解析】作为交通工具的车辆的车船使用税，是运输企业的行政管理部门为管理和组织营运生产活动的费用，应在"管理费用"中列支。

【会计职业实践能力训练】

一、东方运输公司业务核算

东方运输公司为增值税一般纳税人单位，设有一个修理车间，发生的经济业务如下：

1. 客、货车营运数为150辆。工资和福利费分配如表3-10所示。

表3-10　工资和福利费分配表

部门	核算账户	工资	福利费	合计
客车司机等	主营业务成本——运输支出——客车	120 000	16 800	136 800
货车司机等	主营业务成本——运输支出——货车	80 000	11 200	91 200
车场管理部	劳务成本——营运间接费用	20 000	2 800	22 800
修理车间	劳务成本——辅助营运费用	15 000	2 100	17 100
企管部	管理费用	7 500	1 050	8 550
合计		242 500	33 950	276 450

2. 东方运输公司本月发生的燃料、材料费费用如表3-11所示。

表3-11　燃料、材料费费用分配表

部门	核算账户	燃料	材料 消耗材料	材料 内胎垫带	合计
客车	主营业务成本——运输支出——客车	30 000	1 000	5 000	36 000
货车	——货车	20 000	1 000	3 000	24 000
车场管理部	劳务成本——营运间接费用	10 000	12 500		22 500
修理车间	劳务成本——辅助营运费用	5 000	6 500		11 500
合计		65 000	21 000	8 000	94 000

3. 东方运输公司本月计提固定资产折旧费用如表3-12所示。

表3-12　固定资产折旧费用分配表

部门	核算账户		本月计提折旧 营运车	本月计提折旧 非营运车	本月计提折旧 机器	本月计提折旧 房屋	合计
营运部	主营业务成本 ——运输支出	客车	125 000				125 000
		货车	104 000				104 000

(续表)

部门	核算账户	本月计提折旧				合计
		营运车	非营运车	机器	房屋	
车场管理部	劳务成本 ——营运间接费用		1 000		25 000	26 000
修理车间	劳务成本 ——辅助营运费用		500	5 000	10 000	15 500
企管部	管理费用		2 000		10 000	12 000
合计		229 000	3 500	5 000	45 000	282 500

要求：根据上述业务编制相应的会计分录。

二、长胜运输公司业务核算

长胜运输公司为增值税一般纳税人单位。长胜运输公司有客、货运两个车队，本月客车行驶 2005 千车公里，完成周转量 8470 千人公里；货车行驶 180 千车公里，完成周转量 740 千吨公里。2×19 年 5 月发生有关费用如下。

1. 本月工资费用结算，其中，客车司机和助手工资 82 000 元，货车司机和助手工资 74 400 元；并按 14%计提福利费。

2. 客车耗用燃料 430 000 元，货车耗用燃料 340 000 元。

3. 客车领用保修材料 860 元，货车领用保修材料 640 元；辅助营运费用分配转来客车保修费 3 400 元，货车保修费 2 800 元。

4. 计提车辆折旧：客车折旧率为 80 元/千车公里，货车折旧率为 75 元/千车公里。

5. 计提轮胎摊提费：客车 8 元/千胎公里，货车 8 元/千胎公里。

6. 支付养路费：客车 30 000 元，货车 22 400 元。支付运输管理费：客车 5 000 元，货车 2 600 元。

7. 月末分配本月发生的营运间接费用：客车负担 6 000 元，货车负担 2 400 元。

要求：编制有关会计分录。

三、春城运输公司业务核算

春城运输公司为增值税一般纳税人单位，其本月发生有关轮胎的经济业务如下。

1. 领用新轮胎一批，其计划成本为 4 000 元。

2. 月末计算出轮胎本月的材料成本差异率为 1%，结转本月领用新轮胎负担的材料成本差异。

3. 本月报废轮胎一批，按其残值作价 800 元入库。

4. 报废的轮胎共计亏驶里程 100 000 公里，千公里轮胎费用为 10 元，补提报废轮胎亏驶里程运输费用。

5. 本月营运汽车共计行驶 2 000 000 公里，按千公里轮胎费用 10 元预提本月轮胎费用。

要求：编制上述业务的会计分录。

四、远达汽车运输公司业务核算

远达汽车运输公司为增值税一般纳税人单位，公司有甲、乙两个基层站，其中甲基层站有 A 和 B 两个分站，乙基层站有 C 和 D 两个分站。甲基层站本月发生有关营业收入的经济业务如下。

1. 甲基层站的营业收入日报表列明：当日客运收入 6 000 元，货运收入 8 000 元。

2. 甲基层站收到 A 分站交来的运输收入 28 000 元，B 分站交来的运输收入 32 000 元。

3. 将运输收入款项 200 000 元上交公司。

4. 根据各分站定期编制的营业收入报表汇总确认各分站营业收入。本月 1—15 日，A 分站客运收入 42 000 元，货运收入 58 000 元；B 分站客运收入 52 000 元，货运收入 68 000 元。

5. 甲基层站收到银行转来托运单位丙企业预交货物运费 5 000 元。

6. 丙企业的货物已发运，运费结算金额为 4 900 元，余款 100 元通过银行汇还。

7. 月末，甲基层站汇总本站及所属各分站营业收入，本月客运收入 500 000 元，货运收入 580 000 元，上报公司转账。

要求：根据上述经济业务编制会计分录。

五、兴旺汽车运输公司业务核算

兴旺汽车运输公司为增值税一般纳税人单位，公司的营运生产单位有车站、客运队、货运队等，汽车运输成本按客车、货车运输成本分类计算，车站、车队等基层营运单位的管理费用和业务费用合并设账归集并统一分配。本月份汽车营运车日，客车为 2 000 车日，货车为 3 000 车日。当月完成的客车运输周转量为 12 000 千人公里，货车运输周转量为 3 000 千吨公里。

本月份发生下列有关业务。

1. 本月工资费用分配：客车司机和售票员 18 000 元，货车司机和助手 24 000 元，修理车间人员 4 500 元，车站、车队管理人员分别为 1 500 元和 900 元，公司管理人员 4 600 元。

2. 该公司车存燃料采用盘存制管理，经盘点计算，燃料耗用的实际成本为客车队 121 000 元，货车队 141 000 元，车站领用 6 000 元，车队领用 2 000 元，公司管理部门用 2 000 元。

3. 本月领用材料实际成本：客车队 2 000 元，货车队 3 000 元，修理车间 600 元，车站 500 元，车队 200 元，公司行政管理部门 600 元。

4. 本月计提折旧：客车队 15 000 元，货车队 30 000 元，修理车间 4 500 元，车站 3 000 元，车队 1 000 元，行政管理部门 8 000 元。

5. 本月养路费共计 544 000 元，按客、货运收入比例分摊。本月客运收入 800 000 元，货运收入 1 920 000 元。

6. 按修理工时比例分配修理车间费用。客车队修理工时 180 小时，货车队修理工时 120 小时。

7. 以银行存款支付水电费。车站 2 000 元，车队 2 500 元。

8. 按客、货车的营运车日比例分摊车站、车队费用。

9. 登记"运输支出——客车"和"运输支出——货车"明细账，并按客、货车营运总量计算客、货车单位运输成本。

要求：

1. 编制上述业务的会计分录(列示明细科目和成本项目)。

2. 开设登记营运间接费用明细账、辅助营运费用明细账、运输支出明细账。
3. 编制汽车运输成本计算表。

附【会计职业实践能力训练答案】

一、东方运输公司业务核算

1. 借：主营业务成本——运输支出——客车(职工薪酬)　　136 800
　　　　主营业务成本——运输支出——货车(职工薪酬)　　91 200
　　　　劳务成本——营运间接费用——职工薪酬　　　　　22 800
　　　　劳务成本——辅助营运费用——职工薪酬　　　　　17 100
　　　　管理费用——职工薪酬　　　　　　　　　　　　　8 550
　　　　贷：应付职工薪酬——工资　　　　　　　　　　　242 500
　　　　　　　　　　　　——福利费　　　　　　　　　　33 950

2. 借：主营业务成本——运输支出——客车(燃料)　　　　30 000
　　　　主营业务成本——运输支出——客车(材料)　　　　6 000
　　　　主营业务成本——运输支出——货车(燃料)　　　　20 000
　　　　主营业务成本——运输支出——货车(材料)　　　　4 000
　　　　劳务成本——辅助营运费用——燃料　　　　　　　5 000
　　　　劳务成本——辅助营运费用——材料　　　　　　　6 500
　　　　劳务成本——营运间接费用——燃料　　　　　　　10 000
　　　　劳务成本——营运间接费用——材料　　　　　　　12 500
　　　　贷：燃料　　　　　　　　　　　　　　　　　　　65 000
　　　　　　原材料　　　　　　　　　　　　　　　　　　29 000

3. 借：主营业务成本——运输支出——客车(折旧)　　　　125 000
　　　　主营业务成本——运输支出——货车(折旧)　　　　104 000
　　　　劳务成本——辅助营运费用——折旧　　　　　　　15 500
　　　　劳务成本——营运间接费用——折旧　　　　　　　26 000
　　　　管理费用——折旧　　　　　　　　　　　　　　　12 000
　　　　贷：累计折旧　　　　　　　　　　　　　　　　　282 500

二、长胜运输公司业务核算

1. 借：主营业务成本——运输支出——客车　　　　　　　93 480
　　　　　　　　　　　　　　　　——货车　　　　　　　84 816
　　　　贷：应付职工薪酬——工资　　　　　　　　　　　156 400
　　　　　　　　　　　　——福利费　　　　　　　　　　21 896

2. 借：主营业务成本——运输支出——客车　　　　　　　430 000
　　　　　　　　　　　　　　　　——货车　　　　　　　340 000
　　　　贷：燃料　　　　　　　　　　　　　　　　　　　770 000

3. 借：主营业务成本——运输支出——客车　　　　　　4 260
　　　　　　　　　　　　　　　——货车　　　　　　3 440
　　　贷：原材料　　　　　　　　　　　　　　　　　1 500
　　　　　劳务成本——辅助营运费用　　　　　　　　6 200
4. 借：主营业务成本——运输支出——客车　　　　　　160 400(2005×80)
　　　　　　　　　　　　　　　——货车　　　　　　13 500(180×75)
　　　贷：累计折旧　　　　　　　　　　　　　　　　173 900
5. 借：主营业务成本——运输支出——客车　　　　　　16 040(2005×8)
　　　　　　　　　　　　　　　——货车　　　　　　1 440(180×8)
　　　贷：预提费用——轮胎费用　　　　　　　　　　17 480
6. 借：主营业务成本——运输支出——客车　　　　　　35 000
　　　　　　　　　　　　　　　——货车　　　　　　25 000
　　　贷：银行存款　　　　　　　　　　　　　　　　60 000
7. 借：主营业务成本——运输支出——客车　　　　　　6 000
　　　　　　　　　　　　　　　——货车　　　　　　2 400
　　　贷：劳务成本——营运间接费用　　　　　　　　8 400

三、春城运输公司业务核算

1. 借：预提费用——轮胎费用　　　　　　　　　　　　4 000
　　　贷：轮胎　　　　　　　　　　　　　　　　　　4 000
2. 借s：主营业务成本——运输支出　　　　　　　　　　40
　　　贷：材料成本差异　　　　　　　　　　　　　　40
3. 借：原材料　　　　　　　　　　　　　　　　　　　800
　　　贷：主营业务成本——运输支出　　　　　　　　800
4. 借：主营业务成本——运输支出　　　　　　　　　　1 000 000
　　　贷：预提费用——轮胎费用　　　　　　　　　　1 000 000
5. 借：主营业务成本——运输支出　　　　　　　　　　20 000 000
　　　贷：预提费用——轮胎费用　　　　　　　　　　20 000 000

四、远达汽车运输公司业务核算

1. 借：银行存款(库存现金)　　　　　　　　　　　　　14 000
　　　贷：主营业务收入——运输收入——客运收入　　6 000
　　　　　　　　　　　　　　　　　——货运收入　　8 000
2. 借：银行存款　　　　　　　　　　　　　　　　　　60 000
　　　贷：应收内部单位款——A分站　　　　　　　　28 000
　　　　　　　　　　　　——B分站　　　　　　　　32 000
3. 借：应付内部单位款——公司　　　　　　　　　　　200 000
　　　贷：银行存款　　　　　　　　　　　　　　　　200 000

4. 借：应收内部单位款——A 分站　　　　　　　100 000
　　　　　　　　　　——B 分站　　　　　　　120 000
　　　贷：主营业务收入——运输收入——客运收入　　94 000
　　　　　　　　　　　　　　　　——货运收入　　126 000
5. 借：银行存款　　　　　　　　　　　　　　　5 000
　　　贷：预收账款——丙企业　　　　　　　　　　5 000
6. 借：预收账款——丙企业　　　　　　　　　　100
　　　贷：银行存款　　　　　　　　　　　　　　　100
7. 借：主营业务收入——运输收入——客运收入　500 000
　　　　　　　　　　　　　　　——货运收入　580 000
　　　贷：应付内部单位款——公司　　　　　　　　180 000

五、兴旺汽车运输公司业务核算

公司的营运生产单位有车站、客运队、货运队等，汽车运输成本按客车、货车运输成本分类计算，车站、车队等基层营运单位的管理和业务费用合并设账归集和统一分配。

1. 借：主营业务成本——运输支出——客运支出　　18 000
　　　　　　　　　　　　　　　——货运支出　　24 000
　　　劳务成本——营运间接费用　　　　　　　　2 400
　　　　　　——辅助营运费用　　　　　　　　　4 500
　　　管理费用　　　　　　　　　　　　　　　　4 600
　　　贷：应付职工薪酬　　　　　　　　　　　　　53 500
2. 借：主营业务成本——运输支出——客运支出　121 000
　　　　　　　　　　　　　　　——货运支出　141 000
　　　劳务成本——营运间接费用　　　　　　　　8 000
　　　管理费用　　　　　　　　　　　　　　　　2 000
　　　贷：燃料　　　　　　　　　　　　　　　　　272 000
3. 借：主营业务成本——运输支出——客运支出　　2 000
　　　　　　　　　　　　　　　——货运支出　　3 000
　　　劳务成本——营运间接费用　　　　　　　　700
　　　　　　——辅助营运费用　　　　　　　　　600
　　　管理费用　　　　　　　　　　　　　　　　600
　　　贷：原材料　　　　　　　　　　　　　　　　6 900
4. 借：主营业务成本——运输支出——客运支出　15 000
　　　　　　　　　　　　　　　——货运支出　30 000
　　　劳务成本——营运间接费用　　　　　　　　4 000
　　　　　　——辅助营运费用　　　　　　　　　4 500
　　　管理费用　　　　　　　　　　　　　　　　8 000
　　　贷：累计折旧　　　　　　　　　　　　　　　61 500

5. 借：主营业务成本——运输支出——客运支出 160 000
          ——货运支出 384 000
  贷：银行存款 544 000

分摊率＝544 000÷(800 000＋1 920 000)＝0.2

6. 借：主营业务成本——运输支出——客运支出 5 760
          ——货运支出 3 840
  贷：劳务成本——辅助营运费用 9 600

分摊率＝9 600÷(180＋120)＝32

7. 借：劳务成本——营运间接费用 4 500
  贷：银行存款 4 500

8. 借：主营业务成本——运输支出——客运支出 7 840
          ——货运支出 11 760
  贷：劳务成本——营运间接费用 19 600

分摊率＝19 600÷(2 000＋3 000)＝3.92

9. "运输支出——客车"和"运输支出——货车"明细账(略)。按客、货车营运总量计算客车单位运输成本为27.47(329 000÷12 000)元/千人公里；货车单位运输成本为199.20(597 600÷3 000)元/千吨公里。

营运间接费用明细账归集金额为19 600元、辅助营运费用明细账归集金额为9 600元、运输支出明细账归集金额为927 200元(其中客运支出329 600元、货运支出597 600元)。

汽车运输成本计算表(略)。

第四章

物流企业会计

【教学目的及要求】

通过对本章的学习，了解物流企业的特点、包装费等的构成及流通加工的方式；明确物流企业商品存货的购、销、存核算，包装费、运输费及销货成本等的计算；掌握物流企业经营活动各环节的会计核算方法。

【本章重点及难点】

掌握物流企业经营活动各环节的会计核算方法。

【本章教学时数】

6学时。

第一节 物流企业概述

一、物流及物流企业的概念

(一) 物流的概念

物流的概念最早出现在美国，其英文为 physical distribution，当时指包含于销售之中的物质资料和服务，以及从生产地到消费地流动过程中伴随的各种活动。

物流是"实物流通"的简称，在我国，对"物流"一词的使用开始于1979年，1989年，第八届国际物流会议在北京召开，使"物流"一词的使用日益普遍。

2001年，我国颁布了物流术语的国际标准(GB/T 18354-2001)。在该标准中，物流被定义为"物流是指物品从供应地向接收地的实体流动过程。根据实际需要，将运输、储存、装卸、搬运、包装、流通加工、配送、信息处理等基本功能实施有机结合"。

2002年，美国物流管理协会发布了一个新定义："物流是供应链运作中，以满足客户需求为目的，对货物、服务与相关信息在产出地、销售地之间实现高效率和低成本的正向、反向的流动及储存所进行的计划、执行与控制的过程。"

我国国家经济贸易委员会、铁道部等六部委联合印发的《关于加快我国现代物流发展的若干意见》中明确指出，现代物流是指材料、产成品从起点至终点及相关信息有效流动的全过程。它是将运输、仓储、装卸、加工、整理、配送和信息等方面有机结合，形成完整的供应链，为客户提供多功能、一体化的综合性服务。

物流的概念是不断发展的，从不同时期、不同角度观察和研究，就会产生关于物流的不同理解和认识。

(二) 物流企业的概念

物流企业是指从事物流活动的经济组织，是独立于生产领域之外，专门从事与商品流通有关的各种经济活动的企业。具体来讲，物流企业在以物流为主体功能的同时，还必须伴有商流、资金流和信息流，包括仓储业、运输业、批发业、连锁商业和外贸等行业分流出来的物流业务组织。

物流企业至少应是从事运输(含运输代理、货物快递)或仓储一种经营业务，并能够按照客户物流需求对运输、储存、装卸、包装、流通加工、配送等基本功能进行组织和管理，具有与自身业务相适应的信息管理系统，实行独立核算、独立承担民事责任的经济组织。

二、物流企业的经营特点

物流企业作为专门从事物流活动的经济实体，从全社会看，它是以商品的买者和卖者的双重身份交替出现在市场中，并按照供求状况来完成物质的交换，解决了生产与消费之间在数量、质量、时间和空间上的矛盾，实现了生产和消费的供求结合，进而达到保证社会再生产的良性循环。

物流企业在市场中，通过其双重身份的出现，实现了商品流通的过程。商品流通过程一般分为购、销、存、运4个相对独立的环节。这些环节的实现，表现出物流企业经营活动的特点。

(一) 组织社会物质资源

通过物流企业购买商品，组织了社会物质资源。购买商品是物流过程的起点，即物流企业根据市场的需求，用货币购买生产企业的劳动成果——物质产品，引入流通领域。

(二) 实现社会物质资源的分散消费

通过物流企业销售商品，实现了社会物质资源的分散消费。销售商品是物流过程的终点。它是商品从流通领域又返回到生产、消费的最后环节。后续生产也是一种消费。

(三) 起到"蓄水池"的作用

通过物流企业储存商品，实现了物流运动的相对静止，起到了"蓄水池"的作用。商品储存是物质产品离开生产领域,但还没有进入消费领域,而是在流通领域内的暂时停滞。

(四) 实现物质产品的空间位移

通过物流企业运送商品,实现了物质产品的空间位移。运送是由物质产品在生产和消费之间的空间矛盾决定的。因为某类物质产品的生产在空间位置上相对分散,消费相对集中,或者相反,消费相对分散,而生产相对集中,只有通过物流企业的运送完成它们在空间位置的移动,才能满足消费的需求。

(五) 控制市场供求信息

物流企业穿梭于供需双方,控制了市场供求信息。在市场经济条件下,信息最重要,物流企业直接置身于市场的特殊地位,决定了其在收集信息方面具有得天独厚的条件。物流企业能够将市场供求变化的潜在信息反馈给供需双方,起到了指导生产、引导消费和开拓市场的作用。

由于物流企业有着与其他行业不同的经营特点,也就决定了其会计核算的特殊性。物流企业会计核算的特点,主要表现在以下两个方面。

(1) 涉及的行业多,会计核算工作比较复杂。因为物流企业包括仓储业、运输业、商业和外贸等行业分流出来的物流业务组织,其业务内容庞杂,涉及多个行业企业会计制度及规定,所以会计核算工作就比较复杂。

(2) 费用、成本核算呈现多元化。物流企业至少从事运输(含运输代理、货物快递)或仓储一种经营业务,并按照客户物流需求对运输、储存、装卸、包装、流通加工、配送等基本功能进行组织和管理,进而就会发生一系列的费用支出,需要按一定的对象计算劳务成本,因此,费用、成本核算呈现多元化,例如,会计上要核算运输、储存、装卸、包装等成本。

物流企业经营的主要业务包括对商品的包装、装卸与搬运、储存、运输、流通加工与配送等环节。诸多环节发生的费用,最终使一般商品的流通费占其售价的50%左右,水果、食品、某些化工产品的流通费高达其售价的70%。可见,加强对物流企业的管理和会计核算非常必要。

第二节 物流企业包装业务的核算

包装作为物流企业的构成要素之一,与运输、保管、搬运、流通加工均有着十分密切的关系,在物流合理化运输中起着非常重要的作用。

一、包装及其分类

包装是指在流通过程中为保护产品、方便运输、促进销售,按一定技术方法所用的容器、材料及辅助物等的总称,也指为了达到上述目的在采用容器、材料和辅助物的过程中施加一定技术方法等的操作活动。

(一) 按包装要求及目的分类

为了适应各种物资性质的差异和不同运输工具等的要求和目的,包装在设计、选料、包装技法、形态等方面呈现多样化。

包装作为生产的终点、物流的起点,其所起的作用与包装的功能是分不开的。包装对产品具有保护、保管、定量、标识、商品、便利、效率和促销的功能。按包装的功能划分,可分为工业包装和商业包装两大类。

1. 工业包装

工业包装是以运输、保管为主要目的的包装,也就是根据物流需要所进行的包装,即运输包装,是一种外部包装(包含内部包装)。工业包装具有保护功能、定量(单位化)功能、便利功能和效率功能。

2. 商业包装

商业包装也称为零售包装或消费包装,主要是根据零售业的需要,作为商品的一部分或为方便携带所进行的包装,即逐个包装。商业包装具有定量功能、标识功能、商品功能、便利功能和促销功能,其目的在于促销,或便于商品在柜台上零售,或为了提高作业效率。

注意:

工业包装有时又是商业包装。例如,装橘子的纸箱子(15千克装)应属工业包装,当连同箱子出售时,也可以认为是商业包装。

为使工业包装更加合理、促进销售,在有些情况下,也可以采用商业包装的办法来做工业包装,如家电用品就是具有商业包装性质的工业包装。

(二) 按包装的层次分类

按包装的层次划分,包装还可分为内包装和外包装两类。

1. 内包装

内包装也称为销售包装,是指为保护商品、宣传、美化、便于陈列、识别、选购、携带和使用而进行的包装,主要有陈列类(堆叠式、吊挂式、展开式);识别类(透明式、开窗式、封闭式);使用类(普通式、便携式、礼品装、易开式、喷挤式、复合式)等包装形式。

2. 外包装

外包装是指为方便运输、装卸和搬运,减少损耗,牢固完整,便于检查核对等而进行的包装,主要有单件包装(箱、包、袋、捆、桶)和集合包装(集装箱、集装包、托盘)等包装形式。

二、包装费用的构成

包装是生产的终点、物流的起点,因此,其实施过程可能在生产企业,也可能在物流企业。无论其为工业包装还是商业包装,都需要耗用一定的人力、物力和财力。对于大多数商品,只有经过包装,才能进入流通。据统计,包装费占流通费的 10%,有些商品(特别是生活消费品)包装费占流通费的 50%。因而加强对包装费的管理,可以降低物流成本,提高经济效益。

包装费用的构成,主要有以下几个方面。

(1) 材料费用,即物资产品包装花费在材料上的费用。由于包装材料功能不同,其材料成本相差也较大。

(2) 机械费用,即采用机械包装物资产品发生的机械损耗价值。

(3) 技术费用,即为达到最佳包装效果,采用一定的技术措施而发生的所有支出。例如,防潮包装、防霉包装、实施缓冲包装等费用。

(4) 辅助费用,即用于包装标记、包装标志的印刷、拴挂物等方面的费用支出。

(5) 人工费用,即从事包装工作的工人及其他有关人员的工资、奖金、补贴等费用的总和。

三、包装收入和费用的核算

包装费用占物流费用的比重较大,因此有必要单独对其进行核算。

(一) 包装收入的核算

物流企业在其经营活动中,对外承揽包装业务取得的收入,可作为主营业务,直接记入"主营业务收入"账户;为完成对外承揽包装业务发生的支出,可记入"主营业务成本"账户。

(二) 包装费用的核算

包装费用可能发生在不同的物流环节,也可能发生在不同的企业。根据我国现行会计制度和法规政策规定,物流企业必须根据《企业会计制度》的要求组织会计核算,对于发生于物流诸环节的包装费用应区分费用的性质和项目,记入"销售费用"总分类账户及其相关的明细账户。

"销售费用"账户属于损益类账户,主要用来核算物流企业在销售产品、自制半成品和提供劳务等过程中发生的各项费用及专设销售机构的各项费用,包括运输费、装卸费、包装费、保险费、广告费、展览费、租赁费、销售服务费、销售部门人员工资、职工福利费、差旅费、办公费、折旧费、修理费、低值易耗品摊销及其他经费。"销售费用"账户的借方登记物流企业在销售产品、自制半成品和提供劳务等过程中发生的各项费用及专设销售机构的各项费用等,月度终了,将本期的销售费用全部从本账户的贷方转入"本年利润"账户。"销售费用"账户可根据物流企业业务特点设置明细账,组织明细核算。

【例 4-1】诚信物流公司在对 D 类商品进行运输前的分类包装和运输包装,领用包装材料 2 000 元,应支付包装人员工资费用 1 000 元,转账支出其他包装费用 600 元。另外,还为包装已加工完成的商品领用一次性使用的包装箱 20 个,该包装箱每个单位成本为 50 元,共计 1 000 元。根据上述费用做会计分录如下。

借:销售费用——包装费　　　　4 600
　　贷:原材料　　　　　　　　　　2 000

　　　　应付职工薪酬　　　　　　1 000
　　　　银行存款　　　　　　　　 600
　　　　包装物　　　　　　　　 1 000

【例4-2】月末，诚信物流公司对所用包装机械计提折旧，该包装机械原值20 000元，净残值率为4%，预计使用10年。

该机械年折旧率＝(1－4%)÷10＝9.6%
该机械月折旧率＝9.6%÷12＝0.8%
本月应计提折旧额＝20 000×9.6%÷12＝160(元)
企业应做会计分录如下。
借：销售费用——包装费　　　　160
　　贷：累计折旧　　　　　　　　160

【例4-3】承上例，月末，结转本月发生的销售费用，做会计分录如下。
借：本年利润　　　　　　　　 4 760
　　贷：销售费用——包装费　　 4 760

第三节　物流企业装卸搬运业务的核算

货物的装卸搬运是物流的主要功能之一。装卸搬运活动渗透到物流的各领域、各环节，成为物流顺利进行的关键。货物装卸搬运伴随着物流的其他功能，成为提高物流效率、降低物流成本、改善物流条件、保证物流质量的重要物流环节之一。

一、装卸搬运的概念及分类

装卸是指在指定地点以人力或机械将物品装入或卸下运输设备。例如，在同一地域范围内(如车站、工厂、仓库内部等)改变"物"的存放、支承状态的活动就属于装卸。搬运则是指改变"物"的空间位置的活动，通常将两者合称为装卸搬运。也可将装卸搬运理解为在空间范围内对"物"的垂直举放和水平移动的行为。有时候或在特定场合，单称"装卸"或单称"搬运"也含有"装卸搬运"的完整含义。

物流企业采用的装卸搬运的方式有多种，主要分类如下。

(1) 按其施行的物流设施和设备对象划分，可分为仓库装卸、铁路装卸、港口装卸、汽车装卸、飞机装卸等。

(2) 按使用的机械及机械作业方式划分，可分为"吊上吊下""叉上叉下"方式；"滚上滚下""移上移下"方式等。

(3) 按被装物的运动形式划分，可分为垂直装卸、水平装卸。

(4) 按其装卸搬运的对象划分，可分为散装货物装卸、单件货物装卸、集装货物装卸等。

(5) 按其装卸搬运的作业特点划分，可分为连续装卸与间歇装卸两类。

二、装卸搬运的地位

装卸活动是伴随运输和保管等活动而产生的必要活动。在物流过程中，装卸活动是不断出现和反复进行的，它出现的频率高于其他各项物流活动，每次装卸活动都要花费很长时间，所以往往成为决定物流速度的关键。装卸活动所消耗的人力也很多，因此装卸费用在物流成本中所占比重也较高，例如，我国铁路运输始发与到达的装卸搬运作业费，大致占运输费用的20%，而船运的装卸搬运作业费则约占运输费用的40%，美国铁路运输始发与到达的装卸搬运作业费，大致占运输费用的 20%～30%。可见装卸搬运费在整个物流费用当中的比重相当高。此外，装卸操作时往往需要接触货物，也极易造成货物损失，因此，为降低物流费用，加强对装卸环节的管理非常重要。

三、装卸搬运业务的核算

物流企业在某种意义上讲，可将装卸搬运业务看作其主营业务活动，因而将其发生的装卸搬运收入，作为主营业务收入；将其发生的装卸搬运费用，作为"销售费用——装卸搬运费"处理。

【例4-4】诚信物流公司本月发生货物装卸人工费 4 000 元，应由本月负担的装卸机械折旧费为 2 000 元。做会计分录如下。

借：销售费用　　　　　　　　6 000
　　贷：应付职工薪酬　　　　4 000
　　　　累计折旧　　　　　　2 000

第四节　物流企业储存保管的核算

储存是商品流通的必要环节，其通过自身不断循环，充分发挥协调商品产、销矛盾的功能。同时，储存作为一种物流形态，为物流提供场所和时间，在储存期间可以对储存品进行检验、整理、分类、保管、包装、加工、集散、转换运输方式等作业。因此，储存在物流中具有重要的作用，与运输共同构成了物流的两大支柱。

按照储存在社会再生产中的作用划分，可以分为生产储存、流通储存、消费储存和国家储存。

一、储存的相关概念

在物流科学体系中，经常涉及库存、储备及储存这三个概念，而且容易被混淆。其实，这三个概念虽然有共同之处，但仍有区别，认识其区别有助于理解物流中"储存"的含义和以后要遇到的"零库存"概念。

1. 库存

库存指的是仓库中处于暂时停滞状态的物资。在此需要明确两点内容：其一，物资所停滞的位置一定是在仓库，而非其他任何位置；其二，物资的停滞状态可能由任何原因引起，而非某种特殊的停滞，如能动的各种形态的储备、被动的各种形态的超储等。

2. 储备

物资储备是一种有目的地储存物资的行动，是指储存起来以备急需的活动，如当年储备、长期储备、战略储备。物资储备的目的是保证社会再生产连续不断的、有效的进行。所以，物资储备是一种能动的储存形式，是有目的地、能动地暂时停滞于生产领域和流通领域，尤其是指在生产与再生产、生产与消费之间的暂时停滞。马克思所说的"任何商品，只要它不是从生产领域直接进入生产消费或个人消费，因而在这个间歇期间处在市场上，它就是商品储备的要素"(《马克思恩格斯全集》第24卷，第161页)，指的就是这种情况。

库存和储备的本质区别在于：第一，库存明确了停滞的位置，而储备这种停滞所处的地理位置远比库存广泛得多，储备的位置可能在生产及流通中的任何节点上，可能是仓库中的储备，也可能是其他形式的储备；第二，储备是有目的的、能动的、主动的行动，而库存有可能是无目的的，甚至是完全盲目的。

3. 储存

储存是包含库存和储备在内的一种广泛的经济现象，是一切社会形态都存在的经济现象。马克思指出："产品储存是一切社会所共有的，即使它不具有商品储备形式这种属于流通过程的产品储备形式，情况也是如此。"在任何社会形态中，对于不论什么原因造成停滞的物资，也不论是什么种类的物资在没有进入生产加工、消费、运输等活动之前或在这些活动结束之后，总是要存放起来，这就是储存。这种储存不一定在仓库中，也不一定具有储备的要素，而是在任何位置，也有可能永远进入不了再生产和消费领域。但在一般情况下，储存、储备两个概念是不做区分的。

上述内容抽象地对库存、储备、储存进行了描述，之所以予以辩证是为了使读者认识物流中的"储存"是一个非常广泛的概念，物流学要研究的就是包括储备、库存在内的广义的储存概念。

二、储存保管的作用

(一) 调节生产和消费之间的时间差异

生产和消费之间的时间分离，是社会经济的客观存在，对此，在前面已经有了多次说明，储存具有调节时间差异的功能。

(二) 储存保管质量决定库存物资质量

储存并不是单纯的堆放，为了保证物资的质量，需要进行各种形式的保管。通过对库存物资的合理存放、妥善保管、精心养护，使其使用价值得到保存。同时，检验贯穿于储存作业的全过程,它是对产品质量、保证质量、装卸搬运质量、运输质量的综合考察,是保证物流质量的重要环节。

(三) 储存是联结各个物流环节的纽带

各个物流环节在连续不断的运动过程中,经常需要一定时间的停滞,储存是上一个环节运动的终点,经过一定时间停滞后,又是下一个环节运动开始的起点。同时,很多物流环节的作用是在储存所提供的场所和时间里完成的。离开了储存,其他物流环节无法联系,很多作业也无法进行。因此,储存是联结各个物流环节的纽带。

(四) 储存是流通活动的"调节阀"

在社会分工日益细化的社会化大生产条件下,交换关系越来越复杂,影响流通的不确定因素也越来越多。同时,在物流过程中,计划不周、意外事故、自然条件变化等情况也会产生大量的不确定因素。当这些不确定因素成为现实,流通的连续性陷入困境,储存便可以用其合理的存量来调节流量。

三、储存业务核算

物流企业的储存过程就是物流企业的仓储作业过程,指商品仓储部门从接运商品开始,经过验收入库、保管保养,直到将商品供应到用户指定的地点为止,按照一定的程序进行作业的整个过程。物流企业的储存费用主要是物流企业在这个过程中发生的全部耗费,具体包括仓租费、维护费、保管费、损失费、资金占用利息支出(资金使用费)等。物流企业的储存费用在物流费用中占有较大比重,因此,加强对储存业务的管理和核算,就显得非常重要。

通常,物流企业可利用仓库、货场、库房或其他场所开展代客保管物资产品的储存业务。在经营方式上,物流企业可以利用场地、库房等单独经营仓储业务,或者利用运输工具单独经营运输业务,也可以两者兼营。

从事物流仓储业务的企业可以将其储存业务所取得的收入(如经营仓库、堆场业务发生的堆存收入;从事经营装卸业务取得的装卸收入等)作为主营业务收入处理;将发生的储存费用(如与物流企业的仓储业务收入有直接配比关系的费用)作为物流企业的仓储业务成本,直接记入"主营业务成本"账户。如果物流企业从事的主营业务为非仓储业务,其发生的费用应记入"销售费用"账户。

(一) 仓租费的核算

例如,发生的仓储费、支付的库房租金等。
借:销售费用——仓储费用
　　贷:累计折旧(仓库折旧费)
　　　　无形资产(土地使用权的摊销)
　　　　银行存款(按期支付的库房租金等)

(二) 维护费、保管费的核算

为维护商品的功能，物流企业必然会发生维护费用、保管费用，即借助一定的人力、财力对商品进行必要的管理和养护所产生的费用，如支付仓库管理人员的工资费用、仓库照明费用等。这些费用应记入"销售费用"账户。

借：销售费用——仓储费用
　　贷：应付职工薪酬
　　　　银行存款

第五节　物流企业运输的核算

一、运输的概念及分类

运输是人和物的载运及输送，在此专指"物"的载运及输送。它是在不同的地域范围内(如两个城市、两个工厂之间或同一个大企业内相距较远的两个车间之间)，对"物"进行空间的位移，以改变"物"的空间位置为目的的活动。

运输与搬运的区别在于：运输是较大范围的活动；而搬运是在同一地域之内的活动。

运输可按其采用的运输设备及运输方式，分为公路运输、铁路运输、水运、航空运输和管道运输等。

二、运输业务的核算

随着世界经济的快速发展和现代科学技术的进步，物流产业不仅在国民经济中占有重要地位，而且为人们的日常生活带来了许多便利。同时，人们对其要求越来越高，使得物流企业在接收货物后，要根据货物的特点及客户的要求选择合适的运输方式来削减成本以满足客户的需求。物流企业针对不同的货物选择合适的运输方式，不仅可以保证货物送达的及时性和安全性，还可以保证货物运输的经济性和便利性。通过选择合理的运输方式，可以减少货物的在途时间，保证货物运输过程中的质量并降低企业的经营成本。

在现代物流企业中，运输在其经营业务中占有主导地位。物流企业的运输收入是其经营所得的主要收入来源，也是其利润的主要源泉。物流企业的运输费用在整个物流费用中占有较大的比例。从运费来看，其在全部的物流费用中占比最高，一般综合分析计算社会物流费用，运输费在其中约占50%的比例。

物流企业的运输需求可通过三种运营方式来实现。首先，可以利用私营的车队设备；其次，可以与专业运输公司签订运输合同；再次，可以向各种提供以单独装运为条件的运输承运人预订服务。这三种运营方式的运输就是典型的私人运输、合同运输、公共运输。从物流系统的观点看，有三个因素对运输来说是非常重要的，即成本、速度和一致性。

运输是物流中非常重要的功能要素之一，物流合理化在很大程度上依赖于运输合理化。而运输合理化与否则影响着物流运输费用的高低，进而影响着物流成本的高低，因此应重视和加强对物流运输费用的核算。

(一) 运输业务收入的核算

作为物流企业，其运输收入可以通过提供铁路、航空、水路等运输服务来实现，其获取的运输收入可作为"主营业务收入"来核算。收到款项或取得收取价款的权利，应做会计分录如下。

借：银行存款(或合同资产、应收账款、应收票据等)
　　贷：主营业务收入
　　　　应交税费——应交增值税

(1) 某一时点履行的履约义务，构成单项履约义务。根据《企业会计准则第14号——收入》第9条、第10条、第26条等相关规定，企业与另一企业签订合同，向其销售一批产品，并负责将该批产品运送至另一企业指定的地点，该企业承担相关的运输费用。假定销售该产品属于在某一时点履行的履约义务，且控制权在产品出库时已转移给另一企业。

此后，该企业为将产品运送至另一企业指定的地点而发生的运输活动，属于为另一企业提供了一项运输服务。如果该运输服务构成单项履约义务，且该企业是运输服务的主要责任人，那么该企业就应当按照分摊至该运输服务的交易价格确认收入。

【例4-5】甲公司与乙公司签订合同，向其销售一批产品100 000元，增值税税率为13%，同时负责将该批产品在指定的时间运送至乙公司指定的地点，甲公司承担相关的运输费用3 000元。控制权在产品出库时已转移给对方企业，双方约定货到支付全部价款。

借：合同资产　　　　　　　　　　　116 270
　　贷：主营业务收入——商品销售收入　100 000
　　　　　　　　　　——运输服务收入　　3 000
　　　　应交税费——应交增值税(销项税额)　13 270(100 000×13%＋3 000×9%)

(2) 某一时点履行的履约义务，不构成单项履约义务。根据《企业会计准则第14号——收入》第9条、第10条、第14条、第26条等相关规定，企业与另一企业签订合同，向其销售一批产品，并负责将该批产品运送至另一企业指定的地点，该企业负责运输，该批产品在送达另一企业指定地点时，控制权转移给对方企业。由于该企业的运输活动是在产品的控制权转移给客户之前发生的，因此不构成单项履约义务，是该企业为履行合同发生的必要活动，应该计入当期损益。

【例4-6】仍以【例4-5】资料为例，且假定销售该产品属于在某一时点履行的履约义务，控制权在送达乙公司指定地点时转移给乙公司，则会计处理如下。

借：合同资产　　　　　　　　　　　113 000
　　贷：主营业务收入——商品销售收入　100 000
　　　　应交税费——应交增值税(销项税额)　13 000(100 000×13%)
借：销售费用——运输费用　　　　　　3 000
　　贷：银行存款　　　　　　　　　　　3 000

(二) 运输成本的核算

物流企业为开展运输业务发生的各项支出属于运输成本，主要包括以下几项。

1. 直接材料费用

直接材料费用是指汽车在营运生产过程中实际消耗的各种燃料、轮胎、材料、润料、低值易耗品、备品配件、专用工器具等支出。

2. 直接人工费用

直接人工费用是指企业中直接从事营运生产活动人员的工资、奖金、津贴、福利费和补贴等。

3. 其他直接费用

其他直接费用是指企业在营运生产过程中发生的固定资产折旧费、行车杂费、车辆牌照和检验费、车辆清洗费、过路费、司机途中住宿费、保险费、差旅费、取暖费等支出。

4. 营运间接费用

营运间接费用是指基层单位组织与管理汽车运营所发生的车队经费和车站经费等支出。

企业发生上述费用，可视情况的不同，分别记入"主营业务成本"账户或"销售费用"账户。

(1) 如果企业开展自营运输业务发生运输费用，可根据有关领料凭证，做会计分录如下。

借：主营业务成本
  贷：原材料
    低值易耗品
    应付职工薪酬

(2) 如果企业利用合同运输、公共运输方式发生运输费用，应根据实际支付款项，做会计分录如下。

借：销售费用
  贷：银行存款

第六节　物流企业流通加工与配送的核算

一、流通加工的概念及业务核算

流通加工是物流中最具特殊意义的物流形式。一般来说，生产是通过改变物质的形式和性质创造产品的价值和使用价值；流通是保持商品的原有物质形式和性质，以完成所有权的转移和空间的位移；物流的包装、储存、运输、装卸等功能，虽然具备生产的性质，但往往并不改变物流的对象。但是为了提高物流的速度和物资的利用率，在商品进入流通领域后，还需要按用户的要求进行一定的加工活动，即流通加工。

(一) 流通加工的概念

流通加工是指在物品从生产者向消费者流动的过程中,为了促进销售、维护产品质量、实现物流的高效率所采用的使商品发生物理和化学变化的功能,即按用户要求,对商品进行加工、改制等活动。进行流通加工既满足了客户的需求,同时也提高了物流企业的经济效益。

流通企业对商品的加工主要通过自行加工、委托加工和作价加工3种方式来实现。

1. 自行加工

自行加工是指物流企业将待加工的商品、原材料交给本企业的生产部门进行加工的一种方式。

2. 委托加工

委托加工是指物流企业与其他企业签订委托合同或协议,由企业将待加工的原材料、商品交给受托企业进行加工,并支付一定的加工费用的方式。

3. 作价加工

作价加工是指物流企业与其他单位以购销关系签订合同或协议,先由企业将待加工原材料、商品作价销售给受托加工单位,待加工完成后,再由企业按实际加工的成品数量,作价购回成品,购销均按加工协议规定价格进行结算。

(二) 流通加工业务的核算

流通加工业务的程序,主要有发出、加工、收回3个环节。物流企业加工商品时,应设置"委托加工商品"账户,专门核算流通加工成本增减变动情况。流通加工成本包括以下几个方面。

1. 直接材料费用

流通加工的直接材料费用是指在对流通加工产品进行加工的过程中直接消耗的材料、辅助材料、包装材料及燃料和动力等费用。与工业企业相比,流通加工过程中的直接材料费用占流通加工成本的比例不大。

2. 直接人工费用

流通加工成本中的直接人工费用是指直接进行加工生产的生产工人的工资总额和按工资总额提取的职工福利费。生产工人工资总额包括计时工资、计件工资、奖金、津贴和补贴、加班工资、非工作时间的工资等。

3. 制造费用

流通加工成本中的制造费用是物流中心设置的生产加工单位为组织和管理生产加工所发生的各项间接费用,包括流通加工生产单位管理人员的工资及提取的福利费,生产加工单位房屋、建筑物、机器设备等的折旧和修理费,生产单位固定资产租赁费,机物料消耗,低值易耗品摊销,取暖费,水电费,办公费,差旅费,保险费,试验检验费,季节性停工和机器设备修理期间的停工损失,以及其他制造费用。

流通加工业务的具体核算,可参照工业企业委托加工业务的核算方法来进行。

二、物流企业的配送及核算

(一) 配送与配送中心

配送是与市场经济相适应的一种先进的物流方式。它是指物流企业按用户订单或配送协议进行配货,然后通过科学统筹规划选择经济合理的运输路线与运输方式,在用户指定的时间内将符合要求的货物送达指定地点的一种商品供应方式,是物流中一种特殊的、综合的、将商流与物流紧密结合的活动形式。

从物流角度来讲,配送几乎包括了所有的物流功能要素,是物流的一个缩影,或在某个小范围内物流全部活动的体现。一般的配送集装卸、包装、保管、运输于一体,通过这一系列活动达到将货物送达的目的。特殊的配送还需要以加工活动为支撑,因此包括的方面更广泛。但是,配送的主体活动与一般物流有所不同,一般物流是运输保管,而配送则是运输及分拣配货,分拣配货是配送的独特要求,也是配送中最有特点的活动,以送货为目的的运输是最终实现配送的主要手段,从这一主要手段出发,常常将配送简单地理解为运输中的一种。

配送中心是以组织配送性销售或供应,执行实物配送为主要职能的流通型节点。在配送中心中,为了能更好地做好送货的编组准备,必然需要进行零星集货、批量进货等种种资源收集工作和对货物的分整、配备等工作。为此,配送中心就具有了集货中心、分货中心的职能。为了更有效、更高水平地配送,配送中心往往还要有较强的流通加工能力。此外,配送中心还必须执行货物配备后的送达到户的使命。由此可见,配送中心的功能是比较全面、完整的。也可以说,配送中心实际上是集货中心、分货中心、加工中心功能的综合,并具有配与送的更高水平。

综上分析,配送环节会计核算的内容主要包括:配送营业收入的核算;配送过程中运输费用、分拣费用、配装费用、加工费用的归集、分配和结转;配送环节营业利润的核算。

(二) 物流中心

物流中心是物流网络的节点,具有物流网络节点的系列功能。把握物流中心的含义、类型、功能与地位,是依托不同层次物流设施展开物流活动、指导物流运营与管理的基础。

中国国家标准《物流术语》中将物流中心定义为:"从事物流活动的场所或组织,应基本符合主要面向社会服务;物流功能健全;完善的信息网络;辐射范围大;品种少;批量大;存储吞吐能力强;物流业务统一经营管理。"

物流中心一词是政府部门和许多行业、企业在不同层次物流系统化中应用得非常频繁,而不同部门、行业、企业的人们对其理解又不尽一致的重要概念。概括起来,对物流中心的理解可以归纳为以下几种表述。

(1) 物流中心是从国民经济系统要求出发,所建立的以城市为依托,开放型的物品储存、运输、包装、装卸等综合性的物流业务基础设施。这种物流中心通常由集团化组织经营,一般称为社会物流中心。

(2) 物流中心是为了实现物流系统化、效率化,在社会物流中心下所设置的货物配送中心。

这种物流中心从供应者手中受理大量的多种类型的货物，进行分类、包装、保管、流通加工、信息处理，并按照众多用户的要求完成配货、送货等作业。

(3) 物流中心是组织、衔接、调节、管理物流活动的较大的物流据点。物流据点的种类很多，但大都可以看作是以仓库为基础，在各物流环节方面提供延伸服务的依托。为了与传统的静态管理的仓库概念相区别，将涉及物流动态管理的新型物流据点称为物流中心。这种含义下的物流中心数目较多、分布也较广。

(4) 物流中心是以交通运输枢纽为依托，建立起来的经营社会物流业务的货物集散场所。货运枢纽是一些货运站场构成的联网运作体系，实际上也是构成社会物流网络的节点，当它们具有实现订货、咨询、取货、包装、仓储、装卸、中转、配载、送货等物流服务的基础设施、移动设备、通信设备、控制设备，以及相应的组织结构和经营方式时就具备成为物流中心的条件。这类物流中心也是构筑区域物流系统的重要部分。

(5) 国际物流中心是指以国际货运枢纽(如国际港口)为依托，建立起来的经营开放型的物品储存、包装、装卸、运输等物流作业活动的大型集散场所。国际物流中心必须做到物流、商流、信息流的有机统一。当代电子信息技术的迅速发展，能够对国际物流中心"三流"的有机统一提供重要的技术支持，这样可以大大减少文件数量及文件处理成本，提高"三流"效率。

综上所述，可以将物流中心理解为处于枢纽或重要地位的、具有较完整的物流环节，并能将物流集散、信息和控制等功能实现一体化运作的物流据点。

第七节　物流企业应交增值税的核算

根据财税〔2013〕37号文件附件1《交通运输业和部分现代服务业营业税改征增值税试点实施办法》的规定，现代物流产业属于部分现代服务业之一，属于"营改增"范畴，其改革主要内容具体如下。

一、应征增值税的应税服务范围及税率

(一) 应征增值税的应税服务范围

物流辅助服务内容包括航空服务、港口码头服务、货运客运场站服务、打捞救助服务、货物运输代理服务、代理报关服务、仓储服务和装卸搬运服务。

(1) 航空服务包括航空地面服务和通用航空服务。航空地面服务，是指航空公司、飞机场、民航管理局、航站等向在我国境内航行或者在我国境内机场停留的境内外飞机或其他飞行器提供的导航等劳务性地面服务的业务活动，包括旅客安全检查服务、停机坪管理服务、机场候机厅管理服务、飞机清洗消毒服务、空中飞行管理服务、飞机起降服务、飞行通信服务、地面信号服务、飞机安全服务、飞机跑道管理服务、空中交通管理服务等。通用航空服务，是指为专业工作提供飞行服务的业务活动，包括航空摄影、航空测量、航空勘探、航空护林、航空吊挂播洒、航空降雨等。

(2) 港口码头服务，是指港务船舶调度服务、船舶通信服务、航道管理服务、航道疏浚服务、灯塔管理服务、航标管理服务、船舶引航服务、理货服务、系解缆服务、停泊和移泊服务、海上船舶溢油清除服务、水上交通管理服务、船只专业清洗消毒检测服务和防止船只漏油服务等为船只提供服务的业务活动。

港口设施经营人收取的港口设施保安费，按照"港口码头服务"征收增值税。

(3) 货运客运场站服务，是指货运客运场站(不包括铁路运输)提供的货物配载服务、运输组织服务、中转换乘服务、车辆调度服务、票务服务和车辆停放服务等业务活动。

(4) 打捞救助服务，是指提供船舶人员救助、船舶财产救助、水上救助和沉船沉物打捞服务的业务活动。

(5) 货物运输代理服务，是指接受货物收货人、发货人、船舶所有人、船舶承租人或船舶经营人的委托，以委托人的名义或以自己的名义，在不直接提供货物运输服务的情况下，为委托人办理货物运输、船舶进出港口、联系安排引航、靠泊、装卸等货物和船舶代理相关业务手续的业务活动。

(6) 代理报关服务，是指接受进出口货物的收货人、发货人委托，代为办理报关手续的业务活动。

(7) 仓储服务，是指利用仓库、货场或其他场所代客贮放、保管货物的业务活动。

(8) 装卸搬运服务，是指使用装卸搬运工具或人力、畜力将货物在运输工具之间、装卸现场之间或者运输工具与装卸现场之间进行装卸和搬运的业务活动。

(二) 应征增值税税率及其他规定

财税〔2013〕37号文件规定，提供现代服务业服务(有形动产租赁服务除外)，增值税税率为6%。针对现代物流实务中，交通运输和其他与交通运输有关的辅助服务，其服务本身适用的税率不同，例如，物流企业既提供交通运输的服务，又提供仓储、装卸、搬运甚至给客户代收货款等物流辅助的服务，如果不能分开核算应从高适用税率，即按全部收入的10%缴纳增值税。

二、物流企业应交增值税的核算

(一) 会计核算应设置的账户

1. 一般纳税人应设会计账户

一般纳税人应在"应交增值税"明细账户下分别设置"进项税额""已交税金""转出未交增值税""销项税额""进项税额转出""转出多交增值税"等专栏，并采用多栏式明细账进行会计核算。同时设置"未交增值税"明细账户，核算一般纳税人月度终了转入的应交而未交的增值税或多交的增值税。

2. 小规模纳税人应设会计账户

小规模纳税人应在"应交税费"账户下设置"应交增值税"明细账户，账户中不必设置专栏，采用三栏式明细账即可。

(二) 物流企业应交增值税核算举例

【例4-7】2×19年5月10日，某市豁达物流企业(增值税一般纳税人，之前无留抵税额)，接受H企业提供运输服务，取得H企业开具的货物运输业增值税专用发票，价款100 000元，注明的增值税额为9 000元。假设不存在其他情况。

豁达物流企业接受H企业劳务后的会计处理如下。

借：主营业务成本——H企业　　　　　　　　　　　100 000
　　应交税费——应交增值税(进项税额)　　　　　　9 000
　　贷：应付账款——H企业　　　　　　　　　　　　109 000

【例4-8】2×19年5月，某物流企业本月提供交通运输收入1 000 000元，物流辅助收入1 000 000元，按照适用税率，分别开具增值税专用发票，款项已收。当月接受长安公司一项运输服务，取得B企业开具的货物运输业增值税专用发票，价款200 000元，注明的增值税额为18 000元。

取得运输收入的会计处理如下。

借：银行存款　　　　　　　　　　　　　　　　　　1 090 000
　　贷：主营业务收入——运输　　　　　　　　　　1 000 000
　　　　应交税费——应交增值税(销项税额)　　　　90 000 (1 000 000×9%)

取得物流辅助收入的会计处理如下。

借：银行存款　　　　　　　　　　　　　　　　　　1 060 000
　　贷：其他业务收入——物流　　　　　　　　　　1 000 000
　　　　应交税费——应交增值税(销项税额)　　　　60 000 (1 000 000×6%)

取得B企业货物运输业增值税专用发票后的会计处理如下。

借：主营业务成本　　　　　　　　　　　　　　　　200 000
　　应交税费——应交增值税(进项税额)　　　　　　18 000 (200 000×9%)
　　贷：应付账款——B公司　　　　　　　　　　　　218 000

【例4-9】2×19年7月2日，某市A物流企业(一般纳税人)与H公司(一般纳税人)签订合同，为其提供购进货物的运输服务，H公司于签订协议时全额支付现金60 000元，A企业开具了专用发票。7月8日，由于前往目的地的道路被冲毁，双方同意中止履行合同。H公司将专用发票退还给A企业，A企业返还运费。

7月2日取得专用发票时H公司的会计处理如下。

借：主营业务成本　　　　　　　　　　　　　　　　55 045.87 [60 000÷(1+9%)]
　　应交税费——应交增值税(进项税额)　　　　　　4 954.13 [60 000÷(1+9%)×9%]
　　贷：银行存款　　　　　　　　　　　　　　　　60 000

7月8日发生服务中止时H公司的会计处理如下。

借：银行存款　　　　　　　　　　　　　　　　　　60 000
　　贷：主营业务成本　　　　　　　　　　　　　　55 045.87
　　　　应交税费——应交增值税(进项税额)　　　　4 954.13

【例 4-10】 某市 A 物流企业 2×19 年 9 月为生产企业甲公司提供运输服务，甲公司支付给 A 公司含税运输费 10 900 000 元。A 公司将承揽的甲公司省外段的运输业务分包给该地区货物运输企业 R 公司，按联运协议 A 公司支付给 R 公司 5 000 000 元的运输费用，取得 R 公司开出的增值税专用发票。上述运输公司均为一般纳税人。A 公司差额纳税会计处理如下。

A 公司为甲公司提供应税服务的会计处理如下。

借：应收账款——甲公司　　　　　　　　　　　　10 900 000
　　贷：主营业务收入　　　　　　　　　　　　　　10 000 000
　　　　应交税费——应交增值税(销项税额)　　　　　900 000

A 公司接受 R 公司提供的分段运输服务的会计处理如下。

借：主营业务成本　　　　　　　　　　4 587 155.96 [5 000 000÷(1+9%)]
　　应交税费——应交增值税(进项税额)　412 844.04 [5 000 000÷(1+9%)×9%]
　　贷：应付账款——R 公司　　　　　　　　　　　　5 000 000

【例 4-11】 某物流企业从事仓储服务业务，本月取得仓储服务收入 100 000 元，物流辅助收入 5 000 元。按照适用税率，分别开具增值税专用发票，款项已收。

取得仓储服务收入的会计处理如下。

借：银行存款　　　　　　　　　　　　　　　　　106 000
　　贷：主营业务收入——仓储服务收入　　　　　　100 000
　　　　应交税费——应交增值税(销项税额)　　　　　6 000 (100 000×6%)

取得物流辅助收入的会计处理如下。

借：银行存款　　　　　　　　　　　　　　　　　5 300
　　贷：其他业务收入——物流辅助收入　　　　　　5 000
　　　　应交税费——应交增值税(销项税额)　　　　　300 (5 000×6%)

【复习思考题】

1. 简述物流企业的概念及其经营特点。
2. 物流企业会计核算有哪些特点？
3. 什么是物流成本？其由哪几部分构成？
4. 物流企业经营的主要业务有哪些？
5. 简述物流包装费的构成及核算。
6. 简述物流装卸搬运费的构成及核算。
7. 简述物流运输成本的构成及核算。
8. 简述物流企业仓储业务、装卸业务及运输业务的成本计算对象、成本计算期及成本计量单位。
9. 物流运输成本项目构成有哪些？
10. 物流企业的运输方式有哪些？
11. 物流企业期间费用包括哪些？其核算要求是什么？
12. 物流企业的主营业务收入包括哪些？如何进行核算？
13. 物流企业提供的物流服务开始与完成在同一会计年度的，其物流服务应如何进行核算？

14. 物流企业提供的物流服务开始与完成分属不同会计期间的,其物流服务应如何进行核算?

【会计职业判断能力训练】

填空题

1. 物流是将_____、_____、_____、_____、_____、配送和信息等方面有机结合,形成完整的供应链,为客户提供多功能、一体化的综合性服务。
2. 物流企业至少从事_____或_____一种经营业务。
3. 包装费用的构成,主要有_____、_____、_____、_____和_____等方面。
4. 储存是包含_____和_____在内的一种广泛的经济现象,是一切社会形态都存在的经济现象。
5. 物流企业可以利用_____、_____等单独经营仓储业务,或者利用_____单独经营运输业务,也可以两者兼营。
6. 运输企业可以选择典型的_____、_____、_____等运输方式。

附【会计职业判断能力训练答案】

填空题

1. 运输 仓储 装卸 加工 整理
2. 运输(含运输代理、货物快递) 仓储
3. 材料费用 机械费用 技术费用 辅助费用 人工费用
4. 库存 储备
5. 场地 库房 运输工具
6. 私人运输 合同运输 公共运输

【会计职业实践能力训练】

一、快捷物流公司装卸搬运业务核算

公司燃料汽油采用实地盘存制,本月汽油加权平均价为6.50元/升。2×21年7月份发生下列装卸搬运业务。

1. 公司月末根据7月份汽油领料单和库存汽油盘存表编制的装卸设备燃料汇总表如表4-1所示。

表4-1 装卸设备燃料汇总表

燃料名称:92号汽油　　　　　　　2×21年7月　　　　　　　　　　单位:升

项目	月初储存数量	本月领用数量	月末储存数量
装卸一队	200	1 200	150
装卸二队	400	7 000	800
合计	600	8 200	950

2. 分配本月装卸作业人员工资，其中，装卸一队 86 000 元，装卸二队 64 000 元。

3. 本月轮胎领用汇总表中列明，装卸一队领用轮胎 3 600 元，装卸二队领用轮胎 14 400 元，轮胎采用一次摊销方法。

4. 月末收到电力部门耗电通知单，装卸一队耗用动力电 3 360 元，照明电 960 元，装卸二队耗用动力电 7 240 元，照明电 1 340 元；款未付。

5. 本月份固定资产折旧表中列明，装卸一队应提折旧 62 000 元，装卸二队应提折旧 180 400 元。

6. 摊销应由本月装卸搬运业务负担的保险费 9 680 元，其中，装卸一队 2 780 元，装卸二队 6 900 元。

要求：根据业务编制会计分录。

二、中海物流公司包装业务核算

2×21 年 8 月公司发生如下业务。

1. 公司承运海涛公司的一批散货，并按海涛公司要求对其进行装箱打包。对此次包装服务单独收取费用 6 000 元。款项已于包装完成时通过银行收讫。

2. 公司为该项包装业务领用包装纸箱 100 个，每个纸箱的成本为 20 元，共计 2 000 元，同时以现金支付临时工 200 元劳务费。

3. 公司受托保管 A 公司生产的一批产品，存期为 3 个月，合同总收入 12 000 元，收到对方以支票预付的仓储费 5 000 元。

4. 受托保管 A 公司产品的合同到期，收到对方补付的余款。

5. 公司领用仓储业务用具一批，价值 4 000 元，使用期为一年，报废时收回残料款 300 元。公司采用五五摊销法。

要求：根据上述资料，编制会计分录。

三、白云物流公司自建仓库业务核算

2×21 年 8 月公司在自行建造仓库过程中发生的经济业务如下。

1. 购入为工程准备的各种物资 200 000 元，支付的增值税额为 26 000 元，共计 226 000 元，用银行存款支付。

2. 月末，分配工程人员工资 50 000 元。

3. 工程完工交付使用，结转完工工程成本 276 000 元。

要求：编制相应的会计分录。

附【会计职业实践能力训练答案】

一、快捷物流公司装卸搬运业务核算

1. 借：销售费用——装卸搬运费——一队　　　　8 125
　　　　　　　　　　　　　　　——二队　　　42 900
　　　贷：燃料　　　　　　　　　　　　　　　51 025
2. 借：销售费用——装卸搬运费——一队　　　86 000
　　　　　　　　　　　　　　　——二队　　　64 000

	贷：应付职工薪酬	150 000
3.	借：销售费用——装卸搬运费——一队	3 600
	——二队	14 400
	贷：轮胎	18 000
4.	借：销售费用——装卸搬运费——一队	3 360
	——二队	7 240
	营运间接费用	2 300
	贷：应付账款	12 900
5.	借：销售费用——装卸搬运费——一队	62 000
	——二队	180 400
	贷：累计折旧	242 400
6.	借：销售费用——装卸搬运费——一队	2 780
	——二队	6 900
	贷：待摊费用——保险费	9 680

二、中海物流公司包装业务核算

1. 借：银行存款　　　　　　　　　　　6 000
   　　贷：主营业务收入——包装费收入　　6 000
2. 借：主营业务成本——包装费　　　　　2 200
   　　贷：包装物　　　　　　　　　　　2 000
   　　　　库存现金　　　　　　　　　　　200
3. 借：银行存款　　　　　　　　　　　5 000
   　　应收账款——A 公司　　　　　　　7 000
   　　贷：主营业务收入——保管费收入　12 000
4. 借：银行存款　　　　　　　　　　　7 000
   　　贷：应收账款——A 公司　　　　　7 000
5. 借：低值易耗品——在用　　　　　　4 000
   　　贷：低值易耗品——在库　　　　　4 000
   　借：销售费用——仓储费用　　　　　2 000
   　　贷：低值易耗品——摊销　　　　　2 000
   　借：原材料——残料　　　　　　　　　300
   　　　销售费用——仓储费用　　　　　1 700
   　　贷：低值易耗品——摊销　　　　　2 000
   　借：低值易耗品——摊销　　　　　　4 000
   　　贷：低值易耗品——在用　　　　　4 000

三、白云物流公司自建仓库业务核算

1. 借：在建工程——工程物资　　　　226 000
   　　贷：银行存款　　　　　　　　226 000
2. 借：在建工程——工程人员工资　　 50 000

		贷：应付职工薪酬——工程人员工资	50 000
3	借：固定资产——仓库		276 000
	贷：在建工程——工程物资		226 000
	——工程人员工资		50 000

第五章

施工企业会计

【教学目的及要求】

通过对本章的学习,了解施工企业生产经营管理的特点,以及与工业企业相比,其产品成本的特殊性;重点掌握工程预算价格的构成,合同收入和合同成本的构成项目及内容,合同收入和合同成本的确认、计量及账务处理方法,合同收入和合同成本在财务报告中的披露方法。

【本章重点及难点】

合同收入和合同成本的确认、计量及账务处理方法。

【本章教学时数】

10学时。

第一节 施工企业会计核算

施工企业也称为建筑安装企业,是指从事土木建筑工程、设备安装工程和其他专门工程施工的生产型企业,包括各种土木建筑公司、设备安装公司、基础工程公司、冶金工程公司、电力建设公司、市政工程公司、装修和装饰工程公司等。

一、施工企业生产经营特点

施工企业与其他行业相比,其生产的产品、生产经营活动等都具有许多显著的特点。建筑产品的固定性、多样性、施工周期长、投资规模大等特点,决定了施工企业生产经营活动具有以下主要特点。

(一) 施工生产的流动性

施工生产的流动性是由建筑产品的固定性决定的，主要表现在：不同工种的工人都要在同一建筑物的不同部位进行流动施工；生产工人要在同一工地不同单位工程之间进行流动施工；施工队伍要在不同工地、不同地区承包工程，进行区域性流动施工。

(二) 施工生产的单件性

施工生产的单件性是由建筑产品的多样性决定的，主要表现在：每一建筑产品都有其特定的目的和专门的用途，企业只能按建设单位的设计要求进行施工生产，生产出的建筑产品极少完全相同；即使是同一张图纸，因地质、气象、水文等条件不同，其生产也会有很大的差别。这就决定了生产的单件性、建筑产品的多样性。

(三) 施工生产的长期性

施工生产的长期性是由建筑产品的施工周期长、投资规模大所决定的，主要表现在：建筑产品规模都比较大、耗资多，极少有当年施工当年交工的情况；施工生产还受施工现场、工艺和自然气候条件的影响，例如，建筑工程一般都在有限的地面向空中伸展，垂直作业决定了只能投入有限的人力和机械循环施工；工艺要求有些结构需要经过较长的养护期才能承重，例如，对于混凝土结构而言，需要对其进行一定时间的养护，否则，将严重影响建筑产品的质量等。只有在养护期满后才能继续施工，所以施工生产工期比较长。

(四) 施工生产受自然气候影响

建筑产品由于位置固定，体积庞大，其生产一般露天进行，并且高空、地下、水下作业较多，直接受到自然气候条件变化的制约，施工生产、机械作业实施起来都非常困难。

(五) 建筑产品销售对象确定

施工企业的建筑产品不同于一般企业的产品销售。施工企业通过招投标中标后，是按某一建设单位设计的建筑产品用途和要求组织施工生产活动的，建筑产品一经建成，就可直接交付建设单位使用，所以建筑产品的销售对象是确定且唯一的。

二、施工企业会计核算特点

施工企业生产经营活动的特点，决定了施工企业施工生产资金供应、产品价格形成、工程价款结算方式、成本核算与考核，以及生产经营方式等方面有着不同于其他行业企业的特点。

(一) 生产任务通过招投标方式获得

施工企业承建的工程项目，主要通过招投标方式获得。这是市场经济条件下，基建工程广泛采用的一种项目承发包管理方式。建设单位通过招标选定施工企业，施工企业通过投标中标获取施工生产任务。

施工企业承包的建设工程，按其承包的内容和管理方式划分，可分为对建设项目的总承包，或对某些部分建设内容的承包，另外，也可分包其他施工企业的施工生产任务。

(二) 分级管理、分级核算

施工生产的流动性决定了企业的施工及管理人员、施工机具、材料物资等生产要素，以及施工管理、后勤服务等组织机构，都要随工程地点的转移而流动。因此，施工企业在组织会计核算时，要适应施工分散、流动性大等特点，进行分级管理、分级核算，使会计核算与施工生产有机地结合起来，充分调动各级施工单位搞好生产的积极性。同时，要更加重视对施工现场的施工机具、材料物资等的管理和核算，及时反映它们的保管和使用情况，以避免集中核算造成会计核算与施工生产脱节。

此外，施工生产流动性的特点，还决定了企业施工队伍每转移到一个新的施工现场，都要根据施工的需要搭建各种临时设施。因此，施工企业还需做好有关临时设施的搭建，施工过程中的价值摊销、维修、报废、拆除等方面的会计核算工作。

(三) 每项工程成本需要单独计算

建筑产品的多样性和施工生产的单件性等特点，决定了施工企业不能根据一定时期内发生的全部施工生产费用和完成的工程数量来计算各项工程的单位成本，而必须按照承包的每项工程分别归集施工生产费用，单独计算每项工程成本。也就是说，建筑产品的多样性和施工生产的单件性，决定了施工企业的工程成本核算对象经常发生变化，施工生产费用的归集和分配必须紧紧围绕已确定的工程成本核算对象来进行，严格遵循收入与费用配比的会计原则。同时，不同建筑产品之间的差异大、可比性差，不同建筑产品之间的实际成本之间不便进行比较，因此，施工企业工程成本的分析、控制和考核不是以可比产品成本为依据，而是以预算成本为依据。

此外，施工企业除了主要计算建筑安装工程成本之外，还需要计算其附属工业产品成本、机械施工及运输单位的机械作业成本，以及企业内部非独立核算的辅助生产部门所生产的产品成本和提供劳务的成本等。

企业所承建的项目产品体积庞大，一般只能露天施工，有些施工机械和材料也只能露天堆放，故受自然力侵蚀的影响很大。因此，成本核算应考虑风、霜、雨、雪等气候因素造成的停、窝工损失；施工机械除使用磨损外，还应考虑受自然力侵蚀造成的有形损耗，相对提高其折旧率；材料核算时，也要考虑自然损耗。

(四) 每个安装工程的造价需逐一确定

建筑产品不同于工业产品，每个建筑安装工程的造价必须通过特殊的计划程序逐一确定。建筑安装工程的造价是建筑产品价格的体现，是施工企业结算工程价款、确认收入、计算和考核建筑安装工程量及建筑安装工程成本的依据。目前，确定建筑安装工程造价的方式主要有以下3种。

1. 施工图预算造价

施工图预算造价是指企业按照有关文件和施工图纸所提供的地质、水文资料及计算出的工作量，依据预算定额计算出工程所需的全部人工、材料、机械等消耗量，然后再根据单位估价表和取费定额计算出的工程造价。按现行有关规定，房屋建筑工程造价由以下四部分构成。

(1) 直接费，即在工程施工过程中直接耗费的构成工程实体或有助于工程形成的各种费用，由直接工程费和措施费组成。直接工程费包括人工费、材料费、施工机械使用费。

(2) 间接费，由规费和企业管理费组成。

(3) 利润，即施工企业完成所承包工程获得的盈利。利润由施工企业根据其自身需求并结合建筑市场实际自主确定。工程造价管理机构在确定计价定额中的利润时，应以定额人工费或者定额人工费与机械费之和作为计算基数，其费率根据历年积累的工程造价资料，并结合建筑市场实际确定，以单位(单项)工程测算，利润在税前建筑安装工程费的比重可按不低于5%且不高于7%的费率计算。利润应列入分部分项工程和措施项目费中。

(4) 税金，即国家税法规定的应计入建筑工程造价内的营业税、城市维护建设税及教育附加费等。

2. 投标报价

投标报价是指施工企业依据招标单位提供的工程有关文件资料，参照预算定额和单位估价表，结合本单位的管理情况而计算出的报价，经招标单位和有关管理机构评标后决定的造价，称为投标报价。它是招、投标双方签订合同、结算工程价款的依据。

3. 造价包干

造价包干是指企业参照工程预算定额和单位估价表与建设单位议定的建筑安装工程造价，并按议定的造价包干。包干的造价一般情况下不再调整。造价包干主要有以下几种。

(1) 工程预算加系数包干。
(2) 平方米造价包干。
(3) 小区造价包干等。

(五) 工程价款的结算方法独特

施工企业的建筑产品造价高、周期长等特点，决定了施工企业在施工过程中需垫支大量的资金。因此，不能等到工程全部竣工后才结算工程价款，这样势必会影响施工企业的资金周转，从而影响施工生产的正常进行。所以除工期较短、造价较低的工程采用竣工后一次结算价款的方法外，大多采用按月结算、分段结算等方法。为了进一步解决施工企业垫支资金较多的问题，需向发包单位或建设单位预收工程款和备料款，待办理工程价款结算时，再予以扣还。

此外，对于跨年度施工的工程，施工企业还需要根据工程的完工进度，采用完工(履约)百分比法分别计算和确认各年度的工程价款结算收入和工程施工费用，以确定各年的经营成果。

(六) 生产所需流动资金需由建设单位预付

一般情况下，施工企业没有足够的自有流动资金用于所承建的投资规模大、建设周期长的工程项目，其所需的工程主要材料资金、工程进度款等往往需要建设单位以预付备料款、预付工程款等方式提供。

第二节　施工企业存货的核算

《企业会计准则第 1 号——存货》指出，存货是指企业在正常生产经营过程中持有的以备出售的产成品或商品，或者是为了出售但仍然处在生产过程中的在产品，或者是将在生产过程或提供劳务过程中耗用的材料、物料等。施工企业的材料物资等存货品种多、规格杂，在会计核算方法上与工业企业存货相比，具有较大的差异性，所以在此只重点介绍施工企业具有特色的一般材料和周转材料的核算方法。

一、材料的核算

施工企业的材料是指企业购入的用于工程经营活动的各种材料，包括主要材料、结构件、机械配件、其他材料、周转材料、低值易耗品等。这部分存货将构成工程实体或产品实体。

1. 主要材料

主要材料是指构成工程实体的材料，如钢材、水泥、木材、砖瓦、砂石、小五金、油漆、电线等。

2. 结构件

结构件是指经过吊装、拼砌和安装而构成工程实体的材料，如钢窗、木门、钢筋混凝土预制构件等。

3. 机械配件

机械配件是指机械设备替换、维修用的各种零件和配件，如曲轴、活塞等。

4. 其他材料

其他材料是指除主要材料、结构件、机械配件以外的各种一次性消耗材料，如燃油、油料等。

5. 周转材料

周转材料是指企业在施工生产过程中能够多次使用，基本保持原有的实物形态并逐渐转移其价值的工具性材料，如模板、挡板、架料、安全网等。

6. 低值易耗品

低值易耗品是指劳动资料中单位价值在 10 元以上 2 000 元以下，或者使用年限在一年以内，不能作为固定资产的劳动资料。2014 年修订的《企业会计制度》规定，将低值易耗品和包装物归为"周转材料"账户下核算。

二、材料采购成本构成及账户设置

(一) 国内购进物资采购成本的构成

根据《企业会计准则第 1 号——存货》的规定，企业取得存货应当按照成本进行计量。存货成本包括采购成本、加工成本和其他成本三部分。施工企业的材料物资成本应当以取得或生产该种材料物资的实际成本为基础来计量。由于施工企业的材料物资来源渠道不同，其成本构成内容也不尽相同。

1. 外购材料物资的成本

外购材料物资的成本是指材料物资从采购到入库前所发生的全部支出，包括购买价款、相关税费、运输费、装卸费、保险费，以及其他可归属于采购成本的运输途中合理损耗、入库前的整理挑选费等。在上述各构成项目中，购买价款应直接计入各材料物资的采购成本；运杂费能分清负担对象的，应直接计入有关材料物资的采购成本，不能分清负担对象的，可按材料物资的重量比或买价比等分配标准，分摊计入各有关材料物资的采购成本。

施工企业会计传统上对采购保管费是进行单独核算的。采购保管费是指企业的材料物资供应部门和仓库在组织材料物资采购、保管过程中所发生的各项费用，一般包括采购保管人员的薪酬费用、办公差旅费、固定资产使用费、工具用具使用费、劳动保护费、检验试验费(减检验试验收入)、材料整理及零星运费等。在施工项目部，如果设置了相应部门，发生了采购保管费性质的费用，会计上一般通过设置"采购保管费"账户的借方来归集，月末再按一定的分配标准分配计入各种材料物资的采购成本。

与工业企业材料核算比较，施工企业会计存货购入成本核算有以下不同点。

(1) 进项税计入采购成本。但是也有例外，根据《财政部国家税务总局关于部分货物适用增值税低税率和简易办法征收增值税政策的通知》(财税〔2009〕9 号)的规定，一般纳税人销售自产的下列货物，可选择按照简易办法依照 3%征收率计算缴纳增值税：①建筑用和生产建筑材料所用的砂、土、石料；②以自己采掘的砂、土、石料或其他矿物连续生产的砖、瓦、石灰(不含黏土实心砖、瓦)；③自来水；④商品混凝土(仅限于以水泥为原料生产的水泥混凝土)。以上所列货物都是工程项目的主要材料，在工程造价中所占比重较大。假设施工企业购入以上材料都能取得正规增值税专用发票，可抵扣的进项税率为 3%。

(2) 材料物资供应部门、仓库等发生的组织、管理等费用先归集在"采购保管费"账户的借方，期末再按一定的方法分配计入物资采购成本。

2. 自制材料物资的成本

自制材料物资的成本是指在制造过程中发生的各项实际支出，包括耗用的材料成本、支付的人工费用和其他费用。

3. 委托加工材料物资的成本

委托加工材料物资的成本是指施工项目单位委托其他单位加工材料物资过程中发生的全部支出，包括材料费、加工费、运输装卸费、保险费，以及按规定应缴纳的税金等。

(二) 材料物资购进的核算

根据《企业会计制度》规定，施工企业的存货应按取得时的实际成本计价。在总分类核算上，可按取得材料物资的实际成本直接记入"原材料"(或"在途物资")账户。材料物资取得的核算，可参照工业企业材料核算来进行。

对于材料物资供应部门和仓库在组织材料物资采购、保管过程中所发生的各项费用，如采购管理人员的工资、劳动保护费、差旅费、交通费及材料仓库的保管费等，一般来说，如果企业发生的采购保管费不多，可在管理费用有关明细账户核算。如果数额较大，应先通过"采购保管费"账户归集，月末再按一定的分配标准分配计入各有关材料物资采购成本。施工企业实际发生的采购保管费，分配方法有以下两种。

1. 实际分配率分配法

实际分配率分配法是指把当月实际发生的采购保管费，全部分配计入当月购入的各种材料物资的采购成本中。采购保管费实际分配率的计算公式如下。

采购保管费实际分配率＝本月采保费发生数÷(本月购入材料物资的买价＋进项税＋运费)
本月某类材料物资应分配的费用数＝(本月购入材料物资的买价＋进项税＋运费)×实际分配率

此方法下，"采购保管费"账户月末应无余额。

【例5-1】长建第一公司，月末结转本月实际发生的采购保管费10 859元，本月实际采购成本合计542 950元。其中，水泥116 400元，砖126 550元，钢材300 000元。

采购保管费分配率＝采购保管费合计÷实际采购成本合计＝10 859÷542 950＝0.02
材料应分配采购保管费如下。

水泥：116 400×0.02＝2 328
砖：126 550×0.02＝2 531
钢材：300 000×0.02＝6 000

借：原材料——主要材料——水泥　　　　2 328
　　　　　　——主要材料——砖　　　　　2 531
　　　　　　——主要材料——钢材　　　　6 000
　　贷：采购保管费　　　　　　　　　　10 859

2. 计划分配率分配法

计划分配率分配法是指将事先预计的采购保管费，全部分配计入年度各月购入的各种材料物资的采购成本中。采购保管费计划分配率的计算公式如下。

采购保管费计划分配率＝年计划采保费÷(年计划采购材料物资的买价＋进项税＋运费)
本月某类材料物资应分配的费用数＝(本月购入该类材料物资的买价＋进项税＋运费)×
　　　　　　　　　　　　　　　计划分配率

此方法下，采购保管费的计划数与实际数的差额平时可保留在"采购保管费"账户，不予结转，在资产负债表"存货"项目中列示，但年末应全部分配计入材料物资采购成本。

(三) 材料物资发出的核算

1. 计价方法

计价方法与工业企业原材料计价方法基本相同,购进时,按发生的实际成本计价入账,材料发出时,根据《企业会计制度》规定,可以采用先进先出法、移动加权平均法、月末一次加权平均法和个别计价法4种方法进行核算。

2. 账户设置

材料物资发出后,可通过设置"合同履约成本""辅助生产""机械作业"等成本类账户来核算。

(1)"合同履约成本"账户用于核算施工企业实际发生的工程施工合同成本的增减变动情况,在"合同履约成本"总账下应设置"工程施工""服务成本"两个二级账户进行明细核算。

"合同履约成本——工程施工"账户用于核算各项建筑工程施工发生的实际成本,一般包括施工过程中发生的人工费、材料费、机械使用费、其他直接费、间接费用等。前四项费用发生时,直接计入有关工程成本;间接费用可先在"施工间接费用"账户中加以归集,月末再按一定分配标准,分配计入有关工程成本。"合同履约成本——工程施工"账户的使用方法类似于工业企业的"生产成本"账户。

"合同履约成本——服务成本"账户用于核算各项安装工程发生的施工安装成本。

(2)"机械作业"账户用于核算施工企业及其内部独立核算施工单位、机械站和运输队使用自有施工机械和运输设备进行机械作业(包括机械化施工和运输作业等)所发生的各项费用。

【例5-2】长建第一公司项目部,月末根据领料单编制的材料发出汇总表,如表5-1所示。

表5-1 材料发出汇总表

2×18年5月

受益对象	发出材料			合计
	主要材料	结构件	其他材料	
A 工程	450 000	550 000	3 500	1 003 500
施工现场管理部	1 500		150	1 650
仓库维修用料	300		220	520
行政管理部门	200		80	280
合计	452 000	550 000	3 950	1 005 950

根据上表,编制会计分录如下。

  借:合同履约成本——工程施工——A 工程 450 000
    施工间接费用 1 500
    采购保管费 300
    管理费用 200
    贷:原材料——主要材料 452 000

借:合同履约成本——工程施工——A 工程 550 000
　　贷:原材料——结构件 550 000
借:合同履约成本——工程施工——A 工程 3 500
　　施工间接费用 150
　　采购保管费 220
　　管理费用 80
　　贷:原材料——其他材料 3 950

【例 5-3】长建第一公司自有机械设备推土机和挖土机,5 月 25 日,凭票据报销本月产生的燃料动力费 30 000 元,其中,推土机耗费 20 000 元,挖土机耗费 10 000 元。

借:机械作业——挖土机——燃料动力费 10 000
　　　　　——推土机——燃料动力费 20 000
　　贷:银行存款 30 000

三、周转材料及其分类

周转材料是指企业在施工生产过程中能够多次使用,基本保持原有的实物形态并逐渐转移其价值的工具性材料,包括模板、挡板、架料、安全网,以及包装物和低值易耗品等。

(一) 周转材料分类

周转材料按其在施工生产过程中的用途划分,一般可分为以下 4 类。

(1) 模板,即浇灌混凝土用的木模、组合钢模等,包括配合模板使用的支撑材料、滑膜材料和扣件等。按固定资产管理的固定钢模和现场使用固定大模板不包括在内。

(2) 挡板,即土方工程用的挡土板及支撑材料。

(3) 架料,即搭脚手架用的竹竿、木杆、竹木跳板、钢管及其扣件等。

(4) 其他周转材料,即除以上各类之外,作为流动资产管理的其他周转材料,如塔吊使用的轻轨、枕木(不包括附属于塔吊的钢轨)及施工过程中使用的安全网等。

周转材料大多由主要材料加工制成,或者直接从外部购入。在施工过程中起着劳动手段的作用,能多次使用,基本不改变其原有的实物形态。但由于周转材料种类繁多,用量较大,价值较低,使用期短,收发频繁,易于损耗,经常需要补充和更换,因此将其列入流动资产进行管理。

周转材料与工业企业的低值易耗品一样,应采用固定资产和材料相结合的方法进行会计核算和管理。由于周转材料不同于一次性消耗材料,因此施工企业应专门设置"周转材料"账户对其进行核算。

(二) 周转材料领用和摊销的核算

由于周转材料能够多次使用且其价值逐渐转移,一般企业的包装物和低值易耗品,应当采用一次转销法或五五摊销法进行摊销;企业(建造承包商)的钢模板、木模板、脚手架和其他周转材料等,可以采用一次转销法或分次摊销法进行摊销。

1. 一次转销法

若采用一次摊销法，在领用周转材料时，将其全部价值一次计入成本、费用，借记"合同履约成本——工程施工"等账户，贷记"周转材料"账户。这种方法适用于易腐、易糟的周转材料，如安全网等。

2. 分次摊销法

分次摊销法即根据周转材料的预计使用次数将其价值分次摊入成本、费用的方法。这种方法一般适用于使用次数较少或不经常使用的周转材料，如预制钢筋混凝土构件所使用的定型模板和土方工程使用的挡板，其计算公式如下。

周转材料每次摊销额＝周转材料原价×(1－残值率)÷预计使用次数

本期摊销额＝每次摊销额×本期使用的次数

若采用分次摊销法，应在"周转材料"账户下设置"在库周转材料""在用周转材料"和"周转材料摊销"3个明细账户，并按周转材料的种类设置明细账户进行明细核算。

【例5-4】长建第一公司采用分次摊销法进行周转材料的核算。2×18年6月1日，A工程领用一批定型模板，价值50 000元，预计使用20次，6月末，该批定型模板已使用了3次，则账务处理如下。

领用时的会计分录如下。

借：周转材料——在用周转材料　　　　　　　50 000
　　贷：周转材料——在库周转材料　　　　　　　50 000

6月末计算摊销时的会计分录如下。

本期应摊销额＝定型模板账面价值÷预计使用次数×该期实际使用次数
　　　　　　＝50 000÷20×3
　　　　　　＝7 500(元)

借：合同履约成本——工程施工——A工程　　　7 500
　　贷：周转材料——周转材料摊销　　　　　　　7 500

2×18年6月末，该批定型模板预计使用次数完毕，申请报废，残料价值1 000元，做账务处理如下。

最后一次摊销时的会计分录如下。

借：合同履约成本——工程施工——A工程　　　2 500
　　贷：周转材料——周转材料摊销　　　　　　　2 500
借：原材料　　　　　　　　　　　　　　　　　1 000
　　贷：合同履约成本——工程施工——A工程　　　1 000

结转周转材料摊销额的会计分录如下。

借：周转材料——周转材料摊销　　　　　　　50 000
　　贷：周转材料——在用周转材料　　　　　　　50 000

值得一提的是，按照现行《企业会计准则》的规定，低值易耗品可以在"周转材料"账户中核算，也可单独设置"低值易耗品"账户核算，其摊销方法一般采用一次转销法或分次摊销法。按照低值易耗品在施工生产过程中的用途划分，一般可以分为以下几类。

(1) 生产工具，即企业在施工生产过程中使用的各种生产工具和器具，如铁锤、铁镐、钻头、钳子、扳手、灰桶、手推车等。

(2) 劳动保护用品，即企业发给工人在施工生产过程中使用的各种劳动保护用品，如安全帽、工作服、手套和面罩等各种防护用品。

(3) 管理用具，即企业在管理和服务工作中使用的各种价值较低且易于损耗的家具和办公用品，如文件柜、打字机、复印机、桌椅等。

(4) 其他低值易耗品，即不属于以上各类的低值易耗品。

在实际工作中，无论采用哪种方法摊销，都不能与实际损耗完全一致，这是因为施工企业都是露天作业，周转材料的使用、堆放都会受到自然条件的影响。另外，施工过程中安装拆卸的技术水平、工艺水平，也会对周转材料的使用寿命产生很大影响。因此，企业无论采用何种方法对周转材料进行摊销，都应在工程竣工时(或定期)对周转材料进行盘点，以调整各种摊销方法的计算误差，确保工程或产品成本计算的正确性。

第三节　临时设施的核算

一、临时设施及其分类

临时设施是施工企业长期资产的组成部分，施工企业的临时设施是为了保证施工和管理的正常进行而建造的各种临时性生产、生活设施。施工队伍进入新的建筑工地时，为了保证施工的顺利进行，必须搭建一些临时设施。但在工程完工以后，这些临时设施就失去了它原来的作用，必须将其拆除或做其他处理。临时设施主要包括大型临时设施和小型临时设施两类。

(一) 大型临时设施

大型临时设施主要包括以下内容。
(1) 施工人员临时宿舍。
(2) 食堂、医务室、浴室、理发室、托儿所等现场临时性的福利设施。
(3) 施工单位的现场临时办公室。
(4) 施工现场各种临时仓库和施工机械设备库。
(5) 临时道路、临时铁路专用线、塔式起重机路基、轻便铁道、围墙、护栏、刺丝网等。
(6) 施工过程中应用的临时给排水、供热、供电等管道(不包括设备)。
(7) 施工现场预制构件、加工材料等所需要的临时性建筑物。

(二) 小型临时设施

小型临时设施主要包括以下内容。
(1) 现场施工和警卫安全用的小型临时设施，如作业棚、茶炉棚、休息室、化灰池、储水池、沥青锅灶、宽3米以内的便道。

(2) 保管器材用的小型临时设施，如简易料棚、工具储藏室等。

(3) 行政管理用的小型临时设施，如工地收发室等。

二、临时设施的搭建、摊销和清理的核算

（一）临时设施核算应设置的账户

临时设施的性质与固定资产的性质既相似又有区别。临时设施在施工生产过程中发挥着劳动资料的作用，其实物形态基本上与作为固定资产的房屋、建筑物相类似。但由于其建造标准较低，一般为临时性或半永久性的建筑物，不可能长时间或永久使用，多数在其可使用期限内就需拆除清理。因此，应将临时设施的价值参照固定资产计提折旧的方式采用一定的摊销方法分别计入受益的工程成本。

基于临时设施的上述特点，现行《企业会计准则》规定，应将施工企业的临时设施并入固定资产会计账户中核算，因此，施工企业应设置"固定资产——临时设施"账户、"累计折旧——临时设施摊销"账户和"固定资产清理——临时设施清理"账户，以及"在建工程"账户，对临时设施进行核算更为适宜。

（二）临时设施的核算

1. 搭建购置临时设施的核算

施工企业用银行存款购入的临时设施，应按购入的实际支出，借记"固定资产——临时设施"账户，贷记"银行存款"账户。对于需要通过建筑安装才能完成的临时设施，在搭建过程中发生的各项费用，先通过"在建工程"账户核算，即发生费用时，借记"在建工程"账户，贷记"原材料""应付职工薪酬"等相关账户；在达到预定可使用状态时，按照建造期间发生的全部实际成本，再从"在建工程"账户转入"固定资产"账户的借方。

【例5-5】长建第一公司在施工现场搭建一栋临时工人宿舍，发生的实际搭建成本为66 400元，其中，领用材料14 400元，应付搭建人员的工资30 000元，以银行存款支付其他费用22 000元，搭建完工后随即交付使用。

搭建临时设施发生支出时的会计分录如下。

```
借：在建工程——临时宿舍                66 400
    贷：原材料                              14 400
        应付职工薪酬                        30 000
        银行存款                            22 000
```

临时设施搭建完工交付使用时的会计分录如下。

```
借：固定资产——临时设施——临时宿舍    66 400
    贷：在建工程——临时宿舍                66 400
```

2. 临时设施折旧(摊销)的核算

施工企业的各种临时设施应根据其服务方式，合理确定摊销方法，在恰当的期限内将其价值摊入工程成本。当月增加的临时设施，当月不摊销，从下月起开始摊销；当月减少的临时设施，当月继续摊销，从下月起停止摊销。摊销时，应将按月计算的摊销额，借记"合同履约成本——工程施工"账户，贷记"累计折旧——临时设施摊销"账户。

【例5-6】仍以【例5-5】资料为例，若临时宿舍的预计净残值率为4%，预计工期的受益期限为30个月，则该临时宿舍摊销账务处理如下。

临时宿舍的月摊销额=66 400×(1－4%)÷30＝2 124.8(元)

借：合同履约成本——工程施工	2 124.8
贷：累计折旧——临时设施摊销	2 124.8

3. 临时设施清理的核算

施工企业在出售、拆除、报废临时设施时应将其转入清理。转入清理的临时设施，应按临时设施的账面净值，借记"固定资产清理——临时设施清理"账户；按累计折旧数，借记"累计折旧——临时设施摊销"账户；按其账面原值，贷记"固定资产——临时设施"账户。出售、拆除过程中取得的变价收入和残料价值，借记"银行存款""原材料"等相关账户，贷记"固定资产清理——临时设施清理"账户；支付的清理费用，借记"固定资产清理——临时设施清理"账户，贷记"银行存款"等相关账户。清理后，如果发生净损失，则借记"营业外支出"账户，贷记"固定资产清理——临时设施清理"账户；如果发生净收益，则借记"固定资产清理——临时设施清理"账户，贷记"营业外收入"账户。

【例5-7】接续【例5-6】的资料，由于承包工程已竣工，临时宿舍不再需要，遂将其拆除，其账面累计已摊销额为53 120元，支付拆除人员工资3 000元，收回残料2 000元，已验收入库，清理工作结束，其账务处理如下。

将拆除的临时设施转入清理，注销其原值和累计已提摊销额时的会计分录如下。

借：固定资产清理——临时设施清理——临时宿舍	13 280
累计折旧——临时设施摊销	53 120
贷：固定资产——临时设施——临时宿舍	66 400

分配拆除人员工资时的会计分录如下。

借：固定资产清理——临时设施清理——临时宿舍	3 000
贷：应付职工薪酬	3 000

残料验收入库时的会计分录如下。

借：原材料	2 000
贷：固定资产清理——临时设施清理	2 000

清理后净损失=13 280+3 000－2 000＝14 280(元)，结转分录如下。

借：营业外支出——处置临时设施净损失	14 280
贷：固定资产清理——临时设施清理——临时宿舍	14 280

第四节 工程施工成本的核算

一、工程施工成本概述

(一) 工程施工成本的概念

施工企业承建的工程项目是按照与建设单位签订的建造合同组织生产的。施工企业在施工生产过程中,必然要发生各种各样的资金耗费,如领用材料、支付职工薪酬、发生固定资产损耗等。施工企业在一定时期内从事工程施工、提供劳务等发生的各种耗费称为生产费用,将这些生产费用按一定的对象进行分配和归集,就形成了工程成本。

工程成本是施工企业在工程施工过程中发生的、按一定成本核算对象归集的生产费用的总和,包括直接费用和间接费用两部分。直接费用是指直接耗用于施工过程,构成工程实体或有助于工程形成的各项支出,包括人工费、材料费、机械使用费和其他直接费;间接费用是指施工企业所属各直接从事施工生产的单位(如施工队、项目部等)为组织和管理施工生产活动所发生的各项费用,包括临时设施费、施工单位管理人员薪酬、施工管理用固定资产的折旧、物料消耗、低值易耗品摊销、水电费、办公费、差旅费、保险费、工程包修费、劳动保护费及其他费用。

(二) 工程成本核算对象的确定

工程成本核算对象是在成本核算时选择的归集施工生产费用的目标。合理确定工程成本核算对象,是正确进行工程成本核算的前提。

根据《企业产品成本核算制度(试行)》第12条的规定,建筑企业一般按照订立的单项合同确定成本核算对象。若单项合同包括建造多项资产,企业应当按照企业会计准则规定的合同分立原则,确定建造合同的成本核算对象。若为建造一项或数项资产而签订一组合同,则按合同合并的原则,确定建造合同的成本核算对象。

一般情况下,企业应以每一单位工程为对象归集生产费用,计算工程成本。这是因为施工图预算是按单位工程编制的,所以按单位工程核算的实际成本,便于与工程预算成本比较,以检查工程预算的执行情况,分析和考核成本节超的原因。但是一个企业通常要承建多个工程项目,每项工程的具体情况又各不相同,因此,企业应按照与施工图预算相适应的原则,并结合承包工程的具体情况,合理确定成本核算对象。

例如,若同一建设项目,由同一单位施工,同一施工地点、同一结构类型且开工、竣工时间相接近的若干个单位工程组成,可合并成为一个成本核算对象。

再如,对于规模大、工期长的单位工程,可将工程划分为若干部位,以每一个分部位的工程作为成本核算对象。

成本核算对象确定后,在成本核算过程中不得随意变更。所有原始记录都必须按照确定的成本核算对象填写清楚,以便于归集和分配生产费用。

1. 工程成本核算对象的分级

施工企业可根据其工程管理的需要和成本核算的要求，逐级计算工程成本。按成本计算的范围划分，企业可以依序计算分项工程、分部工程、单位工程、单项工程和全部工程的成本等。

(1) 分项工程成本，是指分项工程施工所发生的全部施工费用。分项工程是分部工程的组成部分，是按工程的不同结构、材料和施工方法等因素划分的，例如，基础工程可分为围堰、挖基、砌筑基础、回填等分项工程。分项工程是建筑安装工程的基本构成要素，是组织施工生产及确定工程造价的基础。

(2) 分部工程成本，是指分部工程施工所发生的全部施工费用。分部工程是单位工程的组成部分，一般是按单位工程的各个部位划分的，例如，基础工程、桥梁上下部工程、路面工程、路基工程等。

(3) 单位工程成本，是指单位工程施工所发生的全部施工费用。单位工程是单项工程的组成部分，是指单项工程内具有独立的施工图和独立施工条件的工程。例如，某隧道单项工程可分为土建工程、照明和通气工程等单位工程；某公路工程可分为路线工程、桥涵工程等单位工程；某生产车间单项工程可分为厂房建筑工程、设备安装工程、电气照明工程等单位工程。

(4) 单项工程成本，是指具有独立设计文件，建成后能独立发挥生产能力和效益的各项工程所发生的全部施工费用。例如，公路建设中某独立大桥的工程成本、某隧道工程成本、沥青混凝土路面成本、某住宅楼工程成本等。

(5) 全部工程成本，是指施工企业从事各种建筑安装工程施工所发生的全部施工费用，也称为总成本。施工企业内部各独立核算单位，应定期汇集和计算各项工程成本并上报；企业财会部门应根据内部各独立核算单位上报的工程成本表加以汇总。企业汇总后的工程成本表所反映的工程成本，就是企业已实际发生的各项工程施工成本，即全部工程成本。

在实际工作中，施工企业要核算到哪一级成本，应根据工程管理的需要和成本核算的要求来确定。分项、分部、单位、单项工程成本分别从不同侧面反映了建筑安装工程施工费用支出的情况，便于考核有关施工企业或施工项目部的经济效益，为进行经济分析提供依据。

2. 成本核算对象的确定

结合施工企业施工生产实际，成本核算对象的确定主要有以下几种。

(1) 建筑安装工程通常应以每一独立编制施工图预算的单位工程为成本核算对象。

(2) 如果一个单位工程由几个施工单位共同施工，则各施工单位都应以同一单位工程为成本核算对象，各自核算自己完成的部分。

(3) 对于规模大、工期长的单位工程，可以将工程划分为若干部位，以分部工程作为成本核算的对象。

(4) 如果同一建设项目，由同一单位施工，同一施工地点、同一结构类型且开竣工时间相接近的若干个单位工程组成，则可以合并作为一个成本核算对象。

(5) 对于改建、扩建的零星工程，可以将开竣工时间相接近、属于同一建设项目的多个单位工程，合并作为一个成本核算对象。

(6) 对于土石方工程、打桩工程，可以根据实际情况和企业管理的需要，将一个单位工程作为成本核算对象,或者将同一施工地点的多个工程量较小的单项工程合并作为一个成本核算对象。

(三) 工程成本项目

成本项目是施工费用按经济用途分类形成的若干项目。成本项目可以反映工程施工过程中的资金消耗情况,为进行成本分析提供依据。根据《企业产品成本核算制度(试行)》第25条的规定,建筑企业一般设置直接人工费、直接材料费、机械使用费、其他直接费用和间接费用等成本项目。建筑企业将部分工程分包的,还可以设置分包成本项目。

(1) 直接人工费,是指按照国家规定支付给施工过程中直接从事建筑安装工程施工的工人,以及在施工现场直接为工程制作构件和运料、配料等工人的职工薪酬。

(2) 直接材料费,是指在施工过程中所耗用的构成工程实体的材料、结构件、机械配件和有助于工程实体形成的其他材料,以及周转材料的租赁费和摊销等。

(3) 机械使用费,是指在施工过程中使用自有施工机械所发生的机械使用费、使用外单位施工机械的租赁费,以及按照规定支付的施工机械进出场费等。

(4) 其他直接费用,是指在施工过程中发生的材料搬运费、材料装卸保管费、燃料动力费、临时设施摊销、生产工具用具使用费、检验试验费、工程定位复测费、工程点交费、场地清理费,以及能够单独区分和可靠计量的为订立建造承包合同而发生的差旅费、投标费等费用。

(5) 间接费用,是指企业各施工单位为组织和管理工程施工所发生的费用。

(6) 分包成本,是指按照国家规定开展分包,支付给分包单位的工程价款。

二、工程成本核算的账户设置与核算程序

(一) 工程成本核算的账户设置

为了核算和监督各项施工费用的发生和分配情况,正确计算工程合同成本,施工企业在进行工程成本核算时应设置"合同履约成本""机械作业""辅助生产"和"施工间接费用"等主要账户。

1. "合同履约成本"账户

合同履约成本是核算企业为履行当前合同或预期取得合同所发生的应当确认为一项资产的成本,具体包括与合同直接相关的成本:直接人工费(如支付给直接为客户提供所承诺服务的人员的工资、奖金等)、直接材料费(如为履行合同耗用的原材料、辅助材料、构配件、零件、半成品的成本和周转材料的摊销及租赁费用等)、制造费用或类似费用(如组织和管理生产、施工、服务等活动发生的费用,包括人员的职工薪酬、劳动保护费、固定资产折旧费及修理费、物料消耗、取暖费、水电费、办公费、差旅费、财产保险费、工程保修费、排污费、临时设施摊销费等)、明确由客户承担的成本,以及仅因该合同而发生的其他成本(如支付给分包商的成本、机械使用费、设计和技术援助费用、施工现场二次搬运费、生产工具和用具使用费、检验试验费、工程定位复测费、工程点交费用、场地清理费等)。

"合同履约成本"账户可以根据合同分别设置"工程施工"和"劳务成本"账户进行明细核算,但是企业因履行合同而产生的毛利不在本账户核算。

该账户用来核算施工企业进行施工生产所发生的各项费用支出,可按成本计算对象和成本项目进行明细核算。发生的直接人工费、材料费和其他直接费用等可直接计入有关工程成本;机械使用费和间接费用可先归集在有关账户,月末按一定的分配标准分配计入各有关工程成本。

施工企业应根据工程合同确定的工程价款结算方式,按月或按期结转已完工程的成本,月末,"合同履约成本"账户的借方余额为未完工程的实际成本。

2. "机械作业"账户

"机械作业"账户用于核算施工企业使用自有的施工机械和运输设备进行机械作业(包括机械化施工和运输作业)所发生的各项费用。该账户借方登记发生的各项机械作业费用,贷方登记月末分配记入"合同履约成本——工程施工"的机械化施工和运输作业成本。本账户期末结转后应无余额。该账户应按不同的施工机械作为成本核算对象,设置明细账户。

3. "辅助生产"账户

"辅助生产"账户用于核算企业下属的非独立核算的辅助生产部门为工程施工生产材料(或产品)和提供劳务所发生的费用,如提供水、电、气、风等辅助生产所发生的费用。该账户借方登记实际发生的辅助生产费用,贷方登记分配转出的辅助生产费用;期末结转后一般无余额。施工企业的辅助生产费用归集与分配,可以参照工业企业的相关内容来进行核算。

4. "施工间接费用"账户

"施工间接费用"账户用于核算企业下属的施工生产单位(即工区或施工队)为组织和管理施工生产而发生的各项费用,包括工区或施工队管理人员的薪酬、固定资产折旧费、财产保险费、差旅费、办公费等间接费用。该账户借方登记实际发生的各项间接费用,贷方登记期末分配转入各工程成本的间接费用,期末结转后一般无余额。

(二) 工程成本核算程序

工程施工企业工程成本核算的基本程序如下。

(1) 归集各项生产费用。将本期发生的各项经营费用(如职工薪酬、材料费、折旧费等生产费用),按其用途和合同归集到有关成本或费用账户。

(2) 分配辅助生产费用。期末将归集在"辅助生产"账户的费用向各受益对象分配,记入"机械作业""合同履约成本"等账户。

(3) 分配机械作业费用。期末将归集在"机械作业"账户的费用向各受益对象分配,记入"合同履约成本"账户。

(4) 分配施工间接费用。期末将归集在"施工间接费用"账户的费用向各受益工程分配,记入"合同履约成本"有关明细账户。

(5) 计算和结转工程成本。期末计算本期已完工程或竣工工程的实际成本,并将竣工工程的实际成本从"合同履约成本"账户转出,尚未竣工工程的实际成本仍然保留在"合同履约成本"账户,不予结转。

三、工程实际成本的核算

下面以长建第一公司 2×19 年 4 月份各项费用资料为例,说明工程成本计算程序和相应的账务处理。

【例 5-8】长建第一公司现有甲、乙两个成本核算对象,两个工程在同一施工地点同时施工。为此,施工企业在此仅设一个项目经理部负责组织和管理施工生产活动。发生的间接费用应通过"施工间接费用"账户核算,工程成本包括"人工费""材料费""机械使用费""其他直接费"和"施工间接费用"五个成本项目。

(一) 人工费的核算

施工企业月末计算出的应付职工薪酬应根据职工所属部门和提供劳务的性质不同,分别记入有关成本或费用账户。其中,建筑安装工人的各项薪酬直接记入"合同履约成本——工程施工"账户,并按照不同的工程项目,将职工薪酬分别计入不同的成本计算对象;从事机械作业人员的薪酬直接记入"机械作业"账户;辅助生产部门人员的各项薪酬记入"辅助生产"账户;施工现场管理人员的各项薪酬记入"施工间接费用"账户;公司管理人员的各项薪酬记入"管理费用"账户。

4 月,企业发生的直接从事施工生产人员工资 1 140 000 元,根据有关记录,甲工程施工生产人员工资 310 000 元,乙工程施工生产人员工资 350 000 元;供电车间 60 000 元,机修车间 80 000 元;施工机械作业人员工资 60 000 元。项目经理部管理人员工资 100 000 元,公司管理人员工资 180 000 元。

根据有关规定,职工的医疗保险按工资总额的 12% 计提,养老保险按 10% 计提,失业保险按 2% 计提,住房公积金按 10% 计提。工会经费按 2% 计提,职工教育经费按 2.5% 计提。

根据上述资料编制的职工薪酬分配汇总表,如表 5-2 所示。

表5-2 职工薪酬分配汇总表

2×19 年 4 月 单位:元

应借账户	应付职工薪酬	社会保险				住房公积金(10%)	工会经费(2%)	教育经费(2.5%)	合计
		养老保险(10%)	医疗保险(12%)	失业保险(2%)	合计				
合同履约成本——工程施工									
——甲工程	310 000	31 000	37 200	6 200	74 400	31 000	6 200	7 750	429 350
——乙工程	350 000	35 000	42 000	7 000	84 000	35 000	7 000	8 750	484 750
辅助生产									
——供电	60 000	6 000	7 200	1 200	14 400	6 000	1 200	1 500	83 100
——机修	80 000	8 000	9 600	1 600	19 200	8 000	1 600	2 000	110 800

(续表)

应借账户	应付职工薪酬	社会保险				住房公积金 (10%)	工会经费 (2%)	教育经费 (2.5%)	合计
		养老保险 (10%)	医疗保险 (12%)	失业保险 (2%)	合计				
机械作业 ——机械费	60 000	6 000	7 200	1 200	14 400	6 000	1 200	1 500	83 100
间接费用 ——项目部	100 000	10 000	12 000	2 000	24 000	10 000	2 000	2 500	138 500
管理费用	180 000	18 000	21 600	3 600	43 200	18 000	3 600	4 500	249 300
合计	1 140 000	114 000	136 800	22 800	273 600	114 000	22 800	28 500	1 578 900

根据表5-2，编制如下会计分录。

借：合同履约成本——工程施工——甲工程　　　　429 350
　　　　　　　　　　　　　　——乙工程　　　　484 750
　　辅助生产——供电车间　　　　　　　　　　　　83 100
　　　　　　——机修车间　　　　　　　　　　　　110 800
　　机械作业——施工机械费　　　　　　　　　　　83 100
　　施工间接费用——项目经理部　　　　　　　　　138 500
　　管理费用　　　　　　　　　　　　　　　　　　249 300
　　贷：应付职工薪酬——工资　　　　　　　　　　1 140 000
　　　　　　　　　　——社会保险——养老保险　　114 000
　　　　　　　　　　　　　　　　——医疗保险　　136 800
　　　　　　　　　　　　　　　　——失业保险　　22 800
　　　　　　　　　　——住房公积金　　　　　　　114 000
　　　　　　　　　　——工会经费　　　　　　　　22 800
　　　　　　　　　　——职工教育经费　　　　　　28 500

注意：

如果同一工地有多个工程同时施工，其人工费用可按各工程受益的用工数(日)进行分配。

根据以上会计分录，登记"合同履约成本——工程施工"等有关明细账，如表5-3~表5-9所示。

表5-3　合同履约成本明细账

二级账户：工程施工

摘要	借方金额						贷方	余额
	人工费	材料费	机械使用费	其他直接费	间接费	合计		
(略)	914 100					914 100		
		408 200				1 322 300		

(续表)

摘要	借方金额						贷方	余额
	人工费	材料费	机械使用费	其他直接费	间接费	合计		
			26 000			1 348 300		
				9 000		1 357 300		
					470 300	1 827 600		
转出							1 827 600	
合计	914 100	408 200	26 000	9 000	470 300	1 827 600	1 827 600	0

表 5-4 工程成本卡(甲工程)

成本核算对象：甲工程

摘要	借方金额						贷方	余额
	人工费	材料费	机械使用费	其他直接费	间接费	合计		
(略)	429 350					429 350		
		186 765				616 115		
			14 800			630 915		
				4 500		635 415		
					220 901	856 316		
转出							856 316	
合计	429 350	186 795	14 800	4 500	220 901	856 316	856 316	0

表 5-5 工程成本卡(乙工程)

成本核算对象：乙工程

摘要	借方金额						贷方	余额
	人工费	材料费	机械使用费	其他直接费	间接费	合计		
(略)	484 750					484 750		
		221 435				706 185		
			11 200			717 385		
				4 500		721 885		
					249 399	971 284		
转出							971 284	
合计	484 750	221 435	11 200	4 500	249 399	971 284	971 284	0

表5-6 辅助生产明细账(供电车间)

车间：供电车间

摘要	借方金额						贷方	余额
	人工费	物料消耗	折旧费	水电费	其他费用	合计		
(略)	83 100							
		8 500						

表5-7 辅助生产明细账(机修车间)

车间：机修车间

摘要	借方金额						贷方	余额
	人工费	物料消耗	折旧费	水电费	其他费用	合计		
(略)	110 800							
		12 000						

表5-8 机械作业明细账

成本核算对象：施工机械

摘要	借方金额						贷方	余额
	人工费	燃料动力费	折旧费	其他直接费	间接费用	合计		
(略)	83 100							
		20 000	12 000					

表5-9 施工间接费用明细账

单位名称：项目经理部

摘要	借方金额									转出	余额
	人工费	折旧费	物料消耗	办公费	水电费	劳动保护费	差旅交通费	保险费	合计		
(略)	138 500								138 500		
			2 500						141 000		
				2 000	320 000	2 500	1 800	3 000	470 300		
转出										470 300	
合计	138 500		3 500	2 000	320 000	2 500	1 800	3 000	470 300	470 300	0

(管理费用明细账略)

(二) 材料费的核算

工程成本中的材料费，是指在工程施工过程中耗用的构成工程实体的主要材料、结构件等的实际成本，还包括有助于工程形成的其他材料的实际成本及周转材料的摊销额等。

施工现场储存的材料，除用于工程施工外，还可能用于临时性设施或其他非生产方面。企业必须根据发出材料的用途，严格划分工程用料和其他用料的界限，只有直接用于工程施工的材料才能计入工程成本。

施工生产中耗用的材料，品种多、数量大，领用频繁，因此，企业应根据发出材料的有关原始凭证进行整理、汇总，并应按照以下情况进行会计处理。

(1) 凡领用时能点清数量并能分清领用对象的材料，应在有关领料凭证(领料单、限额领料单)上注明领料对象，将其成本直接计入该成本核算对象。

(2) 领用时虽能点清数量，但属于集中配料或统一下料的材料，如油漆、玻璃等，应在领料凭证上注明"工程集中配料"字样，月末根据耗用情况，编制"集中配料耗用计算单"，据以分配计入各成本核算对象。

(3) 领料时既不易点清数量，又难以分清耗用对象的材料，如砖、瓦、灰、沙、石等大堆材料，可根据具体情况，月末由材料员或施工现场保管员通过实地盘点，倒算出本月实耗数量，编制"大堆材料耗用量计算单"，据以分配计入各成本计算对象。

(4) 周转使用的模板、脚手架等周转材料，应根据各受益对象的实际在用数量和规定的摊销方法，计算当月摊销额，并编制"周转材料摊销分配表"，据以分配计入各成本核算对象。对于租用的周转材料，应当按实际支付的租赁费计入各成本核算对象。

(5) 施工中的残次材料和包装物品等应尽量收回利用，编制"废料交库单"估价入账，并冲减工程成本。

(6) 按月计算工程成本时，月末应对已经办理领料手续但尚未耗用，下月份仍需要继续使用的材料进行盘点，办理"假退料"手续，以冲减本期工程成本。

(7) 工程竣工后剩余的材料，应填写"退料单"，据以办理材料退库手续，冲减工程成本。

期末，企业应据各种领料凭证，汇编"材料费用分配表"，作为各工程材料费核算的依据。

月末，为了简化核算工作，财会部门可以合并上述各种材料发出汇总表和材料费用分配表，编制"材料费用分配汇总表"，据以进行会计处理。

【例5-9】4月末，长建第一公司财会部门根据本月的"定额领料单""集中配料耗用计算单""大堆材料耗用量计算单""废料交库单""退料单"等原始凭证，编制的"材料费用分配汇总表"，如表5-10所示。

表5-10 材料费用分配汇总表

2×19年4月　　　　　　　　　　　　　　　　　　　单位：元

应借账户	黑色金属费用	硅酸盐费用	柴油费用	结构件费用	机械配件费用	黄砂费用	碎石	综合料费用	其他材料	合计
合同履约成本——										

(续表)

应借账户	黑色金属费用	硅酸盐费用	柴油费用	结构件费用	机械配件费用	黄砂费用	碎石	综合料费用	其他材料	合计
工程施工										
——甲工程	36 000	44 500		50 000		23 100	10 125	23 040		186 765
——乙工程	57 600	27 000		80 000		9 900	12 375	34 560		221 435
辅助生产										
——供电									8 500	8 500
——机修					12 000					12 000
机械作业										
——机械费			12 000		20 000					32 000
间接费用										
——经理部									2 500	2 500
合计	93 600	71 500	12 000	130 000	32 000	33 000	22 500	57 600	11 000	463 200

根据表 5-10，编制以下会计分录。

借：合同履约成本——工程施工——甲工程　　　186 765
　　　　　　　　　　　　　　　——乙工程　　　221 435
　　辅助生产——供电　　　　　　　　　　　　　8 500
　　　　　　——机修　　　　　　　　　　　　　12 000
　　机械作业——机械费用　　　　　　　　　　　32 000
　　施工间接费用——项目经理部　　　　　　　　2 500
　贷：原材料——黑色金属　　　　　　　　　　　93 600
　　　　　　——硅酸盐　　　　　　　　　　　　71 500
　　　　　　——燃料——柴油　　　　　　　　　12 000
　　　　　　——结构件　　　　　　　　　　　　130 000
　　　　　　——机械配件　　　　　　　　　　　32 000
　　　　　　——大堆材料——黄砂　　　　　　　33 000
　　　　　　　　　　　　——碎石　　　　　　　22 500
　　　　　　——综合料　　　　　　　　　　　　57 600
　　　　　　——其他材料　　　　　　　　　　　11 000

以上原材料的明细账应根据上述分录并结合有关原始凭证进行登记。

根据以上会计分录，登记"合同履约成本——工程施工"等有关明细账，如表 5-3～表 5-9 所示。

(三) 机械使用费的核算

工程成本中的机械使用费，是指在施工过程中使用自有机械和运输设备发生的费用，也包括租入施工机械支付的租赁费,以及施工机械的安装、拆卸和进出场费等。

1. 租入机械使用费的核算

租入机械使用费是指从外单位租入的机械发生的使用费,也包括从企业内部独立核算的单位租入机械发生的使用费。

对于租入机械发生的使用费,如果租入机械只服务于一个成本核算对象,那么应根据"机械租赁费结算单"所列金额,直接将租赁费计入该项工程的成本;如果租入机械为两个或两个以上工程服务,那么应按各工程使用机械的台班数,将租赁费用分配计入各成本计算对象。

【例5-10】长建第一公司2×19年6月租用某市机械化施工公司起重机和搅拌机,使用起重机10个台班(甲工程6个台班,乙工程4个台班),起重机每台班租赁费872元;使用搅拌机18个台班(其中甲工程10个台班,乙工程8个台班),搅拌机每台班租赁费1090元。企业已开出转账支票,向机械化施工公司支付含税租赁费共计28340元。

根据以上资料,编制机械租赁费用分配表如表5-11所示。

表5-11 机械租赁费用分配表

2×19年6月

受益对象	起重机		搅拌机		合计
	含税台班单价:872元		含税台班单价:1090元		
	台班	金额	台班	金额	
甲工程	6	5 232	10	10 900	16 132
乙工程	4	3 488	8	8 720	12 208
合计	10	8 720	18	19 620	28 340

根据表5-11,编制以下会计分录。

借:合同履约成本——工程施工——机械使用费——甲工程　　14 800
　　　　　　　　　　　　　　　　——机械使用费——乙工程　　11 200
　　应交税费——应交增值税(进项税额)　　　　　　　　　　　2 324
　贷:银行存款　　　　　　　　　　　　　　　　　　　　　　28 340

根据以上会计分录,登记"合同履约成本——工程施工"等有关明细账,如表5-3~表5-5所示。

如果企业租用的是内部独立核算单位的施工机械,其发生的机械租赁费应做如下会计处理。

借:合同履约成本——工程施工——机械使用费
　贷:银行存款
　　　应付账款(与外部单位往来费用)
　　　其他应收款——公司内部往来(业务结算)(与独立核算单位的业务用)

2. 自有机械使用费的归集与分配

企业使用自有施工机械或运输设备进行施工生产发生的各项费用,应通过"机械作业"账户及所设置的"人工费""燃料及动力费""折旧及修理费""其他直接费""间接费用"等明细账户进行归集,月末再按一定的方法分配计入各受益对象的成本。

发生机械作业费用时应做会计分录如下。

借：机械作业——人工费
　　　　　——燃料及动力费
　　　　　——折旧及修理费
　　贷：银行存款
　　　　应付职工薪酬
　　　　累计折旧
　　　　原材料

月份终了，将归集在"机械作业"账户借方的费用，再分配结转到"合同履约成本——工程施工"账户，做会计分录如下。

借：合同履约成本——工程施工——机械使用费
　　贷：机械作业

另外，施工企业发生的机械使用费，除了施工机械外，还可能有运输设备等为进行工程运输发生的费用。运输设备在运输过程中发生的各项费用的归集和分配，与上述施工机械作业费用的归集和分配的方法是一样的。

(四) 其他直接费的核算

其他直接费是指在施工过程中所发生的，除人工费、材料费、机械使用费以外的其他各种直接费用，主要包括材料二次搬运费、工程定位复测费、工程点交费、临时设施摊销费、生产工具用具使用费、场地清理费用、水电费等。其他直接费发生时，借记"合同履约成本——工程施工——其他直接费"账户，贷记有关账户。

【例5-11】4月末，长建第一公司因施工场地狭窄，二次搬运材料发生搬运费用5 000元，假设甲、乙工程各负担50%；甲、乙工程领用生产工具各2 000元。根据资料，编制会计分录如下。

借：合同履约成本——工程施工——其他直接费——甲工程　　　4 500
　　　　　　　　——工程施工——其他直接费——乙工程　　　4 500
　　贷：应付职工薪酬——工资　　　　　　　　　　　　　　　5 000
　　　　周转材料　　　　　　　　　　　　　　　　　　　　　4 000

根据以上会计分录，登记"合同履约成本——工程施工"明细账，如表5-3～表5-5所示。

(五) 施工间接费用的核算

施工间接费用是指为完成合同发生的、不宜直接归属于合同成本核算对象而应分配计入有关合同成本核算对象的各项费用支出，是企业所属各施工单位(分公司、工程处、工区、施工队、项目经理部)为组织和管理工程施工所发生的各项费用，主要包括临时设施摊销费用和施工、生产单位发生的管理人员工资、奖金、福利费、劳动保护费、固定资产折旧费及修理费、物料消耗、低值易耗品摊销、取暖费、水电费、办公费、差旅费、财产保险费、工程保修费、排污费等。费用发生时，应先通过"施工间接费用"账户进行归集，成本计算期末再采用系统、合理的方法分配计入各工程成本。

施工间接费用的分配方法一般有"职工薪酬比例分配法"和"直接费用比例分配法"等。如果本单位所管的工程既有建筑施工工程，又有安装工程，可先将间接费用分配给不同类别的工程，再将每一类别工程分配的间接费用分配给类内每一成本计算对象。

1. 职工薪酬比例分配法

职工薪酬比例分配法是以各工程合同成本对象实际发生的人工费为标准来分配间接费用的一种方法。工资费用分配表中有现成的生产工人工资资料，因此采用此分配方法进行核算手续简便。这种方法适用于人工费占成本比重较大、材料消耗小、机械化施工程度低的工程项目，如安装工程、砌筑工程等，其计算公式如下。

间接费用分配率＝当期实际发生的全部间接费用之和÷当期各工程发生的人工费之和
某项工程应负担间接费用＝该项工程当期实际发生的人工费×间接费用分配率

【例5-12】 长建第一公司项目经理部除上述分配计入的各项费用以外，还发生办公费用2 000元，劳动保护费2 500元，差旅交通费1 800元，保险费3 000元，水电费320 000元。以上费用均用银行存款支付。根据上述资料，编制会计分录如下。

借：施工间接费用——项目经理部——办公费　　　　2 000
　　　　　　　　　　　　　　　——劳动保护费　　2 500
　　　　　　　　　　　　　　　——差旅交通费　　1 800
　　　　　　　　　　　　　　　——保险费　　　　3 000
　　　　　　　　　　　　　　　——水电费　　　320 000
　　贷：银行存款　　　　　　　　　　　　　　　329 300

根据以上会计分录登记间接费用明细账，如表5-9所示。

仅以职工薪酬比例分配法将项目经理部发生的间接费用在甲、乙工程之间进行分配。

【例5-13】 长建第一公司2×19年4月项目经理部发生的间接费用总额为470 300元，如表5-9所示；发生的直接人工费为甲工程429 350元，乙工程484 750元。

根据上述资料，编制施工间接费用分配表，如表5-12所示。

表5-12　施工间接费用分配表

项目经理部　　　　　　　　　　　　　2×19年4月　　　　　　　　　　　　　单位：元

应借账户	直接人工	分配率	分配金额
合同履约成本——			
工程施工			
——甲工程	429 350		220 901
——乙工程	484 750		249 399
合计	914 100	0.5145*	470 300

*分配率0.5145为约等于数，所以乙工程应分配的间接费用需要用减法求得，即470 300−220 901＝249 399。

根据表5-12，编制以下会计分录。

借：合同履约成本——工程施工——甲工程　　　　　220 901
　　　　　　　　　　　　　　——乙工程　　　　　249 399
　　贷：施工间接费用——项目经理部　　　　　　　470 300

根据以上分录，登记间接费用和"合同履约成本——工程施工"明细账，如表 5-3、表 5-4、表 5-5、表 5-9 所示。

2. 直接费用比例分配法

直接费用比例分配法是以各工程合同成本核算对象发生的直接费用为标准来分配间接费用的一种方法。该方法适用于建筑工程项目的核算，其计算公式如下。

间接费用分配率＝当期实际发生的全部间接费用之和÷当期各工程发生的直接费用之和

某项工程应负担间接费用＝该项工程当期实际发生的直接费用×间接费用分配率

(六) 已完工程实际成本的计算和结转

已完工程实际成本是指工程成本计算期内已经完工的工程承担的生产费用实际发生额。

1. 已完工程实际成本的计算

施工企业应根据工程合同确定的工程价款结算办法，按时结算"已完工程"成本，因企业向建设单位收取工程价款的结算方式不同，"已完工程"的含义和实际成本的计算方法也不同。

(1) 实行工程项目竣工后一次结算的已完工程实际成本的计算。实行工程项目竣工后一次结算工程价款时，"已完工程"即指已经甲乙双方验收、办理竣工决算、交付使用的工程项目。在这种情况下，施工过程中发生的各项成本费用，随时计入各成本核算对象的成本项目，进行工程成本的明细核算。竣工时，工程成本明细分类账中登记的工程成本累计总额，就是竣工工程的实际成本。

(2) 实行按期结算工程价款的已完工程实际成本的计算。实行按期结算工程价款时，"已完工程"即指已经完成预算定额规定的全部工序的施工内容，在本企业不需要再进行加工的分部分项工程。分部分项工程是构成工程项目的基本要素，也是编制工程预算最基本的计量单位，规定有一定的工作内容和质量标准。虽然这部分工程不是竣工工程，也不具有完整的使用价值，但由于企业不需要再进行任何施工活动，就可以确定它的工程数量和质量，故将其作为"已完工程"计算实际成本，并按合同价格向业主收取工程价款。相反，凡在期末尚未完成预算定额规定的全部工序与内容的分部分项工程称为"未完施工"，这部分"未完施工"不能向业主收取工程价款。本期已完工程成本的计算公式如下。

本期已完工程成本＝期初未完施工成本＋本期成本费用发生额－期末未完施工成本

以上公式中，"期初未完施工成本"和"本期成本费用发生额"可直接从"合同履约成本——工程施工"有关明细分类账中取得，"期末未完施工成本"需要按一定的方法计算取得。

在一般情况下，期末未完工程量在全部工程量中所占比重较小，而且期初、期末未完工程的数额变化不大，为了简化成本核算手续，通常把期末未完工程的预算成本视同它的实际成本，不分摊间接费用。未完工程预算成本的计算公式如下。

未完工程预算成本＝期末未完工程折合成已完工程实物量×该分部分项工程预算单价

在实际工作中，期末未完工程预算成本是在期末对施工现场进行实地盘点的基础上，通过编制"未完施工盘点单"进行计算的。未完施工盘点单如表5-13所示。

表5-13 未完施工盘点单

2×19年4月

单位工程名称	分部分项工程		已做工序					其中		
	名称	预算单价	工程名称(内容)	占分部分项工程比	已做数量(M3)	折合分部分项工程量(M3)	预算成本	人工费	材料费	其他直接费
甲工程	墙面抹灰	4	底层							
乙工程	墙面抹浆	4	第一遍							
合计										

财会部门根据"未完施工盘点单"所确定的未完施工成本，记入"合同履约成本——工程施工"明细账的期末未完施工成本，并据以计算已完工程实际成本。

【例5-14】假设长建第一公司项目经理部管理的甲、乙工程全部竣工，并属于在工程竣工后一次结算工程价款的工程。其中，甲工程建造合同总收入为1 200 000元；乙工程为1 280 000元。根据表5-4和表5-5计算出的甲、乙工程实际成本如下。

甲工程实际成本＝429 350＋186 765＋14 800＋4 500＋220 901＝856 316(元)

乙工程实际成本＝484 750＋221 435＋11 200＋4 500＋249 399＝971 284(元)

2. 已完工程实际成本的结转

工程施工成本结转是指在工程竣工后，将工程的实际成本结转到"主营业务成本"账户。已完工程实际成本的结转取决于施工企业采用的工程价款结算方式。按相关规定，建设工程的价款可采取按月结算、分段结算、竣工后一次结算的方式进行结算，也可以按双方约定的其他结算方式进行结算。对于采用按月结算工程价款的工程，应按月结转已完工程的成本；对于采用竣工后一次结算或分段结算工程价款的工程，应按照合同规定的工程价款结算期，结转已完工程的成本。

仍以【例5-14】资料为例，若该工程采用竣工后一次结算工程价款的结算方式，则具体会计处理如下。

竣工时确认甲工程收入和费用，会计分录如下。

借：主营业务成本　　　　　　　　　　　　856 316
　　贷：合同履约成本——工程施工　　　　　　　856 316
借：合同结算——收入结算　　　　　　　1 200 000
　　贷：主营业务收入　　　　　　　　　　　　1 200 000

进行甲工程价款结算，会计分录如下。

借：银行存款(或应收账款等)　　　　　　　1 200 000
　　贷：合同结算——价款结算　　　　　　　　　1 200 000
竣工时确认乙工程收入和费用，会计分录如下。
借：主营业务成本　　　　　　　　　　　　971 284
　　贷：合同履约成本——工程施工　　　　　　　971 284
借：合同结算——收入结算　　　　　　　1 280 000
　　贷：主营业务收入　　　　　　　　　　　　1 280 000
进行乙工程价款结算，会计分录如下。
借：银行存款(或应收账款等)　　　　　　　1 280 000
　　贷：合同结算——价款结算　　　　　　　　　1 280 000

同时，将"合同结算——收入结算"与"合同结算——价款结算"账户对冲，并登记"合同履约成本——工程施工"等明细账，如表5-3～表5-5所示。

第五节　工程价款结算的核算

一、工程价款结算概述

(一) 工程价款结算办法

工程价款是指施工企业因承包建筑安装工程项目，按承包合同和工程结算办法的规定，将已完工程或竣工工程向发包单位办理结算而取得的价款。通过工程价款结算，可以及时补偿企业在施工生产过程中发生的资金耗费，保证再生产活动的顺利进行。

按财政部、建设部(现为住房和城乡建设部)颁布的《建设工程价款结算暂行办法》(以下简称《暂行办法》)的规定，工程价款结算应按合同约定办理，合同未做约定或约定不明的，发、承包双方应依照下列规定与文件协商处理：国家有关法律、法规和规章制度；国务院建设行政主管部门、省、自治区、直辖市或有关部门发布的工程造价计价标准、计价办法等有关规定；建设项目的合同、补充协议、变更签证和现场签证，以及经发、承包人认可的其他有效文件；其他可依据的材料。

按照《暂行办法》的规定，包工包料工程的预付款按合同约定拨付，原则上预付比例不低于合同金额的10%，不高于合同金额的30%，对于重大工程项目，按年度工程计划逐年预付。在具备施工条件的前提下，发包人应在双方签订合同后的一个月内或不迟于约定的开工日期前的7天内预付工程款，发包人不按约定预付，承包人应在预付时间到期后10天内向发包人发出要求预付的通知，发包人收到通知后若仍不按要求预付，承包人可在发出通知14天后停止施工，发包人应从约定应付之日起向承包人支付应付款的利息(利率按同期银行贷款利率计)，并承担违约责任。预付的工程款必须在合同中约定抵扣方式，并在工程进度款中进行抵扣。凡是没有签订合同或不具备施工条件的工程，发包人不得预付工程款，不得以预付款为名转移资金。

工程进度款结算方式，主要有以下两种。

1. 按月结算与支付

该方式即实行按月支付进度款，竣工后清算的办法。合同工期在两个年度以上的工程，在年终进行工程盘点，办理年度结算。

2. 分段结算与支付

该方式即当年开工、当年不能竣工的工程按照工程形象进度，划分不同阶段支付工程进度款。具体划分在合同中明确。

按照《暂行办法》的规定，根据确定的工程计量结果，承包人向发包人提出支付工程进度款申请，14天内，发包人应按不低于工程价款的60%，不高于工程价款的90%向承包人支付工程进度款。按约定时间发包人应扣回的预付款，与工程进度款同期结算抵扣。发包人超过约定的支付时间不支付工程进度款，承包人应及时向发包人发出要求付款的通知，发包人收到承包人的通知后若不能按要求付款，则可与承包人协商签订延期付款协议，经承包人同意可延期支付，协议应明确延期支付的时间和从工程计量结果确认后第15天起计算应付款的利息(利率按同期银行贷款利率计)。发包人不按合同约定支付工程进度款，双方又未达成延付款协议，导致施工无法进行，承包人可停止施工，由发包人承担违约责任。

按照《暂行办法》的规定，工程竣工价款结算时，发包人收到承包人递交的竣工结算报告及完整的结算资料后，应按《暂行办法》规定的期限(合同约定有期限的，从其约定)进行核实，给予确认或者提出修改意见。发包人根据确认的竣工结算报告向承包人支付工程竣工结算价款，保留5%左右的质量保证(保修)金，待工程交付使用一年质保期到期后清算(合同另有约定的，从其约定)，质保期内如有返修，发生费用应在质量保证(保修)金内扣除。

另外，发、承包人若未能按合同约定履行自己的各项义务或发生错误，给另一方造成经济损失，则由受损方按合同约定提出索赔，索赔金额按合同约定支付。

(二) 工程价款的构成

工程价款结算以合同约定为核心，按照国家有关规定，建筑工程造价应由发包单位与承包单位在合同中约定。建造合同是指为建造一项或数项在设计、技术、功能、最终用途等方面密切相关的资产而订立的合同，是施工企业结算工程价款的重要依据之一。

建造合同属于经济合同范畴，但它不同于一般的材料采购合同和劳务合同，而有其自身的特征，主要表现在：先有买主(即客户或中标)，后有标底(即生产)，建造资产的造价在签订合同时已经确定；资产的建设期长，一般都要跨越一个及以上会计年度；所建造的资产体积大，造价高；建造合同一般为不可取消的合同。

建造合同分为"固定造价合同"和"成本加成合同"两种类型。其中，固定造价合同是指按照固定的合同价或固定单价确定工程价款的建造合同，有利于承发包双方控制成本，从而降低成本；成本加成合同是指以合同约定或其他方式议定的成本为基础，加上该成本的一定比例或定额费用确定工程价款的建造合同，可以保证工程质量。这两类合同的主要区别在于它们的风险承担对象不同，即固定造价合同的风险主要由建造承包方承担；而成本加成合同的风险主要由发包方承担。

工程价款体现在双方所签订的建设合同中，因此工程价款的构成即是合同收入的构成。根据《暂行办法》规定，建造承包商合同收入主要包括以下内容。

1. 合同中规定的初始收入

合同的初始收入是指建造承包商与客户在双方签订的合同中最初商定的合同总金额，它构成了合同收入的基本内容。

2. 因合同变更、索赔、奖励等形成的收入

这部分收入并不构成合同双方在签订合同时已在合同中商定的合同总金额，而是在执行合同过程中因合同变更、索赔、奖励等形成的追加收入。建造承包商不能随意确认这部分收入，只有在符合规定的条件时才构成合同总收入。

建造承包商在合同以外代客户购置设备、办理征地拆迁、计取监理费等，应如实向客户收取费用，不作为合同收入的组成部分。实行增值税后，从客户处取得的增值税销项税额也不作为合同收入的组成部分。

二、合同收入的确认条件

《企业会计准则第 15 号——建造合同》中所指的收入的确认，仅指可以计入合同总收入，并非将其在当期损益中确认。《企业会计准则第 14 号——收入》的第 9 条、第 19 条对合同收入的确认也有明确的规定。

(一) 合同初始收入的确认

《企业会计准则第 14 号——收入》第 9 条、第 19 条规定，基于实质重于形式等原则，要求分别以不同情况对合同收入进行确认和计量。建造合同准则规定，建造合同的结果能够可靠估计的，企业应根据完工(履约)百分比法在资产负债表日确认合同收入和合同费用；建造合同的结果不能够可靠估计的，不确认合同收入。

(1) 固定造价合同的结果能够可靠估计，应同时满足下列条件：合同总收入能够可靠地计量；与合同相关的经济利益很可能流入企业；实际发生的合同成本能够清楚地区分和可靠地计量；合同完工进度和为完成合同尚需发生的成本能够可靠地确定。

(2) 成本加成合同的结果能够可靠估计，应同时满足下列条件：与合同相关的经济利益很可能流入企业；实际发生的合同成本能够清楚地区分和可靠地计量。

(二) 合同变更收入的确认

合同变更是指客户为改变合同规定的作业内容而提出的调整。合同变更款同时满足下列条件才能构成合同收入。

(1) 客户能够认可因变更而增加的收入。

(2) 该收入能够可靠地计量。

对于这部分收入，承包商应当熟悉工程变更的报批程序、监理和业主对变更的管理权限，对因工程设计、合同工作内容(如增加或减少工程数量等)等发生的变更，根据工程实际情况提出变更报告，阐明合同变更的理由及金额。一般依照下列程序报批：驻地监理工程师批准—总监办批准—业主批准—原设计单位批准。承包商按照批复金额与原合同规定作业内容计量价款的差额调整合同总收入。

(三) 索赔款收入的确认

索赔款是指因客户或第三方的原因造成的、向客户或第三方收取的、用以补偿不包括在合同造价中的成本的款项。索赔款同时满足下列条件才能构成合同收入。

(1) 根据谈判情况，预计对方能够同意该项索赔。
(2) 对方同意接受的金额能够可靠地计量。

因客户原因造成的不包括在合同造价中的成本损失，如业主要求提前、国家政策变更导致的成本增加等，承包商应及时提出索赔报告或索赔意向书，注明索赔理由及金额，与客户协商赔偿。一般程序如下：承包商提出索赔报告(或索赔意向书)，根据具体情况由发包方召集各有关方面(如业主、监理、设计单位等)进行协商，签订会议纪要或以其他方式达成一致意见，最终将索赔金额在相关文件中确认，计入合同总收入。

(四) 奖励款收入的确认

奖励款是指工程达到或超过规定的标准，客户同意支付给建造承包商的额外款项，主要有工程质量奖、提前竣工奖等。奖励款同时满足下列条件才能构成合同收入。

(1) 根据合同目前完成情况，足以判断工程进度和工程质量能够达到或超过规定的标准。
(2) 奖励金额能够可靠地计量。

三、在某一时段内履行的履约义务的收入确认方法

根据《企业会计准则第14号——收入》和《企业会计准则第15号——建造合同》的规定，满足下列条件之一的，属于在某一时段内履行履约义务。

(1) 客户在企业履约的同时即取得并消耗企业履约所带来的经济利益。
(2) 客户能控制企业履约过程中在建的商品。
(3) 企业履约过程中所产出的商品具有不可替代用途，且该企业在整个合同期内有权就累计至今已完成的履约部分收取款项。

对于在某一时段内履行的履约义务，企业应当在该段时间内按照履约进度确认收入(履约进度不能合理确定的除外)。企业应当考虑商品的性质，采用"产出法"或"投入法"确定恰当的履约进度，并且在确定履约进度时，应当扣除那些控制权尚未转移给客户的商品和服务。企业按照履约进度确认收入时，通常应当在资产负债表日按照合同的交易价格总额乘以履约进度扣除以前会计期间累计已确认的收入后的金额，确认为当期收入；同时，依据履行合同估计发生的总成本乘以履约进度扣除以前会计期间累计已确认的合同成本后的金额，结转当期成本。用公式表示

如下。

当期确认的合同收入＝合同总收入×截至本期末合同履约进度－以前会计期间累计已确认的收入

当期确认的合同费用＝合同总成本×截至本期末合同履约进度－以前会计期间累计已确认的成本

(一) 产出法

产出法是根据已转移给客户的商品对于客户的价值确定履约进度的方法，通常可采用实际测量的完工进度、评估已实现的结果、已达到的里程、时间进度、已完工或交付的产品等产出指标确定履约进度。企业在评估是否采用产出法确定履约进度时，应当考虑具体的事实和情况，并选择能够如实反映企业履约进度和向客户转移商品控制权的产出指标。

当选择的产出指标无法计量控制权已转移给客户的商品时，不应采用产出法。例如，当处于生产过程中的在产品在其完工或交付前已属于客户时，如果该在产品对本合同或财务报表具有重要性，则在确定履约进度时不应使用已完工或已交付的产品作为产出指标，这是因为处于生产过程中的在产品的控制权也已经转移给了客户，而这些在产品并没有包括在产出指标的计量中，所以该指标并未如实反映已向客户转移商品的进度。又如，如果企业在合同约定的各个里程之间向客户转移了重大商品的控制权，则很可能表明基于已达到的里程确定履约进度的方法是不恰当的。

实务中，为便于操作，当企业向客户开具发票的对价金额与向客户转让增量商品价值相一致时(如企业按照固定的费率及发生的工时向客户开具账单)，企业直接按照发票对价金额确认收入也是一种恰当的产出法。合同履约进度的计算公式如下。

$$合同履约进度＝已经履约的工作量÷合同预计总工作量×100\%$$

【例5-15】甲公司与客户签订合同，为该客户拥有的一条铁路更换100根铁轨，合同价格为100 000元(不含税价)。截至2×19年12月31日，甲公司共更换铁轨60根，剩余部分预计在2×20年3月31日之前完成。该合同仅包含一项履约义务，且该履约义务满足在某一时段内履行的条件。假定不考虑其他情况。

本例中，甲公司提供的更换铁轨的服务属于在某一时段内履行的履约义务，甲公司按照已完成的工作量确定履约进度。

2×19年12月31日，该合同的履约进度＝60÷100×100％＝60％

甲公司应确认的收入＝100 000×60％＝60 000(元)

【例5-16】长建第一公司签订了修建300千米公路的建筑合同，合同规定的总金额为15 000万元，工期3年。公司第一年修建了60千米，第二年修建了75千米。根据上述资料，计算出的合同履约进度如下。

第一年合同履约进度＝60÷300×100％＝20％

第一年长建第一公司应确认的收入＝15 000×20％＝3 000(万元)

第二年合同履约进度＝(60＋75)÷300×100％＝45％

第二年长建第一公司应确认的收入＝15 000×45%－3 000＝3 750(万元)

产出法是根据能够代表向客户转移商品控制权的产出指标直接计算履约进度的，因此通常能够客观地反映履约进度。但是，产出法下有关产出指标的信息有时可能无法直接观察获得，企业为获得这些信息需要花费很高的成本，这就需要采用投入法来确定履约进度。

(二) 投入法

投入法是根据企业履行履约义务的投入确定履约进度的方法，通常可采用投入的材料数量、花费的人工工时或机器工时、发生的成本和时间进度等投入指标确定履约进度。

实务中，通常按照累计实际发生的成本占预计总成本的比例(即成本法)确定履约进度，累计实际发生的成本包括企业向客户转移商品过程中所发生的直接成本和间接成本，如直接人工费用、直接材料费用、分包成本及其他与合同相关的成本。投入方法是确定合同履约进度较常用的方法，其合同履约进度的计算公式如下。

合同履约进度＝累计实际发生的合同成本÷合同预计总成本×100%

【例 5-17】 长建第一公司 2×19 年 1 月 1 日签订了一份总金额为 480 万元的建造合同，合同期为 3 年。2×19 年 12 月 31 日，公司实际发生合同成本 100 万元，估计至合同完工尚需发生合同成本 300 万元。2×20 年 3 月 2 日，客户提出变更部分设计，经双方协商，客户同意追加投资 120 万元；2×20 年，公司实际发生合同成本 150 万元，估计至合同完工尚需发生合同成本 250 万元。根据上述资料，计算出的合同履约进度如下。

2×19 年合同履约进度＝100÷(100＋300)×100%＝25%

2×20 年合同履约进度＝(100＋150)÷(100＋150＋250)×100%＝50%

当企业从事的工作或发生的投入是在整个履约期间内平均发生时，企业也可以按照直线法确认收入。

投入法所需要的投入指标虽然易于获得，但是，投入指标与企业向客户转移商品的控制权之间未必存在直接的对应关系。因此，企业在采用投入法确定履约进度时，应当扣除那些虽然已经发生，但是未导致向客户转移商品的投入。例如，企业为履行合同应开展一些初始活动，如果这些活动并没有向客户转移企业承诺的服务，则企业在使用投入法确定履约进度时，不应将为开展这些活动发生的相关投入包括在内。

同时还需注意，在下列情形下，企业在采用成本法确定履约进度时，可能需要对已发生的成本进行适当的调整。

(1) 已发生的成本并未反映企业履行履约义务的进度。例如，由于企业生产效率低下等而发生的非正常消耗，包括非正常消耗的直接材料费用、直接人工费用及制造费用等，不应包括在累计实际发生的成本中。这是因为这些非正常消耗并没有为合同进度做出贡献，但是，企业和客户在订立合同时已经预见会发生这些成本并将其包括在合同价款中的除外。

(2) 已发生的成本与企业履行履约义务的进度不成比例。若企业已发生的成本与履约进度不成比例，企业在采用成本法确定履约进度时需要进行适当调整，通常仅以其已发生的成本为限确认收入。对于施工中尚未安装、使用或耗用的商品(本段的商品不包括服务)或材料成本等，当企业在合同开始日就预期将能够满足下列所有条件时，应在采用成本法确定履约进度时不包括这些成本：①该商品或材料不可明确区分，即不构成单项履约义务；②客户先取得该商品或材料的控制权，之后才接受与之相关的服务；③该商品或材料的成本相对于预计总成本而言是重大的；④企业自第三方采购该商品或材料，且未深入参与其设计和制造，对于包含该商品的履约义务而言，企业是主要责任人。

【例5-18】 2×18年10月，甲公司与客户签订合同，为客户装修一栋办公楼，包括安装一部电梯，合同总金额为1 000 000元，甲公司预计的合同总成本为800 000元，其中包括电梯的采购成本300 000元。

2×18年12月，甲公司将电梯运达施工现场并经过客户验收，客户已取得对电梯的控制权，但是，根据装修进度，预计到2×19年2月才会安装该电梯。截至2×18年12月，甲公司累计发生成本400 000元，其中包括支付给电梯供应商的采购成本300 000元及因采购电梯发生的运输和人工等相关成本50 000元。假定，该装修服务(包括安装电梯)构成单项履约义务，并属于在某一时段内履行的履约义务，甲公司是主要责任人，但不参与电梯的设计和制造；甲公司采用成本法确定履约进度；上述金额均不含增值税。

本例中，截至2×18年12月，甲公司发生成本400 000元(包括电梯采购成本300 000元及因采购电梯发生的运输和人工等相关成本50 000元)，甲公司认为其已发生的成本和履约进度不成比例，因此，需要对履约进度的计算做出调整，将电梯的采购成本排除在已发生成本和预计总成本之外。在该合同中，该电梯不构成单项履约义务，其成本相对于预计总成本而言是重大的，甲公司是主要责任人，但是未参与该电梯的设计和制造，客户先取得了电梯的控制权，随后才接受与之相关的安装服务，因此，甲公司在客户取得该电梯控制权时，按照该电梯采购成本的金额确认转让电梯产生的收入。

2×18年12月，该合同的履约进度＝(400 000－300 000)÷(800 000－300 000)×100%＝20%

应确认的收入＝(1 000 000－300 000)×20%＋300 000＝440 000(元)

应确认的成本＝(800 000－300 000)×20%＋300 000＝400 000(元)

企业为履行属于在某一时段内履行的单项履约义务而发生的支出并非均衡，在采用某种方法(如成本法)确定履约进度时，可能会导致企业对于较早生产的产品确认更多的收入和成本。例如，企业承诺向客户交付一定数量的商品，且该承诺构成单项履约义务，在履约的前期，由于经验不足、技术不成熟、操作不熟练等，企业可能会发生较高的成本，而随着经验的不断积累，企业的生产效率逐步提高，导致企业的履约成本逐步下降。这一结果是合理的，因为这表明企业在合同早期的履约情况具有更高的价值，正如企业只销售一件产品的售价可能会高于销售多件产品时的平均价格一样。如果该单项履约义务属于在某一时点履行的履约义务，企业则需要按照其他相关会计准则对相关支出进行会计处理。例如，按照《企业会计准则第1号——存货》的规定，生产商品的成本将作为存货进行累计，企业应选择适当方法计量存货；不属于其他相关企业会计准则规范范围的，应当按照本准则第26条和第27条的规定判断将其确认为一项资产还是计入当期损益。

每一资产负债表日，企业应当对履约进度进行重新估计。当客观环境发生变化时，企业需要重新评估履约进度是否发生变化，以确保履约进度能够反映履约情况的变化，该变化应当作为会计估计变更进行会计处理。对于每一项履约义务，企业只能采用一种方法来确定其履约进度，并加以一贯运用。对于类似情况下的类似履约义务，企业应当采用相同的方法(如成本法)

确定履约进度。

对于在某一时段内履行的履约义务，只有当其履约进度能够合理确定时，才按照履约进度确认收入。企业如果无法获得确定履约进度所需的可靠信息，则无法合理地确定其履行履约义务的进度。当履约进度不能合理确定时，企业已经发生的成本预计能够得到补偿，应当按照已经发生的成本金额确认收入，直到履约进度能够合理确定为止。

目前，大部分企业都采用第二种方法计算履约进度。但为了防止调节和操纵利润，企业有必要取得相应的外部证据，如工作量签证单(即由施工单位编制，交工程监理工程师根据现场工作完成的实际情况签字确认后，报经建设单位认可，作为日后收取工程价款及竣工决算的依据)，以增强收入确认的可信度。

在实务中，针对一些施工周期较短的项目，企业也可采用完成合同法确认其收入和费用。完成合同法要求，当建造合同全部执行完毕或实质上已完工时才确认收入与费用，与完工(履约)百分比法相比，它不需要确定各期的合同履约进度，也不必分期确认提供劳务收入和成本费用，因而其核算方法比较简单、易于掌握。

四、施工建造合同收入的核算

(一) 工程价款核算应设置的主要账户

根据《企业会计准则第 15 号——建造合同》和《企业会计准则第 14 号——收入》的要求，施工企业对工程价款结算和收入的核算应设置"合同履约成本""合同结算""主营业务收入""主营业务成本""合同资产"和"合同负债"账户，以及"应交税费"明细账户等。

1. "合同履约成本"账户

"合同履约成本"账户用于核算企业为履行当前或预期取得的合同所发生的不属于其他企业会计准则规范范围且按照本收入准则应当确认为一项资产的成本。企业发生上述合同履约成本时，借记本账户，贷记"银行存款""应付职工薪酬""原材料"等账户；对合同履约成本进行摊销时，借记"主营业务成本""其他业务成本"等账户，贷记本账户。若涉及增值税，还应进行相应的处理。本账户期末借方余额，反映企业尚未结转的合同履约成本。根据履行合同具体内容的不同，可在"合同履约成本"账户下设置"合同履约成本——工程施工"和"合同履约成本——服务成本"明细账户。

2. "合同结算"账户

"合同结算"账户用于核算同一合同下属于在某一时段内履行履约义务涉及与客户结算对价的合同资产或合同负债。在此账户下设置"合同结算——价款结算"账户，用于反映定期与客户进行结算的金额；设置"合同结算——收入结转"账户，用于反映按履约进度结转的收入金额。资产负债表日，若"合同结算"账户的期末余额在借方，根据其流动性，应在资产负债表中分别列示为"合同资产"或"其他非流动资产"项目；若期末余额在贷方，根据其流动性，应在资产负债表中分别列示为"合同负债"或"其他非流动负债"项目。

"合同结算"账户的金额除包括为完成合同规定的工作内容所确认的工程价款外，还包括因合同变更、索赔、奖励等形成的收入款项，但不包括预收业主支付备料款项，该款项只能在工程开工后，随工程的进度，在每次结算工程价款时，从工程价款中扣减，并在工程竣工前全部扣减完毕。这样核算的目的是通过"合同结算"账户的归集，直观、全面地反映某个建造合同从签订合同开始到合同完工交付各环节所完成工作量的本期结算情况及累计结算情况，同时也能反映施工企业按履约进度结转的收入金额，便于其与合同成本对比，掌握结算进度。

3. "合同资产"账户

"合同资产"账户用于核算企业已向客户转让商品而有权收取对价的权利。若企业在客户实际支付合同对价或在该对价到期应付之前，已经向客户转让了商品，则应当按因已转让商品而有权收取的对价金额，借记本账户或"应收账款"账户，贷记"主营业务收入""其他业务收入"等账户；企业取得无条件收款权时，借记"应收账款"账户，贷记本账户。若涉及增值税，还应进行相应的处理。

4. "合同负债"账户

"合同负债"账户用于核算企业已收或应收客户对价而应向客户转让商品的义务。若企业在向客户转让商品之前，客户已经支付了合同对价或企业已经取得了无条件收取合同对价的权利，则企业应当在客户实际支付款项与到期应支付款项孰早时点，按照该已收或应收的金额，借记"银行存款""应收账款""应收票据"等账户，贷记本账户；企业向客户转让相关商品时，借记本账户，贷记"主营业务收入""其他业务收入"等账户。若涉及增值税，还应进行相应的处理。本账户期末贷方余额，反映企业在向客户转让商品之前，已经收到的合同对价或已经取得的无条件收取合同对价权利的金额。

5. "应交税费"账户

财政部为进一步规范增值税会计处理，促进《财政部、国家税务总局关于全面推开营业税改征增值税试点的通知》的贯彻落实，起草发布了《关于增值税会计处理的规定(征求意见稿)》，指出在"应交税费"账户下需增设"预缴增值税""待抵扣进项税额"和"待转销项税额"等二级账户；在"应交税费——应交增值税"二级账户下需增设"销项税额抵减""简易计税"三级明细账户。

(1)"应交税费——预缴增值税"账户，其核算一般纳税人转让不动产、提供不动产经营租赁服务、提供建筑服务、采用预收款方式销售自行开发的房地产项目等，按现行增值税制度规定应预缴的增值税额。设置该账户便于日后直接查询预缴增值税税款。

根据财税〔2017〕58号文件的规定，纳税人提供建筑服务取得预收款，应在收到预收款时，以取得的预收款扣除支付的分包款后的余额和规定的预征率预缴增值税。适用一般计税方法计税的项目预征率为2%，适用简易计税方法计税的项目预征率为3%。

按现行有关规定应在建筑服务发生地预缴增值税的项目，纳税人收到预收款时在建筑服务发生地预缴增值税。按照现行规定无须在建筑服务发生地预缴增值税的项目，纳税人收到预收款时在机构所在地预缴增值税。

(2)"应交税费——待抵扣进项税额"账户，其核算一般纳税人已取得增值税扣税凭证并经税务机关认证，按照现行增值税制度规定准予以后期间从销项税额中抵扣的进项税额，包括一般纳税人自 2016 年 5 月 1 日后取得并按固定资产核算的不动产，或者 2016 年 5 月 1 日后取得的不动产在建工程，按现行增值税制度规定准予以后期间从销项税额中抵扣的进项税额。设置该账户便于日后直接查询分次抵扣进项税额第 13 个月应结转的进项税额(注：不动产分次抵扣进项税的规定已取消)。

(3)"应交税费——待转销项税额"账户，其核算一般纳税人销售货物、加工修理修配劳务、服务、无形资产或不动产，已确认相关收入(或利得)但尚未发生增值税纳税义务而需在以后期间确认为销项税额的增值税额。设置该账户便于核算满足会计上确认收入条件但不满足增值税纳税义务发生时间的情况。

(4)"应交税费——应交增值税——销项税额抵减"账户，其核算一般纳税人按照现行增值税制度规定因扣减销售额而减少的销项税额。房地产开发企业中的一般纳税人销售其开发的房地产项目(选择简易计税方法的房地产老项目除外)，以取得的全部价款和价外费用，扣除受让土地时向政府部门支付的土地价款后的余额为销售额，通过此账户核算。

(5)"应交税费——应交增值税——简易计税"账户，其核算一般纳税人采用简易计税方法应缴纳的增值税额。当房地产业、建筑业的老项目选择简易计税方法时，应通过此账户核算。由于简易计税方法不能抵扣进项税，本明细账户必须单独核算。

6. "主营业务收入"和"主营业务成本"账户

"主营业务收入"和"主营业务成本"账户在"会计基础"和"中级财务会计"课程中已经介绍过，所以在此不再赘述。

(二) 施工建造合同收入的核算举例

【例 5-19】2×19 年 7 月 1 日，甲建筑公司与乙公司签订了一份大型设备建造工程合同，根据合同规定，该工程的造价(不含税)为 63 000 000 元，工程期限为一年半，甲公司负责工程的施工及全面管理，乙公司按照第三方工程监理公司确认的工程完工量，每半年与甲公司结算一次；预计 2×20 年 12 月 30 日竣工；预计可能发生的总成本为 40 000 000 元。假定该建造工程整体构成单项履约义务，并属于在某一时段履行的履约义务，甲公司采用投入法(即成本法)确定履约进度，增值税税率为 9%，不考虑其他相关因素。建造大型设备工程的其他有关资料如表 5-14 所示。

表 5-14　建造大型设备工程的其他有关资料

年份	2×19 年 12 月	2×20 年 6 月	2×20 年 12 月
合同总价款	63 000 000	63 000 000	63 000 000
累计实际发生的成本	15 000 000	30 000 000	41 000 000
预计完成合同尚需发生的成本	25 000 000	10 000 000	
应结算合同价款	25 000 000	11 000 000	27 000 000
实际收到价款	20 000 000	10 000 000	33 000 000

表 5-14 中的价款均不含增值税额。假定甲公司与乙公司结算时即发生增值税纳税义务，乙公司在实际支付工程价款的同时支付其对应的增值税款。

甲公司的账务处理如下。

(1) 2×19 年 7 月 1 日至 12 月 31 日实际发生工程成本时，会计分录如下。

借：合同履约成本　　　　　　　　　　　　15 000 000
　　贷：原材料、应付职工薪酬等　　　　　　　　15 000 000

(2) 2×19 年 12 月 31 日，按履约进度确认收入和结转成本。

履约进度＝15 000 000÷40 000 000×100%＝37.5%
合同收入＝63 000 000×37.5%＝23 625 000(元)

借：合同结算——收入结转　　　　　　　　23 625 000
　　贷：主营业务收入　　　　　　　　　　　　　23 625 000
借：主营业务成本　　　　　　　　　　　　15 000 000
　　贷：合同履约成本　　　　　　　　　　　　　15 000 000
借：应收账款　　　　　　　　　　　　　　27 250 000
　　贷：合同结算——价款结算　　　　　　　　　25 000 000
　　　　应交税费——应交增值税(销项税额)　　　2 250 000
借：银行存款　　　　　　　　　　　　　　20 000 000
　　贷：应收账款　　　　　　　　　　　　　　　20 000 000

当日，"合同结算"账户的余额为贷方 1 375 000(25 000 000－23 625 000)元，表明甲公司已经与客户结算但尚未履行履约义务的金额为 1 375 000 元，由于甲公司预计该部分履约义务将在 2×20 年内完成，因此，应在资产负债表中作为合同负债列示。

(3) 2×20 年 1 月 1 日至 6 月 30 日实际发生工程成本时，会计分录如下。

借：合同履约成本　　　　　　　　　　　　15 000 000
　　贷：原材料、应付职工薪酬等　　　　　　　　15 000 000

(4) 2×20 年 6 月 30 日，按履约进度确认收入和结转成本。

履约进度＝30 000 000÷40 000 000×100%＝75%
合同收入＝63 000 000×75%－23 625 000＝23 625 000(元)

借：合同结算——收入结转　　　　　　　　23 625 000
　　贷：主营业务收入　　　　　　　　　　　　　23 625 000
借：主营业务成本　　　　　　　　　　　　15 000 000
　　贷：合同履约成本　　　　　　　　　　　　　15 000 000
借：应收账款　　　　　　　　　　　　　　11 990 000
　　贷：合同结算——价款结算　　　　　　　　　11 000 000
　　　　应交税费——应交增值税(销项税额)　　　990 000
借：银行存款　　　　　　　　　　　　　　10 000 000
　　贷：应收账款　　　　　　　　　　　　　　　10 000 000

当日，"合同结算"账户的金额为借方 11 250 000(23 625 000－11 000 000－1 375 000)元，表明甲公司已经履行履约义务但尚未与客户结算的金额为 11 250 000 元，由于该部分金额将在 2×20 年内结算，因此，应在资产负债表中作为合同资产列示。

(5) 2×20 年 7 月 1 日至 12 月 31 日实际发生工程成本时，会计分录如下。

借：合同履约成本　　　　　　　　　　　　11 000 000
　　贷：原材料、应付职工薪酬等　　　　　　　　　11 000 000

(6) 2×20年12月31日，当日该工程已竣工决算，所以履约进度为100%。

合同收入＝63 000 000－23 625 000－23 625 000＝15 750 000(元)

借：合同结算——收入结转　　　　　　　15 750 000
　　贷：主营业务收入　　　　　　　　　　　　　15 750 000
借：主营业务成本　　　　　　　　　　　11 000 000
　　贷：合同履约成本　　　　　　　　　　　　　11 000 000
借：应收账款　　　　　　　　　　　　　29 430 000
　　贷：合同结算——价款结算　　　　　　　　　27 000 000
　　　　应交税费——应交增值税(销项税额)　　　2 430 000
借：银行存款　　　　　　　　　　　　　38 670 000(29 430 000＋7 250 000＋1 990 000)
　　贷：应收账款　　　　　　　　　　　　　　　38 670 000

当日，"合同结算"账户的余额为0(11 250 000＋15 750 000－27 000 000)。

【例5-20】 东方设备安装公司为一般纳税人，其与A公司签订了一份设备安装服务合同，A公司将其购买的一套大型设备交由东方公司进行安装。根据合同约定，设备安装总额(含税)为200 000元，A公司预付50%，其余50%待设备安装完成、验收合格后支付。

2×19年12月1日，东方公司开始安装，并收到A公司预付的安装费。截至当年12月末，实际发生安装成本60 000元。其中，支付安装人员薪酬36 000元，领用库存材料5 000元，转账支付其他费用19 000元；根据合理估计，至设备安装完成，还需发生安装成本90 000元。

2×20年2月28日，设备安装完毕，本年实际发生安装成本92 000元，其中，支付安装人员薪酬65 000元，领用库存材料2 000元，转账支付其他费用25 000元。设备经验收合格后，A公司如约支付剩余安装费。

由于A公司能够控制东方公司履约过程中的在安装设备工程，因而该安装服务属于在某一时段内履行的履约义务。东方公司判断，因向客户提供安装服务而有权取得的对价很可能收回，东方公司按已经发生的成本占估计总成本的比例确定履约进度。

(1) 2×19年12月1日，预收50%的合同价款，并计算预缴增值税。

借：银行存款　　　　　　　　　　　　　100 000
　　贷：合同负债——A公司　　　　　　　　　　100 000

12月预交增值税1 834.86[100 000÷(1＋9%)×2%]元。

借：应交税费——预交增值税　　　　　　1 834.86
　　贷：银行存款　　　　　　　　　　　　　　　1 834.86

(2) 截至2×19年12月31日实际发生的安装费，并确认当年收入、结转成本。

借：合同履约成本——服务成本　　　　　60 000
　　贷：应付职工薪酬　　　　　　　　　　　　　36 000
　　　　原材料　　　　　　　　　　　　　　　　5 000
　　　　银行存款　　　　　　　　　　　　　　　19 000

履约进度＝60 000÷(60 000＋90 000)×100%＝40%

应确认收入＝200 000×40%＝80 000(元)
应结转成本＝150 000×40%＝60 000(元)

借：合同负债——A 公司　　　　　　　　　80 000
　　贷：主营业务收入　　　　　　　　　　　　　73 394.5
　　　　应交税费——应交增值税(销项税额)　　　6 605.5
借：主营业务成本　　　　　　　　　　　60 000
　　贷：合同履约成本——服务成本　　　　　　　60 000

(3) 支付 2×20 年 2 月实际发生的安装费。
借：合同履约成本——服务成本　　　　　92 000
　　贷：应付职工薪酬　　　　　　　　　　　　　65 000
　　　　原材料　　　　　　　　　　　　　　　　 2 000
　　　　银行存款　　　　　　　　　　　　　　　25 000

(4) 设备经验收合格，A 公司如约支付剩余安装费。
借：银行存款　　　　　　　　　　　　　100 000
　　贷：合同负债——A 公司　　　　　　　　　　100 000

(5) 2×20 年 2 月 28 日，确认收入并结转成本。
应确认收入＝200 000－80 000＝120 000(元)
应结转成本＝152 000－60 000＝92 000(元)

借：合同负债——A 公司　　　　　　　　120 000
　　贷：主营业务收入　　　　　　　　　　　　　110 091.74
　　　　应交税费——应交增值税(销项税额)　　　9 908.26
借：主营业务成本　　　　　　　　　　　92 000
　　贷：合同履约成本——服务成本　　　　　　　92 000

东方设备安装公司针对该项目最终应交增值税额＝16 513.76－1 834.86＝14 678.9(元)。

如果建造合同收入的确认是采用完成合同法进行的，则每年发生业务后，只有上述会计处理的实际发生合同成本、应收合同价款及实际收到结算款等的会计处理；当工程全部完工时，才需作为合同收入、费用的会计处理。

【例 5-21】2×19 年 1 月 15 日，乙建筑公司和客户签订了一份总金额为 10 000 000 元的固定造价合同，在客户自有土地上建造一幢办公楼，预计合同总成本为 7 000 000 元。假定该建造服务属于在某一时段内履行的履约义务，并根据累计发生的合同成本占合同预计总成本的比例确定履约进度。假定不考虑相关税费。

截至 2×19 年年末，乙公司累计已发生成本 4 200 000 元，履约进度为 60%(4 200 000÷7 000 000×100%)。因此，乙公司在 2×19 年确认收入 6 000 000(1 000×60%)元，会计处理如下。

借：合同结算——收入结转　　　　　　6 000 000
　　贷：主营业务收入　　　　　　　　　　　　　6 000 000
借：主营业务成本　　　　　　　　　　4 200 000
　　贷：合同履约成本　　　　　　　　　　　　　4 200 000

2×20 年年初，合同双方同意更改该办公楼屋顶的设计，因此合同价格和预计总成本分别增加了 2 000 000 元和 1 200 000 元。由于合同变更后拟提供的剩余服务与在合同变更日或之前已提供的服务不可明确区分(即该合同仍为单项履约义务)，因此，乙公司应当将合同变更作为原合同的组成部分进行会计处理。

合同变更后的交易价格为 12 000 000(10 000 000＋2 000 000)元，乙公司重新估计的履约进度为 51.2% [4 200 000÷(7 000 000＋1 200 000)×100%]，乙公司在合同变更日应额外确认收入 144 000(51.2%×12 000 000－6 000 000)元。

借：合同结算——收入结转　　　　　　　　　　144 000
　　贷：主营业务收入　　　　　　　　　　　　　　144 000

综上，若在合同变更日已转让的商品与未转让的商品之间不可明确区分，应当将该合同变更部分作为原合同的组成部分，在合同变更日重新计算履约进度，并调整当期收入和相应成本等。

(三) 包工包料下的工程价款结算的核算

施工企业承包工程一般实行包工包料，需要有一定数量的备料周转金，由建设单位(发包单位)在开工前拨给施工企业一定数额的预付备料款，构成施工企业为该承包工程储备和准备主要材料、结构件所需的流动资金。

施工企业向发包单位收取的备料款，是企业非自有资金的主要来源。预收备料款一般不超过当年承包建筑工作量的 25%，安装工作量的 10%。随着建筑产品的不断进行，所需材料储备资金相应减少，因而预收备料款应随工程价款的结算而陆续扣还。

确定工程预收款扣还点的依据是未完施工工程所需主要材料和构件的费用，等于工程预收款的数额。每次结算工程价款时，按材料比重扣抵工程价款，竣工前全部扣清。

工程预收款扣还点，可按下列公式计算。

扣还点(累计已完工程价值)＝承包工程价款总额－预付备料款数额÷主要材料占比

应扣还的预付备料款，可按下列公式计算。

第一次扣抵额＝(累计已完工程价值－起扣点时已完工程价值)×主要材料占比
以后每次扣抵额＝每次完成工程价值×主要材料占比

根据企业会计制度规定，为正确反映施工企业应收工程款的实际情况，每期进行工程价款结算时，应按合同履约进度计算的工程价款收入全额记入"应收账款——应收工程款"账户和"合同结算——价款结算"账户，同时按实际收到的款项调整"应收账款——应收工程款"账户，并结转本期应扣还预收备料款和预收工程款的金额。

【例 5-22】长建第一公司承建一校舍工程，于 2×18 年 6 月开工，8 月竣工。工程价款采用月末结算竣工清算的方法进行结算。假设不考虑相关税费，其有关资料如下。

(1) 工程预算造价 15 000 000 元，材料费占比 60%。
(2) 预收备料款的额度为 25%，于施工前一次拨付。
(3) 施工企业 6—8 月分别完成工程量为 4 000 000 元、5 000 000 元和 6 000 000 元。

根据上述资料，企业应做如下会计处理。

(1) 5 月份根据上述资料，计算企业应收的备料款。

预收备料款＝15 000 000×25%＝3 750 000(元)
借：银行存款　　　　　　　　　　　　　　　　　3 750 000
　　贷：合同负债——预收备料款　　　　　　　　　　　　3 750 000
(2) 6月根据已完工程量结算工程价款，先计算是否需要扣还备料款。
预收备料款扣还点＝15 000 000－3 750 000÷60%＝8 750 000(元)
因为本月已完工程量(4 000 000元)未达到扣还点(起扣点)，所以不需要扣还备料款。
借：应收账款——应收工程款——客户　　　　　　4 000 000
　　贷：合同结算——价款结算　　　　　　　　　　　　　4 000 000
(3) 7月根据已完工程量结算工程价款5 000 000元。
因为截至7月，已完工程累计为9 000 000元，已达到扣还点，所以应扣还数如下。
本月应扣还备料款＝(5 000 000＋4 000 000－8 750 000)×60%＝150 000(元)
即，本月应收工程款－5 000 000－150 000＝4 850 000(元)，做如下会计分录。
借：应收账款——应收工程款——客户　　　　　　4 850 000
　　合同负债——预收备料款　　　　　　　　　　　150 000
　　贷：合同结算——价款结算　　　　　　　　　　　　　5 000 000
(4) 8月根据已完工程量结算工程价款6 000 000元。
本月应扣还备料款＝6 000 000×60%＝3 600 000(元)
如果保留工程尾款5%，则还需扣下750 000(15 000 000×5%)元。
借：应收账款——应收工程款(客户)　　　　　　　1 650 000
　　　　　　——应收工程款(尾款)　　　　　　　　750 000
　　合同负债——预收备料款　　　　　　　　　　　3 600 000
　　贷：合同结算——价款结算　　　　　　　　　　　　　6 000 000

(四) 工程分包下的工程价款核算

工程分包是指建筑工程总承包单位根据总承包合同的约定或者经建设单位的允许，将承包工程中的非主要或专业性较强的部分工程发包给具有相应资质的分包单位的行为。

工程分包通常是因为市场原因或工期太紧，或者受施工单位资质的限制，需要将承包工程的一部分或几部分分包给其他单位施工的分项或分部工程。《中华人民共和国建筑法》(以下简称《建筑法》)第29条规定，建筑工程总承包单位可以将承包工程中的部分工程发包给具有相应资质条件的分包单位；但是，除总承包合同中约定的分包外，必须经建设单位认可。

针对工程分包的会计核算，财政部2014年修订发布的《企业会计准则》中，并没有做出明确的规定。目前在施工企业会计实践中，对工程分包的会计处理主要是将分包的工程收入纳入本公司的收入，并将所支出的分包工程款项作为本公司的施工成本，与自己承建的工程做同样的处理。

【例5-23】 长建第一公司承包一项工程，工期10个月，总承包收入80 000 000元(不含税)，其中土石方工程20 000 000元，分包给市政工程公司。长建第一公司完成工程累计发生合同成本55 000 000元，其中支付人员薪酬25 000 000元，领用库存材料20 000 000元，支付其他费用

10 000 000 元。项目在当年 12 月如期完工。长建第一公司应做如下会计处理。

(1) 完成项目发生成本费用时,会计分录如下。

借:合同履约成本——工程施工　　　　　　55 000 000
　　贷:应付职工薪酬　　　　　　　　　　　　25 000 000
　　　　原材料　　　　　　　　　　　　　　20 000 000
　　　　银行存款　　　　　　　　　　　　　10 000 000

(2) 分包工程完工验收结算,根据与分包企业确认的结算通知单,确认应付工程款。

借:合同履约成本——工程施工(分包工程款)　20 000 000
　　贷:合同负债——应付分包款(市政工程公司)　20 000 000

(3) 支付工程款。

根据合同协议约定支付的分包工程款应记入"合同负债——应付分包款"账户。

借:合同负债——应付分包款(市政工程公司)　20 000 000
　　贷:银行存款　　　　　　　　　　　　　　20 000 000

(4) 长建第一公司确认该项目收入与费用。

借:合同结算——收入结转　　　　　　　　80 000 000
　　贷:主营业务收入　　　　　　　　　　　　80 000 000
借:主营业务成本　　　　　　　　　　　　75 000 000
　　贷:合同履约成本　　　　　　　　　　　　75 000 000
借:应收账款　　　　　　　　　　　　　　87 200 000
　　贷:合同结算——价款结算　　　　　　　　80 000 000
　　　　应交税费——应交增值税(销项税额)　　7 200 000

第六节　施工企业应交增值税的核算

建筑业在我国经济发展中具有先导性和基础性作用,在社会经济发展中居于重要地位。从 2016 年 5 月 1 日起,我国全面实施税制改革,建筑业已被纳入我国税制改革的体系中,按规定施工企业提供的建筑服务应缴纳增值税。

一、建筑业涉及税制改革的主要内容

(一) 纳税人与应纳增值税额的确定

按税制改革实施方案的规定,2016 年 5 月 1 日将建筑业纳入其中,并规定施工企业提供的建筑服务应缴纳增值税。税改后,建筑业纳税人将分为增值税一般纳税人(年销售收入 500 万元以上及其他符合规定的纳税人)和小规模纳税人。

按照《财政部国家税务总局关于全面推开营业税改征增值税试点的通知》(财税〔2016〕36 号)的规定,建筑服务是指各类建筑物、构筑物及其附属设施的建造、修缮、装饰、线路、管道、设备、设施等的安装,以及其他工程作业的业务活动,包括工程服务、安装服务、修缮服务、装饰服务和其他建筑服务。

财政部、税务总局、海关总署公告 2019 年第 39 号文件规定,一般纳税人适用税率为 9%。小规模纳税人提供建筑服务,以及一般纳税人选择简易计税方法的建筑服务,征收率为 3%。境内的购买方为境外单位和个人扣缴增值税的,按照适用税率扣缴增值税。

应纳增值税额的计算,针对试点纳税人提供建筑服务适用一般计税方法的,其计算公式如下。

$$应纳税额=(收取的全部价款+价外费用)\div(1+9\%)\times 9\%-可抵扣的进项税额$$

试点纳税人提供建筑服务适用简易计税方法的,其计算公式如下。

$$应纳税额=(收取的全部价款+价外费用-分包款)\div(1+3\%)\times 3\%$$

在施工企业实务工作中,一般纳税人提供特定应税行为的,如以清包工(即指施工方不采购建筑工程所需的材料或只采购辅助材料,并收取人工费、管理费或者其他费用的建筑服务)方式提供的建筑服务、为甲供工程(指全部或部分设备、材料、动力由工程发包方自行采购的建筑工程)提供的建筑服务,以及建筑工程老项目等,根据财税〔2016〕36 号文件的规定,可以选择适用简易计税方法计税。但是,一般纳税人选择简易办法计算缴纳增值税后,36 个月内不得变更。

另外,纳税人跨县(市、区)提供建筑服务,应按照财税〔2016〕36 号文件规定的纳税义务发生时间和计税方法,向建筑服务发生地主管税务机关预缴税款,向机构所在地主管税务机关申报纳税。

根据国家税务总局 2016 年第 17 号公告,以及财政部、税务总局、海关总署公告 2019 年第 39 号文件的规定,一般纳税人跨县(市、区)提供建筑服务,有两种不同的预缴方式。

(1) 适用一般计税方法计税的,应以取得的全部价款和价外费用为销售额计算应纳税额。纳税人应以取得的全部价款和价外费用扣除支付的分包款后的余额,按照 2% 的预征率在建筑服务发生地预缴税款。这种方式下,应预缴税款的计算公式如下。

$$应预缴税款=(全部价款+价外费用-分包款)\div(1+9\%)\times 2\%$$

(2) 选择适用简易计税方法计税的,应以取得的全部价款和价外费用扣除支付的分包款后的余额为销售额,按照 3% 的征收率计算应纳税额。纳税人应按照上述计税方法在建筑服务发生地预缴税款。这种方式下,应预缴税款的计算公式如下。

$$应预缴税款=(全部价款+价外费用-分包款)\div(1+3\%)\times 3\%$$

(二) 纳税人税收待遇区别

建筑业包括劳务公司,其中营业收入不到 500 万元的企业,被认定为小规模纳税人。增值税一般纳税人和小规模纳税人不仅有规模上的区别,更有税制适用上的区别。就税制适用而言,一般纳税人适用增值税税率,其进项税额可以抵扣;而小规模纳税人适用增值税征收率,其进项税额不可以抵扣。两者在税收待遇上的区别如下。

(1) 一般纳税人销售应税的货物、劳务及发生应税行为可以自行开具增值税专用发票,而小规模纳税人不能自行开具,若购买方索取专用发票,则小规模纳税人只能到主管税务机关申请代开专用发票。

(2) 一般纳税人购进货物或劳务可以凭取得的增值税专用发票及其他扣税凭证按规定抵扣税款，而小规模纳税人不享有税款抵扣权。

根据《财政部国家税务总局关于部分货物适用增值税低税率和简易办法征收增值税政策的通知》(财税〔2009〕9号)的规定，一般纳税人销售自产的下列货物，可选择按照简易办法依照3%征收率计算缴纳增值税：①建筑用和生产建筑材料所用的砂、土、石料；②以自己采掘的砂、土、石料或其他矿物连续生产的砖、瓦、石灰(不含黏土实心砖、瓦)；③自来水；④商品混凝土(仅限于以水泥为原料生产的水泥混凝土)。以上所列货物，都是工程项目的主要材料，在工程造价中所占比重较大。假设施工企业购入以上材料都能取得正规增值税专用发票，可抵扣的进项税率为3%。

(三) 建筑企业不能抵扣进项税的有关规定

全面实施"营改增"后，构成施工企业工程成本的直接人工费、直接材料费、施工机械使用费、其他直接费等，只要施工企业取得国家税务部门认可的增值税专用发票，即允许抵扣增值税进项税额。但是，下列发票不能抵扣进项税额。

(1) 丢失的增值税专用发票。

(2) 不能抵扣进项税额的五种特殊增值税专用发票。①没有供应商开具销售清单的开具"材料一批"、汇总运输发票、办公用品和劳动保护用品的发票。②购买职工福利用品的专用发票。③发生非正常损失的材料(如工地上被小偷偷窃的钢材、水泥)和运输费用中含有的进项税。④建筑施工企业自建工程所采购建筑材料所收到的增值税专用发票。⑤建筑企业存量资产的增值税专用发票。

(3) "营改增"后的建筑企业不能抵扣进项税金的专用发票。"对开发票"不能抵扣进项税金。所谓"对开发票"是指一购货方在发生"销售退回"时，为了规避开红字发票的麻烦，由退货企业再开一份销售专用发票视同购进后又销售给了原生产企业的行为。

《中华人民共和国增值税暂行条例实施细则》第11条规定："一般纳税人销售货物或者应税劳务，开具增值税专用发票后，发生销售货物退回或者折让、开票有误等情形，应按国家税务总局的规定开具红字增值税专用发票。未按规定开具红字增值税专用发票的，增值税额不得从销项税额中扣减。"

二、施工企业应交增值税的核算

(一) 施工企业应交增值税核算应设置的账户

1. 一般纳税人应设会计账户

一般纳税人应在"应交增值税"明细账户下，分别设置"进项税额""已交税金""转出未交增值税""销项税额""进项税额转出""转出多交增值税"等专栏，并采用多栏式明细账进行会计核算，同时设置"未交增值税"明细账户，核算一般纳税人月度终了转入的应交而未交的增值税或多交的增值税。

2. 小规模纳税人应设会计账户

小规模纳税人应在"应交税费"账户下设置"应交增值税"明细账户，账户中不必设置专栏，采用三栏式明细账即可。

(二) 施工企业应交增值税的核算举例

"营改增"后，小规模纳税人自行开具增值税专用发票试点范围不断扩大，建筑施工企业购入砂石料只有取得增值税专用发票，才可以抵扣3%的进项税额，否则不可以抵扣进项税，即不可以在企业所得税税前进行扣除。建筑施工企业到具有一般纳税人资格的砂石厂采购砂石料时，可获得13%的抵扣增值税进项税，其具体账务处理可参照工业企业存货购进核算办法进行。

【例5-24】2×19年5月25日，某企业购买水泥200 000元(不含税)，进项税额26 000元。取得增值税专用发票后，在规定的时间内向税务部门办理了相关手续。货款已转账支付。该建筑企业为一般纳税人，则该企业应做会计分录如下。

借：在途物资　　　　　　　　　　　　　200 000
　　应交税费——应交增值税(进项税额)　26 000
　　　贷：银行存款　　　　　　　　　　226 000

【例5-25】2×19年8月末，长建第一公司本月租用某市机械化施工公司起重机和搅拌机，本月使用起重机10个台班，起重机每台班租赁费800元；使用搅拌机18个台班，搅拌机每台班租赁费1 000元。企业已开出转账支票，向市机械化施工公司支付租赁费共计26 000元，并取得增值税专用发票。

该公司租用设备支付不含税价款＝26 000÷(1+9%)＝23 853.21(元)。

借：合同履约成本——工程施工——机械使用费　23 853.21
　　应交税费——应交增值税(进项税额)　　　　 2 146.79
　　　贷：银行存款　　　　　　　　　　　　　26 000

特别指出：根据《财政部国家税务总局关于全面推开营业税改征增值税试点的通知》(财税〔2016〕36号)附件1《营业税改征增值税试点实施办法》第35条(三)的规定，提供有形动产租赁服务，税率为16%。

财税〔2016〕36号"补丁"性文件财税〔2016〕140号第16条规定，纳税人将建筑施工设备出租给他人使用并配备操作人员的，按照"建筑服务"缴纳增值税，增值税税率为10%。

财政部、税务总局、海关总署公告2019年第39号文件规定，一般纳税人原适用增值税税率为16%的，现调整为13%；原适用增值税税率为10%的，现调整为9%。

【例5-26】2×19年9月末，长建第一公司本月向供电公司转账支付施工电费22 600元，并取得增值税专用发票。

该公司支付电费不含税价款＝22 600÷(1+13%)＝20 000(元)。

借：合同履约成本——工程施工——其他直接费　20 000
　　应交税费——应交增值税(进项税额)　　　　 2 600
　　　贷：银行存款　　　　　　　　　　　　　22 600

【例5-27】某建筑施工企业为一般纳税人,2×19年6月销售2×13年购置的复印机一台,购置价值10 000元,销售收款8 000元。施工企业根据有关规定,分析计算确定销售额和应纳税额。

销售2013年购进固定资产,因属于"营改增"试点前业务,没有进项税额可以抵扣,参照《国家税务总局关于增值税简易征收政策有关管理问题的通知》(国税函〔2009〕90号)和《关于简并增值税征收率有关问题的公告》(国家税务总局公告2014年第36号)的规定,一般纳税人销售自己使用过的属于《中华人民共和国增值税暂行条例》第10条规定的不得抵扣且未抵扣进项税额的固定资产,按简易办法依3%征收率减按2%征收增值税政策。

一般纳税人销售自己使用过的物品和旧货,适用"按简易办法依3%征收率减按2%征收增值税政策",按下列公式确定销售额和应纳税额。

$$销售额=含税销售额\div(1+3\%)$$
$$应纳税额=销售额\times 2\%$$

故:

销售额=8 000÷(1+3%)=7 766.99(元)

应纳税额=7 766.99×2%=155.34(元)

会计处理如下。

借:银行存款　　　　　　　　　　　　　　　　　　8 000
　　贷:固定资产清理　　　　　　　　　　　　　　7 766.99
　　　　应交税费——应交增值税　　　　　　　　　155.34
　　　　营业外收入　　　　　　　　　　　　　　　77.67

【例5-28】某建筑企业2×19年10月销售同年6月购买的一套摄像机,购置价值20 000元(不含税),进项税额2 600元已经抵扣,销售取得价款(含税)20 340元。该企业为一般纳税人,企业根据有关规定,分析计算确定销售额和应纳税额。

因为销售2×19年6月购进的固定资产,取得了增值税专用发票,符合抵扣条件,所以2×19年10月销售款20 340元应按照适用税率13%计算增值税销项税额。

销售额=20 340÷(1+13%)=18 000(元)

增值税销项税额=18 000×13%=2 340(元)

会计处理如下。

借:银行存款　　　　　　　　　　　　　　　　　　20 340
　　贷:固定资产清理　　　　　　　　　　　　　　18 000
　　　　应交税费——应交增值税(销项税额)　　　　2 340

在施工期间,如果按工程形象进度确认收入,工程竣工结算审计完成支付95%;如果按100%开发票应全额确认收入;如果5%的质保金在合同中规定在质保期满后支付并开发票,应在到期时确认收入。

"营改增"之后,建筑企业收取房地产开发企业违约金、提前竣工奖、材料差价款和赔偿金依据税法的规定,也是一种价外费用,必须向房地产公司开具增值税专用发票。

【复习思考题】

1. 建筑产品区别于一般企业产品的特点是什么?
2. 施工企业的材料有哪些?
3. 周转材料的概念及特点是什么?其摊销方法有哪些?
4. 施工企业会计核算的成本项目包括哪些?
5. 其他直接费的内容包括哪些?
6. 施工企业工程价款的结算方式有哪些?
7. 完工(履约)百分比法下如何计算合同完工进度?
8. 机械使用费和施工间接费应如何分配?
9. 什么是临时设施?临时设施和固定资产有何区别?
10. 临时设施建造、摊销和清理业务如何进行核算?
11. 什么是建造合同?建造合同分为哪些种类?其适用条件是什么?
12. 建造合同收入的确认方法有哪些?如何核算?
13. 施工企业成本计算对象如何确定?
14. 已完工程成本和未完工程成本如何计算?
15. 如何理解建设项目、单项工程和单位工程,以及它们之间的关系?

【会计职业判断能力训练】

一、填空题

1. 施工企业的会计核算同其他行业的会计核算相比,具有_____、_____、_____、_____、_____、_____等特点。
2. 周转材料按其在施工中的用途划分,可分为_____、_____、_____和_____。
3. 工程成本中的材料费是指施工过程中耗用的_____的原材料、构配件等,但不包括_____的价值。
4. 临时设施是指施工企业为保证施工和管理的正常进行而建造的_____。
5. 工程成本按其用途划分,可分为_____、_____和_____。
6. 承、发包单位进行工程价款结算时,以双方认可的_____作为依据。
7. 工程实际成本核算的成本项目包括_____、_____、_____、_____和_____。
8. 建设工程的价款结算方式主要有_____、_____和_____。
9. 工程实际成本中的间接费用是指_____为施工准备、组织和管理施工生产所发生的全部支出。
10. 施工间接费用一般按_____进行分配。
11. 一般情况下,企业应以每一_____为对象归集生产费用,计算工程成本。
12. 施工建造合同收入的确认方法主要有_____、_____两种。

二、单项选择题

1. 甲工程短缺一批模板,计划成本为 500 元,甲工程在用模板的账面余额为 6 200 元,账面累计摊销额为 3 100 元,该模板应补提摊销额(　　)元。
   A. 250　　　　　B. 500　　　　　C. 0　　　　　D. 300

2. 甲工程将一批不需要的架料退库,经计算应补提摊销额 320 元,应借记(　　)账户。
   A. "周转材料"　　　　　　　　B. "周转材料摊销"
   C. "原材料"　　　　　　　　　D. "合同履约成本——工程施工"

3. 某工程领用跳板一批,计划成本为 12 000 元,预计残值占计划成本的 10%,预计使用期限为 20 个月,跳板的月摊销额为(　　)元。
   A. 540　　　　　B. 600　　　　　C. 500　　　　　D. 660

4. 企业在施工现场搭建临时办公房一处,发生的费用应先通过(　　)账户核算。
   A. "固定资产——临时设施"　　B. "在建工程"
   C. "固定资产"　　　　　　　　D. "合同履约成本——工程施工"

5. 施工企业拆除临时设施过程中发生的费用支出和变现收入应记入(　　)账户。
   A. "合同履约成本——工程施工"　　B. "在建工程"
   C. "固定资产清理——临时设施清理"　D. "固定资产——临时设施"

6. 施工企业按月摊销的临时设施摊销费应记入(　　)账户。
   A. "固定资产——临时设施清理"　　B. "管理费用"
   C. "合同履约成本——工程施工"　　D. "固定资产——临时设施"

7. 工程成本核算一般应以(　　)作为成本核算对象。
   A. 单位工程　　B. 分项工程　　C. 工程项目　　D. 分部工程

8. 工程成本中的间接费用包括(　　)。
   A. 周转材料摊销额　　　　B. 施工机械租赁费
   C. 夜间施工增加费　　　　D. 工程保修费

9. 工程成本应按(　　)进行结转。
   A. 月　　　　B. 季　　　　C. 年　　　　D. 工程价款结算期

10. 施工企业项目经理部发生的财务、计划等人员工资,据实际情况可以记入(　　)账户。
    A. "管理费用"　　　　　　　　B. "合同履约成本——工程施工"
    C. "销售费用"　　　　　　　　D. "施工间接费"

11. (　　)账户的性质、用途与"制造费用"账户的性质、用途相同。
    A. "合同履约成本——工程施工"　　B. "机械作业"
    C. "施工间接费用"　　　　　　　　D. "工业生产"

三、多项选择题

1. 计算报废周转材料已提摊销额应考虑(　　)因素。
   A. 残值　　　　　　　　　　　　B. 该类周转材料账面已提摊销额累计
   C. 报废周转材料计划成本　　　　D. 该类周转材料账面计划成本

2. 施工企业在施工现场建造的(　　)属于临时设施。

A. 临时库房　　B. 简易作业棚　　C. 临时办公室　　D. 道路
3. 工程成本可以(　　)结转。
A. 按月　　　　B. 按季　　　　C. 分段　　　　D. 竣工后一次
4. 工程成本中的其他直接费包括(　　)。
A. 临时设施摊销费　　　　　B. 场地清理费
C. 生产工具(用具)使用费　　D. 材料二次搬运费
5. 周转材料的价值摊销方法一般有(　　)。
A. 分次摊销　　B. 五五摊销　　C. 一次摊销　　D. 定额摊销
6. 施工企业在施工现场发生材料二次搬运费,发生时根据实际情况可以记入(　　)账户。
A."合同履约成本——工程施工——合同成本——材料费"
B."其他直接费"
C."合同履约成本——工程施工——合同成本——其他直接费"
D."管理费用"

四、判断题

1. 按期结算工程价款时,期末应在"已完工程"和"未完施工"之间分配施工间接费用。（　　）
2. 周转材料是按存货进行管理和核算的。（　　）
3. 工程项目的建筑安装工人及管理人员的工资应记入"合同履约成本——工程成本"的人工费项目。（　　）
4. 施工企业使用的材料都应记入"合同履约成本——工程成本"的材料费用项目。（　　）
5. 周转材料的摊销额应在工程竣工和年度终了时进行调整。（　　）
6. 固定造价合同与成本加成合同的主要区别在于风险的承担者不同,前者的风险主要由建造承包方承担,后者则主要由发包方承担。（　　）

附【会计职业判断能力训练答案】

一、填空题

1. 生产任务通过招投标方式获得　分级管理、分级核算　每项工程成本需单独计算　每个安装工程的造价需逐一确定　工程价款的结算方法独特　生产所需流动资金需由建设单位预付
2. 模板　挡板　架料　其他　周转材料
3. 构成工程实体　需要安装设备
4. 临时性生产、生活设施
5. 实际成本　预算成本　计划成本
6. 工程价款结算单
7. 人工费　材料费　机械使用费　其他直接费　间接费用
8. 按月定期结算　分段结算　工程竣工后一次结算
9. 项目经理部

10. 工程直接成本

11. 单位工程

12. 完工(履约)百分比法　完成合同法

二、单项选择题

1. A；　2. D；　3. A；　4. B；　5. C；　6. C；　7. A；　8. D；　9. D；　10. D；　11. C。

三、多项选择题

1. BCD；　2. ABC；　3. ACD；　4. ABCD；　5. AC；　6. BC。

四、判断题

1. ×【解析】一般来说，期末未完工程量在全期工程量中所占比重较小，而且期初、期末未完工程的数额变化不大，为了简化成本核算手续，通常可以把期末未完工程的预算成本视同它的实际成本，不分摊间接费用。

2. √【解析】虽然周转材料在施工生产过程中起着劳动资料的作用，但是种类较多、用量较大、使用频繁，经常需要补充更换。因此，同低值易耗品一样，把它归入"存货"项目进行管理和核算。

3. ×【解析】工程成本中的人工费，是指在施工过程中直接从事建筑安装工程施工的建筑安装工人及在施工现场直接为工程制作构件和运料、配料等人员的工资、奖金、职工福利费、工资性质的津贴、劳动保护费等。而工程项目管理人员的工资应属于工资成本中的间接费用。

4. ×【解析】施工企业的材料，除了主要用于工程外，还用于固定资产等专项工程，以及其他非生产性耗用，因此，进行材料费核算必须严格划分施工生产耗用的界限，只有直接用于工程的材料才能记入工程成本的"材料费"项目中。

5. √【解析】无论周转材料采用哪种摊销方法(一次转销法除外)，因为都具有预计因素，平时计算的摊销额都不可以与实际损耗价值完全一致，所以，需在年度终了或工资竣工时，对周转材料进行盘点，根据实际损耗调整已提摊销额，以保证工程成本和有关费用的正确性。

6. √【解析】固定造价合同与成本加成合同的主要区别在于风险的承担者不同，在市场经济条件下，工程造价固定后，物价上涨风险应由建造承包方承担，如签订成本加成合同，出现物价上涨时则由发包方承担追加预算，以保证工程顺利进行。

【会计职业实践能力训练】

一、市一建公司周转材料业务核算

市一建公司为一般纳税人单位，承包的甲工程发生下列业务。

1. 领用库存的新模板一批，其金额为32 000元。

2. 领用库存的安全网(一次摊销)，其计划成本为1 200元，材料成本差异率为-1%。

3. 按规定的摊销方法，计算本期模板应提摊销额1 600元。

4. 将不需要的挡板退回仓库，其计划成本为5 000元，估计成色为60%，在用挡板的计划成本为58 000元，账面已提摊销额26 100元。

5. 报废跳板一批，其计划成本为8 000元，残值为1 400元，已验收入库，材料的成本差异率为1%，跳板账面的计划成本为30 000元，已提摊销额24 000元。

6. 竣工盘点，发现短缺架料1 000元，在用的架料账面计划成本为45 000元，在用的架料账面累计摊销额为34 000元。

要求：编制相应的会计分录。

二、市二建公司临时设施业务核算

市二建公司为一般纳税人单位，为其承建的环宇大厦施工，搭建临时职工宿舍和材料库等临时设施，发生下列业务。

1. 在搭建中领用材料21 000元，发生人工费用2 400元，以银行存款支付其他费用1 506元，材料成本差异率为-1%。

2. 搭建完工后交付使用，并按该大厦的施工工期14个月计算本月临时设施应提摊销额(不考虑残值)。

3. 12个月后，将临时设施拆除，在拆除中支出费用1 500元，残料作价2 800元入库。

要求：编制相应的会计分录。

三、医学院项目经理部工程施工业务核算

市城建公司为一般纳税人单位，其医学院项目经理部承包的医学院教学楼和学生宿舍工程于2×18年6月份发生下列业务。

1. 教学楼发生人工费76 000元，其中，内包人工费45 000元，外包人工费31 000元；学生宿舍发生人工费52 000元，其中，内包人工费39 000元，外包人工费13 000元。

2. 工程耗用材料，经料具员汇总如表5-15所示。

表5-15 材料耗用汇总表

2×18年6月30日   单位：元

成本核算对象	主要材料						小计		结构件		合计		周转材料摊销
	硅酸盐		黑色金属		其他主要材料								
	计划成本	成本差异(+1%)	计划成本	成本差异(-1%)	计划成本	成本差异(+1%)	计划成本	成本差异	计划成本	成本差异(-1%)	计划成本	成本差异	
教学楼	31 000	310	116 000	-1 160	84 000	840	231 000	-10	74 000	-740	305 000	-750	9 000
学生宿舍	28 000	280	96 000	-960	60 000	600	184 000	-80	59 000	-590	243 000	-670	8 500
合计	59 000	590	212 000	-2 120	144 000	1 440	415 000	-90	133 000	-1 330	548 000	-1 420	17 500

3. 教学楼工程发生内部机械租赁费用4 200元，学生宿舍工程发生内部机械租赁费用2 800元，款项未支付。

4. 教学楼工程发生生产工具(用具)使用费1 300元，学生宿舍工程发生材料二次搬运费800元，款项以银行存款支付。

5. 项目经理部本月发生工资支出 22 800 元，报销差旅费 5 964 元。

要求：编制相应的会计分录。

四、市三建公司工程价款业务核算

市三建公司为一般纳税人单位，其承建的长乐开发小区一幢商品房完工，2×19 年 8 月向发包单位提交"工程价款结算单"，如表 5-16 所示。

表 5-16　工程价款结算表

发包单位名称：　　　　　　　2×19 年 8 月 30 日　　　　　　　　　　　　单位：元

工程名称	合同造价	本期应收工程款	应扣款项			本期实收工程款	累计已收工程款	备注
			合计	预收工程款	预收备料款			
长乐小区	2 400 000	2 400 000	1 200 000	480 000	720 000	1 200 000		
合计	2 400 000	2 400 000	1 200 000	480 000	720 000	1 200 000		

施工单位：　　　　　　　　　　　　　　　　　　　　　编制日期：2×19 年 9 月 1 日

该结算单已经发包单位认同，该商品房实际成本为 1 920 000 元。2×19 年 12 月份，发包单位用银行存款支付了剩余工程款。

要求：编制相应的会计分录。

五、市城建公司分包工程业务核算

2×19 年 4 月，市城建公司分包单位发生下列业务。

1. 4 月，该公司根据分包合同，通过银行向分包单位预付备料款 200 000 元。

2. 7 月，该公司根据工程进度预付给分包单位工程款 400 000 元。

3. 9 月，从应付分包工程款中扣除预付的工程款 200 000 元和预付的备料款 400 000 元。

4. 分包工程完工，根据经审核的分包单位提出的"工程价款结算单"，结算应付分包工程价款 1 100 000 元。

5. 10 月，用银行存款支付分包单位工程款 500 000 元。

要求：编制相应的会计分录。

六、市城建公司建造厂房业务账务处理

2×20 年 1 月 1 日，市城建公司收到建造一幢厂房的合同，根据合同规定，该工程的造价(不含税)为 3 500 000 元，工程期限为 3 年，市城建公司负责工程的施工及全面管理，对方单位按照第三方工程监理公司确认的工程完工量，每年结算一次；预计 2×22 年 12 月 30 日竣工；预计可能发生的总成本为 2 700 000 元。假定该建造工程整体构成单项履约义务，并属于在某一时段履行的履约义务，公司采用投入法(即成本法)确定履约进度，增值税税率为 9%，不考虑其他相关因素。建造厂房工程的其他有关资料如表 5-17 所示。

表 5-17　建造厂房工程的其他有关资料

年份	2×20 年	2×21 年	2×22 年	合计
合同总价款				3 500 000
每年实际发生的成本	700 000	1 100 000	930 000	2 730 000
估计完工尚需追加成本	2 000 000	930 000		
应结算合同价款	600 000	1 150 000	1 750 000	3 500 000
实际收到工程款	540 000	1 110 000	1 850 000	3 500 000

表 5-17 中的价款均不含增值税额。假定市城建公司与对方公司结算时即发生增值税纳税义务，对方公司在实际支付工程价款的同时支付其对应的增值税款。

要求：根据上述业务运用完工(履约)百分比法进行会计处理。

附【会计职业实践能力训练答案】

一、市一建公司周转材料业务核算

1. 借：周转材料——在用周转材料——模板　　　　　　32 000
　　　贷：周转材料——在库周转材料——模板　　　　　　　32 000
2. 借：合同履约成本——工程施工——合同成本——甲工程　1 188
　　　贷：周转材料——在库周转材料　　　　　　　　　　　1 200
　　　　　材料成本差异——周转材料　　　　　　　　　　　　 12
3. 借：合同履约成本——工程施工——合同成本——甲工程　1 600
　　　贷：周转材料——周转材料摊销——模板　　　　　　　1 600
4. 退库时

借：周转材料——在库周转材料——挡板　　　　　　　5 000
　　贷：周转材料——在用周转材料——挡板　　　　　　　　5 000

计算应补提摊销额：

应提摊销额=5 000×(1－60%)=2 000(元)

已提摊销额=5 000×26 100÷58 000=2 250(元)

应补提摊销=2 000－2 250=－250(元)

将应补提摊销额计入成本，做会计分录如下。

借：合同履约成本——工程施工——合同成本——甲工程　　 250
　　贷：周转材料——周转材料摊销——挡板　　　　　　　　 250

5. 计算应补提摊销额

应提摊销额=8 000－1 400=6 600(元)

已提摊销额=8 000×24 000÷30 000=6 400(元)

应补提摊销额=6 600－6 400=200(元)

将补提摊销额计入成本，做会计分录如下。

借：合同履约成本——工程施工——合同成本——甲工程　　 200

  贷：周转材料——周转材料摊销——跳板   200

残料入库，并结转报废跳板计划成本，做会计分录如下。

 借：原材料   1 400

   周转材料——周转材料摊销——跳板   6 600

  贷：周转材料——在用周转材料——跳板   8 000

分摊成本差异，做会计分录如下。

 借：合同履约成本——工程施工——合同成本——甲工程 80

  贷：材料成本差异——周转材料   80

6. 计算应补提摊销额

应提摊销额＝计划成本＝1 000(元)

已提摊销额＝1 000×34 000÷45 000＝760(元)

应补提摊销额＝1 000－760＝240(元)

将补提摊销额计入成本，做会计分录如下。

 借：合同履约成本——工程施工——合同成本——甲工程 240

  贷：周转材料——周转材料摊销——架料   240

冲销短缺架料的计划成本，做会计分录如下。

 借：周转材料——周转材料摊销——架料   1 000

  贷：周转材料——在用周转材料——架料   1 000

二、市二建公司临时设施业务核算

1. 搭建时发生各项支出

 借：在建工程——临时设施工程   24 696

  贷：原材料   21 000

    应付职工薪酬   2 400

    材料成本差异   210

    银行存款   1 506

2. 完工交付使用

 借：固定资产——临时设施   24 696

  贷：在建工程——临时设施工程   24 696

计提本月临时设施摊销额 1 764(24 696÷14)元。

 借：合同履约成本——工程施工——合同成本   1 764

  贷：累计折旧——临时设施   1 764

3. 临时设施拆除，转入清理

 借：固定资产清理——临时设施清理   3 528

   累计折旧——临时设施   21 168

  贷：固定资产——临时设施   24 696

发生清理费用，做会计分录如下。

 借：固定资产清理——临时设施清理   1 500

  贷：银行存款   1 500

残料回收，做会计分录如下。
借：原材料 2 800
　　贷：固定资产清理——临时设施清理 2 800
结转清理后的净损失，做会计分录如下。
借：营业外支出 2 228
　　贷：固定资产清理——临时设施清理 2 228

三、医学院项目经理部工程施工业务核算

1. 人工费
借：合同履约成本——工程施工——教学楼——人工费 76 000
　　　　　　　　　　　　　　　——宿舍——人工费 52 000
　　贷：应付职工薪酬 128 000

2. 材料费
借：合同履约成本——工程施工——教学楼——材料费 314 000
　　贷：原材料——主要材料 231 000
　　　　　　　——结构件 74 000
　　　　周转材料——周转材料摊销 9 000
借：合同履约成本——工程施工——宿舍——材料费 251 500
　　贷：原材料——主要材料 184 000
　　　　　　　——结构件 59 000
　　　　周转材料——周转材料摊销 8 500
借：合同履约成本——工程施工——教学楼——材料费 750
　　贷：材料成本差异——主要材料 10
　　　　　　　　　　——结构件 740
借：合同履约成本——工程施工——宿舍——材料费 670
　　贷：材料成本差异——主要材料 80
　　　　　　　　　　——结构件 590

3. 机械使用费
借：合同履约成本——工程施工——教学楼——机械使用费 4 200
　　　　　　　　　　　　　　　——宿舍——机械使用费 2 800
　　贷：应付账款——××内部单位 7 000

4. 其他直接费
借：合同履约成本——工程施工——教学楼——其他使用费 1 300
　　　　　　　　　　　　　　　——宿舍——其他使用费 800
　　贷：银行存款 2 100

5. 施工间接费用
借：施工间接费用 28 764
　　贷：应付职工薪酬 22 800
　　　　其他应收款 5 964

期末编制"间接费用分配表"分配间接费用,如表 5-18 所示。

表 5-18　间接费用分配表

2×18 年 6 月 30 日　　　　　　　　　　　　　　　　　　　　　单位:元

成本核算对象	工程直接费	分配率	应分配金额
教学楼	394 750		16 184.75
学生宿舍	306 430		12 579.25
合计	701 180	0.041	28 764

借:合同履约成本——工程施工——教学楼——间接费用　　16 184.75
　　　　　　　　　　　　　　　——宿舍——间接费用　　12 579.25
　　贷:施工间接费用　　　　　　　　　　　　　　　　　　28 764

四、市三建公司工程价款业务核算

1. 结算工程价款
借:应收账款　　　　　　　　　　　　　　　　　　　　　2 400 000
　　贷:合同结算——价款结算　　　　　　　　　　　　　2 201 834.86
　　　　应交税费——待转销项税额　　　　　　　　　　　198 165.14

2. 抵扣预收款
借:合同负债——预收工程款　　　　　　　　　　　　　　480 000
　　　　　　——预收备料款　　　　　　　　　　　　　　720 000
　　贷:应收账款——应收工程款　　　　　　　　　　　　1 200 000
借:应交税费——待转销项税额　　　　　　　　　　　　　99 082.57
　　贷:应交税费——应交增值税(销项税额)　　　　　　　99 082.57

3. 确认工程合同收入和费用
借:合同结算——收入结算　　　　　　　　　　　　　　　2 400 000
　　贷:主营业务收入　　　　　　　　　　　　　　　　　2 400 000
借:主营业务成本　　　　　　　　　　　　　　　　　　　1 920 000
　　贷:合同履约成本——工程施工　　　　　　　　　　　1 920 000

4. 收到(发包方支付)剩余工程款
借:银行存款　　　　　　　　　　　　　　　　　　　　　1 200 000
　　贷:应收账款——应收工程款　　　　　　　　　　　　1200 000
借:应交税费——待转销项税额　　　　　　　　　　　　　99 082.57
　　贷:应交税费——应交增值税(销项税额)　　　　　　　99 082.57

五、市城建公司分包工程业务核算

根据合同协议约定支付的分包备料、工程款应记入"合同负债——应付分包款"账户。

1. 借:合同负债——应付分包款(预付备料款)　　　　　　200 000
　　　贷:银行存款　　　　　　　　　　　　　　　　　　200 000
2. 借:合同负债——应付分包款(预付工程款)　　　　　　400 000
　　　贷:银行存款　　　　　　　　　　　　　　　　　　400 000

3. 抵扣预付备料、工程款

借：合同负债——应付分包款(分包工程款)　　　　　　　　　　　　600 000
　　贷：合同负债——应付分包款(预付备料款)　　　　　　　　　　200 000
　　　　　　　　——应付分包款(预付工程款)　　　　　　　　　　400 000

4. 分包工程完工验收结算，根据与分包企业确认的结算通知单，确认应付工程款

借：合同履约成本——工程施工(分包成本)　　　　　　　　　　　1 100 000
　　贷：合同负债——应付分包款(分包工程款)　　　　　　　　　1 100 000

5. 支付分包工程余款

借：合同负债——应付分包款(分包工程款)　　　　　　　　　　　　500 000
　　贷：银行存款　　　　　　　　　　　　　　　　　　　　　　　500 000

六、市城建公司建造厂房业务账务处理

公司建造厂房工程有关数据计算表如表 5-19 所示。

表5-19　公司建造厂房工程有关数据计算表

年份	2×20年	2×21年	2×22年
合同总价款	3 500 000	3 500 000	3 500 000
实际已发生的成本	700 000	1 800 000	2 730 000
加：估计尚需发生成本	2 000 000	930 000	——
估计合同总成本	2 700 000	2 730 000	2 730 000
完工进度	26%	66%	100%
本期累计应确认收入	910 000	1 190 000	3 500 000
应结算合同价款	600 000	1 150 000	1 750 000
实际收到工程款	540 000	1 110 000	1 850 000

(1) 2×20 年 1 月 1 日至 12 月 31 日实际发生工程成本时，会计分录如下。

借：合同履约成本　　　　　　　　　　　　　　　　　　　　　　　700 000
　　贷：原材料、应付职工薪酬等　　　　　　　　　　　　　　　　700 000

(2) 2×20 年 12 月 31 日，按履约进度确认收入和结转成本。

履约进度＝700 000÷2 700 000×100%＝26%

合同收入＝3 500 000×26%＝910 000(元)

借：合同结算——收入结转　　　　　　　　　　　　　　　　　　　910 000
　　贷：主营业务收入　　　　　　　　　　　　　　　　　　　　　910 000

借：主营业务成本　　　　　　　　　　　　　　　　　　　　　　　700 000
　　贷：合同履约成本　　　　　　　　　　　　　　　　　　　　　700 000

借：应收账款　　　　　　　　　　　　　　　　　　　　　　　　　654 000
　　贷：合同结算——价款结算　　　　　　　　　　　　　　　　　600 000
　　　　应交税费——应交增值税(销项税额)　　　　　　　　　　　 54 000

借：银行存款　　　　　　　　　　　　　　　　　　　　　　　　　540 000

　　　　贷：应收账款　　　　　　　　　　　　　　　　　　　540 000

　　当日，"合同结算"账户的余额为借方 310 000(600 000－910 000)元，表明城建公司已经履行履约义务但尚未与客户结算的金额为 310 000 元，由于该部分金额将在 2×21 年内结算，因此，应在资产负债表中作为合同资产列示。

　　(3) 2×21 年 1 月 1 日至 12 月 31 日实际发生工程成本时，会计分录如下。
　　　借：合同履约成本　　　　　　　　　　　　　　　　1 100 000
　　　　　贷：原材料、应付职工薪酬等　　　　　　　　　　1100 000

　　(4) 2×21 年 12 月 31 日，按履约进度确认收入和结转成本。
　　履约进度＝1 800 000÷2 730 000×100％＝66％
　　合同收入＝3 500 000×66％－910 000＝2 310 000－910 000＝1 400 000(元)
　　也等同于 3 500 000×(66％－26％)＝1 400 000(元)
　　　借：合同结算——收入结转　　　　　　　　　　　　1 400 000
　　　　　贷：主营业务收入　　　　　　　　　　　　　　　1 400 000
　　　借：主营业务成本　　　　　　　　　　　　　　　　1 100 000
　　　　　贷：合同履约成本　　　　　　　　　　　　　　　1 100 000
　　　借：应收账款　　　　　　　　　　　　　　　　　　1 253 500
　　　　　贷：合同结算——价款结算　　　　　　　　　　　1 150 000
　　　　　　　应交税费——应交增值税(销项税额)　　　　　　103 500
　　　借：银行存款　　　　　　　　　　　　　　　　　　1 110 000
　　　　　贷：应收账款　　　　　　　　　　　　　　　　　1 110 000

　　当日，"合同结算"账户的金额为借方 560 000(1 400 000－1 150 000+310 000)元，表明城建公司已经履行履约义务但尚未与客户结算的金额为 560 000 元，由于该部分金额将在 2×22 年内结算，因此，应在资产负债表中作为合同资产列示。

　　(5) 2×22 年 1 月 1 日至 12 月 31 日实际发生工程成本时，会计分录如下。
　　　借：合同履约成本　　　　　　　　　　　　　　　　930 000
　　　　　贷：原材料、应付职工薪酬等　　　　　　　　　　930 000

　　(6) 2×22 年 12 月 31 日，当日该工程已竣工决算，因此其履约进度为100％。
　　合同收入＝3 500 000－910 000－1 400 000＝1 190 000(元)
　　　借：合同结算——收入结转　　　　　　　　　　　　1 190 000
　　　　　贷：主营业务收入　　　　　　　　　　　　　　　1 190 000
　　　借：主营业务成本　　　　　　　　　　　　　　　　930 000
　　　　　贷：合同履约成本　　　　　　　　　　　　　　　930 000
　　　借：应收账款　　　　　　　　　　　　　　　　　　1 907 500
　　　　　贷：合同结算——价款结算　　　　　　　　　　　1 750 000
　　　　　　　应交税费——应交增值税(销项税额)　　　　　　157 500
　　　借：银行存款　　　　1 850 000[1 190 000＋(910 000－540 000)＋(1 400 000－1 110 000)]
　　　　　贷：应收账款　　　　　　　　　　　　　　　　　1 850 000

　　当日，"合同结算"账户的余额为 0(560 000＋1 190 000－1 750 000)。

第六章

房地产开发企业会计

【教学目的及要求】

通过对本章的学习,了解房地产开发企业会计的基本概念、基本知识,以及房地产开发企业的生产经营及核算的特点,并在此基础上掌握房地产开发企业开发产品、开发成本及主营业务收入的核算。

【本章重点及难点】

房地产开发企业的开发成本核算。

【本章教学时数】

8学时。

第一节 房地产开发企业会计概述

一、房地产开发企业的概念及经营特点

(一) 房地产开发企业的概念

房地产开发企业是专门从事房地产开发和经营的企业。它既是房地产产品的生产者,又是房地产商品的经营者。房地产包括房产和地产,其中,房产是指各种房屋财产,包括住宅、厂房、商铺,以及文教、体育、办公用房等;地产是指土地财产,包括土地和地下各种基础设施,如供水、供电、供气、供热、排污等地下管线及地面道路等。房地产开发可将土地和房屋合在一起开发,也可将土地和房屋分开开发。房地产开发企业经营活动的主要业务如下。

1. 土地的开发与经营

企业将有偿获得的土地开发完成后,既可有偿转让给其他单位使用,也可自行组织建造房屋和其他设施,然后作为商品作价出售,还可以开展土地出租业务。

2. 房屋的开发与经营

房屋的开发指房屋的建造;房屋的经营指房屋的销售与出租。企业可以在开发完成的土地上继续开发房屋,开发完成后,可作为商品作价出售或出租。企业开发的房屋,按用途可分为商品房、出租房、周转房、安置房和代建房等。

3. 城市基础设施和公共配套设施的开发

4. 代建工程的开发

代建工程的开发是企业接受政府和其他单位委托,代为开发的工程。

(二) 房地产开发企业的经营特点

房地产开发经营是指房地产开发企业在城市规划区内的国有土地上进行基础设施建设、房屋建设,并转让房地产开发项目或者销售、出租商品房的行为。房地产开发经营的主体是房地产开发企业,它是以盈利为目的,从事房地产开发和经营的企业,也称为房地产开发商。按照法律规定房地产开发商必须具备四级资质等级并承揽相应范围的业务。

房地产开发企业的生产经营与施工企业不同。房地产开发是房地产业中最基本、最主要的物质生产活动,同时,在城市建设中担当着重要的角色,因而房地产开发具有自身的特征。房地产开发是多部门协作活动,涉及规划、土地管理、勘测、设计、施工、市政、消防、环境、绿化、供电、供水、通信、交通、商业、银行等部门,其经营特点如下。

1. 开发产品的商品性、单件性及不可移动性

房地产开发企业的产品全部作为商品进入市场,按照供需双方合同协议规定的价格或市场价格作价转让或销售。房地产开发企业极少开发完全相同的产品,且产品不可移动,因此,其产品的使用、价值、市场等带有强烈的地域性特征,而且房地产开发投资更为地域所限制。从微观来看,开发项目受区位或地段的影响很大,因此开发商对项目的选址必须谨慎。从宏观来看,房地产开发的地域性主要表现在投资地区的社会经济特征对项目的影响。

2. 开发经营业务的复杂性

复杂性体现在两方面:一方面,经营业务内容复杂,企业不仅要进行土地和房屋开发,还要建设相应的基础设施和公共配套设施,经营业务囊括了从征地、拆迁、勘察、设计、施工、销售到售后服务的全过程;另一方面,涉及面广、经济往来对象多,企业不仅因购销关系与设备、材料物资供应单位等发生经济往来,而且因工程的发包和招标与勘察设计单位、施工单位发生经济往来,还会因受托代建开发产品、出租开发产品等与委托单位和承租单位发生经济往来。

尽管房地产开发是一项涉及面广、比较复杂的经济活动,但从事务上来讲具有很强的操作时序性。从项目的可行性分析到土地的获取,从资金的融通到项目的实施,乃至后期的房屋出

租、出售管理等，虽然环节繁多，但先后有序。这涉及政府土地、规划、建设等部门的行政管理，若要使很多工作得到审批，需要有周密的计划，使各个环节紧密衔接，协调进行，以缩短周期，降低风险。

3. 开发建设周期长，投资数额大

开发产品要从规划设计开始，经过可行性研究、征地拆迁、安置补偿、七通一平、建筑安装、配套工程、绿化环卫工程等多个开发阶段，少则一年，多则数年才能全部完成。另外，上述每一个开发阶段都需要投入大量资金，加上开发产品本身的造价很高，需要不断地投入大量的资金。

4. 经营风险大

开发产品单位价值高，建设周期长，负债经营程度高，不确定因素多，一旦决策失误，销路不畅，将造成大量开发产品积压，使企业资金周转不灵，导致企业陷入困境。相对于其他行业来说，存在着较大风险。

5. 开发商品具有保值、增值的功能

随着人口的增加和物质生活水平的提高，人们对房地产的需求日益增强。但是，土地资源是有限的，可供建房的土地更为有限。因此，房地产的价格将呈现不断上涨的趋势。加上其使用寿命长，故与其他物品比较而言，房地产商品更具有保值、增值的功能。

二、房地产开发企业会计核算的特点

房地产开发企业生产经营及其商品的特殊性决定了其会计核算的特殊性。与工业企业会计相比，房地产开发企业会计核算有如下特点。

(一) 存货的计价及核算方法具有特殊性

工业企业存货的初始成本是由存货的买价及采购费用构成的，增值税进项税应单独核算；而房地产开发企业的存货则不同，其初始成本不仅包括存货的买价及采购费用，而且还包括存货入库后的保管费用及应承担的增值税进项税等，其成本具体构成与施工企业存货成本构成一样。其核算也不同于工业企业，如土地使用权，工业企业是将其作为无形资产核算的，而房地产开发企业则是将其作为存货核算的。

(二) 产成品的种类较多核算方法不尽相同

工业企业的产成品，品种相对单一，一般只用于直接对外销售；而房地产开发企业的产成品种类较多，包括房屋和土地等开发产品、周转房、出租开发产品、分期收款开发产品等，它有直接对外销售、出租、转让、周转使用等多种形式。由于产成品构成及功能不同，其核算方法也不尽相同。

(三) 产品成本的核算过程复杂

房地产开发周期长，使成本核算的时间跨度长，少则一年以内，多则数年及以上。另外，房地产开发企业的产品种类多且设计多样，导致开发产品的成本组成具有很大的差异，使得成本核算非常复杂。房地产开发企业的成本计算方法不同于工业企业，较多采用单件法(或订单法)计算。

(四) 经营收入及相关税金的核算方法与一般企业会计不同

房地产开发企业的开发产品有商品房、配套设施、出租房等。开发产品的多样性决定了其收入形式的多样性。房地产开发企业营业收入一般包括土地使用权转让收入、商品房销售收入、配套设施转让收入、其他业务收入等。工业企业的收入形式，一般以现销业务收入为主，计算缴纳的流转税，主要包括增值税、城建税及教育费附加；而房地产开发企业一般以预销为主，计算缴纳的流转税，主要包括土地增值税、城建税及教育费附加，"营改增"后，企业还要缴纳增值税。

(五) 预收款项业务较多

由于房地产开发企业的投资额较大且经营周期长，房地产开发企业大多都实行商品预售制度。由于项目尚未完工，即使开发产品已经售完，其销售款项也只能计入预收账款，一般房地产开发企业在符合收入确认条件前无法确认为收入，预收账款余额较大。

第二节　房地产开发成本的核算

一、开发产品成本的种类

开发产品成本是房地产开发企业会计核算的重要组成部分，它反映了开发企业在项目开发过程中所耗费的全部物化劳动和活劳动，是考核房地产开发企业工作质量的综合指标，是制定开发产品销售价格的基础。要核算开发产品的成本，需要弄清楚开发产品成本的种类和内容。开发产品成本按其用途划分，可分为土地开发成本、房屋开发成本、配套设施开发成本和代建工程开发成本四类。

(一) 土地开发成本

土地开发成本，是指房地产开发企业开发土地(即建设场地)所发生的各项费用支出。

(二) 房屋开发成本

房屋开发成本，是指房地产开发企业开发各种房屋(包括商品房、出租房、周转房、代建房等)所发生的各项费用支出。

(三) 配套设施开发成本

配套设施开发成本,是指房地产开发企业开发能有偿转让的大配套设施及不能有偿转让、不能直接计入开发成本的公共配套设施所发生的各项费用支出。

(四) 代建工程开发成本

代建工程开发成本,是指房地产开发企业接受委托单位的委托,代为开发土地、房屋以外的其他工程(如市政工程等)所发生的各项费用支出。

二、开发产品成本项目的设置

《企业产品成本核算制度(试行)》第 13 条规定:房地产企业一般按照开发项目、综合开发期数并兼顾产品类型等确定成本核算对象。同时,第 26 条规定:房地产企业一般设置土地征用及拆迁补偿费、前期工程费、建筑安装工程费、基础设施建设费、公共配套设施费、开发间接费、借款费用等成本项目。

(一) 土地征用及拆迁补偿费

土地征用及拆迁补偿费,是指为取得土地开发使用权(或开发权)而发生的各项费用,包括土地买价或出让金、大市政配套费、契税、耕地占用税、土地使用费、土地闲置费、农作物补偿费、危房补偿费、土地变更用途和超面积补交的地价及相关税费、拆迁补偿费用、安置及动迁费用、回迁房建造费用等。

(二) 前期工程费

前期工程费,是指项目开发前期发生的政府许可规费、招标代理费、临时设施费,以及水文地质勘查、测绘、规划、设计、可行性研究、咨询论证、筹建、场地通平等方面的前期费用。

(三) 建筑安装工程费

建筑安装工程费,是指开发项目开发过程中发生的各项主体建筑的建筑工程费、安装工程费及精装修费等。

(四) 基础设施建设费

基础设施建设费,是指开发项目在开发过程中发生的道路、供水、供电、供气、供暖、排污、排洪、消防、通信、照明、有线电视、宽带网络、智能化等社区管网工程费和环境卫生、园林绿化等园林、景观环境工程费用等。

(五) 公共配套设施费

公共配套设施费，是指开发项目内发生的独立、非营利性的且产权属于全体业主的，或无偿赠予地方政府、公共事业单位的公共配套设施费用等。

(六) 开发间接费

开发间接费，是指企业为直接组织和管理开发项目所发生的、不能将其直接归属于成本核算对象的工程监理费、造价审核费、结算审核费、工程保险费等。为业主代扣代缴的公共维修基金等不得计入产品成本。

(七) 借款费用

借款费用，是指符合资本化条件的借款费用。房地产企业自行进行基础设施、建筑安装等工程建设的，可以参照建筑企业设置有关成本项目。

《企业产品成本核算制度(试行)》第 43 条规定：房地产企业发生的有关费用，由某一成本核算对象负担的，应当直接计入成本核算对象成本；由几个成本核算对象共同负担的，应当选择占地面积比例、预算造价比例、建筑面积比例等合理的分配标准，分配计入成本核算对象成本。

三、开发产品费用归集、分配结转的核算

房地产开发企业成本核算的主要内容是开发产品成本。企业在开发、建设和经营房地产业务过程中发生的各种耗费，称为开发经营费用。开发产品成本是指由成本计算对象，即开发项目负担的开发经营费用。房地产开发企业归集和分配发生的开发经营费用，进行开发产品成本核算所采用的主要账户是"开发成本"和"开发间接费用"账户。

(一) 土地征用及拆迁补偿费的核算

土地征用及拆迁补偿费，凡能分清负担对象的，可直接计入房屋开发成本；凡不能分清负担对象，或开发综合性建设场地既为建造商品房之用，又对外销售或有偿转让的，先记入"开发成本——土地开发"账户，待土地开发完成投放使用时，再按占用土地面积比例分配转入"开发成本——房屋开发"账户。如果已开发完成的商品性建设场地改作自用性建设场地，应将土地征用及拆迁补偿费从"开发产品"账户转入"开发成本——房屋开发"账户。

为本企业房屋开发用的土地，应于开发完成投入使用时，将土地开发的实际成本结转计入有关房屋的开发成本，具体可采用分项平行结转法或归类集中结转法。

(二) 前期工程和基础设施费的核算

前期工程和基础设施费，凡能分清负担对象的，直接计入房屋开发成本；应由两个以上房屋开发项目负担且发生时分不清负担对象的，应按一定标准分配后，分别计入房屋开发项目的成本。

(三) 建筑安装工程费的核算

计入房屋开发成本的建筑工程费，应根据不同施工方式，采用不同的核算方法，具体如下。

(1) 采用出包方式的，应根据承包企业提交的"工程价款结算单"所列承付工程款记入"开发成本——房屋开发"的相应成本项目中。

(2) 采用自营方式的，发生的各项建筑安装工程费用直接记入"开发成本——房屋开发"的相应成本项目中。

(3) 如果企业自营施工大型建筑安装工程，可以根据需要增设"合同履约成本——工程施工""合同履约成本——服务成本""施工间接费用"等账户，用来核算和归集自营工程的建筑安装费用，月末实际成本转入"开发成本——房屋开发"的相应成本项目中。

(4) 企业在房地产开发过程中领用的设备，附属于工程实体的，应根据附属对象，于设备发出交付安装时，按其实际成本记入"开发成本——房屋开发"的相应成本项目中。

(四) 公共配套设施费的核算

计入房屋开发成本的公共配套设施费，应根据配套设施建设的不同情况，采用不同的核算方法，具体如下。

(1) 若公共设施是与商品房同步开发的，其开发费用直接计入商品房开发成本；分不清受益对象或应由两个以上开发项目共同负担的，可先通过"开发成本——配套设施开发"账户归集，待配套设施完成后，可按各开发项目的预算成本比例分配，其中应由房屋开发成本负担的部分，结转"开发成本——房屋开发"账户。

(2) 若公共设施落后于商品房开发，企业应预提土地开发项目应负担的公共设施费，借记"开发成本——房屋开发"等账户，贷记"预提费用"等账户。实际发生公共配套设施费时，借记"开发成本——配套设施开发"等账户，贷记"库存材料""应付账款"等账户。配套设施竣工分配实际设施费时，冲转并结清"预提费用"等账户。

(五) 开发间接费用的核算

开发间接费用是指房地产开发企业内部独立核算单位在开发现场组织和管理开发产品而发生的各项费用。这些费用虽然也属于直接为房地产开发而发生的费用，但它不能确定应由哪项开发产品所负担，因而无法将它直接计入各项开发产品成本。为了简化核算手续，将它先记入"开发间接费用"账户，然后按照适当分配标准，分配计入各项开发产品成本。

开发间接费用应分设如下明细项目进行核算：工资、福利费、折旧费、修理费、办公费、水电费、劳动保护费、周转房摊销、利息支出和其他费用。

发生间接费用时，做会计分录如下。

借：开发间接费用
  贷：应付职工薪酬
    累计折旧
    长期待摊费用

　　　　银行存款
　　　　周转房——周转房摊销
　期末结转时，做会计分录如下。
　借：开发成本——房屋开发(某工程)
　　　贷：开发间接费用
　如果开发企业不设置现场管理机构，由企业(即公司本部)定期或不定期地派人到开发现场组织开发活动，则其所发生的费用，除周转房摊销外，其他开发间接费可计入企业的管理费用。

四、土地开发成本的核算

(一) 土地开发支出划分和归集的原则

　房地产开发企业开发的土地，按其用途可分为如下两种：一种是为了转让、出租而开发的商品性土地(也叫商品性建设场所)；另一种是为开发商品房、出租房等房屋而开发的自用土地。前者是企业的最终开发产品，其费用支出单独构成土地的开发成本；而后者则是企业的中间开发产品，其费用支出应计入商品房、出租房等有关房屋开发成本。
　现行会计制度中设置的"开发成本——土地开发成本"账户，其核算内容与企业发生的土地开发支出并不完全对应，原则上仅限于企业开发各种商品性土地所发生的支出。企业为开发商品房、出租房等房屋而开发的土地，其费用能分清负担对象的，应直接计入有关房屋开发成本，在"开发成本——房屋开发成本"账户中进行核算。如果企业开发的自用土地，分不清负担对象，应由两个或两个以上成本核算对象负担的，其费用可先通过"开发成本——土地开发成本"账户进行归集，待土地开发完成投入使用时，再按一定的标准(如房屋占地面积或房屋建筑面积等)将其分配计入有关房屋开发成本。
　如果企业开发商品房、出租房用的土地属于企业开发商品性土地的一部分，则应将整块土地作为一个成本核算对象，在"开发成本——土地开发成本"账户中归集其发生的全部开发支出，计算其总成本和单位成本，并于土地开发完成时，将成本结转到"开发产品"账户。待使用土地时，再将使用土地所应负担的开发成本，从"开发产品"账户转入"开发成本——房屋开发成本"账户，计入商品房、出租房等房屋的开发成本。

(二) 土地开发成本核算对象的确定和成本项目的设置

1. 土地开发成本核算对象的确定

　为了既有利于土地开发支出的归集，又有利于土地开发成本的结转，对于需要单独核算土地开发成本的开发项目，可按下列原则确定土地开发成本的核算对象。
　(1) 对于开发面积不大、开发工期较短的土地，每一个独立的开发项目都可作为成本核算对象。
　(2) 对于开发面积较大、开发工期较长、分区域开发的土地，可以以一定区域作为土地开发成本核算对象。
　成本核算对象应在开工之前确定，一经确定就不能随意改变，更不能相互混淆。

2. 土地开发成本项目的设置

企业开发的土地由于设计要求不同，开发的层次、程度和内容都不相同，有的只是对场地进行清理平整，如对原有建筑物、障碍物进行拆除，对土地进行平整；有的除了平整场地外，还要进行地下各种管线的铺设、地面道路的建设等。因此，就各个具体的土地开发项目来说，其开发支出内容不完全相同。企业要根据所开发土地的具体情况和会计制度规定的成本项目，设置土地开发项目的成本项目。对于会计制度规定的、企业没有发生支出内容的成本项目，如建筑安装工程费、配套设施费，可不必设置。

根据土地开发支出的一般情况，企业对土地开发成本的核算，可设置如下成本项目。

(1) 土地征用及拆迁补偿费或土地批租费是指按照城市建设总体规划进行土地开发所发生的土地征用费、耕地占用税、劳动力安置费，以及有关地上、地下物的拆迁补偿费等，但对拆迁旧建筑物回收的残值应估计入账并冲减有关成本。若开发土地是通过批租方式取得的，应列入批租地价。

(2) 前期工程费是指土地开发项目前期工程发生的费用，包括规划、设计费，项目可行性研究费，水文、地质勘查、测绘费，场地平整费等。

(3) 基础设施费是指土地开发过程中发生的各种基础设施费，包括道路、供水、供电、供气、排污、排洪、通信等设施费用。

(4) 开发间接费是指应由商品性土地开发成本负担的开发间接费用。土地开发项目如要负担不能有偿转让的配套设施费，还应设置"配套设施费"成本项目，用以核算应计入土地开发成本的配套设施费。

3. 土地开发成本的核算

企业在土地开发过程中所发生的各项支出，除能直接记入房屋开发成本的自用土地开发支出在"开发成本——房屋开发成本"账户核算外，其他土地开发支出均应通过"开发成本——土地开发成本"账户进行核算。为了分清转让、出租用土地开发成本和不能确定负担对象自用土地开发成本，对土地开发成本应按土地开发项目的类别，分别设置"商品土地开发成本"和"自用土地开发成本"两个二级账户，并按成本核算对象和成本项目设置明细分类账。

(1) 对于发生的土地征用及拆迁补偿费、前期工程费、基础设施费等土地开发支出，可直接计入各土地开发成本明细分类账，会计分录如下。

借：开发成本——商品土地开发成本
　　　　　　——自用土地开发成本
　贷：银行存款
　　　应付账款——应付工程款

(2) 对于发生的开发间接费用，应先在"开发间接费用"账户进行核算，月份终了再按一定标准，分配计入有关开发成本核算对象。应由商品性土地开发成本负担的开发间接费，可做如下分录。

借：开发成本——商品土地开发成本
　贷：开发间接费用

【例6-1】2×18年10月，某房地产开发企业开发了两块土地，共发生开发费用支出如下。企业开发商品性土地和自用土地，支付征地拆迁费分别为156 000元和144 000元，支付承包设计单位前期工程款分别为 40 000 元和 36 000 元，应付承包施工单位基础设施款分别为 50 000 元和 36 000 元，分配应计入商品性土地成本的开发间接费用 20 000 元。

根据上述资料，应做如下处理。

(1) 用银行存款支付征地拆迁费时，做会计分录如下。

借：开发成本——商品土地开发成本　　　　　　156 000
　　　　　——自用土地开发成本　　　　　　　144 000
　　贷：银行存款　　　　　　　　　　　　　　　　　300 000

(2) 用银行存款支付设计单位前期工程款时，做会计分录如下。

借：开发成本——商品土地开发成本　　　　　　 40 000
　　　　　——自用土地开发成本　　　　　　　 36 000
　　贷：银行存款　　　　　　　　　　　　　　　　　 76 000

(3) 将应付施工企业基础设施工程款入账时，做会计分录如下。

借：开发成本——商品土地开发成本　　　　　　 50 000
　　　　　——自用土地开发成本　　　　　　　 36 000
　　贷：应付账款——应付工程款　　　　　　　　　 86 000

(4) 分配应计入商品性土地开发成本的开发间接费用时，做会计分录如下。

借：开发成本——商品性土地开发成本　　　　　 20 000
　　贷：开发间接费用　　　　　　　　　　　　　　　 20 000

同时应将各项土地开发支出分别计入商品土地开发成本、自用土地开发成本明细分类账。现列示土地开发成本明细分类账，如表 6-1 所示。

表 6-1　土地开发成本明细分类账

项目编号名称：303 商品土地　　　　　　　　　　　　　　　　　　　　　　　　单位：元

2×18 年	摘要	借方金额	借方余额	借方发生额			
				土地征用及拆迁补偿费	前期工程费	基础设施费	开发间接费
	本年累计		1 738 000	1 018 000	220 000	330 000	170 000
10月31日	支付征地拆迁费	156 000	1 894 000	156 000			
	支付前期工程费	40 000	1 934 000		40 000		
	支付基础设施工程款	50 000	1 984 000			50 000	
	分配开发间接费	20 000	2 004 000				20 000

4. 已完成土地开发成本的结转

应根据已完成开发土地的用途，采用不同的成本结转方法进行结转。

(1) 为转让、出租而开发的商品性土地，在开发完成并经验收后，应将其实际成本自"开发成本——商品土地开发成本"账户的贷方转入"开发产品——土地"账户的借方。

假如上述开发企业商品性土地经开发完成并验收，加上以前月份开发支出，共计 2 004 000

元,做会计分录如下。

借:开发产品——土地　　　　　　　　　　　　　　2 004 000
　　贷:开发成本——商品土地开发成本　　　　　　　　2 004 000

(2) 为本企业房屋开发用的土地,应于开发完成投入使用时,将土地开发的实际成本结转计入有关房屋的开发成本,做分录如下。

借:开发成本——房屋开发成本
　　贷:开发成本——自用土地开发成本

结转计入房屋开发成本的土地开发支出,可采用分项平行结转法或归类集中结转法来完成。分项平行结转法是指将土地开发支出的各项费用按成本项目分别平行转入有关房屋开发成本的对应成本项目。归类集中结转法是指将土地开发支出归类合并为"土地征用及拆迁补偿费或批租地价"和"基础设施费"两个费用项目,然后转入有关房屋开发成本的"土地征用及拆迁补偿费或批租地价"和"基础设施费"成本项目。凡与土地征用及拆迁补偿费或批租地价有关的费用,均转入有关房屋开发成本的"土地征用及拆迁补偿费或批租地价"项目;其他土地开发支出,包括前期工程费、基础设施费等,则合并转入有关房屋开发成本的"基础设施费"项目。经结转的自用土地开发支出,应将其从"开发成本——自用土地开发成本"账户的贷方转入"开发成本——房屋开发成本"账户的借方。

【例6-2】假如上述开发企业自用土地在开发完成后,加上以前月份的开发支出,共计1 296 000元。这块土地用于建造出租房和周转房,其中,出租房用地3 000平方米,周转房用地2 400平方米;每平方米自用土地开发成本为240[1 296 000÷(3 000+2 400)]元,则应结转出租房开发成本的土地开发支出为720 000(240×3 000)元,结转周转房开发成本的土地开发支出为576 000(240×2 400)元,应做如下会计分录入账。

借:开发成本——房屋开发成本——出租房　　　　　720 000
　　　　　　——房屋开发成本——周转房　　　　　576 000
　　贷:开发成本——自用土地开发成本　　　　　　1 296 000

(3) 如果自用土地开发完成后,还不能确定房屋和配套设施等项目的用地,则应先将其成本结转"开发产品——自用土地"账户的借方,于自用土地投入使用时,再从"开发产品——自用土地"账户的贷方将其开发成本转入"开发成本——房屋开发成本"等账户的借方。

借:开发产品——自用土地
　　贷:开发成本——土地开发成本
借:开发成本——房屋开发成本
　　贷:开发产品——自用土地

五、房屋开发成本的核算

(一) 房屋开发核算对象及成本项目

房屋开发是房地产开发企业的主要经营业务之一。开发企业开发的房屋,按其用途划分,可分为如下几类：为销售而开发的商品房；为出租经营而开发的出租房；为安置被拆迁居民周转使用而开发的周转房；受其他单位委托而开发的住宅等代建房。这些房屋，虽然用途不同，但其所发生的开发费用的性质和用途都大体相同，在成本核算上也可采用相同的方法。为了能总括地反映房屋开发所发生的支出，又能分门别类地反映企业各类房屋的开发支出，并便于计算开发成本，在会计上除设置"开发成本——房屋开发成本"账户外，还应按开发房屋的性质和用途，分别设置商品房、出租房、周转房、代建房等三级账户，并按各成本核算对象和成本项目进行明细分类核算。

1. 房屋开发核算对象的确定

房屋的成本核算对象，应结合开发地点、用途、结构、装修、层高、施工队伍等因素加以确定。

(1) 一般房屋开发项目，以每一独立编制设计概(预)算或每一独立的施工图预算所列的单项开发工程为成本核算对象。

(2) 同一开发地点，结构类型相同的群体开发项目，开、竣工时间相近，由同一施工队伍施工的，可以合并为一个成本核算对象，于开发完成算得实际开发成本后，再按各个单项工程概(预)算数的比例，计算各幢房屋的开发成本。

(3) 对于个别规模较大、工期较长的房屋开发项目，可以结合经济责任制的需要，按房屋开发项目的位置划分成本核算对象。

2. 房屋开发成本核算的项目

开发企业对房屋开发成本的核算，应设置如下成本项目。

(1) 土地征用及拆迁补偿费，是指为取得土地开发使用权(或开发权)而发生的各项费用，包括土地买价或出让金、大市政配套费、契税、耕地占用税、土地使用费、土地闲置费、农作物补偿费、危房补偿费、土地变更用途和超面积补交的地价及相关税费、拆迁补偿费用、安置及动迁费用、回迁房建造费用等。

(2) 前期工程费，是指项目开发前期发生的政府许可规费、招标代理费、临时设施费，以及水文地质勘查、测绘、规划、设计、可行性研究、咨询论证、筹建、场地通平等方面的前期费用。

(3) 建筑安装工程费，是指开发项目开发过程中发生的各项主体建筑的建筑工程费、安装工程费及精装修费等。

(4) 基础设施建设费，是指开发项目在开发过程中发生的道路、供水、供电、供气、供暖、排污、排洪、消防、通信、照明、有线电视、宽带网络、智能化等社区管网工程费和环境卫生、园林绿化等园林、景观环境工程费用等。

(5) 公共配套设施费，是指开发项目内发生的独立、非营利性的且产权属于全体业主的，或无偿赠予地方政府、公共事业单位的公共配套设施费用等。

(6) 开发间接费，指企业为直接组织和管理开发项目所发生的、不能将其直接归属为成本核算对象的工程监理费、造价审核费、结算审核费、工程保险费等。为业主代扣代缴的公共维修基金等不得计入产品成本。

(7) 借款费用，是指符合资本化条件的借款费用。房地产企业自行进行基础设施、建筑安装等工程建设的，可以参照建筑企业设置有关成本项目。

(二) 房屋开发成本的核算

1. 土地征用及拆迁补偿费的核算

房屋开发过程中发生的土地征用及拆迁补偿费，能分清成本核算对象的，应直接记入有关房屋开发成本核算对象的"土地征用及拆迁补偿费"成本项目。

借：开发成本——房屋开发成本——土地征用及拆迁补偿费
　　贷：银行存款

房屋开发过程中发生的自用土地征用及拆迁补偿费，若分不清成本核算对象，则应将其支出先通过"开发成本——自用土地开发成本"账户进行汇集，待土地开发完成投入使用时，再按一定标准将其分配计入有关房屋开发成本核算对象。

借：开发成本——房屋开发成本
　　贷：开发成本——自用土地开发成本

房屋开发占用的土地，如果属于企业综合开发的商品性土地的一部分，则应将其发生的土地征用及拆迁补偿费，先在"开发成本——商品土地开发成本"账户进行汇集，待土地开发完成投入使用时，再按一定标准将其分配计入有关房屋开发成本核算对象。

借：开发成本——房屋开发成本
　　贷：开发成本——商品土地开发成本

2. 前期工程费的核算

房屋开发过程中发生的规划、设计、可行性研究，以及水文地质勘查、测绘、场地平整等各项前期工程支出，能分清成本核算对象的，应直接计入；不能分清成本核算对象的，应按一定的标准将其分配记入有关房屋开发成本核算对象的"前期工程费"成本项目。

根据财税〔2016〕36号文件的规定，设计费按6%缴纳增值税，所以，房地产开发企业的前期工程费可按6%抵扣进项税。上述费用若是从小规模纳税人取得由税务部门代开的增值税专用发票，则可按3%抵扣进项税。同时，财税〔2016〕36号文件附件4规定，境外设计费、策划费是免税的，因此不能抵扣进项税。

借：开发成本——房屋开发成本——前期工程费
　　应交税费——应交增值税(进项税额)
　　贷：银行存款

3. 基础设施费的核算

房屋开发过程中发生的供水、供电、供气、排污、排洪、通信、绿化、环卫设施及道路等基础设施支出，一般应直接或分配记入有关房屋开发成本核算对象的"基础设施费"成本项目。

房地产开发企业接受道路、供水、供电、供热、通信、照明、绿化等建筑服务，根据财政部、税务总局、海关总署公告2019年第39号文件的规定，按基础设施费用9%抵扣进项税，上述费用若是从小规模纳税人取得由税务部门代开的增值税专用发票，则可按3%抵扣进项税。

借：开发成本——房屋开发成本——基础设施费
　　应交税费——应交增值税(进项税额)
　　贷：银行存款

4. 建筑安装工程费的核算

房屋开发过程中发生的建筑安装工程支出，应根据工程的不同施工方式，采用不同的核算方法。采用发包方法进行建筑安装工程施工的房屋开发项目，其建筑安装工程支出，应根据企业承付的已完工程价款确定，直接记入有关房屋开发成本核算对象的"建筑安装工程费"成本项目。

借：开发成本——房屋开发成本——建筑安装工程费
　　应交税费——应交增值税(进项税额)
　　贷：应付账款——应付工程款

如果开发企业对建筑安装工程采用招标方式发包，并将几个工程一并招标发包，则在工程完工结算工程价款时，应按各项工程预算造价的比例，计算它们的标价(即实际建筑安装工程费)。

【例 6-3】某开发企业将两幢商品房建筑安装工程进行招标，标价为 2 160 000 元，这两幢商品房的预算造价如下：F01 商品房为 1 260 000 元，F02 商品房为 1 008 000 元。在工程完工结算工程价款时，应按如下方法计算各幢商品房的实际建筑安装工程费。

某项工程实际建筑安装工程款＝工程造价×该项工程预算造价÷各项工程预算造价合计

F01 商品房＝2 160 000×1 260 000÷2 268 000＝1 200 000(元)

F02 商品房＝2 160 000×1 008 000÷2 268 000＝960 000(元)

采用自营方式进行建筑安装工程施工的房屋开发项目，其发生的各项建筑安装工程支出，一般可直接记入有关房屋开发成本核算对象的"建筑安装工程费"成本项目。

借：开发成本——房屋开发成本——建筑安装工程费
　　贷：库存材料/应付职工薪酬/银行存款

如果开发企业自行施工大型建筑安装工程，可以设置"合同履约成本——工程施工""合同履约成本——服务成本"和"施工间接费用"等账户，用来核算和归集各项建筑安装工程支出，月末将其实际成本转入"开发成本——房屋开发成本"账户，并记入有关房屋开发成本核算对象的"建筑安装工程费"成本项目。

根据财税〔2016〕36 号文件的规定，房地产开发企业自行采购材料或设备的，可按16%抵扣进项税；由建筑业一般纳税人提供的建安服务取得增值税专用发票，则可按10%抵扣进项税。财政部、税务总局、海关总署公告 2019 年第 39 号文件规定，原适用增值税率为16%的，调整为 13%；原适用增值税税率为 10%的，调整为 9%。

企业用于房屋开发的各项设备，即附属于房屋工程主体的各项设备，应在出库交付安装时，记入有关房屋开发成本核算对象的"建筑安装工程费"成本项目。

借：开发成本——房屋开发成本——建筑安装工程费
　　贷：库存设备

借：开发成本——房屋开发成本——建筑安装工程费
　　　应交税费——应交增值税(进项税额)[出包方式]
　　贷：应付账款——应付工程款

5. 配套设施费的核算

房屋开发成本应负担的配套设施费，是指开发小区内不能有偿转让的公共配套设施支出。在具体核算时，应根据配套设施的建设情况，采用不同的费用归集和核算方法。

根据财税〔2016〕36号文件的规定，房地产开发企业接受建筑业提供的建筑装饰材料和给排水、采暖、卫生、通风、照明、通信、煤气、消防、中央空调、电梯、电气、智能化楼宇设备及配套设施服务，并取得符合规定的增值税专用发票，可抵扣10%的进项税额。

(1) 配套设施与房屋同步开发，发生的公共配套设施支出，能够分清并可直接计入有关成本核算对象的，直接记入有关房屋开发成本核算对象的"配套设施费"项目。

借：开发成本——房屋开发成本——配套设施费
　　　应交税费——应交增值税(进项税额)[出包方式]
　　贷：应付账款——应付工程费

如果发生的配套设施支出，应由两个或两个以上成本核算对象负担的，应先在"开发成本——配套设施开发成本"账户进行汇集，待配套设施完工时，再按一定标准(如有关项目的预算成本或计划成本)，分配记入有关房屋开发成本核算对象的"配套设施费"成本项目。

借：开发成本——房屋开发成本——配套设施费
　　贷：开发成本——配套设施开发成本

(2) 配套设施与房屋非同步开发，即先开发房屋，后建配套设施，或者房屋已开发等待出售或出租，而配套设施尚未全部完成，在结算完工房屋的开发成本时，对应负担的配套设施费，可采取预提的办法。即根据配套设施的预算成本(或计划成本)和采用的分配标准，计算完工房屋应负担的配套设施费用，记入有关房屋开发成本核算对象的"配套设施费"成本项目。

借：开发成本——房屋开发成本——配套设施费
　　　应交税费——应交增值税(进项税额)[出包方式]
　　贷：预提费用

预提数与实际支出数的差额，在配套设施完工时调整有关房屋开发成本。

企业内部独立核算单位为开发各种开发产品而发生的各项间接费用，应先通过"开发间接费用"账户进行归集，每月终了，再按一定标准分配记入各有关房屋开发成本核算对象的"开发间接费用"成本项目。

借：开发成本——房屋开发成本——开发间接费用
　　贷：开发间接费用

企业内部独立核算单位为开发各种开发产品，如果存在动产租赁、车辆维修费、办公用品等业务，一般纳税人可按13%抵扣进项税，小规模纳税人可按3%抵扣进项税。

此外，开发企业发生的广告费、咨询评估鉴证费、通信费、业务招待费等，只要取得符合要求的增值税发票，就可按6%抵扣进项税。

【例6-4】 某房地产开发企业2×19年6月有关房屋开发的支出，如表6-2所示。

表6-2 某房地产开发企业2×19年6月有关房屋开发支出表

单位：元

项目	F01 商品房	F02 商品房	F03 出租房	F04 周转房
支付征地拆迁费	100 000	80 000		
结转自用土地征地拆迁费	75 000	75 000		
应付承包设计单位前期工程费	30 000	30 000	30 000	30 000
应付承包施工企业基础设施工程款	90 000	70 000	70 000	70 000
应付承包施工企业建筑安装工程款	600 000	480 000	450 000	450 000
分配配套设施费(水塔)	80 000	65 000	60 000	60 000
预提配套设施费(幼托)	80 000	72 000	64 000	64 000
分配开发间接费用	80 000	66 000	62 000	62 000

根据表 6-2 中的资料，该房地产开发企业应做会计分录如下。

在用银行存款支付征地拆迁费时，应做如下会计分录。

借：开发成本——房屋开发成本　　　　　　　180 000
　　贷：银行存款　　　　　　　　　　　　　　180 000

结转出租房、周转房使用土地应负担的自用土地开发成本时，应做如下会计分录。

借：开发成本——房屋开发成本　　　　　　　150 000
　　贷：开发成本——自用土地开发成本　　　　150 000

将应付设计单位(设计单位为一般纳税人)前期工程款入账时，应做如下会计分录。

借：开发成本——房屋开发成本　　　　　　　113 207.55[120 000÷(1＋6%)]
　　应交税费——应交增值税(进项税额)　　　　6 792.45
　　贷：应付账款——应付工程款　　　　　　　120 000

将应付施工企业(施工单位为一般纳税人)基础设施工程款入账时，应做如下会计分录。

借：开发成本——房屋开发成本　　　　　　　275 229.36 [300 000÷(1＋9%)]
　　应交税费——应交增值税(进项税额)　　　　24 770.64
　　贷：应付账款——应付工程款　　　　　　　300 000

将应付施工企业建筑安装工程款入账时，应做如下会计分录。

借：开发成本——房屋开发成本　　　　　　　1 816 513.76[1 980 000÷(1＋9%)]
　　应交税费——应交增值税(进项税额)　　　　163 486.24
　　贷：应付账款——应付工程款　　　　　　　1 980 000

分配应由房屋开发成本负担的水塔配套设施支出时，应做如下会计分录。

借：开发成本——房屋开发成本　　　　　　　265 000
　　贷：开发成本——配套设施开发成本——水塔　　265 000

预提应由房屋开发成本负担的幼托设施支出时，应做如下会计分录。

借：开发成本——房屋开发成本　　　　　　　　280 000
　　贷：预提费用——预提配套设施费　　　　　280 000
分配应由房屋开发成本负担的开发间接费用时，应做如下会计分录。
借：开发成本——房屋开发成本　　　　　　　　270 000
　　贷：开发间接费用　　　　　　　　　　　　270 000

(三) 房屋开发成本的结转

房屋开发项目竣工验收后，应按各种房屋的用途，将房屋的实际开发成本分别转入有关"开发产品"账户。

(1) 竣工商品房、代建房的开发成本应结转"开发产品——房屋"账户。

(2) 竣工后直接投入使用的出租房、周转房的开发成本，应分别记入"出租开发产品"和"周转房"账户。

(3) 若竣工后暂不使用，应记入"开发产品——房屋"账户，待投入使用后再转入"出租开发产品"和"周转房"账户。

(4) "开发产品"账户应按房屋类别分别设置"商品房""代建房""出租房""周转房"等二级账户，并按各成本核算对象进行明细分类核算。

六、配套设施开发成本的核算

(一) 配套设施的构成内容及其费用归集原则

1. 配套设施的构成内容

房地产开发企业开发的配套设施，通常包括两类：一类是在开发小区内开发不能有偿转让的公共配套设施，如水塔、锅炉房、居委会、派出所、消防、托儿所、自行车棚等；另一类是能有偿转让的城市规划中规定的大配套设施项目，包括开发小区内营业性公共配套设施(如商店、银行、邮局等)、开发小区内非营业性配套设施(如中小学、文化店、医院等)，以及在开发项目外为居民服务的给排水、供电、供气的增容增压、交通道路等。这类配套设施，如果没有投资来源，不能有偿转让，也将它归入第一类中，计入房屋开发成本。

2. 配套设施费用归集原则

按照现行财务制度规定，城市建设规划中的大配套设施项目不得计入商品房成本。因为国家有大配套设施方面的投资。

为反映企业开发建设中各种配套设施所发生的支出，准确地计算房屋和各种大配套设施的开发成本，对配套设施支出进行归集的原则如下。

(1) 对能分清并直接计入某个成本核算对象的第一类配套设施支出，可直接计入有关房屋等开发成本，并在"开发成本——房屋开发成本"账户中归集其发生的支出。

(2) 对不能直接计入有关房屋开发成本的第一类配套设施支出，应先在"开发成本——配套设施开发成本"账户进行归集，于开发完后再按一定标准分配计入有关房屋等开发成本。

(3) 对能有偿转让的第二类大配套设施支出，应在"开发成本——配套设施开发成本"账户进行归集。

(二) 配套设施成本项目的确定与设置

根据《企业产品成本核算制度(试行)》的规定，对于配套设施的开发成本，原则上，应设置土地征用及拆迁补偿费或批租地价、前期工程费、基础设施费、建筑安装工程费、配套设施费和开发间接费六个成本项目。但在实务中，对于不能有偿转让、不能直接计入各成本核算对象的各项公共配套设施，如果工程规模较大，可以将各配套设施作为成本核算对象；如果工程规模不大、与其他项目建设地点较近、开竣工时间相差不多，并由同一施工单位施工，也可以考虑将它们合并作为一个成本核算对象，待工程完工计算出开发总成本后，按照各项目的预算成本(或计划成本)的比例，先计算出各配套设施的开发成本后，再按一定标准，将各配套设施开发成本分配计入各有关房屋等开发成本。

由于这些配套设施的支出最终要由房屋等开发成本来负担，为简化核算手续，在核算时一般只设置土地征用及拆迁补偿费或批租地价、前期工程费、基础设施费和建筑安装工程费四个成本项目。

对于这些配套设施发生的其他配套设施支出，以及本身应负担的开发间接费用，也可直接分配计入有关房屋开发成本。

(三) 配套设施开发成本的核算

企业发生的各项配套设施支出，应在"开发成本——配套设施开发成本"账户进行核算，并按成本核算对象和成本项目进行明细分类核算。

(1) 已发生的土地征用及拆迁补偿费或批租地价、前期工程费、基础设施费、建筑安装工程费等支出，可直接计入配套设施开发成本明细分类账的相应成本项目。

借：开发成本——配套设施开发成本
　　贷：银行存款
　　　　应付账款——应付工程款

(2) 对能有偿转让大型配套设施分配的其他配套设施支出，应记入各大配套设施开发成本明细分类账的"配套设施费"项目。

借：开发成本——配套设施开发成本——××(商店、银行)
　　贷：开发成本——配套设施开发成本——××(水塔、锅炉房)

(3) 对能有偿转让大型配套设施分配的开发间接费用，应记入各配套设施开发成本明细分类账的"开发间接费用"项目。

借：开发成本——配套设施开发成本
　　贷：开发间接费用

(4) 对配套设施与房屋等开发产品不同步开发，或房屋等开发完成等待出售或出租，而配套设施尚未全部完成的，经批准后可按配套设施的预算成本或计划成本，预提配套设施费，将它记入房屋开发成本明细分类账的"配套设施费"项目。

借：开发成本——房屋开发成本
　　贷：预提费用

开发企业开发一个小区所用的时间往往较长，有的需要几年，在开发进度安排上，有时会先建房屋，后建配套设施。因此，可能会出现房屋已经建成而有的配套设施尚未完成，或者商品房已经销售，而幼托、消防设施等尚未完工的情况。这种房屋开发与配套设施建设的时间差，使得已具备使用条件并已出售的房屋应负担的配套设施费，无法按配套设施的实际开发成本进行结转和分配，只能以未完成配套设施的预算成本或计划成本为基数，计算出已出售房屋应负担的数额，用预提方式计入出售房屋等的开发成本。开发产品预提的配套设施费，一般可按以下公式进行计算。

某项开发产品预提的配套设施费＝该项开发产品预算成本或计划成本×配套设施费预提率

配套设施费预提率＝[该配套设施的预算成本(或计划成本)÷应负担该配套设施费各开发产品的预算成本(或计划成本)合计]×100%

公式中，应负担配套设施费的开发产品一般包括开发房屋、能有偿转让在开发小区内开发的大配套设施。

【例6-5】某开发小区内幼托设施开发成本应由F01和F02商品房、F03出租房、F04周转房和201大配套设施——商店负担。由于幼儿园设施在商品房等完工出售、出租时尚未完工，为了及时结转完工的商品房等成本，应先将幼儿园设施的配套设施费预提计入商品房等的开发成本。假定各项开发产品和幼托设施的预算成本如下。

F01 商品房	2 000 000 元
F02 商品房	1 800 000 元
F03 出租房	1 600 000 元
F04 周转房	1 600 000 元
201 大配套设施——商店	1 000 000 元
250 幼儿园设施	640 000 元

则：幼儿园设施的配套设施费预提率
＝640 000÷[2 000 000＋1 800 000＋1 600 000＋1 600 000＋1 000 000]×100%
＝640 000÷8 000 000×100%＝8%

各项开发产品预提幼儿园设施的配套设施费如下。

F01 商品房	2 000 000×8%＝160 000(元)
F02 商品房	1 800 000×8%＝144 000(元)
F03 出租房	1 600 000×8%＝128 000(元)
F04 周转房	1 600 000×8%＝128 000(元)
201 大配套设施——商店	1 000 000×8%＝80 000(元)

按预提率计算各项开发产品的配套设施费时，其与实际支出的差额，应在配套设施完工时，按预提数的比例，调整增加或减少有关开发产品的成本。

现举例说明配套设施开发成本的核算。

【例6-6】 2×18年某房地产开发企业根据建设规划要求,在开发小区内负责建设一家超市、一座水塔和一所幼儿园。上述设施均发包给施工企业施工,其中超市建成后,有偿转让给商业部门。水塔和幼儿园的开发支出按规定计入有关开发产品的成本。水塔与商品房等同步开发,幼儿园与商品房等不同步开发,其支出经批准采用预提办法。假定不考虑相关税费。上述各配套设施发生的有关支出,如表6-3所示。

表6-3 某房地产开发企业2×18年有关配套设施开发支出表

单位:元

项目	201超市	251水塔	252幼儿园
支付征地拆迁费	100 000	10 000	100 000
支付承包设计单位前期工程费	60 000	40 000	60 000
应付承包施工企业基础设施工程款	100 000	60 000	100 000
应付承包施工企业建筑安装工程款	400 000	490 000	380 000
分配配套设施费(水塔)	70 000		
预提配套设施费(幼托)	80 000		
分配开发间接费用	110 000		
合计	920 000	600 000	640 000

根据表6-3资料,企业应做如下会计处理。

用银行存款支付征地拆迁费时,做如下会计分录。

借:开发成本——配套设施开发成本　　　　　　　　210 000
　　贷:银行存款　　　　　　　　　　　　　　　　　　　210 000

用银行存款支付设计单位前期工程款时,做如下会计分录。

借:开发成本——配套设施开发成本　　　　　　　　160 000
　　贷:银行存款　　　　　　　　　　　　　　　　　　　160 000

将应付施工企业基础设施工程款和建筑安装工程款入账时,做如下会计分录。

借:开发成本——配套设施开发成本　　　　　　　1 530 000
　　贷:应付账款——应付工程款　　　　　　　　　　1 530 000

分配应计入超市配套设施开发成本的水塔设施支出时,做如下会计分录。

借:开发成本——配套设施开发成本——超市　　　　70 000
　　贷:开发成本——配套设施开发成本——水塔　　　　70 000

分配应计入商店配套设施开发成本的开发间接费用时,做如下会计分录。

借:开发成本——配套设施开发成本——超市　　　110 000
　　贷:开发间接费用　　　　　　　　　　　　　　　　110 000

预提应由超市配套设施开发成本负担的幼儿园设施支出时,做如下会计分录。

借：开发成本——配套设施开发成本——幼儿园　　　　　80 000
　　贷：预提费用——预提配套设施费　　　　　　　　　　　80 000

同时应将各项配套设施支出分别计入各配套设施开发成本明细分类账、超市配套设施开发成本明细分类账，如表6-4所示。

表6-4　配套设施开发成本明细分类账

项目编号名称：201 超市商场　　　　　　　　　　　　　　　　　　　　　　　　单位：元

2×18年	摘要	借方金额	借方余额	借方发生额					
				土地征用及拆迁补偿费	前期工程费	基础设施费	建安工程费	配套设施费	开发间接费
(略)	本年累计	660 000	660 000	100 000	60 000	100 000	400 000		
	分配水塔设施费	70 000	730 000					70 000	
	分配开发间接费	110 000	840 000						110 000
	预提幼儿园设施费	80 000	920 000					80 000	

(四) 已完配套设施开发成本的结转

已完成全部开发工程并经验收的配套设施，应按其不同情况和用途结转其开发成本。

(1) 对于能有偿转让的大配套设施，如上述超市商场设施，应在完工验收后将其实际成本自"开发成本——配套设施开发成本"账户的贷方转入"开发产品——配套设施"账户的借方，做会计分录如下。

借：开发产品——配套设施(超市)　　　　　　　　920 000
　　贷：开发成本——配套设施成本　　　　　　　　　　　920 000

配套设施有偿转让收入，应作为经营收入处理。

(2) 按规定应将其开发成本分配计入商品房等开发产品成本的公共配套设施。对于这类设施的水塔，在完工验收后，应将其发生的实际开发成本按一定的标准(有关开发产品的实际成本、预算成本或计划成本)，分配计入有关房屋和大配套设施的开发成本，做会计分录如下。

借：开发成本——房屋成本　　　　　　　　　　　530 000(不能转让)
　　开发成本——配套设施成本　　　　　　　　　　70 000(有偿转让)
　　贷：开发成本——配套设施成本　　　　　　　　　　　600 000(分不清对象)

(3) 对于用预提方式将配套设施支出计入有关开发产品成本的公共配套设施，如幼托设施，应在完工验收后，将其实际发生的开发成本冲减预提的配套设施费，做会计分录如下。

借：预提费用——预提配套设施费　　　　　　　　640 000
　　贷：开发成本——配套设施成本　　　　　　　　　　　640 000

若预提配套设施费大于或小于实际开发成本，则可将其多提数或少提数冲减有关开发产品成本或做追加的分配。若有关开发产品已完工并办理竣工决算，则可将其差额冲减或追加分配于尚未办理竣工决算的开发产品的成本。

七、代建工程开发成本的核算

(一) 代建工程开发成本项目的设置

1. 代建工程的概念及内容

代建工程是指开发企业接受委托单位委托，代为开发的各项工程，或者参加委托单位招标，经过投标中标后承建的开发项目，主要包括建设场地、各种房屋和市政工程，如城市道路、园林绿化、基础设施等。

2. 代建工程成本项目

代建工程开发成本核算时，应设置土地征用及拆迁补偿费、前期工程费、基础设施费、建筑安装工程费和开发间接费五个成本项目。在实际工作中，应根据代建工程支出内容设置使用。

(二) 代建工程成本的核算

现行会计制度规定：企业代委托单位开发的土地(即建设场地)、房屋所发生的各项支出，应分别通过"开发成本——商品性土地开发成本"和"开发成本——房屋开发成本"账户进行核算，并在这两个账户下分别按土地、房屋成本核算对象和成本项目归集各项支出，进行代建工程项目开发成本的明细分类核算。除土地、房屋以外，企业代委托单位开发的其他工程，如市政工程等，其所发生的支出，则应通过"开发成本——代建工程开发成本"账户进行核算。因此，开发企业在"开发成本——代建工程开发成本"账户核算的，仅限于企业接受委托单位委托，代为开发的除土地、房屋以外的其他工程发生的支出。当开发企业发生各项代建工程支出和对代建工程分配开发间接费用时，借记"开发成本——代建工程开发成本"账户，贷记"银行存款""应付账款——应付工程款""原材料""应付职工薪酬""开发间接费用"等账户。

同时应按成本核算对象和成本项目分别归类计入各代建工程开发成本明细分类账。代建工程开发成本明细分类账的格式，与房屋开发成本明细分类账基本相同。

完成全部开发过程并经验收的代建工程，应按其实际开发成本，借记"开发产品"账户，贷记"开发成本——代建工程开发成本"账户；在将代建工程移交委托代建单位，办妥工程价款结算手续后，按代建工程开发成本，借记"主营业务成本"账户，贷记"开发产品"账户。

【例6-7】某市房地产开发公司接受市政工程管理部门的委托，代为扩建某小区旁边的一条道路。扩建过程中，用银行存款支付拆迁补偿费600 000元，前期工程费320 000元，应付基础设施工程款1 080 000元，分配开发间接费用160 000元。假定不考虑相关税费。

在发生上述各项扩建工程开发支出和分配开发间接费用时，做会计分录如下。

借：开发成本——代建工程开发成本　　　　2 160 000
　　贷：银行存款　　　　　　　　　　　　　　　920 000
　　　　应付账款——应付工程款　　　　　　　1 080 000
　　　　开发间接费用　　　　　　　　　　　　　160 000

道路扩建工程完工并经验收，结转已完工程成本时，做会计分录如下。

借：开发产品——代建工程(道路)　　　　　　2 160 000
　　贷：开发成本——代建工程开发成本　　　　　　2 160 000

第三节　房地产开发产品的核算

开发产品指企业已经完成全部开发建设过程，并已验收合格，符合国家建设标准和设计要求，可以按合同规定的条件移交订购单位，或作为对外销售的待售、转让、出租或结算的开发产品。

一、开发产品的构成及计价

(一) 开发产品的构成

开发产品主要由开发完成的土地(建设场地)、房屋、配套设施和代建工程等构成。

1. 开发建设的土地(建设场地)

开发建设的土地主要包括：为有偿转让或出租而开发的商品性建设场地，属于企业的最终产品；为建设商品房、经营房和周转房而开发的自用建设场地，属于企业的中间产品，如果近期不使用，已完成的自用建设场地也视为企业的最终产品。

2. 开发建设的房屋

开发建设的房屋主要包括：为销售而开发的商品房；为出租经营而开发的出租房；为安置被拆迁居民周转使用而开发的周转房；代为开发建设的房屋。

3. 开发建设的配套设施

开发建设的配套设施包括两类：一类是在开发小区内开发不能有偿转让的公共配套设施，如水塔、锅炉房、居委会、派出所、消防、托儿所、自行车棚等，该类配套设施属于企业的中间产品，其开发完成后，计入开发小区内的房屋开发成本；另一类是能有偿转让的城市规划中规定的大配套设施项目，包括开发小区内营业性公共配套设施(如商店、银行、邮局等)、开发小区内非营业性配套设施(如中小学校、文化店、医院等)，以及在开发项目外为居民服务的给排水、供电、供气的增容增压、交通道路等。该类配套设施属于企业最终产品，开发完成后，作为企业的开发产品。

4. 开发建设的代建工程

开发建设的代建工程指企业接受其他单位委托，代为开发建设的各项工程，包括建设场地、房屋和其他工程。

(二) 开发产品的计价

开发产品按开发过程中发生的实际成本计价。应计入商品房成本的、不能转让的公共配套设施,如果不能与商品房建设同步,结转商品房成本负担的配套设施费时,可采用预提的方法予以确定。

二、开发产品的核算

(一) 开发产品增加的核算

房地产开发企业对已完成开发过程的商品房、代建房、出租房、周转房,应在竣工验收以后将其开发成本结转"开发产品"账户。会计人员应根据房屋开发成本明细分类账记录的完工房屋实际成本,借记"开发产品"账户,贷记"开发成本——房屋开发成本"账户。"开发产品"账户应按房屋类别分别设置"商品房""代建房""出租房""周转房"等二级账户,并按各成本核算对象进行明细分类核算。

【例6-8】某房地产开发企业,本月完工经验收合格的商品房1 135 000元、出租房736 000元、周转房736 000元。根据资料应做如下会计分录。

  借:开发产品——商品房   1 135 000
      ——出租房   736 000
      ——周转房   736 000
    贷:开发成本——房屋开发成本   2 607 000

(二) 开发产品减少的核算

企业开发完成的产品,由于其减少的原因不同,按现行会计制度规定,应根据具体情况进行开发产品减少的会计处理。

1. 对外销售及代建工程移交

在销售或移交、转让开发产品时确认收入;期末按实际成本结转已售开发产品成本。会计处理如下。

  借:主营业务成本
    贷:开发产品

2. 分期收款销售

分期收款销售是指商品已经交付,但货款分期收回的一种销售方式。在该方式下,销货方将商品交付给购货方,通常就表明商品所有权上的主要风险和报酬已经转移给了购货方。因此,销货方应当于发出商品时就确认销售收入并结转已售成本。会计处理如下。

  借:主营业务成本
    贷:开发产品

3. 房地产出租

房地产开发企业在销售开发产品的同时,也将其开发的一部分产品(如写字楼、高级公寓等)对外出租,以收取租金的方式获取收益。尤其是一些专做商业地产的房地产企业,往往在产品开发之前就已经和承租方签订租赁合同,不但保证了产品按期交付使用,避免给承租方造成损失,而且还能根据承租方自身的需求开发产品,房地产企业也因此能够取得更好的投资回报。所以房地产出租业务是房地产企业取得收入的重要方式之一。

将开发的土地和房屋用于出租的,应于移交使用时,按土地和房屋的实际成本,借记"投资性房地产"账户,贷记"开发产品——出租房(或商品性土地)"账户。

出租土地、房屋时,收取的租金收入应记入"主营业务收入——出租产品租金收入"账户;为出租开发产品而发生的修理费及摊销,应记入"主营业务成本——出租房摊销(或出租房维修)"账户。

【例6-9】某房地产开发公司将开发完成的一栋办公楼出租给某单位使用,办公楼的实际成本为 7 000 000 元,每年计提折旧 600 000 元,出租过程中发生维修费用 100 000 元。出租 5 年后终止租赁合同,将出租办公楼对外销售。根据上述资料,做会计分录如下。

(1) 结转出租开发产品成本。

借:投资性房地产　　　　　　　　　　　7 000 000
　　贷:开发产品——出租房　　　　　　　　　　　7 000 000

(2) 假设投资性房地产按成本计量模式计量,每年计提房屋折旧。

借:主营业务成本——出租房摊销　　　　600 000
　　贷:投资性房地产累计折旧(摊销)　　　　　　　600 000

(3) 支付开发产品维修费。

借:主营业务成本——出租房维修　　　　100 000
　　贷:银行存款　　　　　　　　　　　　　　　　100 000

(4) 5 年后出租的开发产品对外销售。

出租开发产品折余价值 = 7 000 000 − 600 000 × 5 = 4 000 000(元)

借:主营业务成本——商品房销售成本　　4 000 000
　　投资性房地产累计折旧(摊销)　　　　3 000 000
　　贷:投资性房地产　　　　　　　　　　　　　　7 000 000

根据《企业会计准则第 3 号——投资性房地产》第 11 条的规定,采用公允价值模式计量的,不对投资性房地产计提折旧或进行摊销,应当以资产负债表日投资性房地产的公允价值为基础调整其账面价值,公允价值与原账面价值之间的差额计入当期损益。

投资性房地产计提折旧或摊销,可参照工业企业固定资产折旧平均年限法来进行。

4. 拆迁周转房

将开发的房屋用于拆迁居民周转使用的,应于移交使用时,按房屋的实际成本,借记"周转房"账户,贷记"开发产品——房屋"账户。

周转房是指企业用于安置拆迁居民周转使用、产权归企业所有的各种房屋,包括开发过程中已明确为安置拆迁居民周转使用的房屋;企业开发完成的商品房,在尚未销售前用于安置拆迁居民周转使用的部分;搭建的用于安置拆迁居民周转使用的临时性简易房屋。核算内容包括周转房的摊销、维修及销售等核算。

会计核算上设置"周转房"资产类账户,并在其下设"在用周转房"和"周转房摊销"两个二级账户进行核算。

发生周转房的摊销、维修业务,应记入"开发成本"账户,其中,周转房摊销,采用"平均年限法"进行。周转房的销售,应视同开发产品销售,记入"主营业务收入"账户,同时结转已售开发产品成本,记入"主营业务成本"账户。

【例 6-10】某房地产开发公司开发完成的用于安置拆迁居民周转使用的房屋,其实际成本为 4 000 000 元,本月应计提摊销额 25 000 元,周转房在使用过程中发生维修费用 50 000 元。3 年后将该周转房作为商品房对外销售。根据上述资料,做会计分录如下。

(1) 开发完的周转房交付使用。

借:周转房——在用周转房　　　　4 000 000
　　贷:开发产品——房屋　　　　　4 000 000

(2) 本月应计提摊销额。

借:开发成本　　　　　　　　　　25 000
　　贷:周转房——周转房摊销　　　25 000

(3) 支付维修费。

借:开发成本　　　　　　　　　　50 000
　　贷:银行存款　　　　　　　　　50 000

注意:

能确认归属的周转房摊销、维修费用,直接记入"开发成本"账户;不能确认归属的,先记入"开发间接费用"账户,待期末再按一定的标准分配计入各有关工程的开发成本。

(4) 结转对外销售周转房成本。

销售时周转房折余价值=4 000 000－25 000×12×3＝3 100 000(元)

借:其他业务成本　　　　　　　　3 100 000
　　周转房——周转房摊销　　　　 900 000
　　贷:周转房——在用周转　　　　4 000 000

第四节　房地产开发企业营业收入的核算

一、营业收入的范围和实现

(一) 营业收入核算的特殊性

1. 营业收入具有多样性

房地产开发企业开发的产品具有多样性就决定了其收入的多样性,如商品房销售收入、转让开发产品收入、出租开发产品收入、配套设施销售收入、代建工程收入等。

2. 营业收入的坏账风险较小

房地产开发企业销售开发产品时，通常采取预售方式和银行按揭贷款方式，甚至在没有建成产品时就先行收到款项，所以较少发生坏账。

(二) 营业收入的内容

收入是指企业在销售商品、提供劳务及让渡资产使用权等日常活动中所形成的经济利益的总流入。房地产开发企业的营业收入，是指房地产开发企业在开始经营过程中取得的收入，主要包括：销售开发产品、材料，提供劳务，代建房屋及代建其他工程，出租开发产品，以及其他多种经营活动等取得的收入。

(三) 营业收入确认的条件

企业会计准则规定的收入确认的条件是销售商品收入，应当在下列条件均能满足时予以确认。

(1) 企业已将所有权上的主要风险和报酬转移给买方。
(2) 企业既没有保留通常与所有权相联系的继续管理权，也没有对已售出的商品实施控制。
(3) 与交易相关的经济利益能够流入企业。
(4) 相关的收入和成本能够可靠计量。

根据这一规定，我国房地产企业收入确认的时点，一般认为是在为客户办理房屋产权证时，即在产权变更时确认收入。但在一般情况下，由于房屋在移交手续办妥后，客户就可持相关单证到有关部门办理房地产有关权证，房地产商实际上已经取得了收取房款的法律保障，因此，与房屋所有权相关的主要风险和报酬已转移给买主；同时，根据房地产管理有关规定，房地产开发企业出售房屋办妥移交手续后，应移交该开发项目给区域内的物业管理公司管理，房地产开发企业不再拥有管理权和控制权；而与收入相关的成本由于房屋已经建成而使之能够可靠计量。基于上述原因，在会计实务中，房地产收入在满足以下条件时即可确认：①开发产品已竣工并经有关部门验收合格，房屋面积也经有关部门测定；②已与客户签订正式的房屋销售合同；③标的物——房屋已经客户验收，对于房屋的结构、销售面积及房款，购销双方均无异议，并与客户办妥了交付入住手续，双方均已履行了合同规定的义务。

企业当期的合同收入和费用的确认方法，与施工企业相同，可采用完工(履约)百分比法进行。

二、主营业务收入的核算

房地产开发企业在销售、转让和出租开发产品等环节，主要应设置"主营业务收入""主营业务成本""其他业务收入""其他业务成本""税金及附加""应收账款""银行存款""开发产品""投资性房地产""合同负债""应交税费"等账户。

在设置损益类账户时应注意，不同的房地产开发企业对于主营与非主营业务收入的划分是不同的，如开发产品租赁收入，有的企业将其作为主营业务收入，而有的企业则将其作为非主营业务收入。另外，为方便管理，应在上述账户下设置多级明细账户进行明细核算，如主营业务收入——商品房销售收入——××项目。

（一）开发产品销售、转让收入的核算

企业销售商品房，将发票提交给买方，并办理移交手续后，按销售价款借记"银行存款""应收账款"等账户，贷记"主营业务收入——商品房销售收入"账户。月末按已售商品房的实际成本，借记"主营业务成本——商品房销售成本"账户，贷记"开发产品——商品房"账户。

企业对外转让商品性土地，在办理转让手续并将账单交付给买方后，按转让价格借记"银行存款""应收账款"等账户，贷记"主营业务收入——土地使用权转让收入"账户。月末按已对外转让的商品性土地的实际成本，借记"主营业务成本——土地使用权转让成本"账户，贷记"开发产品——土地"账户。

企业有偿转让的配套设施，在办理财产交接手续并将配套设施工程价款账单提交给买方后，按转让价格借记"银行存款""应收账款"等账户，贷记"主营业务收入——配套设施销售收入"账户。月末按已转让配套设施的实际成本，借记"主营业务成本——配套设施销售成本"账户，贷记"开发产品——配套设施"账户。

企业将完工的代建工程交付委托单位时，在办理财产交接手续并将代建工程价款结算账单提交给委托单位后，按其工程价款借记"银行存款""应收账款"等账户，贷记"主营业务收入——代建工程结算收入"账户。月末按代建工程的实际成本，借记"主营业务成本——代建工程结算成本"账户，贷记"开发产品——代建工程"账户。

【例6-11】某房地产开发企业为一般纳税人，本月销售自行开发的办公楼盘，适用于一般计税方法。具体发生业务如下：

(1) 销售给甲公司办公楼一栋，实际售价为 4 000 000 元，款已收妥入账，且开具增值税专用发票；该栋办公楼实际成本为 3 200 000 元。会计分录如下。

借：银行存款　　　　　　　　　　　　　　4 000 000
　　贷：主营业务收入——商品房销售收入　　3 669 724.77 [4 000 000÷(1+9%)]
　　　　应交税费——应交增值税(销项税额)　　330 275.23
借：主营业务成本　　　　　　　　　　　　3 200 000
　　贷：开发产品——房屋　　　　　　　　　3 200 000

(2) 企业开发该办公楼盘项目支付土地出让金 4 400 000 元，可供出售建筑面积 4 000 平方米，本月销售建筑面积 1 000 平方米。

本月可以扣除的土地价款冲减的增值税销项税的计算过程如下。

本月允许扣除的土地价款＝本月出售建筑面积÷可供出售建筑面积×支付的土地出让金
　　　　　　　　　　　＝1 000÷4 000×4 400 000＝1 100 000(元)

本月可以扣除的土地价款冲减的增值税销项税＝1 100 000÷(1+9%)×9%＝90 825.69(元)

借：应交税费——应交增值税(销项税额抵减)　　90 825.69
　　贷：主营业务成本　　　　　　　　　　　　90 825.69

(3) 采用预收方式销售商品房，预收房款 5 500 000 元，存入银行。

借：银行存款　　　　　　　　　　　　　　　　　5 500 000
　　贷：预收账款——××　　　　　　　　　　　　　　5 500 000
本月应预缴增值税＝5 500 000÷(1＋9%)×5%＝252 293.58(元)
借：应交税费——预缴增值税　　　　　　　　　　252 293.58
　　贷：银行存款　　　　　　　　　　　　　　　　252 293.58
月末，转出预缴增值税。
借：应交税费——未交增值税　　　　　　　　　　252 293.58
　　贷：应交税费——预缴增值税　　　　　　　　　252 293.58

(4) 企业将开发完工的100亩商品性土地转让给乙单位，转让价3 000 000元，款已收妥入账。开发土地实际成本1 500 000元。会计分录如下。

借：银行存款　　　　　　　　　　　　　　　　　3 000 000
　　贷：主营业务收入——土地使用权转让收入　　2 752 293.58
　　　　应交税费——应交增值税(销项税额)　　　 247 706.42
借：主营业务成本　　　　　　　　　　　　　　　1 500 000
　　贷：开发产品——土地　　　　　　　　　　　　1 500 000

(5) 企业将开发完工的配套设施商店转让给丙单位，转让价为2 180 000元，且开具增值税专用发票。款项已存入银行。会计分录如下。

借：银行存款　　　　　　　　　　　　　　　　　2 180 000
　　贷：主营业务收入——配套设施销售收入　　　　2 000 000
　　　　应交税费——应交增值税(销项税额)　　　　　180 000

(二) 开发产品分期收款销售收入的核算

分期收款销售商品发出时，销货方可确认收入实现。需要特别注意：货款按合同约定的收款日期分期收回，强调的只是货款要分期结算而已，与风险和报酬的转移没有关系，所以企业不应该按照合同约定的收款日期分期确认收入。也就是说，销货方应于发出商品时，按照从购货方已收或应收的合同或协议价款确认收入，并结转已售开发产品成本。

【例6-12】某房地产开发企业采用分期收款方式向丁单位出售商品房，其售价为18 000 000元，丁单位收到商品房时，首付20%的房款。其余款项于每季季末支付，分3次等额付清。该商品房实际成本为15 000 000元。根据资料，应做如下会计处理。

(1) 销售商品房收到20%的首付款。
借：银行存款　　　　　　　　　　　　　　　　　3 600 000
　　应收账款——丁单位　　　　　　　　　　　　14 400 000
　　贷：主营业务收入——商品房销售收入　　　　18 000 000
借：主营业务成本——商品房销售成本　　　　　　15 000 000
　　贷：开发产品——商品房　　　　　　　　　　15 000 000

(2) 企业在第2，3，4次收到房款时，应做如下会计处理。
借：银行存款　　　　　　　　　　　　　　　　　4 800 000
　　贷：应收账款——丁单位　　　　　　　　　　　4 800 000

(三) 开发产品出租租金收入的核算

房地产开发企业用于出租的房屋和土地，应通过"投资性房地产"账户进行核算，其具体业务主要有以下几方面。

(1) 企业将开发完工的用于出租的商品房或商品性土地出租时，借记"投资性房地产"账户，贷记"开发产品——出租房(或商品性土地)"账户。

(2) 企业按出租协议规定收取租金收入时，借记"银行存款""应收账款"等账户，贷记"主营业务收入——房屋出租收入"账户。

(3) 出租开发产品在出租过程中，计提折旧(或摊销)、支付维修费用，借记"主营业务成本——出租房摊销(或出租房维修)"账户，贷记"投资性房地产累计折旧(摊销)""银行存款"等账户。

(4) 出租开发产品对外销售或转让时，应按转让价格，借记"银行存款""应收账款"等账户，贷记"主营业务收入——商品房销售收入"等账户。同时，按出租开发产品的原价扣除其累计折旧额后，借记"主营业务成本——商品房销售成本"账户，按出租房屋累计折旧，借记"投资性房地产累计折旧(摊销)"账户，按出租开发产品的原价，贷记"投资性房地产"账户。

【例6-13】2×19年6月某省会城市的万隆房地产开发公司将开发的某小区地下一层租给某大型超市，根据合同规定，租期10年，每年租金1 800 000元，租金按月支付。出租的地下一层面积为2 000平方米，开发成本为12 000 000元。企业对出租房采用成本计量模式计量，出租房屋每月应计提折旧(或摊销)25 000元。

根据业务资料，本月应做如下会计处理。

(1) 签订租赁合同，缴纳印花税，结转出租房屋成本。

应交印花税＝1 800 000×1‰＝1 800(元)

根据银行缴税付款凭单，做如下会计分录。

借：税金及附加——印花税　　　　　　　　　　1 800
　　贷：银行存款　　　　　　　　　　　　　　　　1 800

同时，结转出租房开发成本。

借：投资性房地产　　　　　　　　　　　　　12 000 000
　　贷：开发产品——出租房　　　　　　　　　　12 000 000

(2) 每月月末收到租金，做如下会计分录。

借：银行存款　　　　　　　　　　　　　　150 000 [1 800 000÷12]
　　贷：主营业务收入——出租房租金收入　　137 614.68 [150 000÷(1＋9%)]
　　　　应交税费——应交增值税(销项税额)　　12 385.32

(3) 计算本月应负担的销售环节税费，应做如下会计分录。

应交城市维护建设税＝12 385.32×7%＝866.97(元)

应交教育费附加＝12 385.32×3%＝371.56(元)

借：税金及附加　　　　　　　　　　　　　　1 238.53
　　贷：应交税费——应交城市维护建设税　　　　866.97
　　　　　　　　——应交教育费附加　　　　　　371.56

(4) 每月计提房屋折旧或摊销。

借：主营业务成本——出租房摊销　　　　　　25 000
　　贷：投资性房地产累计折旧(摊销)　　　　　　　　25 000

(5) 出租的房产，按规定应缴纳房产税、土地使用税。假设出租的房产土地使用税适用税率为18元/年/平方米，房产税从租税率为年12%。则有：

应交房产税＝1 800 000×12%＝216 000(元)

应交土地使用税＝2 000×18＝36 000(元)

实务中，通常按年计征，根据银行付款凭单，做如下会计分录。

借：税金及附加——应交房产税　　　　　　　216 000
　　　　　　　——应交土地使用税　　　　　　36 000
　　贷：银行存款　　　　　　　　　　　　　　　　252 000

【例 6-14】甲房地产开发公司与乙公司签订合同，向其销售一栋建筑物，合同价款为1 000 000 元。该建筑物的成本为 600 000 元，乙公司在合同开始日即取得了该建筑物的控制权。根据合同约定，乙公司在合同开始日支付了 5%的保证金 50 000 元，并就剩余 95%的价款与甲公司签订了不附追索权的长期融资协议。如果乙公司违约，甲公司可重新拥有该建筑物，即使收回的建筑物不能涵盖所欠款项的总额，甲公司也不能向乙公司索取进一步的赔偿。

乙公司计划在该建筑物内开设一家餐馆，并以该餐馆的收益偿还甲公司的欠款。但是，该建筑物所在的地区，餐饮行业面临激烈的竞争，且乙公司缺乏餐饮行业的经营经验。

本例中，乙公司计划以该餐馆产生的收益偿还甲公司的欠款，除此之外并无其他经济来源，乙公司也未对该笔欠款设定任何担保。如果乙公司违约，则甲公司可重新拥有该建筑物，但是，根据合同约定，即使收回的建筑物不能涵盖所欠款项的总额，甲公司也不能向乙公司索取进一步的赔偿。因此，甲公司对乙公司还款的能力和意图存在疑虑，认为该合同不满足合同价款很可能收回的条件。甲公司应当将收到的 50 000 元确认为一项负债。会计处理如下。

借：银行存款　　　　　　　　　　　　　　　50 000
　　贷：其他应付款——保证金——乙公司　　　　　50 000

(四) 其他业务收入的核算

房地产开发企业的非主营业务收入，可参照其他企业的相关业务核算办法进行。

第五节　房地产开发企业应交税费的核算

从 2016 年 5 月 1 日起，建筑业、房地产业正式成为增值税纳税人，其适用税率为 10%。增值税的推出短期内不会使地产行业发生剧烈变化，但未来将产生深远的影响。特别是对商业地产去库存将起到积极的促进作用。

房地产开发企业的销售环节税费，包括价内税和价外税两种。其中，价内税除城市维护建设税及教育费附加外，还包括土地增值税。城市维护建设税及教育费附加与一般企业计算、缴纳方法一样，所以在此只介绍房地产开发企业应交土地增值税的计算与缴纳，以及税改后房地产业应交增值税核算的相关内容。

一、应交土地增值税的核算

(一) 应交土地增值税的计算

土地增值税是对转让国有土地使用权、地上建筑物及附着物并取得收入的单位和个人，就其转让房地产所取得的增值额征收的一种税。其实质就是对土地收益或地租征税。它以转让房地产取得的收入，减除法定扣除项目金额后的增值额作为计税依据，其计算公式如下。

$$土地增值税的应纳税额 = 土地增值额 \times 适用税率$$

土地增值额指转让土地使用权、地上建筑物及附着物取得收入与扣除项目金额的差额。

$$土地增值额 = 出售房地产总收入 - 允许扣除项目金额$$

其中，出售房地产总收入为转让国有土地使用权、房屋建筑物及其附着物时取得的全部收入。

增值额的扣除项目金额是指税法规定准予纳税人从转让收入中减除项目的金额。《中华人民共和国土地增值税暂行条例》第6条规定计算增值额的扣除项目包括：取得土地使用权所支付的金额；房地产开发土地的成本、费用；新建房及配套设施的成本、费用，或者旧房及建筑物的评估价格；与转让房地产有关的税金及财政部规定的其他扣除项目。

《中华人民共和国土地增值税暂行条例实施细则》第7条规定：条例第6条所列的计算增值额的扣除项目，具体如下。

(1) 取得土地使用权所支付的金额，是指纳税人为取得土地使用权所支付的地价款和按国家统一规定交纳的有关费用。

(2) 开发土地和新建房及配套设施(以下简称房地产开发)的成本，是指纳税人房地产开发项目实际发生的成本(以下简称房地产开发成本)，包括土地征用及拆迁补偿费、前期工程费、建筑安装工程费、基础设施费、公共配套设施费、开发间接费用。

土地征用及拆迁补偿费，包括土地征用费、耕地占用税、劳动力安置费及有关地上、地下附着物拆迁补偿的净支出、安置动迁用房支出等。

前期工程费，包括规划、设计、项目可行性研究和水文、地质、勘察、测绘、"三通一平"等支出。

建筑安装工程费，是指以出包方式支付给承包单位的建筑安装工程费，以自营方式发生的建筑安装工程费。

基础设施费，包括开发小区内道路、供水、供电、供气、排污、排洪、通信、照明、环卫、绿化等工程发生的支出。

公共配套设施费，包括不能有偿转让的开发小区内公共配套设施发生的支出。

开发间接费用，是指直接组织、管理开发项目发生的费用，包括工资、职工福利费、折旧费、修理费、办公费、水电费、劳动保护费、周转房摊销等。

(3) 开发土地和新建房及配套设施的费用(以下简称房地产开发费用)，是指与房地产开发项目有关的销售费用、管理费用、财务费用。

财务费用中的利息支出,凡能够按转让房地产项目计算分摊并提供金融机构证明的,允许据实扣除,但最高不能超过按商业银行同类同期贷款利率计算的金额。其他房地产开发费用,按本条(1)、(2)项规定计算的金额之和的5%以内计算扣除。

凡不能按转让房地产项目计算分摊利息支出或不能提供金融机构证明的,房地产开发费用按本条(1)、(2)项规定计算的金额之和的10%以内计算扣除。

上述计算扣除的具体比例,由各省、自治区、直辖市人民政府规定。

(4) 旧房及建筑物的评估价格,是指在转让已使用的房屋及建筑物时,由政府批准设立的房地产评估机构评定的重置成本价乘以成新度折扣率后的价格。评估价格须经当地税务机关确认。

(5) 与转让房地产有关的税金,是指在转让房地产时缴纳的营业税、城市维护建设税、印花税。因转让房地产缴纳的教育费附加,也可视同税金予以扣除。

(6) 根据条例第6条(5)项规定,对从事房地产开发的纳税人可按本条(1)、(2)项规定计算的金额之和,加计20%的扣除。

另外,纳税人成片受让土地使用权后,分期分批开发、转让房地产的,其扣除项目金额的确定,可按转让土地使用权的面积占总面积的比例计算分摊,或按建筑面积计算分摊,也可按税务机关确认的其他方式计算分摊。

根据《中华人民共和国土地增值税暂行条例》的规定,房地产开发企业缴纳土地增值税,实行四级超额累进税率。土地增值税四级超额累进税率,如表6-5所示。

表6-5 土地增值税四级超额累进税率表

档次	级距	税率	速算扣除系数	税额计算公式	说明
1	增值额未超过扣除项目金额50%的部分	30%	0	增值额×30%	扣除项目指取得土地使用权所支付的金额;开发土地的成本、费用;新建房及配套设施的成本、费用,或者旧房及建筑物的评估价格;与转让房地产有关的税金;财政部规定的其他扣除项目
2	增值额超过扣除项目金额50%,未超过100%的部分	40%	5%	增值额×40%-扣除项目金额×5%	
3	增值额超过扣除项目金额100%,未超过200%的部分	50%	15%	增值额×50%-扣除项目金额×15%	
4	增值额超过扣除项目金额200%的部分	60%	35%	增值额×60%-扣除项目金额×35%	

土地增值税不受物业的年限限制,只要是豪宅物业有增值便适用此规定,"如果有购房发票但无增值者可免征增值税"。计算土地增值税,分为无购房发票与有发票两种。

(1) 无购房发票的按照房管局评估价总额的3%计算。

(2) 有发票的征收方法,其税率为:增值额未超过50%的征收增值额的30%;增值额为50%~100%的征收增值额的40%;增值额为100%~200%的征收增值额的50%;增值额超过扣除项目金额200%以上的征收增值额的60%。

(二) 应交土地增值税核算方法

房地产开发企业会计核算时，应通过设置"税金及附加"和"应交税费——应交土地增值税"账户来进行。

【例6-15】 某房地产开发企业出售房地产取得收入5 000 000元；支付土地使用权价款700 000元、开发土地发生成本费用500 000元、建造配套设施支付500 000元、转让房地产时缴纳相关税费300 000元。根据资料，具体计算如下。

扣除项目金额＝700 000＋500 000＋500 000＋300 000＝2 000 000(元)

土地增值额＝5 000 000－2 000 000＝3 000 000(元)

土地增值额与扣除项目金额比＝3 000 000÷2 000 000×100％＝150％

企业的土地增值额超过50％，但未超过200％，因此适用的增值税率分别为30％、40％和50％。

应交土地增值税＝1 000 000×30％＋1 000 000×40％＋1 000 000×50％＝1 200 000(元)

另一种计算方法如下。

应交土地增值税＝3 000 000×50％－2 000 000×15％＝1 200 000(元)

借：税金及附加　　　　　　　　　　　　1 200 000
　　贷：应交税费——应交土地增值税　　　　　　1 200 000

【例6-16】 企业将一套以前年份购入价为3 000 000元的房产转让，卖出时房管局的评估价为3 500 000元，出售时企业无购房发票。所以企业需缴纳的土地增值税，应以房管局评估价的3％计算缴纳，即：应交土地增值税＝3 500 000×3％＝105 000(元)。

借：税金及附加　　　　　　　　　　　　105 000
　　贷：应交税费——应交土地增值税　　　　　　105 000

《国家税务总局关于营改增后土地增值税若干征管规定的公告》(国家税务总局公告2016年第70号)规定，纳税人转让房地产的土地增值税应税收入不含增值税。适用增值税一般计税方法的纳税人，其转让房地产的土地增值税应税收入不含增值税销项税额。如果企业采取预收款方式销售自行开发的房地产项目，其应预缴的土地增值税，可按下列公式计算。

土地增值税应预缴税额＝(预收款－应预缴增值税税额)×预征税率(5％)

二、房地产开发企业应交增值税的有关规定

房地产开发企业实施"营改增"后，其增值税税率为10％。企业只有拥有足够可抵扣的进项税额，才能保证税负不上升。在消费型增值税下，企业外购的生产资料和固定资产支出越多，可抵扣的进项税额就越多。如果在全部成本中占有较大比重的人工成本等不可抵扣项较多，则"营改增"的减税效果就会变得较小。

根据《财政部国家税务总局关于全面推开营业税改征增值税试点的通知》(财税〔2016〕36号)、《纳税人转让不动产增值税征收管理暂行办法》(国家税务总局公告2016年第14号)及《房地产开发企业销售自行开发的房地产项目增值税征收管理暂行办法》(国家税务总局公告2016年

第 18 号),对纳税人转让其取得的不动产,包括以直接购买、接受捐赠、接受投资入股、自建、房地产开发企业销售自行开发的房地产项目,以及抵债等各种形式取得的不动产,在流转环节缴纳增值税有了新政策。

(一) 房地产开发企业可以抵扣的进项税额

经国务院批准,自 2016 年 5 月 1 日起,在全国范围内全面推开营业税改征增值税试点,为便于征纳双方执行,根据《财政部国家税务总局关于全面推开营业税改征增值税试点的通知》(财税〔2016〕36 号)及现行增值税有关规定,构成房地产开发企业开发成本的有关支出可以抵扣进项税额。

1. 土地征用及拆迁补偿费

2016 年 5 月 1 日营业税改征增值税之后,房地产开发项目选择一般计税方法的,可以扣除土地价款,但不包括企业直接支付给住户的拆迁补偿款。

《财政部国家税务总局关于全面推开营业税改征增值税试点的通知》(财税〔2016〕36 号)附件 2《营业税改征增值税试点有关事项的规定》规定:房地产开发企业中的一般纳税人销售其开发的房地产项目(选择简易计税方法的房地产老项目除外),以取得的全部价款和价外费用,扣除受让土地时向政府部门支付的土地价款后的余额为销售额。纳税人按照上述规定从全部价款和价外费用中扣除的向政府支付的土地价款,以省级以上(含省级)财政部门监(印)制的财政票据为合法有效凭证。

2. 前期工程费

根据财税〔2016〕36 号文件的规定,设计费按 6%缴纳增值税,所以,房地产开发企业的前期工程费可按 6%抵扣进项税。上述费用若是从小规模纳税人取得由税务部门代开的增值税专用发票,则可按 3%抵扣进项税。同时,财税〔2016〕36 号文件附件 4 规定,境外设计费、策划费是免税的,因此不能抵扣进项税。

3. 基础设施费

基础设施费是指建筑业发生的道路、供水、供电、供热、通信、照明、绿化等基础设施费,按增值税率 10%抵扣进项税额。上述费用若是从小规模纳税人取得由税务部门代开的增值税专用发票,则可按 3%抵扣进项税。根据财政部、税务总局、海关总署公告 2019 年第 39 号文件的规定,原适用增值税税率 10%的,调整为 9%。

4. 建筑安装工程费

根据财税〔2016〕36 号文件的规定,房地产开发企业自行采购材料或设备的,可按 16%抵扣进项税;由建筑业一般纳税人提供的建安服务取得增值税专用发票的,则可按 10%抵扣进项税。根据财政部、税务总局、海关总署公告 2019 年第 39 号文件的规定,原适用增值税税率 16%的,调整为 13%;原适用增值税税率 10%的,调整为 9%。

5. 配套设施费

接受建筑业提供的建筑装饰材料和给排水、采暖、卫生、通风、照明、通信、煤气、消防、中央空调、电梯、电气、智能化楼宇设备及配套设施服务,并取得财政部门认可的增值税专用发票,则可按10%抵扣进项税。根据财政部、税务总局、海关总署公告2019年第39号文件的规定,原适用增值税税率10%的,调整为9%。

6. 开发间接费用

如果存在动产租赁、车辆维修费、办公用品等业务,一般纳税人可按13%抵扣进项税,小规模纳税人可按3%抵扣进项税。

此外,开发企业发生的广告费、咨询评估鉴证费、通信费、业务招待费等,只要取得符合要求的增值税发票,可按6%抵扣进项税。但是,下列情况不允许扣除进项税额。

(1) 纳税人取得的增值税扣税凭证不符合有关规定,其进项税额不得从销项税额中抵扣。

(2) 用于简易计税方法计税项目、非增值税应税项目、免征增值税项目、集体福利或个人消费购进货物或应税劳务。

(3) 非正常损失的购进货物及相关应税劳务。其中,非正常损失是指因管理不善造成被盗、丢失、霉烂变质的损失。

(4) 非正常损失在产品或产成品所耗用的购进货物或应税劳务。

(二) 一般纳税人转让取得的不动产缴纳增值税的有关规定

(1) 一般纳税人转让其2016年4月30日前取得(不含自建)的不动产,可以选择适用简易计税方法计税,以取得的全部价款和价外费用扣除不动产购置原价或者取得不动产时作价后的余额为销售额,按照5%的征收率计算应纳税额。

纳税人应按照上述计税方法向不动产所在地主管税务机关预缴税款,向机构所在地主管税务机关申报纳税。

(2) 一般纳税人转让其2016年4月30日前自建的不动产,可以选择适用简易计税方法计税,以取得的全部价款和价外费用为销售额,按照5%的征收率计算应纳税额。纳税人应按照上述计税方法向不动产所在地主管税务机关预缴税款,向机构所在地主管税务机关申报纳税。

(3) 一般纳税人转让其2016年4月30日前取得(不含自建)的不动产,选择适用一般计税方法计税的,以取得的全部价款和价外费用为销售额计算应纳税额。纳税人应以取得的全部价款和价外费用扣除不动产购置原价或者取得不动产时的作价后的余额,按照5%的预征率向不动产所在地主管税务机关预缴税款,向机构所在地主管税务机关申报纳税。

(4) 一般纳税人转让其2016年4月30日前自建的不动产,选择适用一般计税方法计税的,以取得的全部价款和价外费用为销售额计算应纳税额。纳税人应以取得的全部价款和价外费用,按照5%的预征率向不动产所在地主管税务机关预缴税款,向机构所在地主管税务机关申报纳税。

(5) 一般纳税人转让其2016年5月1日后取得(不含自建)的不动产,适用一般计税方法,以取得的全部价款和价外费用为销售额计算应纳税额。纳税人应以取得的全部价款和价外费用扣除不动产购置原价或者取得不动产时的作价后的余额,按照5%的预征率向不动产所在地主管税务机关预缴税款,向机构所在地主管税务机关按10%申报纳税。

(6) 一般纳税人转让其2016年5月1日后自建的不动产,适用一般计税方法,以取得的全部价款和价外费用为销售额计算应纳税额。纳税人应以取得的全部价款和价外费用,按照5%的预征率向不动产所在地主管税务机关预缴税款,向机构所在地主管税务机关按10%申报纳税。

(三) 小规模纳税人转让取得、自建不动产缴纳增值税有关规定

针对小规模纳税人,不动产的转移分为两种不同的情况,分别是转让取得的不动产差额征税和转让自建的不动产全额征税。

(1) 小规模纳税人转让其取得的不动产,除个人转让其购买的住房外,按照以下规定缴纳增值税:小规模纳税人转让其取得(不含自建)的不动产,以取得的全部价款和价外费用扣除不动产购置原价或者取得不动产时的作价后的余额为销售额,按照5%的征收率计算应纳税额。

(2) 小规模纳税人转让其自建的不动产,以取得的全部价款和价外费用为销售额,按照5%的征收率计算应纳税额。

除其他个人之外的小规模纳税人,应按照本条规定的计税方法向不动产所在地主管税务机关预缴税款,向机构所在地主管税务机关申报纳税;其他个人按照本条规定的计税方法向不动产所在地主管税务机关申报纳税。

(四) 房地产开发企业新旧项目计税有关规定

房地产开发企业自行开发的房地产项目适用一般计税方法计税,自行开发的房地产老项目适用简易计税方法计税。

房地产开发企业中的一般纳税人(以下简称一般纳税人)销售自行开发的房地产项目,适用一般计税方法计税,按照取得的全部价款和价外费用,扣除当期销售房地产项目对应的土地价款后的余额计算销售额。销售额的计算公式如下。

$$销售额=(全部价款和价外费用-当期允许扣除的土地价款)\div(1+9\%)$$

当期允许扣除的土地价款按照以下公式计算。

$$当期允许扣除的土地价款=(当期销售房地产项目建筑面积\div房地产项目可供销售建筑面积)\times支付的土地价款$$

当期销售房地产项目建筑面积,是指当期进行纳税申报的增值税销售额对应的建筑面积。

房地产项目可供销售建筑面积,是指房地产项目可以出售的总建筑面积,不包括销售房地产项目时未单独作价结算的配套公共设施的建筑面积。

支付的土地价款,是指向政府、土地管理部门或受政府委托收取土地价款的单位直接支付的土地价款。

一般纳税人销售自行开发的房地产老项目,可以选择适用简易计税方法按照5%的征收率计税。一经选择简易计税方法计税的,36个月内不得变更为一般计税方法计税。

房地产老项目是指《建筑工程施工许可证》注明的合同开工日期在2016年4月30日前的房地产项目;《建筑工程施工许可证》未注明合同开工日期或者未取得《建筑工程施工许可证》,但建筑工程承包合同注明的开工日期在2016年4月30日前的建筑工程项目。一般纳税人销售自行开发的房地产老项目适用简易计税方法计税的,以取得的全部价款和价外费用为销售额,不得扣除对应的土地价款。

(五) 房地产开发企业预收款方式下销售自行开发项目预缴增值税

《国家税务总局关于发布〈房地产开发企业销售自行开发的房地产项目增值税征收管理暂行办法〉的公告》(国家税务总局公告 2016 年第 18 号)规定如下。

(1) 一般纳税人采取预收款方式销售自行开发的房地产项目,应在收到预收款时按照 3%的预征率预缴增值税。应预缴税款按照以下公式计算。

$$应预缴税款 = 预收款 \div (1 + 适用税率或征收率) \times 3\%$$

适用一般计税方法计税的,按照 9%的适用税率计算;适用简易计税方法计税的,按照 5%的征收率计算。

一般纳税人应在取得预收款的次月纳税申报期向主管国税机关预缴税款。

(2) 房地产开发企业中的小规模纳税人采取预收款方式销售自行开发的房地产项目,应在收到预收款时按照 3%的预征率预缴增值税。应预缴税款按照以下公式计算。

$$应预缴税款 = 预收款 \div (1 + 5\%) \times 3\%$$

小规模纳税人应在取得预收款的次月纳税申报期或主管国税机关核定的纳税期限向主管国税机关预缴税款。

(六) 代收的住宅专项维修资金免收增值税

根据财税〔2016〕36 号文件的规定,房地产主管部门或者其指定机构、公积金管理中心、房地产开发企业,以及物业管理单位代收的住宅专项维修资金免收增值税,除此之外的所有代收费用作为价外费用缴纳增值税。

三、房地产开发企业应交增值税的核算

为全面核实增值税计算、解缴和抵扣,需要在"应交税费"账户下设置"应交增值税"和"未交增值税"两个二级明细账户。

【例 6-17】公司为某单位代建办公楼一栋,本月从建筑施工方取得成本费用为 10 900 000 元的增值税专用发票,价款 10 000 000 元,税款 900 000 元,同时收到代建工程结算价款 15 000 000 元。如果工程所需材料、设备由房地产开发企业自行采购,则可按 13%抵扣进项税。

借:开发成本——代建房　　　　　　　　10 000 000
　　应交税费——应交增值税(进项税额)　　900 000
　　　贷:银行存款　　　　　　　　　　　10 900 000
借:银行存款　　　　　　　　　　　　　15 000 000
　　贷:主营业务收入　　　　　　　　　　13 761 467.89 [15 000 000÷(1+9%)]
　　　　应交税费——应交增值税(销项税额)　1 238 532.11

应纳税额 = 1 238 532.11 - 1 000 000 = 238 532.11(元)

转出本月应交未交增值税时,做如下会计分录。

借：应交税费——应交增值税(转出未交增值税)　　238 532.11
　　贷：应交税费——未交增值税　　　　　　　　　238 532.11
本月上交上期未交增值税时，做如下会计分录。
借：应交税费——未交增值税　　　　　　　　　　238 532.11
　　贷：银行存款　　　　　　　　　　　　　　　　238 532.11

【例6-18】公司全体职工每人发放春节福利用品，支付银行存款5 650元，增值税专用发票载明销售额5 000元，进项税额650元。会计处理如下。

借：应付职工薪酬——非货币福利　　　　　　　　5 650
　　贷：银行存款　　　　　　　　　　　　　　　　5 650
借：管理费用等　　　　　　　　　　　　　　　　　5 650
　　贷：应付职工薪酬——非货币福利　　　　　　　5 650

【例6-19】东方地产公司为一般纳税人，2×19年8月购入办公楼　栋，取得增值税专用发票一张，注明价款1 000 000元，增值税税款130 000元。会计处理如下。

借：固定资产　　　　　　　　　　　　　　　　　1 000 000
　　应交税费——应交增值税　　　　　　　　　　　130 000
　　贷：银行存款　　　　　　　　　　　　　　　　1 130 000

【复习思考题】

1. 房地产企业的开发成本由哪些成本项目构成？
2. 开发间接费用包括哪些？如何进行分配？
3. 简述商品房销售方式。
4. 什么是土地增值税？如何计算和缴纳？
5. 如何确认商品房销售收入及成本？如何进行会计处理？
6. 房地产开发过程中建设的周转房，其摊余价值应该如何计算？
7. 简述代建工程的成本核算对象及核算方法。

【会计职业判断能力训练】

一、填空题

1. 房地产开发企业的会计核算同其他行业的会计核算相比，具有_____、_____、_____、_____、_____等特点。
2. 房地产开发产品成本，在核算上将其费用分为_____、_____、_____、_____、_____和_____六个成本项目。
3. 开发产品主要包括_____、_____、_____、_____等。
4. 财务制度规定，出租经营的开发产品应视为企业的_____。
5. 房地产开发企业的主营业务收入包括_____、_____、_____、_____、_____等。
6. 房地产开发企业的周转房是指用于安置拆迁居民周转使用、产权归_____所有的各种房屋。

7. 企业将开发的房屋安置拆迁户，应按_____进行实物量管理和结转。

8. 出租开发产品是指房地产开发企业开发完成、用于出租经营的_____。

9. 出租开发产品按月计提的摊销(折旧)额应记入_____账户。

10. 房地产开发企业开发的配套设施，一类是开发小区内开发的_____的公共配套设施，一类是_____的城市规划中规定的大型配套设施项目。

11. 按财务制度规定，不能有偿转让的开发小区内公共配套设施发生的支出可以计入_____。

12. "开发间接费用"账户用以核算开发企业_____为开发产品而发生的各项间接费用。

13. 企业在开发房屋过程中发生的土地征用及拆迁补偿费、前期工程费、基础设施费，如果费用发生时分不清成本核算对象，或应由两个或两个以上成本核算对象负担的，应先通过_____账户进行归集。

14. 若公共配套设施与商品房没有同步建设，即商品房已建成出售，而配套设施尚在建设之中，未全部完成，为及时结转已完商品房成本对应负担的配套设施费，按规定报批后可采用_____预先计入商品房成本。待公共配套设施完工后，按配套设施工程的_____，冲销_____的配套设施费，并调整有关成本核算对象的成本。

15. 房地产开发企业将开发的营业性配套设施作为本企业从事第三产业用房，应视同_____进行处理。

二、单项选择题

1. 房地产开发企业为将一处商品房出租而对其进行了装修，发生的装修费应在(　　)账户中核算。
   A. "主营业务成本"　　　　　　B. "开发成本"
   C. "出租开发产品"　　　　　　D. "开发间接费用"

2. 对出租的商品房进行修理，发生的修理费应记入(　　)账户。
   A. "主营业务成本"　　　　　　B. "开发成本"
   C. "开发间接费用"　　　　　　D. "开发产品"

3. 房地产开发企业对周转房进行了修理，其修理费用应记入(　　)账户。
   A. "开发产品"　　　　　　　　B. "主营业务成本"
   C. "开发间接费用"　　　　　　D. "销售费用"

4. 分期收款开发产品的成本应(　　)结转。
   A. 在合同成立时一次　　　　　B. 按收款比例
   C. 在全部房款收齐后　　　　　D. 按月

5. 开发成本中的公共配套设施费包括开发项目内的(　　)设施支出。
   A. 照明　　　　B. 锅炉　　　　C. 环卫　　　　D. 供电

6. 下列选项中，(　　)属于房地产开发企业的其他业务收入。
   A. 出租开发产品租金收入　　　B. 配套设施销售收入
   C. 土地使用权转让收入　　　　D. 商品房售后服务收入

7. 开发成本中的土地征用及拆迁安置补偿费不包括(　　)。
   A. 耕地占用费　　　　　　　　B. "三通一平"费
   C. 劳动力安置费　　　　　　　D. 安置动迁用房支出
8. 出租经营的开发产品应视为企业的(　　)。
   A. 存货　　　　B. 固定资产　　　C. 低值易耗品　　　D. 在建工程
9. 企业开发的周转房用于安置拆迁居民,产权归属于(　　)。
   A. 居住者　　　　　　　　　　B. 政府房地产管理部门
   C. 房地产开发企业　　　　　　D. 施工单位
10. 房地产开发企业将配套设施作为第三产业用房,该配套设施应当视同(　　)。
    A. 自用固定资产　　　　　　　B. 政府房地产管理部门
    C. 房地产开发企业　　　　　　D. 施工单位
11. 一栋楼房的建筑面积为 5 700 平方米,其中各套房屋"自用"建筑面积总和为 4 360 平方米,某套商品房的"自用"面积为 150 平方米,则该套房屋建筑面积为(　　)。
    A. 196 平方米　　B. 180 平方米　　C. 176 平方米　　D. 168 平方米

三、多项选择题

1. 周转房计提摊销额应借记(　　)账户。
   A. "开发成本"　　　　　　　　B. "主营业务成本"
   C. "开发间接费用"　　　　　　D. "周转房摊销"
2. 开发成本中的基础设施费包括开发小区的(　　)工程支出。
   A. 绿化　　　　B. 排污　　　　C. 居委会　　　　D. 自行车棚
3. 开发成本中的前期工程费包括(　　)。
   A. 土地征用费　　　　　　　　B. 勘测测绘费
   C. 规划设计费　　　　　　　　D. 项目可行性研究费
4. 企业代管房发生的收入与支出应在(　　)账户中核算。
   A. "主营业务收入"　　　　　　B. "其他业务收入"
   C. "主营业务成本"　　　　　　D. "其他业务成本"
5. 开发成本中的土地征用及拆迁补偿费包括(　　)。
   A. 耕地占用费　　　　　　　　B. "三通一平"费
   C. 劳动力安置费　　　　　　　D. 安置动迁用房支出费
6. 企业在房屋建设过程中进行的建筑安装工程,采用自营方式的企业,即房地产开发企业组织自有的工程队进行施工的工程,发生的建筑安装工程费,根据实际情况可以通过(　　)账户进行核算。
   A. "开发成本——房屋开发"　　B. "合同履约成本——工程施工"
   C. "开发产品"　　　　　　　　D. "施工间接费用"
7. 房地产开发企业的房屋包括(　　)。
   A. 商品房　　　　B. 经营房　　　　C. 周转房　　　　D. 代建房
8. 下列选项中,(　　)属于房地产开发企业的主营业务收入。

A. 出租开发产品租金收入　　　B. 配套设施销售收入
C. 土地使用权转让收入　　　　D. 商品房售后服务收入

四、判断题

1. 房地产开发企业在开发商品房过程中发生的配套设施支出都可以计入商品房成本。（　）
2. 因为出租的土地不会发生损耗，故在出租期间不用摊销其价值。（　）
3. 土地开发过程中发生的费用，都应在"开发成本——土地开发"账户中核算。（　）
4. 公共配套设施与商品房非同步建设时，对应负担的配套设施费，可采用预提方法预先计入商品房成本。（　）
5. 商品房售后服务收入属于房地产开发企业的其他业务收入。（　）

附【会计职业判断能力训练答案】

一、填空题

1. 存货的计价及核算方法具有特殊性　产成品的种类较多核算方法不尽相同　产品成本的核算过程复杂　经营收入及相关税金的核算方法与一般企业会计不同　预收款项业务较多
2. 土地征用及拆迁补偿费　前期工程费　建筑安装工程费　基础设施建设费　公共配套设施费　开发间接费用
3. 土地　房屋　配套设施　代建工程
4. 存货
5. 土地使用权转让收入　商品房销售收入　配套设施销售收入　代建工程结算收入　出租开发产品租金收入
6. 房地产开发企业
7. 实际安置面积
8. 土地和房屋
9. "其他业务成本——出租产品经营成本"账户或者"主营业务成本——出租产品经营成本"账户(具体应根据各单位实际情况确定其一)
10. 不能有偿转让　能有偿转让
11. 开发项目成本
12. 内部独立核算单位
13. "开发成本——土地开发"
14. 预提方法　实际支出数　已预提
15. 自用固定资产

二、单项选择题

1. B；2. A；3. C；4. A；5. B；6. D；7. B；8. A；9. C；10. A；11. A。

三、多项选择题

1. AC；2. AB；3. BCD；4. BD；5. ACD；6. ABD；7. ABCD；8. ABC。

四、判断题

1. ×【解析】按财务制度规定，城市建设规划中的大型配套设施项目，不得计入商品房成本。
2. ×【解析】出租的土地虽不会发生损耗，但在批租期限满以后，要将土地归还批租单位，因此也应按批租年限，按月计提其摊销额。
3. ×【解析】如果企业开发自用建设场地的费用支出，能够分清费用负担对象的，应直接计入有关房屋的开发成本，即通过"开发成本——房屋开发"账户核算。
4. √【解析】这样可以及时结转商品房成本。
5. √【解析】商品房售后服务收入属于房地产开发企业附加业务所发生的收入。

【会计职业实践能力训练】

以下各房地产开发单位均为一般纳税人单位，发生的具体业务情况如下，要求根据业务编制相关会计分录。

一、红源房地产开发公司发生的业务

红源房地产开发公司开发兴隆家园小区，规划建造住宅31 200平方米，邮局300平方米，锅炉房90平方米，其中邮局建好后将有偿转让给本市邮政局。该小区发生的土地征用及拆迁补偿费、前期工程费、基础设施费按各项开发产品的建筑面积进行分配。兴隆家园小区在开发过程中，发生了下列开发业务。

1. 用银行存款支付土地征用及拆迁补偿费13 400 000元、前期工程费420 000元、基础设施费6 740 000元。土地开发完工，结转其开发成本。
2. 将建筑面积为3 120平方米的1号楼的建筑安装工程发包给华中建筑公司施工，工程标价为2 560 000元，已预付工程款2 000 000元，工程完工验收后用银行存款支付余款。
3. 用银行存款支付各项开发间接费用501 200元。经分配，1号楼应负担的开发间接费用为8 000元。锅炉房工程完工，结算工程价款350 000元。
4. 计算1号楼应负担的锅炉房开发成本，结转1号楼的开发成本。
5. 邮局工程完工，支付工程价款249 600元，并结转成本。

二、胜利房地产开发公司发生的业务

胜利房地产开发公司在2×18年发生了下列有关出租开发产品的经济业务。

1. 企业开发的一幢商品房于4月份完工，经计算其实际开发成本为1 500 000元，5月初签订出租合同，将其用于出租。
2. 每月计提该出租房的摊销额，出租房的预计摊销年限为60年，预计净残值率为4%。
3. 10月份，该出租房的承租人退租，公司委托江南建筑公司对该出租房进行装修，装修完工后用银行存款支付装修费300 000元。
4. 12月初，对装修后的出租房对外销售，取得价款收入2 000 000元，已存入银行。

三、大禹房地产开发公司发生的业务

大禹房地产开发公司发生下列周转房业务。

1. 为安置安民小区动迁居民，将其建造的57号楼作为周转房，实际成本2 600 000元。

2. 公司计提 57 号周转房的月摊销额 5 000 元。

3. 57 号楼周转房发生修理费用 20 000 元，以银行存款支付。

4. 57 号楼周转房使用两年后，公司将其作为商品房对外销售，售房收入 3 700 000 元已存入银行，该房累计摊销额为 120 000(5 000×24)元。

四、昌盛房地产开发公司发生的业务

1. 公司出售商品住宅一栋，取得价款收入 7 600 000 元，已存入银行，该住宅的实际开发成本为 6 200 000 元。

2. 公司出租写字楼一栋，收到本月的租金 100 000 元，已存入银行，同时计提月摊销额 10 000 元。

3. 公司为某公司代建办公楼一幢，按照代建合同规定，竣工后一次结算。该工程本月已全部竣工并验收合格，同委托方结算工程价款 3 100 000 元，其代建工程开发成本为 2 200 000 元。

4. 公司将剩余材料出售，收到价款 45 000 元，已存入银行，该材料成本为 40 000 元。

五、某房地产开发企业发生的业务

某房地产企业出售房地产的收入为 3 750 000 元，取得土地使用权所支付的价款为 600 000 元，开发土地的成本费用共 300 000 元，建造房屋及配套设施成本、费用共 1 300 000 元，转让房地产发生的有关税金为 300 000 元。

六、富安房地产开发公司发生的业务

富安房地产开发公司为增值税一般纳税人，适用一般计税方法，增值税税率9%。公司以拍卖方式取得一块土地的使用权，按规划可建 10 幢总面积为 28 100 平方米的建筑物。其中，1 号楼建筑面积为 2 400 平方米，2 号楼建筑面积为 1 800 平方米，锅炉房、收发室等配套设施建筑面积为 100 平方米。该公司在开发过程中发生下列经济业务。

1. 以银行存款支付土地出让金 425 万元(已取得符合规定的有效凭证)、拆迁安置补偿费 1 000 万元。

2. 支付地质勘察、规划方案、施工图设计等前期工程费 26.5 万元，取得增值税专用发票注明价款 25 万元，增值税税额 1.5 万元；支付某施工企业承包的地下设施、管道等基础设施费 76.3 万元，取得增值税专用发票注明价款 70 万元，增值税税额 6.3 万元。上述款项均通过银行转账支付。

3. 土地开发完成后，将 1 号楼及锅炉房、收发室等工程发包给市建一公司，1 号楼合同价款 218 万元(含增值税)，工程完工结算前，以银行存款预付工程款 150 万元。

4. 锅炉房、收发室工程完工，结算工程价款36.4万元，取得增值税专用发票注明价款33.3945万元，增值税税额 3.0055 万元。

5. 1 号楼工程完工，与市建一公司结算价款 218 万元，取得增值税专用发票注明价款 200 万元，增值税税额 18 万元，并通过银行转账支付余款。

6. 公司将 1 号楼一套 108 平方米的住房出售，收到房款现金 32.7 万元，已开具增值税专用发票。

7. 公司以预收款方式销售 1 号楼一套 120 平方米的住房，预收房款现金 10.9 万元，并按照 3%的预征率预缴增值税。

8. 2号楼工程发包给房建公司，现已完工，合同价款174.4万元(含增值税)，取得增值税专用发票注明价款160万元，增值税税额14.4万元，原已预付工程款120万元，对"工程价款结算单"审查后支付余款。

9. 2号楼完工后，签订合同，整体出租给华夏公司。

10. 收到华夏公司支付的半年房租19.62万元，开具增值税专用发票注明价款18万元，增值税税额1.62万元。

11. 按华夏公司的要求对2号楼进行维修，以银行存款支付费用0.6万元，取得增税普通发票。

12. 五年后2号楼的租赁合同到期，公司以每平方米2500元(含增值税)的价格将其出售，开具增值税专用发票，2号楼的月折旧率为0.2%。

请问：作为该公司的会计，你将如何处理上述业务？

[分析提示]

1. 首先确定成本核算对象，可考虑按单项工程确定。
2. 土地开发费用和配套设施费用可按建筑面积进行分配。
3. 结转出售房屋的成本，应先计算其每平方米成本单价。

七、大顺房屋开发公司发生的业务

大顺房屋开发公司为增值税一般纳税人，适用一般计税方法，增值税税率9%。公司以招拍挂方式取得一块土地，拟建商品房甲座、商品房乙座，以及锅炉房等配套设施。建筑面积如下：甲座10 000平方米、乙座15 000平方米、锅炉房等配套设施200平方米。开发过程中发生如下业务。

1. 以银行存款支付土地出让金10 000 000元、拆迁安置补偿费13 000 000元。

2. 以银行存款支付前期工程费1 060 000元(含增值税60 000元)、基础设施费327 000元(含增值税27 000元)，均取得增值税专用发票。土地开发完成，结转土地开发成本。

将商品房甲座及锅炉房等配套设施发包给省建筑公司，甲座合同价款10 900 000元(含增值税900 000元)，开工后，以银行存款预付工程款共计6 660 000元。

3. 锅炉房等配套设施完工，结算应付工程款545 000元(含增值税45 000元)，取得增值税专用发票，并按受益面积(甲座10 000平方米、乙座15 000平方米)结转配套设施费。

商品房甲座工程完工，工程结算价款10 900 000元，取得增值税专用发票注明价款10 000 000元，增值税税额900 000元，经审查省建筑公司的"工程价款结算单"后，同意支付剩余工程款4 240 000元。

4. 销售商品房甲座中的10套房屋，建筑面积合计1 200平方米，单价每平方米3 270元(含增值税)，开具增值税专用发票，取得房款存入银行。

商品房乙座发包给市建筑公司，合同价款14 715 000元(含增值税)，工程完工后取得增值税专用发票注明价款13 500 000元，增值税税额1 215 000元，原预付8 991 000元，经审查"工程价款结算单"后，同意支付剩余工程款。

6. 商品房乙座竣工，结转开发产品成本。为安置动迁居民，将其转为周转房。

7. 月末计提周转房乙座的摊销额，月摊销率为0.2%。

8. 两年后，公司将周转房乙座作为商品房对外销售，取得房款49 050 000元(含增值税)，存入银行,并以此开具增值税专用发票。

请问:作为该公司会计的你,如何处理上述经济业务。

[分析提示]

1. 可按单项工程确定核算对象。
2. 土地开发费用和配套设施费用可按建筑面积进行分配。
3. 先计算竣工房屋每平方米成本单价,然后结转其销售成本。

附【会计职业实践能力训练答案】

一、红源房地产开发公司的会计分录

1. 支付土地开发相关费用

借:开发成本——土地开发——征地拆迁费用　　　13 400 000
　　　　　　　　　　　——前期工程费　　　　　396 226.42 [420 000÷(1+6%)]
　　　　　　　　　　　——基础设施费　　　　　6 183 486.24 [6 740 000÷(1+9%)]
　　应交税费——应交增值税(进项税额)　　　　580 287.34(23 773.58+556 513.76)
　　贷:银行存款　　　　　　　　　　　　　　　20 560 000

计算商品住宅、邮局成本核算对象应分摊的土地开发成本如下。

商品住宅土地开发成本分配比例=31 200÷(31 200+300)×100%=99.05%

邮局土地开发成本分配比例=300÷(31 200+300)×100%=0.95%

商品住宅土地开发成本分配额=(20 560 000-580 287.34)×99.05%=19 789 905.39(元)

邮局土地开发成本分配额=(20 560 000-580 287.34)×0.95%=189 807.27(元)

注:因锅炉房的价值也需分摊到商品住宅和邮局的开发成本中,故可不分摊土地开发成本。

结转土地开发成本如下。

借:开发成本——房屋开发——商品住宅　　　　19 789 905.39
　　　　　　——配套设施开发——邮局　　　　　189 807.27
　　贷:开发成本——土地开发　　　　　　　　　19 979 712.66

2. 1号楼土地开发成本分配比例=3 120÷(31 200+300)×100%=9.905%

1号楼土地开发成本分配额=(20 560 000-580 287.34)×9.905%=1 978 990.54(元)

借:开发成本——房屋开发　　　　　　　　　　2 560 000
　　贷:银行存款　　　　　　　　　　　　　　　560 000
　　　　预付账款　　　　　　　　　　　　　　2 000 000

3. 借:开发间接费用　　　　　　　　　　　　　501 200
　　贷:银行存款　　　　　　　　　　　　　　　501 200

借:开发成本——房屋开发　　　　　　　　　　8 000
　　贷:开发间接费用　　　　　　　　　　　　　8 000

借:开发成本——配套设施开发　　　　　　　　350 000
　　贷:应付账款　　　　　　　　　　　　　　　350 000

4. 1号楼应负担的锅炉房开发成本=350 000×9.905%=34 667.5(元)

借：开发成本——房屋开发　　　　　　　　　　　　　34 667.5
　　贷：开发成本——配套设施开发　　　　　　　　　34 667.5
1号楼的开发成本=1 978 990.54+2 560 000+8 000+34 667.5=4 581 658.04(元)
借：开发产品——房屋　　　　　　　　　　　　　　4 581 658.04
　　贷：开发成本——房屋开发　　　　　　　　　　　4 581 658.04
5. 支付开发配套邮局费用
借：开发成本——配套设施开发　　　　　　　　　　249 600
　　贷：银行存款　　　　　　　　　　　　　　　　　249 600
结转邮局开发成本=189 807.27+249 600=439 407.27(元)
借：开发产品——配套设施　　　　　　　　　　　　439 407.27
　　贷：开发成本——配套设施开发　　　　　　　　　439 407.27

二、胜利房地产开发公司的会计分录

1. 借：投资性房地产——出租产品　　　　　　　　　1 500 000
　　　贷：开发产品　　　　　　　　　　　　　　　　1 500 000
2. 借：主营业务成本——出租房摊销　　　　　　　　2 000
　　　贷：投资性房地产累计折旧(摊销)　　　　　　　2 000
3. 借：主营业务成本——出租房维修　　　　　　　　300 000
　　　贷：银行存款　　　　　　　　　　　　　　　　300 000
4. 借：银行存款　　　　　　　　　　　　　　　　　2 000 000
　　　贷：主营业务收入——商品房销售收入　　　　　1 834 862.39
　　　　　应交税费——应交增值税(销项税额)　　　　165 137.61
借：主营业务成本　　　　　　　　　　　　　　　　1 486 000
　　投资性房地产累计折旧(摊销)　　　　　　　　　14 000
　　贷：投资性房地产　　　　　　　　　　　　　　　1 500 000

三、大禹房地产开发公司的会计分录

1. 借：周转房——在用周转房　　　　　　　　　　　2 600 000
　　　贷：开发产品　　　　　　　　　　　　　　　　2 600 000
2. 借：开发间接费用(或开发成本)　　　　　　　　　5 000
　　　贷：周转房——周转房摊销　　　　　　　　　　5 000
3. 借：开发间接费(或开发成本)　　　　　　　　　　20 000
　　　贷：银行存款　　　　　　　　　　　　　　　　20 000
4. 借：银行存款　　　　　　　　　　　　　　　　　3 700 000
　　　贷：主营业务收入　　　　　　　　　　　　　　3 394 495.41
　　　　　应交税费——应交增值税(销项税额)　　　　305 504.59
借：主营业务成本　　　　　　　　　　　　　　　　2 480 000
　　周转房——周转房摊销　　　　　　　　　　　　120 000
　　贷：周转房——在用周转房　　　　　　　　　　　2 600 000

四、昌盛房地产开发公司的会计分录

1. 借：银行存款　　　　　　　　　　　　　　　7 600 000
　　　贷：主营业务收入——商品房销售收入　　　6 972 477.07
　　　　　应交税费——应交增值税(销项税额)　　　627 522.93
　借：主营业务成本　　　　　　　　　　　　　　6 200 000
　　　贷：开发产品——房屋　　　　　　　　　　　6 200 000
2. 借：银行存款　　　　　　　　　　　　　　　　100 000
　　　贷：主营业务收入——出租房租金收入　　　　91 743.12
　　　　　应交税费——应交增值税(销项税额)　　　　8 256.88
　借：主营业务成本——出租房摊销　　　　　　　　10 000
　　　贷：投资性房地产累计折旧(摊销)　　　　　　10 000
3. 借：应收账款——××公司　　　　　　　　　3 100 000
　　　贷：主营业务收入——代建工程结算收入　　2 844 036.7
　　　　　应交税费——应交增值税(销项税额)　　　255 963.3
　借：主营业务成本——代建工程结算成本　　　　2 200 000
　　　贷：开发产品——代建工程　　　　　　　　　2 200 000
4. 借：银行存款　　　　　　　　　　　　　　　　45 000
　　　贷：其他业务收入——材料销售收入　　　　　41 284.4
　　　　　应交税费——应交增值税(销项税额)　　　　3 715.6
　借：其他业务成本　　　　　　　　　　　　　　　40 000
　　　贷：原材料　　　　　　　　　　　　　　　　40 000

五、某房地产开发企业应交土地增值税及处理

扣除项目金额＝600 000＋300 000＋1 300 000＋300 000＝2 500 000(元)
土地增值额＝3 750 000－2 500 000＝1 250 000(元)
土地增值额与扣除项目金额比＝1 250 000÷2 500 000×100%＝50%
企业的土地增值额等于50%，所以其适用的增值税税率为30%。
应交土地增值税＝1 250 000×30%＝375 000(元)
　借：税金及附加　　　　　　　　　　　　　　　375 000
　　　贷：应交税费——应交土地增值税　　　　　375 000

六、富安房地产开发公司建造建筑物业务核算

1. 借：开发成本——土地开发(土地征用及拆迁补偿费)　14 250 000
　　　贷：银行存款　　　　　　　　　　　　　　14 250 000
2. 借：开发成本——土地开发(前期工程费)　　　　250 000
　　　　　　　——土地开发(基础设施费)　　　　　700 000
　　　应交税费——应交增值税(进项税额)　　　　　78 000
　　　贷：银行存款　　　　　　　　　　　　　　1 028 000
3. 土地开发成本分配比例

1号楼分配比例=2 400÷(28 100－100)×100%=8.57%
2号楼分配比例=1 800÷(28 100－100)×100%=6.43%
分配额：
1号楼应分配额=15 200 000×8.57%=1 302 640(元)
2号楼应分配额=15 200 000×6.43%=977 360(元)
注：因锅炉房等配套设施的开发成本也需要分摊到商品房中，所以，可不分摊土地开发成本。锅炉房等配套设施价款见第4笔业务。
结转土地开发成本。

  借：开发成本——房屋开发(1号楼)   1 302 640
      ——房屋开发(2号楼)   977 360
   贷：开发成本——土地开发   2 280 000
  借：预付账款——预付工程款   1 500 000
   贷：银行存款   1 500 000

4. 借：开发成本——配套设施开发   364 000
   贷：应付账款   364 000

每平方米建筑面积应分配的配套设施费用=364 000÷(28 100－100)×100%=13(元)
1号楼应分配的配套设施费用=13×2 400=31 200(元)
2号楼应分配的配套设施费用=13×1 800=23 400(元)
结转配套设施费用。

  借：开发成本——房屋开发(1号楼)   31 200
      ——房屋开发(2号楼)   23 400
   贷：开发成本——配套设施开发   54 600

5. 借：开发成本——房屋开发(1号楼)   2 000 000
   应交税费——应交增值税(进项税额)   180 000
   贷：银行存款   680 000
     预付账款   1 500 000

结转1号楼开发成本：1 302 640＋31 200＋2 000 000=3 333 840(元)

  借：开发产品——房屋(1号楼)   3 333 840
   贷：开发成本——房屋开发(1号楼)   3 333 840
  借：银行存款/库存现金   327 000
   贷：主营业务收入——商品房销售收入   300 000
     应交税费——应交增值税(销项税额)   27 000

同时结转已销售商品开发成本。
1号楼108平方米的住房开发成本=3 333 840÷2 400×108=150 022 80(元)

  借：主营业务成本——房屋开发成本(1号楼)   150 022.80
   贷：开发产品——房屋房(1号楼)   150 022.80
  借：银行存款   109 000
   贷：预收账款   109 000

本月预缴增值税=109 000÷1.09×3%=3 000(元)

借：应交税费——预缴增值税　　　　　　　　　　　　3 000
　　贷：银行存款　　　　　　　　　　　　　　　　　　　　3 000

月末转出预缴增值税。

借：应交税费——未交增值税　　　　　　　　　　　　3 000
　　贷：应交税费——预缴增值税　　　　　　　　　　　　3 000

借：开发成本——房屋开发(2 号楼)　　　　　　　 1 600 000
　　应交税费——应交增值税(进项税额)　　　　　　　144 000
　　贷：银行存款　　　　　　　　　　　　　　　　　　　544 000
　　　　预付账款　　　　　　　　　　　　　　　　　 1 200 000

结转 2 号楼开发成本：977 360＋23 400＋1 600 000=2 600 760(元)

借：开发产品——房屋(2 号楼)　　　　　　　　　 2 600 760
　　贷：开发成本——房屋开发(2 号楼)　　　　　　 2 600 760

借：投资性房地产　　　　　　　　　　　　　　　　 2 600 760
　　贷：开发产品——房屋(2 号楼)　　　　　　　　 2 600 760

借：银行存款/库存现金　　　　　　　　　　　　　　　196 200
　　贷：主营业务收入——出租开发产品租金收入　　　　180 000
　　　　应交税费——应交增值税(销项税额)　　　　　　16 200

借：主营业务成本——维修费用　　　　　　　　　　　　6 000
　　贷：银行存款　　　　　　　　　　　　　　　　　　　　6 000

按月计提折旧=2 600 760×0.2%=5 201.52(元)

借：主营业务成本——计提折旧　　　　　　　　　　　5 201.52
　　贷：投资性房地产累计折旧(摊销)　　　　　　　　　5 201.52

出售时已提摊销额=5 201.52×5×12=312 091.20(元)

2 号楼销售取得含税收入=2 500×1 800=4 500 000(元)

借：银行存款　　　　　　　　　　　　　　　　　　　500 000
　　贷：主营业务收入　　　　　　　　　　　　　　 4 128 440.37
　　　　应交税费——应交增值税(销项税额)　　　　　371 559.63

借：主营业务成本——计提折旧　　　　　　　　　 2 288 668.80
　　投资性房地产累计折旧(摊销)　　　　　　　　　　312 091.20
　　贷：投资性房地产　　　　　　　　　　　　　　 2 600 760

七、大顺房屋开发公司建造商品房发包业务核算

1. 借：开发成本——土地开发(土地征用及拆迁补偿费)　23 000 000
　　　贷：银行存款　　　　　　　　　　　　　　　　23 000 000

2. 借：开发成本——土地开发(前期工程费)　　　　　1 000 000
　　　　　　　——土地开发(基础设施费)　　　　　　3 000 000
　　　应交税费——应交增值税(进项税额)　　　　　　330 000
　　　贷：银行存款　　　　　　　　　　　　　　　　4 330 000

同时结转土地开发成本。

每平方米土地开发成本=27 000 000÷(10 000+15 000)=1 080(元)

借：开发成本——房屋开发(甲座)	10 800 000
——房屋开发(乙座)	16 200 000
贷：开发成本——土地开发	27 000 000
3. 借：预付账款——省建筑公司	6 660 000
贷：银行存款	6 660 000
4. 借：开发成本——配套设施开发	500 000
应交税费——应交增值税(进项税额)	45 000
贷：应付账款——省建筑公司	545 000
借：开发成本——房屋开发(甲座)	200 000
——房屋开发(乙座)	300 000
贷：开发成本——配套设施开发	500 000
5. 借：开发成本——房屋开发(甲座)	10 000 000
应交税费——应交增值税(进项税额)	900 000
贷：银行存款	4 240 000
预付账款——省建筑公司	6 660 000

同时结转完工房屋成本：10 800 000+200 000+10 000 000=21 000 000(元)

借：开发产品——房屋(甲座)	21 000 000
贷：开发成本——房屋开发(甲座)	21 000 000
6. 借：银行存款	3 270 000
贷：主营业务收入——商品房销售收入	3 000 000
应交税费——应交增值税(销项税额)	270 000

同时结转已售房屋成本：21 000 000÷10 000×1 200=2 520 000(元)

借：主营业务成本	2 520 000
贷：开发产品——房屋(甲座)	2 520 000
7. 借：开发成本——房屋开发(乙座)	13 500 000
应交税费——应交增值税(进项税额)	1 215 000
贷：银行存款	5 724 000
预付账款——市建筑公司	8 991 000

8. 同时结转已完工房屋成本：16 200 000+300 000+13 500 000=30 000 000(元)

借：开发产品——房屋(乙座)	30 000 000
贷：开发成本——房屋(乙座)	30 000 000
借：周转房——在用周转房(乙座)	30 000 000
贷：开发产品——房屋(乙座)	30 000 000

按月计提周转房乙座的摊销额：30 000 000×0.2%=60 000(元)

借：开发间接费用/或开发成本	60 000
贷：周转房——周转房摊销(乙座)	60 000

借：银行存款	49 050 000	
贷：主营业务收入——周转房销售收入		45 000 000
应交税费——应交增值税(销项税额)		4 050 000

同时结转周转房成本。

两年应计提周转房摊销额=60 000×24=1 440 000(元)

借：主营业务成本——周转房(乙座)	28 560 000	
周转房——周转房摊销(乙座)	1 440 000	
贷：周转房——在用周转房		30 000 000

第七章

物业管理企业会计

【教学目的及要求】

通过对本章的学习,了解物业管理企业生产经营特点,明确会计核算特点,掌握物业管理企业存货、负债、经营收入和成本费用、税金等特殊业务的核算方法。

【本章重点及难点】

物业管理企业会计核算的特点;物业管理企业存货、负债、经营收入和成本费用、税金等特殊业务的核算。

【本章教学时数】

6学时。

第一节 物业管理企业会计概述

一、物业及物业管理的概念

(一) 物业的概念

物业是指以土地及土地上的建筑物形式存在的不动产,一般包括以下三方面内容。
(1) 物业是已建成并具有使用功能的各类可供居住和非居住的房屋。
(2) 物业包括与房屋相配套的设备和市政、公用设施。
(3) 物业包括与房屋相配套的房屋内部各项设施,以及房屋相邻的场地、停车场、小区干道等。

物业与房地产在概念上既有联系又有区别,房地产是指房地产的投资开发、建造、流通、消费的整个过程，而物业是指房地产进入消费领域的房地产产品。

(二) 物业管理的概念

物业管理是指物业产权人、使用人委托物业管理企业运用现代化的经营手段和修缮技术，对已经投入使用的各类物业(包括房屋及其设备和相关的居住环境等)统一进行维护、修缮、服务和管理的活动，其内涵包括以下几点。

(1) 物业管理的对象是完整的物业，具体包括已建成、验收合格、已投入或即将投入使用的物业。

(2) 物业管理服务的对象是人，即物业产权人和使用权人。

(3) 物业管理是专业化和综合性的管理。它是由专门的物业管理企业组织专门的人员，按照物业产权人和使用权人的要求实施的综合性管理，其目的是提高物业的经济价值和使用价值，为物业产权人和使用人创造一个舒适方便的居住和工作环境。因此，物业管理是融管理、服务、经营于一体的服务性行业，其实质是一种经营性服务。

(三) 物业管理的内容

因物业管理是一项综合管理的业务，所以其涉及的内容非常广泛，大致可以分为以下 3 类。

(1) 物业管理专项业务，包括基础工作管理和物业综合管理两方面。基础工作管理具体包括房屋建筑管理和设备管理。物业综合管理包括交通管理、消防管理、安全管理、绿化管理和清洁管理。

(2) 物业管理与社区服务相结合的业务，包括家务总揽、教育卫生、文化娱乐和社会福利等。

(3) 一业为主、多种经营的项目，包括不动产投资咨询、中介服务、住房交换、房屋改建，以及经营旅游、餐饮、商场等。

二、物业管理企业会计核算的特点

(一) 物业管理会计对象相对简单

物业管理企业既不涉及生产活动，也不涉及销售活动，多数情况下只涉及提供维修、维护管理服务。因而，其资金运动过程及形式相对简单。

(二) 物业管理会计对资金运动的监督要求更加全面

会计监督本是会计的基本职能之一，但物业管理会计的监督职能表现得更为全面、与众不同。它不仅包括一般意义的企业自主行为的事前、事中和事后监督，而且还包括来自于政府部门，特别是物业业主等的监督。

(三) 会计信息使用者对信息的要求较为特殊

在一般行业会计中，会计信息的主要使用者是投资者、经营者、债权人等；而物业管理企业的会计信息使用者不仅包括上述主要使用者，而且还包括消费者(即业主)这一主要信息使用者。业主对物业管理收费的使用情况及其效益等信息是最为关心的，因此，会计信息中自然就会充分体现这些信息以满足需求。

物业管理是一个新兴行业，为了规范物业管理企业的财务行为，保证会计信息质量，1998年4月30日，财政部正式颁布了《物业管理企业财务管理规定》，1999年12月1日，财政部颁布了《物业管理企业核算补充规定》，并明确物业管理企业自2000年1月1日起执行《房地产开发企业会计制度》和《物业管理企业会计核算补充规定》。2001年财政部又颁布了《企业会计制度》，规定除金融企业外的其他企业全部执行《企业会计制度》。

值得一提的是会计账户设置上的差异。物业企业会计核算除设置包括一般行业企业会计的账户外，还设置了一些特殊的会计账户。例如，"采购保管费""代收款项""代管基金"和"在建工程"等账户。

第二节 物业管理企业存货的核算

一、物业管理企业存货概述

(一) 存货的概念及组成内容

物业管理企业的存货是指企业为满足物业管理、物业经营、物业大修理及其他业务等在物业管理业务中耗用而储备的各种物资，组成内容包括原材料、燃料、低值易耗品、物料用品和待售物品等。

1. 原材料

原材料是指物业管理企业为完成其经营业务的主体物资资料，是企业库存和在途的构成物业管理企业经营服务成本的各种主要材料、辅助材料、修理备用件等，如钢材、木材、水泥、沙子、砖瓦等。

2. 燃料

燃料是指物业管理企业储备的各种固体、液体和气体燃料，包括生产加工、供热等耗用的煤炭、天然气、液化气、煤气和石油制品等。

3. 低值易耗品

低值易耗品是指物业管理企业不作为固定资产核算的各种用具、家具等，包括修理工具、管理用具、家具用品、劳保用品、玻璃器皿，以及在经营过程中周转使用的包装容器等。

4. 物料用品

物料用品是指物业管理企业储备的除原材料、燃料、低值易耗品以外的经营管理用品，包括日常用品、办公用品、包装用品和其他用品等。

5. 待售物品

待售物品即库存商品，是指为销售而库存的各类物品。例如，为业主代装的防盗门、晒衣架、隔离栏、灭火器、抽水马桶、浴缸、洁具等商品及设备。

(二) 存货的计价方法

物业管理企业购进存货，其初始成本的确定可参照施工企业、房地产开发企业存货核算，并按实际成本计价。发出存货计价方法与工业企业相同。因此，在此不再赘述。

二、待售物品的核算

物业企业购入的待售物品(即库存商品)，是指供应给业主的防盗门、晒衣架、抽水马桶、浴缸、涂料、卫生洁具等商品及设备，以及物业管理企业不单独核算的小卖店所购入的各种满足人们需求的商品。由于待售物品的购入与销售属于商品流通企业经营范围，因此，其核算应按商品流通企业会计核算方法进行(特别提示：其销售收入属于其他业务收入，即非主营业务收入)。

第三节　物业管理企业代收款项和代管基金的核算

一、代收款项的核算

代收款项是指物业管理企业因代收代交有关费用等应付给有关单位的款项，如代收的水电费、煤气费、有线电视费，以及企业受物业产权人的委托代为收取的房租等。会计上设置"代收款项"负债类账户来核算。

【例7-1】南海物业公司向物业产权人及使用人收取水费10 000元，供水公司按3%给予物业公司代收的手续费。假定不考虑相关税费。物业公司业务处理如下。

借：库存现金　　　　　　　　　　　　　10 000
　　贷：代收款项　　　　　　　　　　　　10 000
借：代收款项　　　　　　　　　　　　　10 000
　　贷：库存现金　　　　　　　　　　　　 9 700
　　　　主营业务收入　　　　　　　　　　　 300

二、代管基金的核算

代管基金是由物业管理企业代管的，需要由房屋出售人、物业所有人及使用人共同缴纳的用于物业管理企业为物业所有人、使用人提供房屋共用部位、共用设施设备维修服务的一笔维修基金。

代管基金要求专款专用、专户存储，并定期接受物业管理委员会或业主所有人、使用人的检查和监督。会计上设置"代管基金"账户和"在建工程——物业工程"账户来核算。"代管基金"账户属于负债类账户，其借方登记企业支付的维修基金；贷方登记收到的代管基金本息、企业有偿使用的产权属于业主的商业用房和共用设施设备的租赁费、有偿使用费等；余额在贷方，表示尚未使用的维修基金数。

在实际工作中，有人把物业管理企业戏称为物业修理企业，究其原因，就是物业管理企业每天都要面临着为业主维修，如下水道堵塞、单元门锁损坏、房屋漏水、道路塌陷等大大小小的维修项目。对于物业管理企业而言，对设施设备、房屋建筑物的维修与维护是其最基本的业务。因此，物业管理企业能否及时保质保量地对设施设备、房屋建筑物进行维修与维护，是考核物业管理企业服务质量的重要指标之一。

物业设备维修与维护是指物业管理企业及各级政府的房地产管理部门、城市建设部门、供电部门、自来水公司、燃气公司等单位对辖区内各种物业设备的使用、维护、维修与保养，保证物业设备的正常使用，提高物业设备的完好率，延长物业设备的使用寿命，以最大限度地满足业主对设备使用的需要。

房屋维修管理又称为房屋修缮管理，是指物业管理机构的房屋管理与修缮部门对其所经营管理的房产进行修缮技术管理，具体包括：房屋的安全检查、房屋维修的施工管理、房屋修缮的行政管理及房屋的日常保养等内容。在物业管理过程中，搞好房屋的维修管理不仅有利于延长房屋的使用寿命，增强其使用的安全性能，也有利于美化环境，使物业管理企业在用户心中建立良好的形象和信誉，从而促进物业管理行业的发展。

根据房屋的损坏程度，按房屋维修的性质划分，可以分为小修、中修、大修、翻修及综合维修五类。

2003年11月国家发改委和建设部(现为住房和城乡建设部)发布的《物业服务收费管理办法》规定，物业共用部位、共用设施设备的大修、中修和更新、改造费用应通过专项维修基金予以列支，不得计入物业服务支出或物业管理成本。

(一) 共用物业设备大修理的核算

共用物业设备大修工程的费用应由专项维修基金列支。维修工程若由物业管理企业自行组织维修，实际发生工程支出时，借记"在建工程"账户，贷记"银行存款""原材料""物料用品""应付职工薪酬"等账户；工程完工，工程款经由业主委员会或物业产权人、使用人签字确认后进行转账时，借记"代管基金"账户，贷记"主营业务收入——物业大修收入"账户，同时借记"主营业务成本——物业大修成本"账户，贷记"在建工程"账户。若由外单位承接大修任务，工程完工，其工程款经由业主委员会或物业产权人、使用人签字认可后与承接单位进行结算，借记"代管基金"账户，贷记"银行存款"等账户。

【例7-2】南海物业管理有限公司于2×18年1月30日采用出包方式委托外单位对山瑚小区的共用天然气管道进行改造，工程款共计450 000元，工程竣工后经物业产权人确认与承包方结算工程款。委托外单位维修时除签订维修合同外，一般还要填制"设备委托维修申请表"，如表 7-1 所示。

表7-1　设备委托维修表

南海物业管理有限公司　　　　　　　　2×18 年 1 月 30 日

设备编号	设备名称	设备型号	技术规格	数量	维修费用(元)	维修单位
HT-130	天然气管道			50	450 000	万达设备维修公司

内部检测判断结果：
　　由于小区承接市政供气，原有供气系统设备不能满足需要。
　　　　　检测人：张艺涛　　　　　　日期：2×18 年 1 月 10 日

维修时间：20 天。

维修内容：燃气设备更新改造。

工程部意见：同意
　　　　　签名：刘刚　　　　　　　　日期：2×18 年 1 月 11 日

维修主管经理意见：同意
　　　　　签名：李鹤彤　　　　　　　日期：2×18 年 1 月 11 日

总经理意见：同意
　　　　　签名：杨阳　　　　　　　　日期：2×18 年 1 月 11 日

公司根据有关凭证编制如下会计分录。
　　借：代管基金——共用设施设备维修基金　　　　450 000
　　　　贷：银行存款——代管基金存款　　　　　　　　　450 000

【例 7-3】南海物业公司为一般纳税人，2×19 年 6 月对民家小区的排水系统进行大修，共领用原材料 200 000 元，物料用品 48 000 元，应分配维修人员的薪酬 41 000 元，工程完工后经物业产权人确认，工程造价为 327 000 元。

(1) 南海物业公司发生维修成本，编制会计分录如下。
　　借：在建工程——物业工程(排水系统维修工程)　　289 000
　　　　贷：原材料　　　　　　　　　　　　　　　　　　200 000
　　　　　　物料用品　　　　　　　　　　　　　　　　　　48 000
　　　　　　应付职工薪酬　　　　　　　　　　　　　　　　41 000

(2) 工程竣工后，经物业产权人确认后结算工程款并结转维修成本，编制会计分录如下。
　　借：代管基金——房屋维修基金(排水系统)　　　327 000
　　　　贷：主营业务收入——物业大修收入　　　　　　300 000
　　　　　　应交税费——应交增值税(销项税额)　　　　27 000

同时，结转成本如下。
　　借：主营业务成本——物业大修成本　　　　　　289 000
　　　　贷：在建工程——物业工程(排水系统维修工程)　　289 000

【例 7-4】南海物业公司 2×19 年 1 月收到 A 座产权人交来维修基金 50 000 元；2×19 年 4 月某公共部位需要维修，经协商，设备维修作价 32 700 元。物业公司在维修中领用材料 13 000 元，支付维修人员工资 15 000 元，大修完成后，经业主委员会签证后确认合格。账务处理如下。

```
借：银行存款——代管基金存款                    50 000
    贷：代管基金——共用设施设备维修基金              50 000
借：在建工程——物业工程                      28 000
    贷：应付职工薪酬                            15 000
        原材料                                13 000
借：代管基金——共用设施设备维修基金              32 700
    贷：主营业务收入——物业大修收入                30 000
        应交税费——应交增值税(销项税额)             2 700
借：主营业务成本——物业大修成本                  28 000
    贷：在建工程——物业工程                        28 000
```

【例 7-5】南海物业公司有偿使用产权属于业主的共用设施设备等，向业主支付的使用费 10 000 元，商业用房的使用费 20 000 元。

```
借：管理费用                                10 000
    贷：代管基金——共用设施设备维修基金              10 000
借：其他业务成本——商用房使用费                 20 000
    贷：代管基金——共用设施设备维修基金              20 000
```

(二) 房屋专项维修工程的核算

根据 2003 年 11 月国家发改委和建设部(现为住房和城乡建设部)发布的《物业服务收费管理办法》的规定，房屋维修费用由专项维修基金列支的房屋维修工程，主要包括中修、大修和翻修工程等。

1. 中修工程

中修工程指房屋少量部件已损坏或已不符合建筑结构的要求，需要进行局部维修，在维修中只牵动或拆换少量主体构件，而保持原房屋规模和结构的工程。这类工程的特点是工地较为集中，项目较少，工程量较大，带有周期性。如屋面的局部面层重做、整幢楼门窗整修等工程。中修工程适用于一般损坏房屋，一次费用在该建筑物同类结构新建造价的20%以下；中修后的房屋，70%以上必须符合基本完好或完好房屋标准的要求。

中修工程主要包括：少量结构构件已形成危险点的房屋；一般损坏，需要进行局部修复的房屋；整幢房屋的公用生活设备需要局部更换、改装、新装工程及单个项目维修的房屋。

2. 大修工程

大修工程指房屋主体结构大部分严重损坏，有倒塌或局部倒塌危险的房屋；公用生活设备(包括上、下水，通风、采暖等)必须进行拆换、改装、新装的工程。这类工程一般需要牵涉或拆换部分主体构件，但不需要全部拆除，此外，工程的地点集中，项目齐全，具有整体性。大修工程还常常和房屋的抗震加固、局部改善房屋居住使用条件相结合。大修工程往往适用于严重损坏的房屋。房屋大修后应达到基本完好或完好房屋标准的要求。大修工程所需费用应在同类结构新建房屋费用的25%以上。

大修工程主要包括：主体结构大部分严重损坏，有倒塌或局部倒塌危险的房屋；整幢房屋的公用生活设备必须进行更换，需要改装、新装的房屋；为改善居住条件，需要进行局部改建、新装的房屋；需对主体结构进行专项抗震加固的房屋等。

3. 翻修工程

翻修工程指将原有房屋全部拆除后，另行设计，在原地或移动后更新建造的工程。当原有房屋已失去修缮价值或受自然灾害等因素影响房屋不能继续使用时，往往采用翻修的方式。翻修工程应尽量选用原房屋构件和旧料，其费用应低于同类结构的新建房屋。翻修后的房屋必须符合完好房屋标准的要求。

翻修工程主要包括：主体结构全部或大部分损坏，失去正常使用功能，有倒塌危险的房屋；因自然灾害破坏严重，不能继续使用的房屋；主体结构、围护结构简陋，无修缮价值的房屋；地处陡峭易滑坡地区或地处地势较洼、长期积水又无法排出地区的房屋等。

根据2003年11月国家发改委和建设部(现为住房和城乡建设部)发布的《物业服务收费管理办法》的规定，物业管理企业发生的中修工程、大修工程及翻修工程应按如下原则进行会计处理：维修工程若由物业管理企业自行组织维修，实际发生工程支出时，借记"在建工程"账户，贷记"银行存款""原材料""物料用品""应付职工薪酬"等账户；工程完工，工程款经由业主管理委员会或物业产权人、使用人签字确认后进行转账时，借记"代管基金"账户，贷记"主营业务收入——物业大修收入"账户，同时借记"主营业务成本——物业大修成本"账户，贷记"在建工程"账户。

若由外单位承接大修任务的，工程完工，其工程款经业主管理委员会或物业产权人、使用人签字认可后与承接单位进行结算，借记"代管基金"账户，贷记"银行存款"等账户。

【例7-6】南海物业公司2×19年6月对某小区10号楼房屋屋顶进行大修，共领用原材料450 000元，应分配维修人员的薪酬80 000元，工程完工后经物业产权人确认，工程造价为654 000元。

(1) 南海物业公司发生维修成本，编制会计分录如下。

借：在建工程——物业工程(房屋维修工程)   530 000
    贷：原材料   450 000
        应付职工薪酬——工资   80 000

(2) 工程竣工后，经物业产权人确认后结算工程款并结转维修成本，编制会计分录如下。

借：代管基金——房屋维修基金(房屋维修工程)   654 000
    贷：主营业务收入——物业大修收入   600 000
        应交税费——应交增值税(销项税额)   54 000

同时，结转成本如下。

借：主营业务成本——物业大修成本   530 000
    贷：在建工程——物业工程(房屋维修工程)   530 000

【例7-7】南海物业公司于2×18年1月30日采用出包方式委托某市第一建筑工程公司对某小区房屋地基进行防震加固，工程款共计4 850 000元，工程竣工后，经物业产权人确认后与承包方结算工程款。

公司根据有关凭证编制会计分录如下。

借：代管基金——共用设施设备维修基金   4 850 000
    贷：银行存款——代管基金存款   4 850 000

需要注意的是，物业管理企业对开发商或物业产权人提供的管理用房进行维修发生的支出，若金额较大，应先记入"长期待摊费用"账户，在有效使用期限内分期摊销记入"主营业务成本"账户；若金额较小，可直接记入"主营业务成本"账户。

【例 7-8】 南海物业公司于 2×18 年 1 月 5 日对开发商提供的办公管理用房进行大修，消耗原材料 94 000 元，支付维修费 50 000 元。企业按 5 年摊销该维修费用。

(1) 南海物业公司发生维修成本，编制会计分录如下。

借：在建工程——物业工程(办公用房大修工程)　　144 000
　　贷：原材料　　　　　　　　　　　　　　　　　94 000
　　　　银行存款　　　　　　　　　　　　　　　　50 000

(2) 工程竣工后，编制会计分录如下。

借：长期待摊费用——办公用房大修工程　　144 000
　　贷：在建工程——物业工程(办公用房大修工程)　　144 000

(3) 2×18 年每月月末及以后 5 年中的每月月末摊销维修成本，编制会计分录如下。

借：主营业务成本——物业管理成本　　2 400[(144 000÷(5×12)]
　　贷：长期待摊费用——办公用房大修工程　　2 400

此外，物业管理企业还需承担相关设备设施的综合维修。综合维修工程是指对成片多幢的楼房或面积较大的大部分严重损坏的单幢房屋进行有计划的成片维修和改变该片(幢)房屋面貌的维修工程，也就是指大、中、小修等项目一次性应修尽修的工程。综合维修后的房屋必须符合基本完好或完好房屋标准要求，其费用应控制在该片(幢)建筑物同类结构新建造价的 20%左右。

综合维修工程的会计核算参照前述的小修工程、中修工程及大修工程的会计处理，在此就不再赘述。

第四节　物业管理企业收入的核算

物业管理企业收入是指从事物业管理和其他经营活动所取得的各项收入，主要包括主营业务收入和其他业务收入两大类。其中，主营业务收入是指在从事物业管理活动中，为物业产权人、使用人提供维修、管理和服务等劳务取得的各项收入，如物业管理收入、物业经营收入和物业大修收入；其他业务收入是指企业从事除主营业务以外的其他业务活动所取得的收入，包括房屋中介代销手续费收入、材料物资销售收入、废品回收收入、商业用房经营收入及无形资产转让收入等。

会计上设置"主营业务收入"账户和"其他业务收入"账户来核算，且在"主营业务收入"账户下设置"物业管理收入""物业经营收入""物业大修收入"3 个明细账户。

一、物业管理收入的核算

物业管理收入是指物业管理企业利用自身的专业技术，为物业产权人、使用人提供服务，为保持房产物业完好无损而从事的日常维修、管理活动取得的收入。一般包括公共性服务收入、公众代办服务费收入和特约服务收入三部分。

(一) 公共性服务收入的核算

公共性服务收入是指物业管理企业为物业产权人、使用人提供公共环境卫生清洁、公共设施的维修保养、保安及绿化服务等管理取得的收入，是物业管理企业的主要经营收入，具体内容包括：管理、服务人员的工资和按规定提取的福利费；公共设施、设备日常运行、维修及保养费；绿化服务费；清洁卫生费；保安费；办公费；物业管理单位固定资产折旧费；法定税费。物业管理企业通过收取物业管理费的形式实现其对业主物业的管理和服务。

物业费的计算依据是房屋的建筑面积(自用＋公用)和物业管理服务收费标准。

$$房屋的建筑面积＝房屋自用建筑面积×(1＋公用建筑面积分摊率)$$

其中：

$$公用建筑面积分摊率＝房屋公用建筑面积÷房屋自用建筑面积总和×100\%$$

注意区分以下内容。

房屋自用建筑面积：一套房屋内自用的起居室(厅)、卧室、办公室、厨房、卫生间、储藏室、过道和阳台等。

房屋公用建筑面积：公共使用的门厅、楼梯、电梯、公用通道、垃圾管道，以及突出屋面的有围护结构的楼梯间、水房间、电梯机房等部位。

自用设备：一套住宅内部，由住宅的业主、使用人自用的门窗、卫生洁具，以及通向总管道的供热、排水、排气、燃气管道等设备。

共用设备：一幢住宅内部，由整幢住宅的业主、使用人共同使用的供水管道、排水管道、照明灯具、垃圾管道、电视天线、水箱、水泵、电梯、消防设备等设备。

影响收费标准测算的因素：本地区综合服务项目劳动付出状况；物价指数变动情况；住房的经济承受能力；小区的档次。

具体收费办法：按月或定期收取均可，分月计算确认经营收入。

物业管理企业收取该项服务费时，借记"库存现金""银行存款"账户，贷记"主营业务收入——物业管理收入——公共服务收入"账户。

【例 7-9】南海物业公司为一般纳税人，其 6 号楼建筑面积为 6 500 平方米，其各套房屋自用面积总和为 5 420 平方米，公用面积为 1 080 平方米。4 单元 401 室业主自用建筑面积 100 平方米。每月每平方米收费标准为 4 元。试计算该业主一年需交的公用性服务费。按现行有关制度规定，其收取的物业费适用增值税税率为 6%。

计算 401 室公用性服务的收费的建筑面积：

分摊率＝1 080÷5 420×100%＝20%

该套房屋的建筑面积＝自用＋公用＝100×(1＋20%)＝120(平方米)

预收一年的公用性服务费：

预收费用＝120×4×12＝5 760(元)

借：库存现金(或银行存款) 5 760
　　贷：合同负债——公共性服务收入 5 760
月末结转收入如下。
借：合同负债——公共性服务收入 480
　　贷：主营业务收入——物业管理收入——公共服务收入 452.83
　　　　应交税费——应交增值税(销项税额) 27.17

(二) 公众代办服务费收入的核算

公众代办服务费收入是指物业管理企业接受业主和租房户委托代收代缴水电费、煤气费、有线电视费、电话费等服务而收取一定的代办服务手续费收入。它是物业管理收入的一部分。

公用事业、环卫、治安等部门委托物业管理企业收费，经房屋所在地的物价部门认可后，方可向房屋业主和租房户收取。

为了反映和监督企业代收款项的增减变动情况，企业应单独设置"代收款项"账户，并按代收代缴费用种类设置明细账户进行核算。企业收到代收的各种款项时，借记"银行存款""库存现金"等账户，贷记"代收款项"账户；将所收款项交给有关单位并取得代收、代办手续费收入时，借记"代收款项"账户，贷记"银行存款""主营业务收入——物业管理收入——代办服务收入"等账户。

【例 7-10】 南海物业公司向业主和租房户收取代缴水费 20 000 元，按 2%收取代办服务费。假定不考虑相关税费。

借：库存现金 20 000
　　贷：代收账款——代收水费 19 600
　　　　主营业务收入——物业管理收入——代办服务收入 400
借：代收账款——代收水费 19 600
　　贷：银行存款 19 600

实施"营改增"后，物业公司代收代缴款项业务发生变化较大。截至目前，国家对此类业务并没有明确的制度规定。于是，各物业公司就根据自身业务情况，采取了不同处理办法。在实务中主要有如下几种处理方法。

1. 代收转付

根据财税〔2016〕36 号文件的规定，物业公司代收水、电、气、垃圾处理费等，如果以物业公司的名义为客户开具发票，应按适用税率申报缴纳增值税。

同时符合以下条件的代收代缴的水电费，暂不征收增值税：自来水公司、电力公司将发票开具给客户；物业公司将该项发票转交给客户；物业公司按自来水公司、电力公司实际收取的水电费与客户结算。

物业公司代收代缴水电费，可通过"其他应付款——代收水电费"账户核算。具体核算如下。

(1) 向业主收取水电费，编制会计分录如下。

借：银行存款(或库存现金)
　　贷：其他应付款——代收水电费

(2) 上缴电业局，编制会计分录如下。
借：其他应付款——代收水电费
　　贷：银行存款

(3) 物业公司自用水电部分，编制会计分录如下。
借：主营业务成本
　　应交税费——应交增值税(进项税额)
　　贷：银行存款

2. 差额扣除

《国家税务总局关于物业管理服务中收取的自来水水费增值税问题的公告》(国家税务总局公告2016年第54号)明确指出：提供物业管理服务的纳税人，向服务接受方收取的自来水水费，以扣除其对外支付的自来水水费后的余额为销售额，按照简易计税方法依3%的征收率计算缴纳增值税。

【例7-11】2×18年1月，物业管理公司收到自来供水公司开具的普通发票，价税合计200 000元，向业主收取水费210 000元。物业公司会计处理如下。

(1) 收到自来水公司开具的发票，支付水费，会计分录如下。

借：主营业务成本　　　　　　　　　　　　200 000
　　贷：银行存款(或库存现金/应付账款)　　200 000

按差额扣除法规定，结转允许抵扣税款=200 000÷(1+3%)×3%=5 825.24(元)。

借：应交税费——应交增值税　　　　　　　5 825.24
　　贷：主营业务成本　　　　　　　　　　　5 825.24

(2) 向业主收取物业水费并开具发票，会计分录如下。

借：银行存款　　　　　　　　　　　　　　210 000
　　贷：主营业务收入　　　　　　　　　　　203 883.5
　　　　应交税费——应交增值税　　　　　　6 116.5

月末，计算应缴纳的增值税税额=(210 000-200 000)÷(1+3%)×3%=291.26(元)。

【例7-12】20×8年1月，物业管理公司收到电力部门开具的普通发票，价税合计300 000元，向业主收取电费310 000元。物业公司会计处理如下。

(1) 收到电力公司开具的发票，支付电费时，会计分录如下。

借：主营业务成本　　　　　　　　　　　　300 000
　　贷：银行存款(或库存现金/应付账款)　　300 000

(2) 向业主收取电费并开具发票，会计分录如下。

借：银行存款　　　　　　　　　　　　　　310 000
　　贷：主营业务收入　　　　　　　　　　　300 970.87
　　　　应交税费——应交增值税　　　　　　9 029.13

月末，计算应缴纳的增值税税额=(310 000-300 000)÷(1+3%)×3%=291.26(元)。

按差额扣除法规定，结转允许抵扣税款=300 000÷(1+3%)×3%=8 737.86(元)。

借：应交税费——应交增值税　　　　　　　8 737.86
　　贷：主营业务成本　　　　　　　　　　　8 737.86

综上，物业公司收取的水电费，税收上处理为转售水电行为，按规定开具发票。

(1) 代收水费。《国家税务总局关于物业管理服务中收取的自来水水费增值税问题的公告》(国家税务总局公告2016年第54号)规定，提供物业管理服务的纳税人，向服务接受方收取的自来水水费，以扣除其对外支付的自来水水费后的余额为销售额，按照简易计税方法依3%的征收率计算缴纳增值税。

(2) 代收电费。代收电费在实务中按照转售电费处理，按规定收取价款及税金，小规模纳税人按照销售额的3%计算缴纳增值税。

(三) 特约服务收入的核算

物业特约服务是指物业管理企业根据管辖区内的物业产权人、使用人的需求提供特殊服务，如提供家政服务、家教服务、家庭护理服务、装修装饰服务、礼仪服务等。物业管理企业提供的特约服务一般不包含在物业服务合同范围之内，因此该项服务收费标准一般由物业企业管理部门统一制定、明码实价，并采取双方自愿原则。

特约服务收入是指物业管理企业根据管辖区内的物业产权人、使用人的需求提供特殊服务所收取的费用。物业管理企业收取该项服务费时，借记"库存现金""银行存款"账户；贷记"主营业务收入——物业管理收入——特约服务收入"账户。

【例7-13】南海物业公司南海小区特约服务收费价目表，如表7-2所示。

表7-2 南海物业公司南海小区特约服务收费价目表

特约服务类别	服务项目	收费标准	备注
装修装饰服务	木工	8元/小时	
	油工	10元/小时	
	瓦工	8元/小时	
	特殊工艺品加工	面议	代请
	其他装修、装饰服务(布艺、贴画、雕饰)	面议	代请
家政服务	买菜煮饭	4元/小时(普通)	特需，收费面议
	木地板保洁	15元/平方米(含地板蜡)	特需，收费面议
	陶瓷、大理石地板保洁	12元/平方米(含地板蜡)	特需，收费面议
	地毯保洁	面议	代请
	家具保洁	4元/小时	不含洗涤剂
	玻璃清洗	2元/平方米(双面清洗)	不含洗涤剂
	纱窗清洗	2.5元/平方米	不含洗涤剂
	百叶窗清洗	3.5元/平方米(双面清洗)	不含洗涤剂
	抽油烟机清洗	30元/台/次	特需，收费面议
	其他家政服务	面议	代购商品、代交费用等
家教服务	家教(小学)	30元/小时	代请
	家教(初中)	50元/小时	代请
	家教(高中)	60~100元/小时	代请

(续表)

特约服务类别	服务项目	收费标准	备注
家教服务	英语补习	70～80 元/小时	代请
	音乐、舞蹈、美术补习	100～200 元/小时	代请
	其他家教服务	面议	代请
家庭护理服务	幼儿护理	面议	代请
	老人护理	面议	代请
	病人护理	30 元/8 小时	包食宿、代请
	医院陪床	40 元/8 小时	包食宿、代请
	其他护理	面议	代请

南海物业公司 2×19 年 1 月为南海小区 402 室业主提供病人护理服务 1 周，每天 8 小时。根据收费标准，每 8 小时收费 30 元，共收取相关费用 210 元，做会计分录如下。

借：库存现金　　　　　　　　　　　　　　　　210
　　贷：主营业务收入——物业管理收入——特约服务收入　　210

二、物业经营收入的核算

物业经营收入是指物业管理公司通过经营业主或物业产权人、使用人提供的房屋建筑物和共用设施设备取得的经营收入，如开发房产的销售或租赁、经营停车场、游泳池、各类球场地等。

特别值得一提的是，物业经营收入是以物业产权人、使用人提供的房屋建筑物和公共设施直接用于经营，即不需要对其添加任何设施而取得的收入。如果对其进行了添加，就改变了原有建筑物和公共设施的用途和功能，如从事饭店、健身房、歌舞厅、美容美发、超市等经营活动取得的收入，则属于其他业务收入的范围。

物业管理企业收到各种经营收入时，借记"库存现金""银行存款"账户，贷记"主营业务收入——物业经营收入"账户。

【例 7-14】南海物业公司取得南海小区 2×19 年 10 月份游泳池收入 10 900 元，停车场收入 43 600 元，地下室出租收入 32 700 元，上述款项通过银行转账收讫。

目前，国家对此还没有明确规定。会计实务中，有些省份国税局规定，物业公司受业主委托经营公共部位，属于不动产经营租赁服务，适用于 9%的增值税税率。

借：银行存款　　　　　　　　　　　　　　　　87 200
　　贷：主营业务收入——物业经营收入(游泳池收入)　　10 000
　　　　　　——物业经营收入(停车场收入)　　40 000
　　　　　　——物业经营收入(地下室出租收入)　　30 000
　　　　应交税费——应交增值税(销项税额)　　7 200

三、物业大修收入的核算

物业大修收入是指物业管理企业接受业主委员会或物业产权人、使用人的委托,对房屋共用部位、共用设施设备进行大修等工程活动取得的收入。

物业管理企业的大修资金来源于业主交纳的维修基金。具体业务举例,已在"代管基金的核算"中述及,故此不再赘述。

四、其他业务收入的核算

其他业务收入是指物业管理企业从事主营业务以外的其他业务活动所取得的收入,是物业管理企业为追求更大的经济利益,利用自身的优势,从事房屋中介、材料物资销售、废旧物资回收及商业用房经营等活动取得的收入。

为了反映和监督物业管理企业的其他业务的房屋中介代销手续费收入、商业用房经营收入、材料物资销售收入、废品回收收入的实现和结转情况,物业管理企业应设置"其他业务收入"账户。该账户贷方登记企业实现的各项其他业务收入数;借方登记企业各项其他业务收入的结转数,月末将本月实现的其他业务收入结转到"本年利润"账户;期末无余额。该账户按其他业务收入的类别设置明细分类账户,一般包括"房屋中介代销手续费收入""材料物资销售收入""废品回收收入""商业用房经营收入"等明细账户。

(一) 房屋中介代销手续费收入

房屋中介代销手续费收入是指物业管理企业在从事物业维修和服务的同时,受房地产开发商的委托,对其开发的房屋从事代理销售活动所取得的代销手续费收入。物业管理企业代房地产开发企业销售房屋,按照销售房屋的收入金额,收取代销手续费。收到手续费时,借记"库存现金""银行存款"账户,贷记"其他业务收入——房屋中介代销手续费收入"账户。

【例 7-15】南海物业公司代南海小区开发商销售房屋。本月销售房屋 5 套,每套金额 1 800 000 元,按销售金额的 5‰收取手续费共计 45 000 元,银行转账收讫。

借:银行存款 45 000
  贷:其他业务收入——房屋中介代销手续费收入 45 000

(二) 商业用房经营收入

商业用房经营收入是指物业管理企业利用业主管理委员会或物业产权人、使用人提供的商业用房,从事经营活动所取得的收入,如开办便利店、染洗店、洗浴中心、彩印扩洗店、美容美体店、餐饮饭店、歌舞厅等为物业产权人、使用人提供方便取得的经营收入。

商业用房虽然是物业产权人、使用人为物业管理企业提供的,但一般来讲,物业管理企业往往会根据经营实际需要,对其进行必要的改造,添加经营设施、设备,从而增加这些房屋的经济功能,进行营业性的经营活动。由于这种商业用房的经营收入不仅有房屋本身带来的收益,还有企业利用房屋作为载体从事某种营业性经营活动所带来的收益。因此,根据《物业管理企业财务管理规定》的规定，它不属于物业管理企业的主营业务收入，只能作为物业管理企业的其他业务收入核算。

物业管理企业利用商业用房所从事的经营行业(如开办的便利店、染洗店、洗浴中心、美容美体、美发店、餐饮饭店、歌舞厅等)的经营活动一般实行先收款后服务。顾客到收银处按服务项目交费后，凭付款单据，由服务员提供服务。每日终了，收银员与服务员进行钱、证核对，无误后将现金(或支票)连同营业日报表等原始单据交会计部门，会计部门据以借记"银行存款""库存现金"账户，贷记"其他业务收入——商业用房经营收入"账户。

【例7-16】2×18年1月31日，南海物业公司财务部收到南海小区彩印扩洗店交来的营业日报表及现金账2 620元，具体如表7-3所示。

表7-3 南海小区彩印扩洗店营业日报表

日期	顾客	品名	数量	服务种类			收费金额(元)	领取时间
				PS照片	彩扩	数码照相		
1月31日	张洁	生活照	50	√			100	2月5日
1月31日	刘红	老照片	2		√		100	2月1日
1月31日	李玉	婚纱照	1			√	2 416	2月12日
1月31日	王翠	工作照	2	√			4	2月16日
合计							2 620	

根据表7-3做会计分录如下。

借：库存现金　　　　　　　　　　　　　　　　　　2 620
　　贷：其他业务收入——商业用房经营收入　　　　　　　2 620

(三) 材料物资销售收入

材料物资销售收入是指物业管理企业将不需要的材料物资对外转让、出售所取得的收入。物业管理企业对外出售、转让材料物资时，借记"银行存款""库存现金"账户，贷记"其他业务收入——材料物资销售收入"账户。

【例7-17】南海物业公司将积压的5吨钢材，对外转让出售，每吨售价1 100元，收到转账支票一张，并送存银行。

借：银行存款　　　　　　　　　　　　　　　　　　5 500
　　贷：其他业务收入——材料物资销售收入　　　　　　　5 500

(四) 废品回收收入

废品回收收入是指物业管理企业将物业经营管理过程中所形成或回收的废旧物资，对外出售所取得的收入。物业管理企业对外出售物业经营管理过程中所形成或回收的废旧物资时，借记"银行存款""库存现金"账户，贷记"其他业务收入——废品回收收入"账户。

【例7-18】南海物业公司对外出售废品一批，共计690元，现金收讫。

借：库存现金　　　　　　　　　　　　　　　690
　　贷：其他业务收入——废品回收收入　　　　　　690

第五节　物业管理企业成本费用的核算

成本是企业为生产产品、提供劳务而发生的各种耗费。费用是企业在销售商品、提供劳务等日常活动中所发生的经济利益的流出。费用与成本是两个并行使用的概念，成本是按一定对象归集的费用，是对象化的费用，是按产品品种等成本计算对象对当期发生的费用进行归集而形成的。

物业管理企业发生的全部费用，通常包括主营业务成本、其他业务支出和期间费用等。按费用发生的具体用途划分，物业企业的成本可进一步分为物业管理成本、物业经营成本和物业大修成本等。每一种类的成本，均可由直接人工费、直接材料费、间接费用等项目构成。其中，实行一级成本核算的企业，可以不设间接费用，其有关支出直接计入管理费用。

一、物业管理成本的核算

物业管理成本是指为物业产权人、使用人提供公共性服务、公众代办性服务及特约服务所发生的直接费用支出。按物业管理内容划分，物业管理成本还可进一步分为公共性服务成本、公众代办性服务成本和特约服务成本三类。会计上设置"主营业务成本——物业管理成本"账户核算，并在其下设置3个明细账户进行明细核算。

(一) 公共性服务成本的核算

公共性服务成本是指物业公司在对公共设施(如电梯、水泵、消防、水箱、停车场等)的维修保养、公共环境的清洁、绿化、保安等服务活动中发生的各项支出。该项服务既可由物业公司自行经营，也可采用对外出包方式完成。

1. 公共设施设备维修业务的核算

物业管理企业公共设备日常维修与维护发生的费用主要包括：共用设备计提的折旧费及某些专业技术很强的设备采用出包方式支付的维修保养费等。企业发生上述费用时，应借记"主营业务成本——物业管理成本——公共性服务成本"账户，贷记"累计折旧""银行存款""原材料"等账户。

【例7-19】南海物业公司2×19年6月份发生公共设施维修人工费2 400元，领用材料5 000元；同时转账支付外包清洁费用2 120元，并取得增值税专用发票。

借：主营业务成本——物业管理成本——公共性服务成本　　9 400
　　应交税费——应交增值税(进项税额)　　　　　　　　　　120
　　贷：应付职工薪酬(自营方式)　　　　　　　　　　　　　2 400
　　　　原材料(维修用料)(自营方式)　　　　　　　　　　　5 000
　　　　银行存款(出包方式)　　　　　　　　　　　　　　　2 120

【例7-20】2×19年1月,南海物业公司在某小区的设备维修部门应计提折旧费4 600元。根据固定资产折旧计算表,公司编制会计分录如下。

借:主营业务成本——物业管理成本——公共性服务成本　　4 600
　　贷:累计折旧　　　　　　　　　　　　　　　　　　　　4 600

【例7-21】南海物业公司将某小区的电梯维修保养出包给宏大电梯服务公司,按合同规定每月初预付维修保养费4 000元,年末清算实际维修保养费为50 100元。

(1) 每月初预付费用,编制会计分录如下。

借:主营业务成本——物业管理成本——公共性服务成本　　4 000
　　贷:银行存款　　　　　　　　　　　　　　　　　　　　4 000

(2) 年末结算差额,编制会计分录如下。

借:主营业务成本——物业管理成本——公共性服务成本　　2 100(50 100－4 000×12)
　　贷:银行存款　　　　　　　　　　　　　　　　　　　　2 100

2. 房屋日常维修业务的核算

房屋日常维护是指为确保物业产权人房屋的完好和正常使用所进行的经常性的日常修理、季节性预防保养及房屋的正确使用维护管理等工作。房屋在长期的使用过程中,难免会受到各种因素的影响而发生损坏,致使其相关功能下降,通过对房屋的日常养护可以维护房屋和设备的功能,使发生的损失及时得到修复,最大限度地延长房屋的使用寿命。

物业管理企业为保证房屋正常使用而发生的日常维修保养费用,应计入物业管理成本的公共性服务成本。发生时,借记"主营业务成本——物业管理成本——公共性服务成本"账户,贷记"原材料""应付职工薪酬""银行存款""物料用品""低值易耗品"等账户。

【例7-22】2×18年1月16日,南海物业公司对其服务的某小区园区装饰品进行清洗,领用洗涤剂5 000元,清洗刷1 000元,结算养护人员工资2 000元。

根据有关凭证,公司编制会计分录如下。

借:主营业务成本——物业管理成本——公共性服务成本　　8 000
　　贷:应付职工薪酬——工资　　　　　　　　　　　　　　2 000
　　　　物料用品——洗涤剂　　　　　　　　　　　　　　　5 000
　　　　　　　　——清洗刷　　　　　　　　　　　　　　　1 000

3. 房屋小修工程业务的核算

房屋小修工程也称为零星修理工程或养护工程,是指及时地修复小损、小坏部位,以保持原来房屋的完好等级为目的的日常养护工程。小修工程虽小,但关系业主日常生活的使用便利,服务性极强,因此必须及时修理维护,力争做到小修不过夜。

小修工程主要包括:屋面补漏,修补面层、泛水、屋脊;钢、木门窗的整修,拆换五金,配玻璃,换窗纱,油漆;修补楼地面面层;抽换个别楞木;修补内外墙面、抹灰及粉刷天棚、窗台腰线;拆砖挖补局部墙体、个别拱圈,拆换个别过梁;抽换个别木梁、屋架上下正弦、木柱脚,修补木楼梯;水、电、暖、气等设备的故障排除及零部件的维修;下水管道、窨井的修补疏通,阴沟、散水、落水管的修补及房屋的检查;危险构件的临时加固等。

小修工程具有项目简单、零星分散、修理量大、涉及面广、时间要求急促等特点,通常可根据房管员掌握的情况或业主申报的情况有计划地组织维修。

物业管理企业对于服务区域内的房屋进行小修时，必须确认责任归属，分情况对待。若属于人为破坏，则需由当事人进行赔偿，其会计处理为：借记"其他应收款"账户，贷记"原材料""应付职工薪酬""银行存款"等账户。若属于自然原因造成，则会计处理为：借记"主营业务成本——物业管理成本——公共性服务成本"账户，贷记"原材料""应付职工薪酬""银行存款""物料用品"等账户。

【例 7-23】2×18 年 1 月 9 日，南海物业公司接到举报：其服务的某小区 3 号楼 1101 室业主小孩对楼道内墙壁进行涂鸦，影响其他业主的居住环境。物业对该楼道墙面进行重新粉刷，耗用立邦漆一桶 600 元，人工费 100 元，事后 1101 室业主付现结算。

(1) 确认 1101 室业主责任后并进行粉刷，编制会计分录如下。

```
借：其他应收款——1101 室业主              700
    贷：原材料——涂料(立邦漆)                    600
        应付职工薪酬——工资                       100
```

(2) 收到 1101 室业主交付的现金，编制会计分录如下。

```
借：库存现金                              700
    贷：其他应收款——1101 室业主                  700
```

【例 7-24】2×18 年 1 月 10 日，南海物业公司对其服务的某小区 3 号居民楼楼道防盗门门锁进行更换，领用门锁 12 套，共计 6 000 元。

根据有关凭证，公司编制会计分录如下。

```
借：主营业务成本——物业管理成本——公共性服务成本   6 000
    贷：物料用品——门锁                          6 000
```

4. 业主个人房屋设备维修的核算

业主或使用者个人房屋设备维修属于有偿服务，其收取的维修费用应作为物业管理企业的物业管理收入。

物业服务企业收取业主个人房屋设备修理费用时，借记"库存现金""银行存款""应收账款"等账户，贷记"主营业务收入——物业管理收入"账户；发生维修成本时，借记"主营业务成本——物业管理成本——公共性服务成本"账户，贷记"原材料""应付职工薪酬""物料用品"等账户。

【例 7-25】南海物业公司财务部门收到报送的维修单(一式三联，第一联客服留存、第二联财务记账、第三联用户留存)，如表 7-4 所示。

表 7-4　维修单

南海物业公司　　　　　　　　　　2×18 年 1 月 8 日

报修人：丁一	地址：某小区 2 号楼 130	联系电话：12345678901
接单人：王义	派单人：王义	维修人：刘彤
申报时间：2×18 年 1 月 8 日	预约时间：2×18 年 1 月 8 日	
完成时间：2×18 年 1 月 8 日	完成状态：维修完毕	
报修项目：下水管道堵塞		
维修情况：下水管道堵塞，利用疏通机和专用溶通剂，疏通 2 小时，疏通完毕，问题解决。		

维修服务费用及材料消耗	规格/人数	数量	单价(元)	总价(元)
专用溶通剂	2L	1	50	50
人工费	3 人	2 小时	10	60
维修服务费			30	30

合计(人民币大写)：壹佰肆拾元整	现金收讫

用户意见：维修及时，满意。

　　　　　　　　　　　　　　签名：丁一
　　　　　　　　　　　　　　日期：2×18 年 1 月 8 日

工程部主管签字：王伟	财务部签字：杨红	统计签字：李华

根据维修单第二联，公司编制如下会计分录。

借：库存现金　　　　　　　　　　　　　　　　　　140
　　贷：主营业务收入——物业管理收入　　　　　　　140

同时还做会计分录如下。

借：主营业务成本——物业管理成本(公共性服务成本)　110
　　贷：应付职工薪酬——工资　　　　　　　　　　　60
　　　　物料用品——马桶溶通剂　　　　　　　　　　50

5. 共用设施设备和房屋的专项修理核算

该部分核算已在前面"代管基金的核算"中述及，故此不再赘述。

(二) 公众代办性服务成本的核算

公众代办性服务是指物业管理企业为了方便居民，提高办事效率和服务质量代有关部门收取水费、电费、煤(燃)气费、有线电视费和电话费等服务，并向委托的相关部门收取一定的手续费的一种服务方式。

公众代办性服务成本即物业管理企业接受业主和租房户委托代收代缴水电费、煤气费、有线电视费、电话费等服务所发生的各项必要支出。因此，它的成本主要是人工费和应分摊的各种间接费用。人工费的核算主要是通过"作业派工单"和"工资结算汇总表"所列人工费成本核算。发生公众代办性服务成本时,借记"主营业务成本——物业管理成本——公众代办性服务成本"账户,贷记"应付职工薪酬""应交税费""库存现金"等账户。

【例7-26】 南海物业公司的某小区,2×18年1月"作业派工单"和"工资结算汇总表"中列示,各种公众性代办服务累计工时1 500小时,每小时工资为6元。做会计分录如下。

借:主营业务成本——物业管理成本——公众代办性服务成本　　9 000
　　贷:应付职工薪酬——工资　　　　　　　　　　　　　　　　9 000
　　　　库存现金(代办时的交通等费用)　　　　　　　　　　　　　0

(三) 特约服务成本的核算

特约服务成本是指物业管理企业为管辖区内的物业产权人、使用人提供特殊服务所发生的各项支出,主要包括人工费和所耗材料费。人工费可按服务所需时间和难易程度,结合物业管理企业的具体规定和"作业派工单""工资结算汇总表"所列人工费成本核算;所耗材料费应根据领料单和购料单实际成本计算。发生特约服务成本时,借记"主营业务成本——物业管理成本——特约服务成本"账户,贷记"应付职工薪酬""原材料""物料用品""低值易耗品"等账户。

【例7-27】 2×18年1月南海物业公司某小区,为该小区一期5号楼1单元101室业主进行木地板保洁,"领料单""作业派工单"和"工资结算汇总表"中列示,耗用洗涤用品30元,地板蜡60元;实际分摊人工费270元。

借:主营业务成本——物业管理成本——特约服务成本　　　　360
　　贷:物料用品——洗涤用品　　　　　　　　　　　　　　　30
　　　　　　　　——地板蜡　　　　　　　　　　　　　　　　60
　　　　应付职工薪酬　　　　　　　　　　　　　　　　　　270

二、物业经营成本的核算

物业经营成本即物业管理公司经营业主或物业产权人、使用人提供的各种建筑物和附属设备,为保证物业产权人、使用人提供的各种建筑物和附属设备能正常运营而发生的各项费用支出,如房屋出租,停车场、游泳池、球场的管理支出等。物业经营成本主要包括出租房屋的摊销,经营中经营管理人员的工资及福利费,耗用的材料费及应支付给物业产权人、使用人的租赁费、承包费等。

出租房屋的摊销是房屋租赁服务成本的主要内容,出租房屋按月摊销,其摊销额应根据出租房屋的账面原值和月摊销率计算,出租房屋的月摊销率和月摊销额的计算公式如下。

月摊销率=(1-出租房屋预计净残值率)÷(出租房屋预计摊销年限×12)
月摊销额=出租房屋账面原值×月摊销率

其中,出租房屋预计摊销年限可参照房地产企业同类结构房屋的折旧年限计算,预计净残值率一般可按出租房屋账面原值的3%～5%计算。

为了核算出租房屋的成本,物业管理企业应在"库存商品"账户下设"出租房屋摊销"明细账户，按月计提的出租房屋的摊销额，计入房屋租赁成本，借记"主营业务成本——物业经营成本——房屋出租成本"账户，贷记"库存商品——出租房屋摊销"账户。

物业经营成本中的经营管理人员的工资及福利费、耗用的材料费，以及应支付给物业产权人、使用人的租赁费、承包费发生时，应借记"主营业务成本——物业经营成本"账户，贷记"应付职工薪酬""原材料""物料用品""低值易耗品"账户。

【例7-28】南海物业公司南海小区2×18年1月向业主委员会支付停车场经营承包费12 500元、游泳池经营承包费13 600元。

  借：主营业务成本——物业经营成本(停车场经营成本)　　　　　　12 500
       ——物业经营成本(游泳池经营成本)　　　　　　13 600
   贷：银行存款　　　　　　　　　　　　　　　　　　　　　　26 100

同时，增加代管基金的会计分录如下。

  借：银行存款——代管基金存款　　　　　　　　　　　　　　　26 100
   贷：代管基金——共用设施设备维修基金　　　　　　　　　　26 100

【例7-29】2×18年南海物业公司某小区有出租房10套，每月摊销成本6 000元。

  借：主营业务成本——物业经营成本——房屋出租成本　　　　　6 000
   贷：库存商品——出租房屋摊销　　　　　　　　　　　　　　6 000

三、物业大修成本的核算

物业大修成本是受业主委员会或物业产权人、使用人的委托，对房屋共用部位、共用设施设备进行大修、更新改造及对业主委员会或物业产权人、使用人提供的管理用房、商业用房进行装饰等工程发生的各项必要支出。

物业大修工程可由物业管理企业自营，也可对外出包。核算时，会计上设置"在建工程——物业工程"账户进行核算。

(一) 自营工程的核算

自营工程发生的各项工程费用，包括人工费、材料费、机械使用费、其他直接费和间接费用等。

【例7-30】南海物业公司2×18年2月对某小区1号楼房顶进行维修，实际发生工程支出30 000元。工程完工，工程款经业主管理委员会签证认可后支付，共计50 000元。

  借：在建工程——物业工程(1号楼房顶工程)　　　　　　　　　30 000
   贷：银行存款　　　　　　　　　　　　　　　　　　　　　　30 000
  借：代管基金——共用设施设备维修基金　　　　　　　　　　　50 000
   贷：主营业务收入——物业大修收入　　　　　　　　　　　　50 000
  借：主营业务成本——物业大修成本　　　　　　　　　　　　　30 000
   贷：在建工程——物业工程(1号楼房顶工程)　　　　　　　　30 000

【例7-31】某物业公司2×18年4月对业主委员会提供的管理用房进行装饰，耗用材料49 000元，工资20 600元；该房装修后可用两年。

借：在建工程——物业工程(装修工程)	69 600	
贷：应付职工薪酬		20 600
原材料		49 000
借：长期待摊费用	69 600	
贷：在建工程——物业工程(装修工程)		69 600
借：管理费用	2 900	
贷：长期待摊费用		2 900

(二) 出包工程的核算

物业管理企业委托外单位承包工程时，其工程的具体支出在承包单位进行核算，而物业管理企业只与承包单位进行工程价款业务的结算。出包工程的业务核算，只有实际支付工程款时与自营成本核算不同，其他业务完全相同。

物业大修成本的核算在前面的"代管基金的核算"中也有述及。

四、物业企业其他业务成本的核算

物业管理企业除主营业务以外，为取得更多收益，还会广开经营门路，发展物业管理业务以外的各种服务业务。其他业务成本是指除主营业务成本以外的其他日常活动所发生的支出，主要包括房屋中介机构的支出、销售的材料物资成本及商业用房经营成本等。

为了反映和监督物业管理企业其他业务成本的发生、结转情况，企业应设置"其他业务成本"账户。该账户借方登记各类其他业务成本的发生数；贷方登记其他业务成本的结转数；期末将借方归集的全部发生的其他业务成本结转到"本年利润"账户，结转后，期末无余额。为详细反映各类其他业务成本，该账户应按其他业务成本的种类设置"房屋中介代销成本""材料物资销售成本""废品回收成本""商业用房经营成本"等明细账户。

(一) 房屋中介代销业务的核算

房屋中介代销成本，是指物业管理企业在从事物业维修和服务的同时，受房地产开发商的委托，对其开发的房屋从事代理销售活动所发生的各项费用支出。实际发生费用支出时，借记"其他业务成本——房屋中介代销成本"账户，贷记"库存现金""银行存款""应付职工薪酬""原材料""库存商品""物料用品"等账户。

【例7-32】南海物业公司代南海小区开发商销售房屋，领用办公用品1 000元。

借：其他业务成本——房屋中介代销成本	1 000	
贷：物料用品		1 000

(二) 材料物资销售业务的核算

材料物资销售成本，是指物业管理企业将不需要的材料物资对外转让、出售所发生的材料物资成本。物业管理企业对外出售、转让材料物资结转成本时，借记"其他业务成本——材料物资销售成本"账户,贷记"原材料""物料用品"等账户。

【例 7-33】南海物业公司将积压的 5 吨钢材对外转让出售,每吨成本 3 000 元,结转积压钢材成本。

  借:其他业务成本——材料物资销售成本 15 000
    贷:原材料——钢材 15 000

(三) 废品回收业务的核算

废品回收成本,是指物业管理企业在从事物业经营管理过程中形成或回收废旧物资时所发生的各项费用支出。实际发生费用支出时,借记"其他业务成本——废品回收成本"账户,贷记"库存现金""银行存款"等账户。

【例 7-34】南海物业公司回收废品一批,共计 330 元,现金付讫。

  借:其他业务成本——废品回收成本 330
    贷:库存现金 330

(四) 商业用房经营业务的核算

商业用房经营成本包括对物业产权人、使用人所提供的经营用房添加的经营设备设施的支出,如开办便利店、染洗店、洗浴中心、彩印扩洗店、美容美发店、餐饮店等的经营成本。实际发生商业用房经营成本时,借记"其他业务成本——商业用房经营成本"账户,贷记"库存现金""银行存款""应付职工薪酬""原材料""库存商品""物料用品""累计折旧"等账户。

【例 7-35】2×18 年 1 月,南海物业公司对南海小区经营的彩印扩洗店进行结账。消耗原材料 2 400 元;结算职工薪酬 11 556 元;计提固定资产折旧 5 688 元;城市维护建设税 42 元、教育费附加 18 元。

  借:其他业务成本——商业用房经营成本 19 704
    贷:原材料 2 400
      应付职工薪酬 11 556
      累计折旧 5 688
      应交税费——应交城市维护建设税 42
          ——应交教育费附加 18

第六节 物业管理企业应交增值税的核算

物业管理企业是为业主或用户提供良好的生活或工作环境,具有独立法人地位的经济实体。目前,物业管理企业所涉及的税金及附加主要税种有:城市维护建设税、教育费附加、企业所得税等。从 2016 年 5 月 1 日起,建筑业被纳入"营改增"试点后,物业管理企业按相关规定还需缴纳增值税。

物业管理企业作为建筑业一分子,从 2016 年 5 月 1 日起,全面改征增值税。物业管理企业如为一般纳税人，其收取的物业费适用税率为 6%，有形动产租赁、销售货物收入适用税率为 13%；同时，其采购的办公用品、固定资产、不动产等都可进行进项税的抵扣。有关规定具体如下。

一、一般纳税人不动产租赁应交增值税的规定

根据财税〔2016〕36 号文件附件 1《营业税改征增值税试点实施办法》附税目解释的规定，停车服务属于销售服务，车辆停放服务按不动产租赁服务缴纳增值税。增值税一般纳税人不动产租赁的适用税率为 10%。

如果公司服务业连续 12 个月销售总额小于 500 万元，可以不登记为一般纳税人，并按小规模纳税人计算缴纳增值税。根据国家税务总局关于发布《纳税人提供不动产经营租赁服务增值税征收管理暂行办法》的公告(国家税务总局公告 2016 年第 16 号)第 4 条规定，征收率为 5%。

根据财税〔2016〕36 号文件附件 2《营业税改征增值税试点有关事项的规定》第 1 条和国家税务总局公告 2016 年第 16 号文件第 3 条的规定，一般纳税人出租其 2016 年 4 月 30 日前取得的不动产，可以选择适用简易计税方法，按照 5% 的征收率计算应纳税额。

二、代收水电费、暖气费缴纳增值税的规定

物业公司代收水电费、暖气费，缴纳营业税时实行差额征税，而"营改增"试点政策中并未延续差额征税政策。对于此问题，国家税务总局正在研究解决。在新的政策出台之前，可暂按以下情况区分对待。

(1) 如果物业公司以自己的名义为客户开具发票，属于转售行为，应该按发票金额缴纳增值税。

(2) 如果物业公司代收水电费、暖气费等，在新的政策出台之前，可暂按代购业务的原则处理，同时具备以下条件的，暂不征收增值税。

① 物业公司不垫付资金。

② 自来水公司、电力公司、供热公司等(简称销货方)，将发票开具给客户，并由物业公司将该项发票转交给客户。

③ 物业公司按销货方实际收取的销售额和增值税额与客户结算货款，并另外收取手续费。

三、物业管理企业应交增值税的核算

【例 7-36】某物业公司为增值税一般纳税人，2×19 年 5 月物业费收入 1 060 000 元，同期采购办公用品等成本支出 113 000 元，取得的增值税专用发票上注明的进项税额为 13 000 元。根据上述资料，企业可做会计处理如下。

借：管理费用　　　　　　　　　　　　　　　　　　　　100 000
　　应交税费——应交增值税(进项税额)　　　　　　　　 13 000
　　贷：银行存款　　　　　　　　　　　　　　　　　　113 000

```
借：银行存款                                    1 060 000
    贷：主营业务收入——物业经营收入                    1 000 000
        应交税费——应交增值税(销项税额)                  60 000
```
纳税人当期应缴纳的增值税＝1 060 000÷(1＋6%)×6%－13 000＝47 000(元)。
```
借：应交税费——应交增值税(转出未交增值税)            47 000
    贷：应交税费——应交增值税(未交增值税)               47 000
```
【例 7-37】某物业公司为增值税小规模纳税人，"营改增"后物业费当月收入 1 030 000 元(含税)。
纳税人当期应缴纳的增值税＝1 030 000÷(1＋3%)×3%＝30 000(元)。
```
借：银行存款                                    1 030 000
    贷：主营业务收入——物业经营收入                    1 000 000
        应交税费——应交增值税                          30 000
```

【复习思考题】

1. 物业管理企业会计核算特点有哪些？
2. 物业管理企业存货的种类有哪些？其实际成本构成有哪些？
3. 物业管理企业的采购保管费应如何进行核算？
4. 物业管理企业的主营业务收入内容及核算方法有哪些？
5. 物业管理企业的主营业务成本内容及核算方法有哪些？
6. 什么是物业管理企业代管基金？如何进行核算？

【会计职业判断能力训练】

一、单项选择题

1. 下列经济活动中属于物业管理内容的是(　　)。
   A. 小区内绿化管理　　　　　　　　B. 生产某一产品的生产管理
   C. 运输货物的管理　　　　　　　　D. 提供贷款管理
2. 下列属于物业管理企业的特殊存货的是(　　)。
   A. 材料　　　　　　B. 燃料　　　　C. 低值易耗品　　　　D. 待售物品
3. 物业管理企业的其他业务收入包括(　　)。
   A. 停车场收入　　　　　　　　　　B. 物业大修收入
   C. 商业用房经营收入　　　　　　　D. 代收水电费收入
4. 物业管理企业的物业管理收入不包括(　　)。
   A. 公共服务收入　　　　　　　　　B. 公众代办性服务收入
   C. 物业大修收入　　　　　　　　　D. 特约服务收入

二、多项选择题

1. 物业管理企业的采购保管费可按(　　)方法分配。
   A. 实际分配率分配法　　　　　　　B. 先进先出法
   C. 计划分配率分配法　　　　　　　D. 月末一次加权平均法

2. 下列属于物业管理企业主营业务成本的有( )。
   A. 公共性服务成本　　　　　　　　B. 特约服务成本
   C. 代办性成本　　　　　　　　　　D. 房屋中介代销手续费
3. 下列属于物业管理企业其他业务收入的有( )。
   A. 房屋中介代销手续费收入　　　　B. 物业经营收入
   C. 商业用房经营收入　　　　　　　D. 修理电梯收入
4. 物业管理企业的税金及附加包括( )。
   A. 所得税　　　　　　　　　　　　B. 城市维护建设税
   C. 教育费附加　　　　　　　　　　D. 增值税

三、判断题

1. 物业管理企业应设置"代管基金"和"代收款项"账户。（　）
2. 物业管理企业的待售物品，应通过"原材料"账户核算。（　）
3. 物业管理企业的应交税费核算包括土地使用税。（　）
4. 代收代缴业主水电费而取得的手续费收入属于物业经营收入。（　）
5. 公共性服务成本包括公共设施的使用管理和维修保养费用、清洁费用、绿化费用、保安费用等支出。（　）
6. 房屋维修基金可以存入企业的普通存款账户。（　）
7. 公共性服务费收入的计算依据是房屋的建筑面积。（　）

附【会计职业判断能力训练答案】

一、单项选择题

1. A；　2. D；　3. C；　4. C。

二、多项选择题

1. AC；　2. ABC；　3. AC；　4. ABC。

三、判断题

1. √　【解析】物业管理企业应设置"代管基金"和"代收款项"账户。
2. √　【解析】物业管理企业的待售物品，应通过"原材料"账户核算。
3. ×　【解析】物业管理企业的应交税费核算包括流转环节税、所得税等，不包括土地使用税。
4. ×　【解析】代收代缴业主水电费而取得的手续费收入属于物业管理收入。
5. √　【解析】公共性服务成本包括公共设施的使用管理和维修保养费用、清洁费用、绿化费用、保安费用等支出。
6. ×　【解析】房屋维修基金是企业代管基金，要求专款专用，专户存储，不可以存入企业的普通存款账户。
7. ×　【解析】公共性服务费收入的计算依据是房屋的建筑面积和物业管理服务收费标准。

【会计职业实践能力训练】

以下各物业管理公司为小规模纳税人，发生的具体业务情况如下，要求根据业务编制相关会计分录。

一、德民物业管理公司发生的业务

德民物业管理公司收到小区产权人交来房屋共用部位维修基金 20 000 元，4 月小区内花坛需要整修，经协商，整修作价 10 000 元，公司在整修过程中发生支出 8 000 元，其中，维修人工费 5 000 元，库存材料 3 000 元。大修完成后，经业主委员会签字确认合格。

要求：根据业务编制有关会计分录。

二、中达物业管理公司发生的业务

中达物业管理公司 5 月发生管理费用 28 540 元，其中，行政管理人员工资 16 000 元，福利费 2 240 元，行业保险费 1 000 元，折旧费 8 000 元，低值易耗品摊销 1 200 元，印花税 100 元。假定不考虑相关税费。

要求：根据业务编制有关会计分录。

三、万怡物业管理公司发生的业务

万怡物业管理公司 2×21 年 4 月发生以下采购业务。

1. 3 日，从武汉钢铁公司购入钢材 10 吨，单价 1 800 元，运费 600 元，各项费用均已转账支付，材料入库。

2. 9 日，转账支付购入立邦涂料 2 000 元；16 日，涂料到达验收入库。

3. 20 日，公司为业主修理房顶，领用钢材 5 400 元、涂料 2 000 元。

4. 本月采购部门共发生采购人员工资 3 000 元，福利费 420 元，采购部门固定资产折旧费 200 元，现金支付办公费 300 元。

要求：根据业务编制会计分录，并按实际分配率分配法分配采购保管费。

四、弘安物业管理公司发生的业务

弘安物业公司 9 月发生的各种收入如下。假定不考虑相关税费。

1. 为房屋产权人提供公共性服务，收取服务费 10 000 元。

2. 将业主委员会委托出租的理发室出租，收到租金 5 000 元。

3. 成功介绍一套住宅，取得中介代销手续费 2 000 元。

4. 收到代收代缴业主的水电费 30 000 元，按 1%收取代办服务费，并转账上缴水电公用事业部门。

要求：根据业务编制有关会计分录。

五、科瑞物业管理公司发生的业务

科瑞物业公司 4 月发生的各种费用支出如下。假定不考虑相关税费。

1. 为房屋产权人提供公共性服务，领用材料 500 元，支付电费 2 000 元。

2. 将业主委员会委托出租的理发室出租，用现金支付业主委员会使用费 2 000 元。

3. 成功介绍一套住宅，发生中介代销费用等 500 元，用现金支付。

要求：根据业务编制会计分录。

六、万家物业管理有限责任公司发生的业务

万家物业管理有限责任公司为增值税小规模纳税人，提供小区物业管理服务为公司的主营业务，2×21 年 3 月发生以下经济业务。

1. 业主委员会提供的管理用房屋进行装修，购入材料 10 000 元，取得增值税专用发票，增值税 1 300 元，发生人工费用 7 000 元。

2. 为小区业主和租户代缴电力公司电费共计 15 000 元，按 3% 收取手续费。

3. 承接小区道路的维修业务，实际发生工程支出 9 000 元，工程完工。工程价款 12 000 元已由业主委员会签字认可。

4. 本月经营收入共计 70 000 元，增值税税率为 3%，按 7% 的税率缴纳城市维护建设税，按 3% 的征收率缴纳教育费附加。

要求：编制相应的会计分录。

附【会计职业实践能力训练答案】

一、代管基金业务分录

借：银行存款——代管基金存款	20 000	
贷：代管基金——共用设施设备维修基金		20 000
借：在建工程——物业工程	8 000	
贷：应付职工薪酬		5 000
原材料		3 000
借：代管基金——共用设施设备维修基金	10 000	
贷：主营业务收入——物业大修收入		9 708.74
应交税费——应交增值税		291.26
借：主营业务成本——物业大修成本	8 000	
贷：在建工程——物业工程		8 000

二、物业管理日常业务分录

借：管理费用	28 440	
税金及附加	100	
贷：应付职工薪酬——工资		16 000
——福利费		2 240
银行存款		1 100
累计折旧		8 000
低值易耗品摊销		1 200

三、采购业务分录

1. 借：原材料——钢材   18 600
    贷：银行存款   18 600

2. 借：在途物资 2 000
      贷：银行存款 2 000

16日，涂料到达验收入库，做会计分录如下。

借：原材料——涂料 2 000
    贷：在途物资 2 000

3. 借：在建工程——物业工程 7 400
      贷：原材料——钢材 5 400
              ——涂料 2 000

4. 借：采购保管费 3 920
      贷：应付职工薪酬——工资 3 000
                    ——福利费 420
          累计折旧 200
          库存现金 300

按实际分配率分配法分配采购保管费。

采保费分配率＝3 920÷(18 600＋2 000)×100%＝19.03%

钢材应负担：18 600×19.03%＝3 539

涂料应负担：2 000×19.03%＝381

借：原材料——钢材 3 539
        ——涂料 381
    贷：采购保管费 3 920

四、收入业务分录

1. 借：银行存款(或库存现金) 10 000
      贷：主营业务收入——物业管理收入——公共服务收入 10 000

2. 借：银行存款(或库存现金) 5 000
      贷：主营业务收入——物业经营收入 5 000

3. 借：银行存款(或库存现金) 2 000
      贷：其他业务收入——中介代销手续费收入 2 000

4. 借：银行存款 30 000
      贷：代收款项 30 000

   借：代收款项 30 000
      贷：银行存款 29 700
          主营业务收入——物业管理收入——代办服务收入 300

五、各种费用支出分录

1. 借：主营业务成本——物业管理成本——公共服务成本 2 500
      贷：原材料 500
          银行存款 2 000

2. 借：管理费用 2 000
　　　贷：库存现金 2 000
同时增加代管基金。
借：银行存款——代管基金存款 2 000
　　　贷：代管基金 2 000
3. 借：其他业务成本——中介代销费用 500
　　　贷：库存现金 500

六、万家物业管理有限责任公为小区提供物业管理服务业务分录

1. 借：在建工程——物业工程(管理用房装修工程) 18 300
　　　贷：原材料 10 000
　　　　　应交税费——应交增值税(销项税额) 1 300
　　　　　应付职工薪酬 7 000
　借：长期待摊费用(或主营业务成本) 18 300
　　　贷：在建工程——物业工程(管理用房装修工程) 18 300
2. 借：银行存款 15 000
　　　贷：主营业务收入——物业管理收入——代办服务收入 450
　　　　　代收款项——代收电费 14 550
3. 借：主营业务成本——物业大修成本 9 000
　　　贷：在建工程——物业工程 9 000
　借：银行存款——基本户 12 000
　　　贷：银行存款——代管基金存款 12 000
　借：代管基金——共用设施设备维修基金 12 000
　　　贷：主营业务收入——物业大修收入 11 650.49
　　　　　应交税费——应交增值税 349.51
4. 应缴纳城建税=70 000×3%×7%=147(元)
应缴教育费附加=70 000×3%×3%=63(元)
　借：税金及附加 210
　　　贷：应交税费——城市维护建设税 147
　　　　　　　　　——应交教育费附加 63

第八章

旅游企业会计

【教学目的及要求】

通过对本章的学习,了解旅游企业的基本业务内容及特点,明确旅游企业会计核算的特点,熟练掌握其收入及成本的构成和账务处理方法。

【本章重点及难点】

旅游企业业务收入及成本的核算。

【本章教学时数】

6学时。

第一节 旅游企业会计核算

一、旅游企业的主要业务及特点

旅游企业是以旅游资源为凭借,以服务设施为条件,通过组织许多旅行游览活动向游客出售劳务的服务性企业。旅游企业通常由以下单位构成:旅行社、旅游宾馆饭店、旅游车船公司、旅游商店等。

(一) 旅行社的主要业务特点

1. 没有固定服务场所,不需要为客人提供服务设施

旅行社组织旅游者借助于交通部门、饭店、宾馆等实现对各地文物古迹、自然风光的游览。旅行社除了自身的办公场所外,其他活动就是导游人员为旅游者翻译、导游。

2. 占用流动资金少

旅行社不需要为经营活动储备物资。组团社一般向国外旅行社收取一定数量的预付款，而且旅行团入境后，其所需的费用应立即汇到。所以组团社不仅不需要垫付资金，而且还能从收到旅行团费用到向接团社拨付费用的时间差中，获得为数可观的存款利息。

3. 服务活动的依存性强

在旅行社的服务活动中，组团社与接团社之间的关系是相互依存的，各接团社之间互为条件、互为依存。旅行社(包括组团社和接团社)除了对游客旅游全程各景点各负其责外，还必须相互配合、相互衔接，否则将会造成不良影响，导致客源枯竭，给旅行社带来经济上的重大损失。

(二) 旅游宾馆饭店的主要业务特点

1. 经营项目多、投资规模大

随着社会的发展，人们的需求变得多样化，宾馆饭店为适应客人的生活习惯，满足旅游者的不同需要，从单纯地经营客房、餐饮、经营商品，发展成为大范围、多项目的综合性企业，并配备各种服务设施，因此宾馆饭店需要大规模投资。

2. 对服务人员的要求高

随着国际旅游的广泛开展，旅游宾馆饭店正逐渐成为接待外国游客的重要场所，因此，必须对服务人员进行严格的培训，从而全面提高工作人员的素质，达到较高的服务水准。

3. 经营季节性强

旅游是一项季节性很强的活动，从而使旅游宾馆饭店也受到了季节的影响。旅游淡季，游客减少，宾馆饭店的利用率大幅下降；旅游旺季，又供不应求。所以，旅游宾馆饭店往往采用变动价格或变化服务方式来有效地调节淡、旺季之间的经营，使淡季不淡，旺季又不至于过度拥挤。

(三) 旅游车船公司的主要业务特点

旅游车船公司最大的特点是其经营上的流动性，必须在运输服务的过程中，为客人提供参观游览的条件，利用优质服务创造更多的收益。

(四) 旅游商店的主要业务特点

(1) 服务对象主要是旅游者。旅游商店的存在依赖于旅游者，没有旅游者，旅游商店无法实现其经济效益。

(2) 旅游者的活动特点决定销售网点的布局。在销售网点的布局上，旅游商店主要设置在旅游城市的商业繁华地带、旅游景点附近或宾馆内。

(3) 销售商品的目的主要是满足旅游者的旅游需求、使旅行更具纪念意义。

(4) 经营活动波动性较大。旅游商店主要依赖于旅游者，旅游量的大小直接影响它的经营活动。而旅游量的大小则受多种因素的影响,缺乏长期性和稳定性。

(5) 旅游商店有一定的外汇收支业务。旅游企业的主要业务是招揽游客,组织游客按一定的路线游览,并从中获取报酬。它具有投资少、利润多、收效快的特点,素有"无烟工业"之称。

二、旅游企业会计核算特点

旅游企业属于第三产业,其生产特点是以出售劳务服务为中心,辅之以地产特色商品销售,直接为消费者服务。与工商企业相比,旅游企业会计核算具有如下特点。

(一) 成本核算对象多

旅游企业业务涉及的内容繁多且复杂,需综合运用交通运输及商品流通等企业会计核算方法,但营业成本构成比较简单,只包括在经营过程中耗用或发生的直接材料费用、代收代付费用、商品的进价和其他直接费用,不包括其他行业企业中通常包含的人工费及其他间接费用等。旅游企业主要以提供劳务为主,且服务往往是综合性的,在各项劳务之间分摊人工费及间接费用,很难确认哪种劳务花费了多少工时、应负担多少工资,因此没有一个合理的标准和分摊依据来分配直接人工费。所以旅游企业不将直接人工费计入营业成本,而是直接将其计入销售费用。

旅游企业为社会提供各种劳务,其生产过程往往就是销售过程,甚至是消费过程。所以企业一定期间的直接成本,既可理解为生产成本,也可理解为销售成本,统称为"主营业务成本",直接同"主营业务收入"相配比,计算当期损益。

(二) 成本核算的特殊性

旅游企业一般只计算总成本,不计算单位成本。因为旅游企业提供的劳务成本中耗用品种多、用量少,且接受服务的对象繁多,不易逐个计算单位成本。所以,通常情况下,企业只核算总成本,不核算单位成本;只核算原材料成本,不核算全部成本。

期末,不存在在产品成本计算问题。旅游企业提供劳务的周期一般较短,成本计算期末(一般为月末)没有或较少有未完成的劳务,所以一般月末不存在营业成本在上、下期的成本之间的分配问题。

(三) 货币核算的涉外性

涉外的旅行社、宾馆和饭店等旅游企业,在会计核算时,应按照我国外汇管理条例和外汇兑换管理办法,办理外汇存入、转出和结算的业务。有外汇业务的企业应采用复式的货币记账,核算外币和人民币,并计算汇总损益。

第二节　旅游企业销售价格确定与结算

一、旅游品种销售价格的确定

旅游经营收入是旅游企业为旅游者提供服务所取得的收入，制定合理的旅游品种售价是维持企业生存、提高竞争力的关键。旅游者选择的旅游景点、旅游天数、膳食标准、住宿标准、交通工具不同，其需要支付的价格也不同。一般旅行社的销售价格由购入成本和利润两部分构成，通常根据购入成本和毛利来确定。

实务中常见的销售价格有以下几种。

(一) 组团包价

组团包价是指由组团社根据成团人数、等级、路线、时间和提供服务的质量等制定的价格。一般包括综合服务费、住宿费、餐饮费、车费、保险费、文娱活动费、城市间交通费和专项附加费等。

(二) 半包价

半包价是指不包含午餐、晚餐费用的综合包价。

(三) 小包价

小包价是指仅包括住宿费、早餐费、保险费、接送服务费、国内城市间交通费及手续费。

(四) 单项服务价格

单项服务价格是指旅行社接受旅客的委托为其提供单项旅游服务的价格，其收费标准是旅行社按每个单项服务的购入成本和毛利来确定的。

(五) 特殊形式的旅游收费

特殊形式的旅游收费是指旅行社开展的新婚旅游、生态旅游、森林旅游、体育旅游、学术交流旅游等特殊形式的旅游收费。

二、旅游企业收入的结算方式

旅游企业按照一定的价格，通过提供劳务或出租、出售等方式所取得的货币收入为其营业收入，主要包括：旅行社组团、接团收入，饭店出租客房、提供餐饮、出售商品及其他服务项目所取得的收入。随着我国旅游业的飞速发展，旅游收入已成为我国国民经济收入的重要组成部分。

旅游企业营业收入的取得主要有三种方式：一是预收，即在提供服务之前，预先收取全部或部分服务费，例如，饭店在客房预订确认后，会向客人收取一部分定金，长住户也往往要在年初支付该年的全部费用；二是现收，即在为客人提供服务的同时收取服务费，例如，顾客选择旅行社的产品(旅游线路)后，会采取现收的形式和旅行社进行结算；三是事后结算，即在向客人提供服务以后，一次性或定期进行结算，例如，饭店和旅行社之间采用的就是事后结算方式，组团社与地接社之间也采用事后结算方式。

第三节 旅行社经营业务和营业成本的核算

旅行社是招徕、联系、接待和组织旅游者外出游览观光，并为其提供交通、食宿、导游等服务的行业，是旅游业供需的媒介。旅行社承担的主要业务有：为旅游者配备翻译导游；为旅游者抵达或离开机场、车站、码头等提供接送服务；为旅游者代订客房、代租汽车；为旅游者代办出入境、过境、居留和旅行所必需的证件，如护照、签证等；为旅游者代购、订购、代签飞机、火车、轮船等交通工具票据；为旅游者向海关申报检验手续；为旅游者拼凑行李；为旅游者代办旅游意外险；等等。

旅行社不同于其他行业，其经营特点是没有物质形态的转移，只有价值形态的运动。因此，其主要核算内容是组团社对外收取旅游服务费用的结算、组团社与接团社之间服务费用拨付的结算，以及接团社与接待单位之间的费用结算。

一、旅行社经营业务的核算

(一) 旅行社营业收入的构成

旅行社营业收入是指旅行社在经营服务过程中，为旅客提供各种服务，按国家规定的标准收取或收受的代付的包括交通费、房费、餐费、文娱费等在内的全部收入，主要包括以下几种。

1. 综合服务收入

综合服务收入即我国接待旅行社负责接待外国旅游者在我国境内旅游期间所提供的各项服务，包括宾馆住房、用餐、国内城市间和市内交通、翻译与导游、文娱活动、参观游览、各种附加费等，向旅游者(或组团旅行社)收取的全部综合服务包价收入。

2. 组团外联收入

组团外联收入即我国组团旅行社对外招徕、组织外国旅游者，或组织我国境内人员出国、出境旅游，并负责全程陪同接待，提供各项服务，包括宾馆住房、用餐、国际国内旅游交通、全程翻译导游、文娱活动、参观游览、各种附加费等，向旅游者收取的全部综合服务包价收入。

3. 零星服务收入

零星服务收入即各种旅行社组织或接待零星散客及接受旅游者小包价、半包价和单项委托代办(如单订城市之间的交通票、单订房、单订市内交通或接送服务等)事项，向旅游者收取的小包价、半包价或单项服务收入。

4. 劳务收入

劳务收入即各接待旅行社派出翻译、导游人员为组团社所组织的旅游团提供全陪服务，按照收费标准，向组团社收取的陪同劳务费收入。它不包括全程陪同人员的城市间交通费、陪同期间住房费及旅游者用餐时的餐费。

5. 票务收入

票务收入即各旅行社代理国际和国内各民航公司、铁路局、轮船公司出售机票、火车票、轮船票所收取的代办票务手续费收入。

6. 地游及加项收入

地游及加项收入即各旅行社在接待旅游者的过程中，除包价以外由旅游者临时提出增加服务项目，如去附近地区一日游，或临时增加市内外的参观游览项目，或增加游江、游湖、地方风味餐等，向旅游者收取的加项服务收入。

7. 其他收入

其他收入即除以上各项收入外的其他服务收入，如为旅游者或国内出国人员代办国际行李托运、报关、保险等取得的服务收入。

(二) 旅游企业收入的确认及核算

目前，我国旅行社与外国旅游机构进行结算多采用"预先收取、最终结算"的方式，即在游客来华旅游之前的规定期限内，按计划的旅游人数、线路、等级、项目预收全部费用，待全部旅华日程结束后再按实际费用最终结算，多退少补。此时，旅行社的预收费用不应立即作为"主营业务收入"。只有当旅游活动结束，实际费用确定后，才能构成主营业务收入。《旅游、饮食服务企业财务制度》中规定，旅行社(包括组团社和接团社)组织境外旅游者到境内旅游，应以旅行团队离境(或离开本地)时确认主营业务收入实现；旅行社组织境内旅游者在境内旅游，接团社应以旅行团队离开本地时，组团社以旅行团队旅行结束返回时确认主营业务收入实现；旅行社组织境内旅游者到境外旅游，应以旅行团队旅行结束返回时确认主营业务收入实现。

企业实现的主营业务收入应按实际价款核算，企业当期发生的销售折扣、销售退回及折让，冲减当期主营业务收入。

值得注意的是，在实际工作中，为了简化核算工作，旅游企业一般在期末确认销售收入和销售成本，而且不区分主营业务收入和其他业务收入，凡是企业在营业中取得的收入一律记入"主营业务收入"账户，与营业无关的收入记入"营业外收入"账户。

会计核算时，应在"主营业务收入"账户下按业务性质设置以下二级账户："综合服务收入""组团外联收入""零星服务收入""劳务收入""票务收入""地游及加项收入""其他收入"。

旅行社的主营业务收入核算可分为组团社主营业务收入的核算和接团社主营业务收入的核算。

1. 组团社主营业务收入的核算

凡是有外联权的一类组团社，为确保旅游活动的顺利进行，均应按旅游线路提供各项服务、按规定的价格标准综合计费。组团社在与外国旅游机构进行往来款项结算时，除应设"主营业务收入"账户外，还应设置"应收账款""财务费用"等账户。应收账款若为外币，则发生的汇兑损益，记入"财务费用"账户。

根据财税〔2016〕36号文件附件2《营业税改征增值税试点有关事项的规定》的规定，试点纳税人提供旅游服务，可以选择以取得的全部价款和价外费用，扣除向旅游服务购买方收取并支付给其他单位或者个人的住宿费、餐饮费、交通费、签证费、门票费和支付给其他接团旅游企业的旅游费用后的余额为销售额，计算缴纳增值税。

【例8-1】某旅行社为一般纳税人，实行差额征税政策，增值税税率为6%。该旅行社与国外一旅行社签订合同，预定某旅行团一行20人于2×18年的3月1日来华旅游。按计划游览项目共收包价费用460 000元，按合同约定的汇率1美元等于8.4元，可折合为54 760美元。

(1) 1月1日收到预订金30 000美元，当月市场汇率为1美元等于8.6元。

借：银行存款　　　　　　　　　　　　　　258 000(30 000×8.6)
　　贷：应收账款　　　　　　　　　　　　252 000(30 000×8.4)
　　　　财务费用　　　　　　　　　　　　　6 000(30 000×0.2)

(2) 2月1日又收到该旅行团旅费24 760美元，市场汇率为1美元等于8.3元。

借：银行存款　　　　　　　　　　　　　　205 508(24 760×8.3)
　　财务费用　　　　　　　　　　　　　　　2 476(24 760×0.1)
　　贷：应收账款　　　　　　　　　　　　207 984(24 760×8.4)

(3) 3月15日该团全部旅游活动结束，根据有关记录与对方实际结算包价费用为440 000元，需退还对方20 000元，当日汇率1美元等于8.4元，折合美元为238美元。

借：应收账款　　　　　　　　　　　　　　20 000
　　贷：银行存款　　　　　　　　　　　　20 000

(4) 将上述结算款项转为主营业务收入。

借：应收账款　　　　　　　　　　　　　　440 000
　　贷：主营业务收入　　　　　　　　　　415 094.34 [440 000÷(1+6%)]
　　　　应交税费——应交增值税(销项税额)　24 905.66

2. 接团社主营业务收入的核算

接团社的主营业务收入是由组团社按拨款标准及双方协议价格拨付给接团社的综合服务费、餐费、城市间交通费等旅游团费。对组团社而言，其是构成营业成本的一部分；对接团社而言，则是主营业务收入的一部分。接团社应以向组团社发出账单的时间和金额作为计算主营业务收入的依据(账单是指接团社在旅行团离开本地后，向组团社投送的旅游团费用结算通知单)。

接团社一般先提供服务，然后向组团社投单。因此，接团社的核算也应设置"应收账款"

账户。

【例8-2】某接团社3月1日以转账支票支付某组团社游客的综合服务费20 000元。

借：主营业务成本——综合服务费　　　　20 000
　　贷：银行存款　　　　　　　　　　　　　　20 000

【例8-3】3月10日旅行团结束旅游离开，根据游客消费账单所列项目计45 000元(含税)，办理费用结算并转作收入。增值税税率为6%。

借：应收账款——某组团社　　　　　　　45 000
　　贷：主营业务收入　　　　　　　　　　　42 452.83
　　　　应交税费——应交增值税(销项税额)　2 547.17

【例8-4】3月12日收到某组团社拨来的旅游费用结算款45 000元。

借：银行存款　　　　　　　　　　　　　45 000
　　贷：应收账款——某组团社　　　　　　　45 000

二、旅行社营业成本的核算

(一) 旅行社营业成本的构成

旅游经营业务的营业成本是指直接用于接待旅游者并为其提供各项服务所发生的全部支出，主要包括旅游者的膳食费、住宿费、游览船(车)票、门票，以及交通费、文娱费、行李托运费、票务费、专业活动费、签证费、导游费、劳务费、宣传费、保险费、机场费等。如果旅行社自行安排旅游车辆，还包括其耗用的汽油费、车辆折旧费、司机工资等。旅行社营业成本的构成内容，具体如下。

(1) 组团外联成本，指由组团社自组外联接待包价旅游团体或个人，按规定开支的住宿费、餐饮费、旅游交通费、陪同费、杂费及其他支出等。

(2) 综合服务成本，指接团社接待包价旅游团体，按规定开支的住宿费、餐饮费、旅游交通费、陪同费、杂费及其他支出等。

(3) 零星服务成本，指接待零星散客、委托代办事项等，按规定开支的住宿费、餐饮费、旅游交通费、导游费，以及代办托运服务、手续费等。

(4) 劳务成本，指组团社支付给外请旅游翻译、导游人员的有关费用等。

(5) 票务成本，指旅行社在代购票时，按规定向有关交通部门支付的购票手续费及退票损失费等。

(6) 地游及加项成本，指旅行社在接待游客旅游计划项目外，因游客要求增加项目而按规定开支的综合服务费、超公里费、游江费及风味餐费等。

(7) 其他服务成本，指不属于以上各项的成本支出。

(二) 旅行社成本费用的核算

为核算旅游企业营运成本及费用，会计上需设置"主营业务成本""销售费用""管理费用"

"财务费用"等账户。例如,旅行社营业成本中的代收代付费用,记入"主营业务成本"账户;社内工作人员工资,记入"销售费用"账户。

旅行社在"营改增"后可继续执行差额征税政策,在销售额中减去客人的车票、机票、火车票等交通费。但是,现实中,这些交通类的票据往往需要先交给客人使用,在下车或者下飞机后才能再收回。于是,就出现了有些客人因为保管不善,丢失车票、机票的情况,从而给旅行社带来了一定的损失。

关于旅行社差额征税的相关扣除凭证问题,原则上是应以相关发票作为抵扣依据的,但是综合考虑行业的特殊性,依据《国家税务总局关于在境外提供建筑服务等有关问题的公告》(国家税务总局公告2016年第69号)第9条的规定,纳税人提供旅游服务,将火车票、飞机票等交通费发票原件交付给旅游服务购买方而无法收回的,以交通费发票复印件作为差额扣除凭证。

【例8-5】仓库发出物料用品,其中营业部门领用1 000元;企业管理部门领用500元。

　　借:销售费用　　　　　　　　　　　　　　1 000
　　　　管理费用　　　　　　　　　　　　　　500
　　　　贷:物料用品　　　　　　　　　　　　　　1 500

【例8-6】分配并发放本月职工工资72 000元,其中,营业部门人员工资50 000元;管理部门人员工资22 000元,并按工资总额的14%计提职工福利费。

　　借:应付职工薪酬　　　　　　　　　　　　72 000
　　　　贷:银行存款　　　　　　　　　　　　　　72 000
　　借:销售费用　　　　　　　　　　　　　　50 000
　　　　管理费用　　　　　　　　　　　　　　22 000
　　　　贷:应付职工薪酬　　　　　　　　　　　　72 000
　　借:销售费用　　　　　　　　　　　　　　7 000
　　　　管理费用　　　　　　　　　　　　　　3 080
　　　　贷:应付职工薪酬　　　　　　　　　　　　10 080

【例8-7】某旅行社3月份拨付给接团社综合服务费260 790元,支付城市间交通费24 500元、餐费7 320元、专项附加费12 960元。根据有关凭证,应做如下会计处理。

(1) 支付各种款项时,应及时分别记入有关账户。

　　借:主营业务成本——综合服务费　　　　260 790
　　　　　　　　　　——城市间交通费　　　　24 500
　　　　　　　　　　——餐费　　　　　　　　7 320
　　　　　　　　　　——专项附加费　　　　　12 960
　　　　贷:银行存款　　　　　　　　　　　　305 570

(2) 月末,结转营业成本,编制会计分录如下。

　　借:本年利润　　　　　　　　　　　　　　305 570
　　　　贷:主营业务成本　　　　　　　　　　　305 570

【例8-8】计提本月固定资产折旧费,营业部门折旧6 000元;管理部门折旧2 000元。

　　借:销售费用　　　　　　　　　　　　　　6 000
　　　　管理费用　　　　　　　　　　　　　　2 000

贷：累计折旧　　　　　　　　　　　　　　　　　　　　8 000
【例8-9】旅行社收到外地旅行团汇来的预订金10 000元。
　　借：银行存款　　　　　　　　　　　　　　　　　　　10 000
　　　　贷：应付账款　　　　　　　　　　　　　　　　　　10 000
【例8-10】外地旅游团到达，进行旅游活动，支付门票费、房费、交通费等25 000元。
　　借：主营业务成本　　　　　　　　　　　　　　　　　25 000
　　　　贷：银行存款　　　　　　　　　　　　　　　　　　25 000
【例8-11】接待外地旅游团旅游活动结束，收到通过银行划转来的外地旅游团收入30 000元，结转已实现的主营业务收入40 000元。
　　借：应付账款　　　　　　　　　　　　　　　　　　　10 000
　　　　银行存款　　　　　　　　　　　　　　　　　　　30 000
　　　　贷：主营业务收入　　　　　　　　　　　　　　　37 735.85
　　　　　　应交税费——应交增值税(销项税额)　　　　　 2 264.15
月末，本项目应缴纳增值税税额=(40 000-25 000)÷(1+6%)×6%=849.06(元)。
按差额扣除法规定，结转允许抵扣税款=25 000÷(1+6%)×6%=1 415.09(元)。
　　借：应交税费——应交增值税(抵扣销项税额)　　　　　1 415.09
　　　　贷：主营业务成本　　　　　　　　　　　　　　　　1 415.09

第四节　餐饮经营业务的核算

　　餐饮业是一个涉及千家万户的行业，是指从事加工烹制、出售饮食制品并为顾客提供场所、设备和服务的生活服务行业，包括：大、中、小餐厅，酒店，面馆，咖啡店，小吃部等。餐饮业的经营业务主要有：加工烹制食品出售；经营各种饮料、烟酒等；提供场所、用具和其他服务等。

一、餐饮业的经营特点

　　餐饮业与工业、商业相比较，具有其独特的经营特点。
　　从饮食制品的生产过程看，餐饮业既类似于工业企业又不同于工业企业，餐饮业可以实现产销直接见面；餐饮业的产品为单件小批生产，并且大多采用手工操作，对操作者技艺要求高，大多集中在早、中、晚三餐时间。从将饮食制品出售给消费者的过程看，餐饮业具有零售商业企业的性质，但又不同于零售商业企业，餐饮业当场制作销售的是能直接食用的商品，饮食制品的质量标准和技艺要求复杂；餐饮业既要提供商品又要提供顾客消费的场所，同时还要提供必要的服务，随着顾客消费层次和水平的提高，服务的规格正逐步向高档化、规范化、多样化迈进。显然，餐饮业具有生产、零售和服务的职能，但又明显区别于工业、零售业和服务业。

二、餐饮业营业收入的核算

餐饮业具有上述独有的经营特点,因此在会计核算上也有着与生产、零售、服务业不同的特点。餐饮业的营业收入主要包括餐费收入、冷热饮收入、服务收入和其他收入。

(一) 饮食制品的定价

因饮食制品的花色品种繁多,且原材料价格多变,所以如何定价就成为饮食制品核算的一个重要问题。目前,常用的定价方法主要有销售毛利率法和成本毛利率法两种。

1. 销售毛利率法

销售毛利率是指毛利额与售价的比率,其计算公式如下。

$$销售毛利率=毛利额÷售价×100\%=(售价-原材料成本)÷售价×100\%$$

经推导可得到:

$$售价=原材料成本÷(1-销售毛利率)$$

例如,西芹百合每盘的原材料成本为 8.64 元,假定其销售毛利率为 40%,则西芹百合每盘的售价应为:$8.64÷(1-40\%)=14.4$(元)。

2. 成本毛利率法

成本毛利率是指毛利额与成本的比率,其计算公式如下。

$$成本毛利率=毛利额÷成本×100\%$$

在饮食制品原材料成本的基础上,按确定的成本毛利率加成,即可计算出饮食制品的售价。计算公式如下。

$$售价=原材料成本×(1+成本毛利率)$$

例如,西芹百合每盘的原材料成本为 8.64 元,假定其成本毛利率为 66.66%,则西芹百合每盘的售价应为:$8.64×(1+66.66\%)=14.4$(元)。

(二) 饮食制品销售核算

为方便顾客、提高服务质量,餐饮业提供以下几种销售结算方式:先就餐后结算、一手钱一手货(如开单收款结算、现款销售结算、柜台结算、转账结算等)和储值卡结算等。

1. 先就餐后结算

先就餐后结算,即指消费者入座点餐后,由服务员填写菜单一式两联,将一联送操作间作为取菜凭证,将另一联送收款台备查,待客人用餐结束,服务员凭备查菜单向客人收款的结算方式。该方式下,每天营业结束后,收款员与操作间分别汇总销售额和发菜额,双方核对无误后,共同在当日销售日报表上签字。这种结算方式既方便顾客,又利于餐饮企业内部控制,所以被较多的中、西餐馆采用。

2. 一手钱一手货

一手钱一手货，即指就餐者直接到柜台购买饮食制品，并到款台办理结算的方式。经营品种简单且规格化的快餐店大都采用此方式。这种方式下，手续简便且款台(收款机)能记录销售数量和金额，当日营业结束后，收款机打印出的当日销售汇总表与操作间的加工数量等核对相符后，即可作为当日销售收入入账的依据。

3. 储值卡结算(先存款后就餐)

储值卡结算，即指就餐者事先在自己的磁卡中存入一定数额的款项，就餐后再凭此卡在收款机上划卡结算的方式。这种方式利用计算机就餐结算系统，集中办理了款项收付，既方便了顾客，又提升了服务速度，并降低了差错率。

无论采用哪种结算方式，均应在每日营业终了，由收款员根据当日销售情况编制"营业收入日报表"，连同收到的现款一并上交财会部门，经审核无误后，借记"库存现金""银行存款"等账户，贷记"主营业务收入"等账户。

【例8-12】某中餐厅2×18年3月18日"营业收入日报表"列明当天应收现金15 030元，实收现金15 030元。财会部门据此做如下会计分录。

借：库存现金(或银行存款)　　　　　　　15 030
　　贷：主营业务收入　　　　　　　　　　　　15 030

月末，实施"营改增"后，按有关规定，餐饮业一般纳税人增值税税率为6%，小规模纳税人增值税税率为3%。根据计算结果，做如下会计处理。

借：主营业务收入
　　贷：应交税费——应交增值税(销项税额)

【例8-13】甲公司经营一家连锁餐馆，2×18年，甲公司向客户销售了5 000张储值卡，每张卡的面值为200元，总额为1 000 000元。客户可在甲公司经营的任何一家门店使用该储值卡进行消费。根据以往的经验，甲公司预期客户购买的储值卡中将有大约相当于储值卡面值金额5%(即50 000元)的部分不会被消费。截至2×18年12月31日，客户使用该储值卡消费的金额为400 000元。甲公司为增值税一般纳税人，在客户使用该储值卡消费时发生增值税纳税义务。

本例中，甲公司预期将有权获得与客户未行使的合同权利相关的金额为50 000元，该金额应当按照客户行使合同权利的模式按比例确认为收入。因此，甲公司在2×18年销售的储值卡应当确认的收入金额为397 219.46 [(400 000＋50 000×400 000÷950 000)÷(1＋6%)]元。甲公司的账务处理如下。

(1) 销售储值卡。

借：库存现金(或银行存款)　　　　　　1 000 000
　　贷：合同负债　　　　　　　　　　　　　943 396.23
　　　　应交税费——待转销项税额　　　　　 56 603.77

(2) 根据储值卡的消费金额确认收入，同时将对应的待转销项税额确认为销项税额。

借：合同负债　　　　　　　　　　　　　397 219.46
　　贷：主营业务收入　　　　　　　　　　　　397 219.46
借：应交税费——待转销项税额　　　　　　22 484.12
　　贷：应交税费——应交增值税(销项税额)　　22 484.12

三、餐饮业营业成本的核算

从理论上讲,餐饮业的营业成本应该是餐饮部门加工烹制食品时发生的全部费用,包括生产费用和营业费用,如原材料、燃料、机器设备和人工的消耗等。但是,由于餐饮企业的经营特点是边生产边销售,生产周期短,生产成本和营业费用很难划分;饮食制品品种繁多、数量零星,各种成本难以一一计算。因此,结合企业生产特点和管理要求,为简化计算工作,企业一般不按食品逐次逐件计算成本。现行的企业会计制度规定,餐饮业的营业成本只核算饮食制品的原材料成本和商品进价成本,发生的其他费用(如工资等)计入有关费用中进行核算。

餐饮业的原材料包括主食、副食和调味品三大类。对购进的原材料采用两种管理办法:一种是入库管理,入库和出库都要办理必要的手续,并填制凭证和会计核算;另一种是购进后直接交付厨房使用,如新鲜的肉、禽、鱼、蔬菜,以及一些价格低廉的调味品等,一般不用办理入库手续,直接将其计入饮食制品的成本。饮食制品成本核算主要有以下两种方法。

(一) 领料制核算法——永续盘存制下的材料核算

若餐饮企业采用领料制核算法,则对于所有发出的原材料,均需填制领料单,并据此借记"主营业务成本"账户,贷记"原材料"账户。月末,对于存放在操作间中的已领未用的原材料和已制成但尚未售出的成品和半成品进行实地盘点,编制原材料、在制品和成品盘存表,并据此办理假退料手续,调减营业成本,借记"主营业务成本"账户(红字),贷记"原材料"账户(红字)。调整后的"主营业务成本"账户本期借方发生额合计数,即为本月耗用原材料总成本。下月初,再将假退料数额原数冲回。

【例8-14】某快餐厅采用领料制核算法,2×18年3月31日编制"月末剩余原材料、半成品和待售产成品盘存表",如表8-1所示。

表8-1 月末剩余原材料、半成品和待售产成品盘存表

制表部门:厨房　　　　　　2×18年3月31日　　　　　　　　　　单位:元

材料名称	计量单位	单价	剩余数量	半成品和待售产成品						合计	
				甲半成品			乙半成品			材料数量	金额
				数量	消耗定额	定额消耗量	数量	消耗定额	定额消耗量		
牛肉	千克	72	25							25	1 800
面粉	千克	6		32	4	192				192	1 152
鸡蛋	千克	8					120	3	360	360	2 880
合计											5 832

根据"月末剩余原材料、半成品和待售产成品盘存表",做如下会计分录。

借:主营业务成本　　　　　　　　　5 832
　　贷:原材料　　　　　　　　　　　　　5 832

下月初根据"月末剩余原材料、半成品和待售产成品盘存表",再填制领料单,做如下会计分录。

借:主营业务成本　　　　　　　　　5 832
　　贷:原材料　　　　　　　　　　　　　　5 832

采用该核算方法,核算手续完备,采购、保管和耗用各个环节责任明确。但要求企业建立健全领退料制度,日常原材料的出入库要严格履行填单,月末要组织人员认真做好盘点工作。

(二) 以存计耗核算法——实地盘存制下的材料核算

若餐饮企业采用以存计耗核算法,则领用材料时无须填写领料单,不进行账务处理,月末将根据厨房剩余原材料、半成品和待售产成品盘点金额加上库存材料的盘存金额,结合本月收入总额,倒挤出本月耗用的原材料成本。计算公式如下。

本月耗用的原材料总成本＝月初原材料仓库、厨房结存额＋本月购进材料额－
　　　　　　　　　　　　月末原材料仓库、厨房盘存总额

【例8-15】3月初,万事兴餐厅原材料账户的余额为5 460元,本月购进原材料总额为123 600元,月末实际盘点原材料库和厨房操作间结存总额为2 340元。该餐厅采用以存计耗核算法计算成本,结果如下。

3月份耗用的原材料总成本＝5 460＋123 600－2 340＝126 720(元)

根据计算结果,做会计分录如下。

借:主营业务成本　　　　　　　　　126 720
　　贷:原材料　　　　　　　　　　　　　　126 720

以存计耗核算法,计算步骤简单,但平时原材料发出不记账,无法分清耗用成本和保管损失,会将各种损失、浪费甚至贪污统统计入成本,不利于加强企业管理。该方法适用于经营规模较小、没条件也没必要建立原材料库房的小型餐饮企业。

餐饮业通过加工食材向顾客提供餐饮成品,其特点是直接材料支出是饮食制品成本中最主要的部分。餐饮业原材料进货渠道多样化,会取得不同抵扣税率的增值税发票,因而其税负影响也不同。另外,餐饮业营销方式也会影响其税负,如餐饮服务适用税率为6%,食品外卖属于产品销售,适用税率为13%。

餐饮企业在采购时,其购货渠道主要有能开具增值税专用发票和农副产品销售发票的大型、正规的工厂、经销商、农副产品生产销售合作社等,通过这些渠道进行采购既能保障食品安全,又能取得合法的抵扣进项税凭证。

【例8-16】万事兴餐厅2×19年10月餐饮服务销售收入1 000 000元,购买生鲜食材等218 000元,并取得税率为9%的农副产品销售发票;购买粮油109 000元,取得税率为9%的增值税专用发票;购买酒水饮料等60 000元,取得税率为13%的增值税专用发票。要求计算结转收入和应交增值税额。会计处理如下。

10月份餐厅应交增值税销项税额＝1 000 000÷(1＋6%)×6%＝56 603.77(元)

10月份餐厅可抵扣增值税进项税额＝218 000÷(1＋9%)×9%＋109 000÷(1＋9%)×
　　　　　　　　　　　　　　　　9%＋60 000÷(1＋13%)×13%＝33 902.65(元)

本月应交增值税额＝56 603.77－33 902.65＝22 701.12(元)

借：银行存款　　　　　　　　　　　　　　1 000 000
　　贷：主营业务收入　　　　　　　　　　　　　943 396.23
　　　　应交税费——应交增值税(销项税额)　　　56 603.77
借：库存商品(或主营业务成本)　　　　　　353 097.35
　　应交税费——应交增值税(进项税额)　　　33 902.65
　　贷：银行存款　　　　　　　　　　　　　　387 000
借：应交税费——应交增值税(转出未交增值税)　22 701.12
　　贷：应交税费——应交增值税(未交增值税)　　22 701.12

第五节　旅游宾馆经营业务的核算

一、旅游宾馆营业收入的核算

(一) 旅游宾馆经营业务特点

旅游宾馆包括酒店、饭店和旅店等企业，是指以提供住房、生活设施的使用和服务人员的劳动服务来满足旅游者需求而收取一定费用的服务行业。它的经营方式多样、服务项目繁杂，且所提供的服务往往带有一定的技艺，其服务过程就是消费过程。旅游宾馆服务业不仅具有服务职能，还具有加工生产职能，其边生产边销售，生产过程短暂，且与消费者直接见面。所以该行业的经营业务同时具有生产、服务和销售三大职能。

但其主要经营业务是客房服务，客房服务的业务特点如下。

(1) 客房是一种特殊商品，不出售所有权，只出售使用权。也就是说，将同一房屋的使用权在不同时期内反复使用(出售)，客人买到的只是客房某一时期的使用权。客房可以出租但不能储存，如果客房不能在规定的时间内出租，其效用就会自然消失，销售也就无法实现。

(2) 客房出租率的高低直接受旅游季节变换的影响。旅游淡季，客房供过于求；旅游旺季，客房供不应求，从而使客房的出租价格有较大弹性。

(3) 旅游饭店业务的服务过程和消费过程在时间上和空间上都是统一的。

(二) 旅游宾馆营业收入的构成

旅游宾馆是服务业的重要组成部分，是集旅游业、餐饮业、服务业于一身的综合服务性企业，其接待的对象主要是国内、外的旅游者，港澳台同胞等广大顾客，这些顾客是为了观光旅游、探亲访友、参加各类会议、进行文化技术交流，以及进行商务活动等而来。他们要求企业提供综合的服务项目，包括客房服务、餐饮、商品供应、通信、健身娱乐、浏览观光、商业谈判等一系列服务项目。这些服务项目就构成了旅游宾馆饭店营业收入的主要来源。所以，旅游宾馆饭店的营业收入是其在经营过程中提供劳务、出租客房、提供膳食、销售商品及娱乐活动等取得的劳务收入。具体包括以下各项。

(1) 客房收入，即客房租金收入。

(2) 餐饮收入，即食品、饮料等的销售收入。

(3) 商品收入，即发出商品或提供劳务时收取的各种价款，包括商品销售收入、代销业务收入等。

(4) 其他业务收入，如电话费收入、俱乐部收入、保龄球收入、游泳池收入、门票收入、车队收入等。

(三) 旅游宾馆营业收入的核算

客房的经营情况主要是看其出租和收入情况，反映这一信息的是客房出租率和租金收入率两个指标。

1. 客房出租率

客房出租率又称为客房利用率或客房开房率，是指已出租客房占可以出租客房的比例，其计算公式如下。

客房出租率＝计算期客房实际出租间天数÷∑(可供出租房间数×计算期天数)×100%

客房出租率越高，说明经营效益越好；反之，则说明经营效益差。若是小旅店，则其可供出租房间数按出租床位数计算。

【例8-17】喜来登宾馆现有可供出租的客房200间，8月份共出租4 650间天，则：

该宾馆8月份的客房出租率＝4 650÷∑(200×31)×100%＝75%

2. 租金收入率

租金收入率是指在一定时期内客房的实收房租总额占应收房租总额的比例，其计算公式如下。

客房租金收入率＝报告期实收客房租金总额÷∑(某类可出租房间数×
该类客房日租金×计算期天数)×100%

【例8-18】喜来登宾馆现有可供出租的总统套房1间，每间天租金1 580元；豪华套房19间，每间天租金为880元；豪华标准间80间，每间天租金580元；普通标准间70间，每间天租金480元；单人间30间，每间天租金380元。8月份实收客房租金总额为2 448 504元。则：

该宾馆8月份的租金收入率＝2 448 504÷∑[(1×1 580＋19×880＋80×580＋70×
480＋30×380)×31]×100%＝72%

客房一经出租，不论房租是否收到，都应作为已销售处理，即客房收入的入账时间是客房实际出租的时间。

客房出租有淡旺季之分，因此客房的出租价格往往随着旅游淡旺季的需求关系发生上下波动，通常客房的出租价格有标准价格、淡季价格、旺季价格、团体价格、优惠价格、折扣价格等。所以，客房实际出租的价格才是客房收入的入账价格。

客房租金收入通常按天数分时段计费。自客人入住客房之日起，至次日中午12时止，收取一天租金；到次日中午12时以后，18时以前止，加收半天租金；到次日18时以后，则加收一天租金。

旅游饭店的客房业务是由总台办理的。总台通常设在旅店大堂内，负责办理客房的预订、接待、入住登记、查询、退房、结账及营业日记簿的登记等工作。

预收住店保证金时，借记"库存现金"账户，贷记"合同负债"账户；按当期应收的客房租金，借记"应收账款"账户，贷记"主营业务收入"账户；按当日结账客人交来的现金，借记"库存现金"账户，根据客人交回的保证金单据，冲抵应付租金，借记"合同负债"账户，贷记"应收账款"账户。

【例8-19】喜来登宾馆财务部门收到总台交来的营业日报表，如表8-2所示。

表8-2 营业日报表

部门： 2×18年3月25日 单位：元

营业项目	预收保证金	今日新欠	今日交付	今日结欠	冲转预收保证金
一楼客房	2 000	80 000	6 000	800	
二楼客房	1 500	20 000	2 300	600	
三楼客房	1 000	10 500	7 000	800	
其他					
合计	4 500	110 500	15 300	2 200	400

根据表8-2，做如下会计分录。

(1) 收到客人预付的客房入住保证金。

借：库存现金　　　　　　　　　　　　　　　4 500
　　贷：合同负债——预收保证金　　　　　　　　4 500

(2) 根据当日实现的销售收入。

借：应收账款　　　　　　　　　　　　　　　110 500
　　贷：主营业务收入——客房收入　　　　　　104 245.28
　　　　应交税费——应交增值税(销项税额)　　 6 254.72

(3) 结账时，将预收的保证金予以冲回。

借：库存现金　　　　　　　　　　　　　　　14 900
　　合同负债——预收保证金　　　　　　　　　400
　　贷：应收账款　　　　　　　　　　　　　　15 300

【例8-20】喜来登宾馆经营一家会员制健身俱乐部，其与客户签订了为期两年的合同，客户入会之后可以随时在该俱乐部健身。除俱乐部的年费2 000元之外，其还向客户收取了50元的入会费，用于补偿俱乐部为客户进行注册登记、准备会籍资料及制作会员卡等初始活动所花费的成本。收取的入会费和年费均无须返还。

本例中，喜来登宾馆承诺的服务是向客户提供健身服务(即可随时使用的健身场地)，而喜来登宾馆为会员入会所进行的初始活动并未向客户提供其所承诺的服务，而只是一些内部行政管理性质的工作。因此，喜来登宾馆虽然为补偿这些初始活动向客户收取了入会费，但是该入会费实质上是客户为健身服务所支付的对价的一部分，故应当作为健身服务的预收款，与收取的年费一起在两年内分摊确认为收入。

提供健身服务属于现代文化生活服务,一般纳税人适用 6%的增值税税率,进项税可以抵扣;小规模纳税人适用 3%的征收率。

根据业务预收款时,其会计处理如下。

借:库存现金(或银行存款)   2 050
    贷:合同负债   1 933.96
      应交税费——待转销项税额   116.04 [2050÷(1+6%)×6%]

二、旅游宾馆营业成本的核算

旅游宾馆的营业成本是指除客房部费用以外的各营业部门的直接成本,包括餐饮成本、商品成本、其他成本等。从理论上讲,旅游宾馆的客房成本也是为宾客提供服务的过程中所耗用的人力和物力,也应计入宾馆成本,但是由于宾馆的客房具有一次性投资较大、日常经营中耗费物资(价值损耗)较小、营业周期较短、各类经营业务之间相互交叉、直接费用和间接费用不易划分等特点,很难计算宾馆的营业成本,即使计算求得,其结果也不准确。所以,企业会计制度规定,除出售商品和耗用原材料、燃料的商品部、饮食部按其销售的商品和耗用的原材料、燃料计算营业成本外,其他各项服务性的经营活动均不核算营业成本,而将其发生的各项支出分别计入各项费用类账户。

(一) 旅游宾馆成本费用的构成

旅游宾馆是以提供劳务为主的产业,其劳动耗费主要是人工费和经营过程中的物化劳动耗费。按照费用细化的原则,成本是对象化的费用,应作为营业成本;不能直接认定的费用,应作为期间费用。

1. 营业成本

旅游宾馆的营业成本是指企业在经营过程中发生的各项直接支出,包括直接材料、客房支出、商品进价成本和其他直接支出。

(1) 直接材料,是指游客在旅游宾馆餐饮消费过程中直接耗用的原材料、调料和配料等。

(2) 客房支出,是指旅游消费者在旅游宾馆住宿消费过程中直接耗用的原材料、物料用品等。

(3) 商品进价成本,包括国内购进商品和国外购进商品的进价成本及进货费用。其中,国内购进商品进价成本是指购进商品的原价及进货费用;而国外购进商品进价成本是指进口商品在购买中发生的实际成本,包括商品进价、进口税金、支付委托外贸部门代理进口手续费。

(4) 其他直接支出,是指除上述各种支出以外的支出,如车队发生的各种费用。

2. 期间费用

旅游宾馆的期间费用,包括管理费用、财务费用和销售费用。其中,销售费用是指各营业部门在经营中发生的各项费用,主要包括保险费、燃料费、水电费、差旅费、邮电费、折旧费、低耗品摊销、物料消耗、营业部门人员的工资(含奖金、津贴和补助)、职工福利费、工作餐费、服装费及其他营业费用。

(二) 旅游宾馆成本费用的核算

企业会计制度规定，旅游饭店在出售商品和耗用原材料、燃料时，可按商品部、饮食部实际销售的商品和耗用的原材料、燃料等计算营业成本，并进行相应的会计处理。商品部出售商品的具体会计处理可参照商品流通企业的会计处理进行；饮食部耗用的原材料、燃料等的具体会计处理可参照餐饮经营业务的会计处理进行。管理费用和财务费用的核算可参照工业企业会计处理进行。其他各项支出，一律记入"销售费用"账户。

【例 8-21】某旅游饭店所属车队，本月发生司机工资 10 000 元，汽油费 1 000 元，车辆折旧费 3 000 元。做如下会计分录。

借：销售费用　　　　　　　　　　　　　　14 000
　　贷：应付职工薪酬　　　　　　　　　　10 000
　　　　燃料　　　　　　　　　　　　　　 1 000
　　　　累计折旧　　　　　　　　　　　　 3 000

如果上述车队为旅游饭店内部独立核算的部门，其发生的上述费用则做如下处理。

借：主营业务成本　　　　　　　　　　　　14 000
　　贷：应付职工薪酬　　　　　　　　　　10 000
　　　　燃料　　　　　　　　　　　　　　 1 000
　　　　累计折旧　　　　　　　　　　　　 3 000

第六节　旅游企业应交增值税的核算

根据"营改增"试点方案，明确自 2016 年 5 月 1 日起，全面推开"营改增"试点，将建筑业、房地产业、金融业、生活服务业纳入试点范围。其中，生活服务业税率确定为 6%。

一、旅游企业应交增值税的有关规定

实施"营改增"后，我国对旅游收入继续执行差额征税的政策，发生变化的主要有两点：一是纳税人身份的变化，由营业税纳税人改为增值税纳税人，而增值税纳税人又区分为小规模纳税人与一般纳税人，增值税税率分别为 3% 和 6%；二是税率的变化，由单一的 5% 的营业税税率变成 6% 的增值税税率或 3% 的征收率。延续旅游企业差额征税的政策，在实施"营改增"后，实务中需要关注的事项如下。

(一) 执行差额征税，允许作为销售额的扣除项目

试点纳税人提供旅游服务，可以选择以取得的全部价款和价外费用，扣除向旅游服务购买方收取并支付给其他单位或者个人的住宿费、餐饮费、交通费、签证费、门票费和支付给其他接团旅游企业的旅游费用后的余额为销售额。

选择以销售额作为计税基数的试点纳税人,向旅游服务购买方收取并支付的上述费用,不得开具增值税专用发票,可以开具普通发票。

纳税人按照上述规定从全部价款和价外费用中扣除的价款,应当取得符合法律、行政法规和国家税务总局规定的有效凭证。否则,不得扣除。

(二) 差额征税的计算过程

根据财税〔2016〕36号文件附件2的规定,企业发生餐饮服务,不可抵扣增值税,但住宿费可以按6%抵扣进项税。

1. 可扣减成本的计算

如果"有效凭证"中有适用税率分别为3%、6%、16%等不同税率的发票,在差额征税计算可扣除的成本时应以"汇总成本金额÷(1+征收率)×征收率"来扣除。

2. 差额征税额的计算

根据有关资料,按下列公式计算差客征税额。

差额征税额=(不含税收入-可扣减成本)÷(1+税率)×税率-可抵扣的进项税

上述公式中可抵扣的进项税是指取得的日常经营中的办公用品、电话费、固定资产、无形资产、房屋等增值税专用发票中标明的税额。

二、旅游企业应交增值税的会计核算

【例8-22】某旅游公司为一般纳税人,2×18年7月组织"长春—三亚"线路七日游活动,转账支付游客住宿费42 400元,并取得税务部门认可的增值税发票。旅游结束后,旅游公司及时办理了相关手续。根据计算可做如下会计处理。

应交增值税进项税额=42 400÷(1+6%)×6%=2 400(元)

借:主营业务成本	40 000
应交税费——应交增值税(进项税额)	2 400
贷:银行存款	42 400

【例8-23】某旅游餐馆每月购买适用9%税率的原材料200 000元,购买适用13%税率的酒水、饮料等原材料100 000元,如果不考虑其他成本,该餐馆每月营业额为2 000 000元。根据现行有关规定,计算该旅游餐馆每月应缴增值税。

可扣除进项税额=200 000÷(1+9%)×9%+100 000÷(1+13%)×13%=28 018.19(元)

(1) 购进材料。

借:材料物资——原材料	271 981.81
应交税费——应交增值税(进项税额)	28 018.19
贷:银行存款/应付账款	300 000

(2) 月末,计算结转当月营业收入。

不含税收入=2 000 000÷(1+6%)=1 886 792(元)

销项税额＝1 886 792×6%＝113 208(元)
借：银行存款/应收账款　　　　　　　　　　　　　　2 000 000
　　贷：主营业务收入　　　　　　　　　　　　　　　1 886 792
　　　　应交税费——应交增值税(销项税额)　　　　　　113 208
每月应交增值税＝113 208－28 018.19＝85 189.81(元)
借：应交税费——应交增值税(转出未交增值税)　　　　85 189.81
　　贷：应交税费——应交增值税(未交增值税)　　　　　85 189.81

【复习思考题】

1. 旅游餐饮服务企业的特点是什么？这些特点对会计核算会产生哪些影响？
2. 旅游经营业务收入有哪些？
3. 常见的服务经营业务有哪些？会计核算中有什么特点？
4. 饮食经营业务成本计算方法有哪些？
5. 旅店的收款方式有哪些？
6. 订金和定金应如何区分？

【会计职业判断能力训练】

一、填空题

1. 旅游餐饮服务企业的会计核算同其他行业相比，具有_____、_____和_____三个特点。
2. 按旅游者活动的空间范围划分，旅游业务可分为_____和_____。
3. 旅行社的营业收入是指旅行社各项经营业务所得的_____。
4. 组团社在收费方式上通常采用_____形式，与旅游者一次结算费用。
5. 旅行社的国际结算方式除采用一般汇款结算方式外，还可以使用_____、_____和_____三种国际结算方式。
6. 饮食制品成本的核算有_____和_____两种方法。
7. 饮食制品目前常用的定价方法有_____和_____两种。
8. 服务经营同时具有_____、_____和_____三大职能。
9. 反映客房经营情况的是_____和_____两个指标。
10. 理发、美容、浴池等企业在管理上有_____和_____两种方式。
11. "营改增"后，旅游餐饮服务业被划分为_____行业进行税务管理。
12. 旅游餐饮服务业小规模纳税人的计税公式为_____。

二、单项选择题

1. 一般采用先收款、后接待的原则进行旅游服务的服务形式是(　　)。
   A. 国内旅行社　　B. 国际旅行社　　C. 接团社　　D. 组团社
2. 餐厅出售的清炒虾仁的成本为18元/每盘，如核定其成本加成率为50%，则每盘清炒虾仁单价为( )元。
  A. 9   B. 18   C. 27   D. 36
 3. 餐饮服务企业通常采用( )的收款方式。
  A. 先服务后收款   B. 先收款后服务   C. 上门服务收款   D. 立等可取收款
 4. 旅馆客房业务收入的入账金额为( )。
  A. 预收的定金   B. 实际收款
  C. 客房的实际出租价   D. 客房规定的出租价
 5. 餐饮业不宜入库管理的原材料是( )。
  A. 粮食   B. 豆油   C. 调味品   D. 蔬菜
 6. 采用成本毛利率法计算某饮食制品售价的公式为( )。
  A. 成本×(1＋成本毛利率)   B. 成本×(1＋销售毛利率)
  C. 成本÷(1－销售毛利率)   D. 成本÷(1－成本毛利率)
 7. 理发、美容、浴池、照相、染发、修理、娱乐等服务业在管理上虽然有先收款后服务和先服务后收款两种方式，但无论采用哪种收款方式，财务部门都应于每日营业终了时，根据业务部门报送的"主营业务收入日报表"及收到的款项登记( )科目。
  A. "预收账款"   B. "主营业务收入"   C. "其他应收款"   D. "应收账款"
 8. 一般情况下，宾馆当天宿费的结算时间是( )点。
  A. 14   B. 12   C. 11   D. 15
 9. 按国际惯例的结算方式，国外旅游机构需于旅游者入境前( )天，通过中国银行将旅游包价费用汇到组团社。
  A. 15   B. 20   C. 30   D. 60
 10. 旅游中的"汽车超公里费"属于( )。
  A. 综合服务费   B. 城市间交通费   C. 市内车费   D. 专项附加费
 11. 小规模纳税人适用的增值税征收率是( )。
  A. 17%   B. 13%   C. 6%   D. 3%

三、多项选择题

 1. 旅游经营业务的营业成本包括( )。
  A. 导游费   B. 宣传费   C. 票务费   D. 营业人员工资
 2. 餐饮业的原材料包括( )。
  A. 主食   B. 副食   C. 调味品   D. 燃料
 3. 下列行业中提供的劳务收入属于其主营业务收入的有( )。
  A. 工业   B. 房地产业   C. 餐饮业   D. 旅游
 4. 目前，饮食制品常用的定价方法，一般有( )。
  A. 毛利率   B. 倒算法   C. 成本毛利率法   D. 销售毛利率法
 5. 修理业的收款方式一般包括( )。
  A. 先服务后收款   B. 上门服务   C. 先收款后服务   D. 转账结算
 6. 旅游价格中的"综合服务费"包括( )。

A. 餐饮费　　　　　　B. 市内车费　　　　C. 导游劳务费　　　D. 风味餐费
7. 饮食制品成本的核算通常包括(　　)。
　　A. 原材料成本的计算　　　　　　　　B. 半成品成本的计算
　　C. 饮食制品成本的计算　　　　　　　D. 租金成本的计算
8. 旅游餐饮服务企业一般纳税人需符合的条件是(　　)。
　　A. 会计核算健全　　　　　　　　　　B. 能够提供准确的税务资料
　　C. 年应征增值税的销售额≥500万元　　D. 不经常发生应税行为
9. 根据国家旅游局的价格规定，按旅游日程及特殊需要项目，旅游价格一般由(　　)构成。
　　A. 综合服务费　　B. 房费　　　　　　C. 城市间交通费　　D. 专项附加费
10. 一手交钱一手交货的收款方式属于(　　)的结算方式。
　　A. 服务员开票收款　B. 先就餐后结清　　C. 现款现售结算　　D. 转账结算

四、判断题

1. 为规范旅游餐饮服务行业的会计核算，实行的是专门的《旅游餐饮服务企业会计制度》。(　)
2. 旅行社在会计核算中涉及人民币业务按人民币记账，涉及外汇业务应按外币记账。(　)
3. 组团社组织游客旅游，一般采用先收款、后接待的原则。(　)
4. 接团社接待游客旅游，一般采用先接待、后向组团社收取款项的原则。(　)
5. 客房一经出租，不论房租是否收到，都作为已销售处理。(　)
6. 旅游餐饮服务行业的人员工资，都应通过"制造费用"账户核算，月末分摊计入有关产品成本。(　)
7. 饮食企业销货款结算方式与商品零售企业相同。(　)
8. 与其他行业相比，旅游、饮食服务业的营业成本构成较为简单。(　)
9. 餐饮企业的成本核算一般只需核算原材料总成本，不核算单位成本。(　)
10. 餐饮业采用"永续盘存制"核算材料成本时，因为发出材料时都有账簿记录，则月末不需要盘点。(　)
11. 餐饮业的生产成本一般只算总成本，不算单位成本。(　)
12. 宾馆主要是以出租客房的使用权为其主营业务的。(　)
13. 为核算接团社的经营成果，无论款项是否已收到，都应以其向有关组团社发出"拨款单"的时间和金额作为计算本期营业收入的依据。(　)
14. 餐饮业无论采用何种结算方式，均应在每日营业结束终了，由收款员根据当日销售情况编制"营业收入日报表"。(　)
15. 先服务后收款的方式适用于大型理发店、美容厅和大众浴池。(　)
16. 旅馆的客房是一种特殊商品，它不仅出售使用权，还出售所有权。(　)
17. 客房营业收入的入账时间应为客房实际出租时间。(　)
18. 餐饮企业不论月末对盘存的原材料是否办理假退料手续，本月消耗的原材料总成本都应是"主营业务成本"账户的借方发生额合计数。(　)
19. 由组团社按拨款标准及规定，拨付给接团社的综合服务费、城市间交通费和加项服务费、全程陪同费等款项对组团社来说是构成营业成本的一部分，对接团社来说则是营业收入。

（　　）

20. 租金收入率始终等于或小于客房出租率。（　　）

21. 所有的旅游业企业计征增值税的销售收入只能是全部销售收入。（　　）

附【会计职业判断能力训练答案】

一、填空题

1. 成本核算对象多　成本核算的特殊性　货币核算的涉外性
2. 国际旅游业务　国内旅游业务
3. 全部收入
4. 包价
5. 信用证　旅行支票　信用卡
6. 领料制　以存计耗
7. 销售毛利率法　成本毛利率法
8. 生产　服务　销售
9. 客房出租率　租金收入率
10. 先收款后服务　先服务后收款
11. 生活服务类
12. 应纳税额=销售收入÷(1+征收率)×征收率

二、单项选择题

1. D；2. C；3. B；4. C；5. D；6. A；7. B；8. B；9. A；10. D；11. D。

三、多项选择题

1. ABC；2. ABC；3. CD；4. CD；5. ABC；6. ABC；7. ABC；8. ABC；9. ABCD；10. ACD。

四、判断题

1. ×【解析】为规范旅游餐饮服务行业，实行的是统一的《企业会计制度》。
2. ×【解析】旅行社在会计核算中，应以人民币作为记账本位币。
3. √【解析】组团社组织游客旅游，一般采用先收款、后接待的原则。
4. √【解析】接团社接待游客旅游，一般采用先接待、后向组团社收取款项的原则。
5. √【解析】应按权责发生制原则核算。
6. ×【解析】旅游餐饮服务行业的人员工资，发生后直接计入当期销售费用，作为期间费用处理。
7. ×【解析】饮食企业销货款结算方式较多，如柜台统一售票、服务员开票收款、先就餐后结算、一手钱一手货、转账结算、信用卡结算等；而商品零售企业货款结算方式主要是"一手钱一手货"的现销方式和转账结算方式等。

8. √【解析】与其他行业相比，旅游、饮食服务业的营业成本构成较为简单。

9. √【解析】餐饮企业的成本核算一般只需核算原材料总成本，不核算单位成本。

10. ×【解析】实行领料制的餐饮业，可采用"永续盘存制"核算材料成本，否则，应采用"实地盘存制"。

11. √【解析】因为餐饮业要根据消费者的要求加工烹调菜肴和食品，并将这些菜肴和食品直接出售给消费者，其整个生产、销售和服务过程均集中在较短的时间内完成，而且菜肴和食品的花色品种多，数量零星，因此不可能像工业企业那样按产品品种或类别逐批逐件地计算其总成本和单位成本，只能计算菜肴和食品的总成本。

12. √【解析】宾馆主要是以出租客房的使用权为其主营业务的。

13. √【解析】应按权责发生制原则核算。

14. ×【解析】餐饮业无论采用何种结算方式，均应在每日营业结束终了，由收款员根据当日销售情况编制"营业收入日报表"，连同收到的货款的现款一并上交财会部门，经审核无误后，借记"银行存款"等账户，贷记"主营业务收入"等账户。

15. ×【解析】先交款，凭票接受理发、美容和洗浴。

16. ×【解析】旅馆的客房是旅馆向消费者提供服务的设备设施，只提供使用权。

17. √【解析】应按权责发生制原则核算。

18. ×【解析】只有办理了假退料手续后，本月消耗的原材料总成本才是"主营业务成本"账户的借方发生额合计数。否则，应按"以存计耗"核算法计算本月消耗的原材料总成本。

19. √【解析】因为旅行社的收入是指旅行社各项经营业务所得的全部收入，包括旅行社按照规定的旅游服务收费标准，在一定时期内提供各种劳务的全部收入。旅游经营业务的营业成本是指直接用于接待旅游者并为其提供各项服务所发生的全部支出。

20. ×【解析】也有租金收入率高于客房出租率的情况，因为宾馆的某日宿费的结算时间一般是次日的中午12点或下午2点，在结算时间之后退房的客人要支付次日的宿费。而在旅游旺季，由于客人多，客房紧张，前一批客人在当晚退房后，宾馆又在当晚将这些客房再次出租，使一间客房在同一天的不同时段接待了两批客人，这时客房出租率是100%，而租金收入率却会超过100%。

21. ×【解析】旅游业企业可以选择以取得的全部价款和价外费用，扣除向旅游服务购买方收取并支付的其他单位或者个人的住宿费、餐饮费、交通费、签证费、门票费和支付给其他接团旅游企业的旅游费用后的余额为销售额。

【会计职业实践能力训练】

以下各旅游企业均为增值税一般纳税单位，具体业务情况如下。

一、国内某旅行社发生的业务

国内某旅行社与国外A旅游机构签订合同，预定A旅游机构一行100人于2×18年4月10日至30日在我国境内进行旅游活动，以每人每天收取综合服务费200元人民币计算。根据合同规定，A旅游机构在2月10日预付定金10 000元人民币，余款于4月10日支付。接待过程中，支付相关费用共计380 000元。30日旅游活动结束，A旅游机构带团回国。

要求：根据业务进行相关的会计处理。

二、某旅游饭店发生的业务

某旅游饭店 2×18 年 4 月发生如下经济业务。

1. 营业部门转来 1 日营业收入日报表，如表 8-3 所示。

表8-3 营业部门1日营业收入日报表

单位：元

项目	应收金额	实收金额	长短款	备注
一楼	2 450	2 452	+2	长短款原因待查
二楼	3 800	3 800		
三楼	4 200	4 190	-10	
合计	10 450	10 442	-8	

2. 将实收款存入银行。
3. 查明 1 日营业收入溢缺的原因是服务员工作出现差错，报经批准由企业列支。
4. 收到预订宴席 10 桌，每桌 1 000 元，预收定金 1 000 元。
5. 宴席如期进行，每桌加酒水 200 元，扣除定金外，补付 11 000 元。
6. 某单位预订宴席 2 桌，预收定金 200 元。
7. 某单位因临时有事取消宴席，没收其定金 200 元。

要求：根据业务编制会计分录。

三、某餐厅发生的业务

某餐厅采用"领料制"核算材料，10 月份发生如下经济业务(不考虑相关税费)。

1. 月初，将假退料退回操作间，共 2 250 元。
2. 从肉联厂购进鲜肉 300 千克，每千克 11 元，货款以转账支票支付，将鲜肉直接送操作间备用。
3. 从菜市场购进各种新鲜蔬菜共 200 千克，货款总计 825 元，以现金支付，将蔬菜直接送操作间备用。
4. 操作间领用大米 750 千克，每千克账面价格为 2.10 元；领用面粉 500 千克，每千克账面价格为 2 元。
5. 从水产公司购进活鲤鱼 45 千克，每千克 10 元；冰冻鲳鱼 50 千克，每千克 8 元，货款以转账支票支付。将活鱼直接送操作间备用，将冻鱼验收入库。
6. 操作间领用冰冻鲳鱼 30 千克，每千克账面价格为 10 元。
7. 从菜市场购进味精、胡椒粉等各种调料共 20 千克，货款总计 90 元，以现金支付，将调料验收入库。
8. 操作间领用各种调料 10 千克，总计金额为 60 元。
9. 从批发市场购进木耳、蘑菇等干菜共 80 千克，货款总计 1 800 元，以转账支票支付，将各种干菜验收入库。

10. 从粮库购进大米 4 500 千克，每千克 2 元；面粉 3 000 千克，每千克 1.8 元。同日从养鸡场购进鸡蛋 75 千克，每千克 6 元，货款均未支付。将大米和面粉验收入库；将鸡蛋交操作间备用。

11. 操作间领用蘑菇 15 千克，每千克账面价格为 9 元。

月末，根据对操作间的实物进行盘点编制的原材料盘存表如表 8-4 所示。

表8-4　10月份操作间原材料盘存表

品名	数量(千克)	单价(元)	金额(元)
大米	100	2.10	210
面粉	80	2	160
色拉油	20	8.20	164
调料	5	4	20
蘑菇	4	11	44
鸡蛋	30	6	180
合计			778

要求：根据 10 月份原材料收发业务进行会计处理，并计算该餐厅 10 月份原材料成本。

附【会计职业实践能力训练答案】

一、国内某旅行社会计分录

1. 2 月 10 日收到预订金 10 000 元，当月市场汇率为 1 美元等于 8.6 元。

借：银行存款　　　　　　　　　　　　　　　　10 000
　　贷：应收账款　　　　　　　　　　　　　　　　10 000

2. 4 月 10 日收到该旅行团旅费余款 390 000 元。

借：银行存款　　　　　　　　　　　　　　　　390 000
　　贷：应收账款　　　　　　　　　　　　　　　　390 000

3. 4 月 30 日该团全部旅游活动结束，根据有关记录实际费用为 380 000 元，需退还对方 20 000 元。

借：应收账款　　　　　　　　　　　　　　　　20 000
　　贷：银行存款　　　　　　　　　　　　　　　　20 000

4. 将上述结算款项转为主营业务收入。

借：应收账款　　　　　　　　　　　　　　　　380 000
　　贷：主营业务收入　　　　　　　　　　　　　　358 490.57 [380 000÷(1＋6%)]
　　　　应交税费——应交增值税(销项税额)　　　 21 509.43

二、某旅游饭店会计分录

1. 当日实现的销售收入。

借：应收账款　　　　　　　　　　　　　　　　10 450
　　贷：主营业务收入——客房收入　　　　　　　　9 858.49
　　　　应交税费——应交增值税(销项税额)　　　 591.51

2. 结账时，将实收款存入银行。

借：银行存款　　　　　　　　　　　　　　　　10 442
　　贷：应收账款　　　　　　　　　　　　　　　　　10 442

3. 长短款是因服务员工作出现差错，列支管理费。

借：管理费用　　　　　　　　　　　　　　　　　　8
　　贷：应收账款　　　　　　　　　　　　　　　　　　　8

4. 收到客人预订宴席定金。

借：库存现金　　　　　　　　　　　　　　　　1 000
　　贷：合同负债——预收定金　　　　　　　　　　1 000

5. 宴席如期进行。

借：库存现金(或银行存款)　　　　　　　　　　11 000
　　合同负债——预收定金　　　　　　　　　　　1 000
　　贷：主营业务收入——餐饮收入　　　　　11 320.75 [12 000÷(1+6%)]
　　　　应交税费——应交增值税(销项税额)　　　679.25

6. 收到某单位预定宴席定金 200 元。

借：库存现金　　　　　　　　　　　　　　　　　200
　　贷：合同负债——预收定金　　　　　　　　　　　200

7. 某单位因临时事件取消宴席，没收其定金 200 元。

借：合同负债——预收定金　　　　　　　　　　　200
　　贷：其他业务收入　　　　　　　　　　　　　　　200

三、某餐厅会计分录

1. 借：主营业务成本　　　　　　　　　　　　　2 250
　　　贷：原材料　　　　　　　　　　　　　　　　2 250
2. 借：主营业务成本　　　　　　　　　　　　　3 300
　　　贷：银行存款　　　　　　　　　　　　　　　3 300
3. 借：主营业务成本　　　　　　　　　　　　　　825
　　　贷：库存现金　　　　　　　　　　　　　　　　825
4. 借：主营业务成本　　　　　　　　　　　　　2 575
　　　贷：原材料——大米　　　　　　　　　　　1 575
　　　　　　——面粉　　　　　　　　　　　　1 000
5. 借：主营业务成本　　　　　　　　　　　　　　450
　　　原材料——鲳鱼　　　　　　　　　　　　　400
　　　贷：银行存款　　　　　　　　　　　　　　　　850
6. 借：主营业务成本　　　　　　　　　　　　　　300
　　　贷：原材料——鲳鱼　　　　　　　　　　　　300
7. 借：原材料——调料　　　　　　　　　　　　　90
　　　贷：库存现金　　　　　　　　　　　　　　　　　90

8. 借：主营业务成本　　　　　　　　　　　　60
　　贷：原材料——调料　　　　　　　　　　　　60
9. 借：原材料——干菜　　　　　　　　　　1 800
　　贷：银行存款　　　　　　　　　　　　　1 800
10. 借：主营业务成本　　　　　　　　　　　 450
　　　原材料——大米　　　　　　　　　　 9 000
　　　　　　——面粉　　　　　　　　　　 5 400
　　贷：应付账款——粮库　　　　　　　　14 400
　　　　　　　　——养鸡场　　　　　　　　 450
11. 借：主营业务成本　　　　　　　　　　　 135
　　贷：原材料——干菜　　　　　　　　　　 135

月末，根据对操作间的实物进行盘点编制的盘存表8-4，操作间进行假退料处理。

借：主营业务成本　　　　　　　　　　　　778
　　贷：原材料——大米　　　　　　　　　　 210
　　　　　　　——面粉　　　　　　　　　　 160
　　　　　　　——色拉油　　　　　　　　　 164
　　　　　　　——调料　　　　　　　　　　　20
　　　　　　　——蘑菇　　　　　　　　　　　44
　　　　　　　——鸡蛋　　　　　　　　　　 180

参考文献

[1] 中华人民共和国财政部. 企业会计准则 2006[M]. 北京：经济科学出版社，2006.
[2] 财政部会计司编写组. 企业会计准则讲解[M]. 北京：人民出版社，2007.
[3] 中华人民共和国财政部. 企业会计准则应用指南[M]. 北京：中国财政经济出版社，2006.
[4] 中华人民共和国财政部. 企业产品成本核算制度(试行) [M]. 北京：中国财经经济出版社，2013.
[5] 傅胜，梁爽. 行业会计比较[M]. 6 版. 大连：东北财经大学出版社，2016.
[6] 刘英明，陈艳利. 物流企业会计[M]. 大连：东北财经大学出版社，2013.
[7] 李志远. 施工企业会计[M]. 北京：中国市场出版社，2013.
[8] 刘德英，邱红. 房地产开发企业会计[M]. 北京：清华大学出版社，2011.
[9] 汪锋，张国军. 常见行业会计[M]. 杭州：浙江大学出版社，2005.
[10] 黄贤明，周涛. 物业管理企业财务与会计[M]. 北京：中国财经出版社，2006.
[11] 陈宏. 物流企业财务会计[M]. 北京：中国物资出版社，2002.
[12] 耿建新. 行业会计比较[M]. 大连：东北财经大学出版社，2004.
[13] 陈玉清，陈颖琼. 物业会计实务[M]. 上海：立信会计出版社，2009.